臺灣研究新跨越・經濟分析

彭莉 主編

臺灣研究新跨越·經濟分析

目　　　錄

總序

第一篇 臺灣經濟及政治研究

試析臺灣「均富型增長模式」的改變

臺灣經濟「四化」問題與兩岸經濟合作

臺灣經濟現狀與前景分析

現階段臺灣貿易政策及其影響評析

臺灣經濟發展規律研究

臺灣經濟從「奇蹟」到「困境」發展過程的重新審視——基於東亞新學說的理論視角

結語：臺灣經濟前景展望

國際金融危機下的臺灣經濟形勢分析

第二篇 兩岸投資、貿易及經濟關係研究

臺灣企業集團大陸投資現況與策略研究

臺商對大陸投資與兩岸貿易間的動態關係——基於向量自回歸模型的實證研究

在廈臺資企業對廈門投資環境評價的調查分析

臺商對大陸投資區位選擇的影響因素分析——基於偏最小二乘回歸方法的最新考證

臺灣農產品貿易的特徵及其主要影響因素淺析

兩岸經濟相互依存性發展態勢的定量考察

閩臺經貿交流回顧與展望——基於區位優勢變遷視角的分析

第三篇 兩岸產業合作研究
廈臺農業交流的可行性與合作領域探討
臺灣漁業的困境與出路
臺灣漁業——生機萎縮
臺灣漁業產能與兩岸整合
論臺灣農業科技創新及其啟示
論海峽兩岸科技產業的分工與合作
臺灣現代服務業發展及大陸引資策略研究
論海峽兩岸物流產業的合作發展
閩臺農民經濟合作組織對接途徑與模式研究

第四篇 兩岸經濟一體化與區域整合
當前兩岸制度性經濟一體化的經濟可行性考察
政治關係僵局下兩岸制度性經濟一體化實現路徑探討？
構建兩岸人民交流合作先行區進一步發揮海峽西岸對臺優勢與作用
關於構建廈金特區問題的探討
廈泉漳城市聯盟發展的意義及取向探析
海峽經濟區的空間演進：結構、特徵與問題
「海峽旅遊區」的構建及其對臺灣旅遊業的影響
海峽經濟區競爭性區域體系構建研究

第五篇 大陸涉臺經濟研究歷程與方法回顧
海峽兩岸經濟關係研究30年回顧與啟示
30年來涉臺經濟研究的研究範式與方法演進——基於歷年《臺灣研究集刊》所發表論文的分類分析

總序

　　1895年清政府被迫割讓臺灣，進一步激發了中國人變法圖強的堅定意志。115年以來，兩岸中國人為此不懈努力，經歷了無數的挫折，也走了許多彎路。回顧過去的歷史，我們可以總結出許多經驗和教訓，其中知識的偏頗和缺乏系統性的思維可能是值得檢討的眾多問題之一。作為政治精英個體，兩岸的許多前輩先賢，他們各自都有對國家和民族問題極其深刻的洞察和體會，他們提出的主張也都有一定的合理性。但是，在如何吸納其他人的觀點，如何採納其他政黨的合理主張方面，我們太需要夠調和鼎鼐、博采眾長的精英。學會欣賞對方的優點，真正做到有容乃大，其實並非易事，除了要有高尚的道德精神外，更需要有全面的知識和能力。這一點對於從事臺灣研究的專家學者來說同樣是適用的，當我們的國家擁有一大批知識淵博且胸懷寬廣的兩岸關係研究精英群體時，我們就有可能實現115年來的夢想。

　　廈門大學臺灣研究院30位研究人員，分別隸屬5個研究所和政治、經濟、歷史、文學、法律、教育6個不同學科。雖然平時有不少機會一起工作和生活，但跨學科知識整合和合作研究的機會仍然很有限。期待這一系列文集的出版，將再觸動全體師生研究觀念的變革和跨越，或許5年、10年之後，多學科的知識整合將給我們的研究帶來新的收穫和喜悅。

　　感謝所有關心我們的人，感謝全院教職工不懈的努力和奉獻！

　　劉國深

臺灣研究新跨越·經濟分析

第一篇　臺灣經濟及政治研究

試析臺灣「均富型增長模式」的改變

鄧利娟

各國各地區發展經濟的最重要目標之一就是要提高國民收入，改善生活水平。但在實際經濟發展過程中，收入分配往往趨於集中，造成社會貧富差距擴大。正因為如此，有關經濟增長與收入分配的關係問題一直是經濟學特別是發展經濟學一個十分重要的研究課題。戰後臺灣「均富型增長模式」（經濟發展同時帶來社會平等）曾備受世人稱道，但自1980年代以來臺灣這種模式發生了明顯的逆轉趨勢，而進入21世紀以後，貧富差距擴大化問題更是成為臺灣社會持續關注的熱點。因此，臺灣收入分配問題不僅是當代臺灣經濟問題研究的重要課題，作為一個典型案例，對於收入分配理論也具有明顯的研究價值。本文首先闡述相關收入分配理論的發展演變，在此基礎上，追尋臺灣經濟增長與所得分配之間關係的發展軌跡，並進一步探討其「均富型增長模式」發生改變的原因。

一、有關收入分配理論的歷史演進

自1955年美國經濟學家西蒙·庫茲涅茨（S.Kuznets）就經濟增長中收入差距的變動趨勢提出了著名的「倒U型曲線」假說後，近半個世紀以來，圍繞這一假說，發展經濟學家們學術爭論不斷，有關經濟增長與收入分配的理論研究也在此過程中向前推進著。

（一）庫茲涅茨的「倒U型曲線」假說

1955年庫茲涅茨在《經濟增長與收入不平等》一文中提出了有關經

濟增長與收入分配相互關係趨勢的著名假說:「在長期的收入結構中存在著一個以不平等為特徵的長期波動:在前工業文明向工業文明極為迅速地轉變的經濟增長早期階段上,不平等擴大;一段時期變得穩定;然後在後期階段上不平等縮小。」後來人們將庫茲涅茨的上述假說法描繪在以橫軸代表經濟增長率,以縱軸代表收入分配均等程度的坐標圖上,由此得出一條「倒U型曲線」。收入分配之所以會呈這樣的變動趨勢,庫茲涅茨的解釋是,進入向工業文明過渡的起飛階段後,由於對增長具有重要意義的儲蓄和資產集中在少數富有階層,成為這些階層及其後代獲取更大的收入份額的基礎;另一方面,伴隨著工業化過程的是,人口由低收入的農業和鄉村向高收入的工業和城市轉移,從而擴大了兩個部門間的收入不平等,因此,這個時期社會的收入差距會迅速擴大。而在進入經濟增長後期和達到較高發展水平後,隨著財稅(特別是累進所得稅和遺產稅)、福利制度的改進和完善,將會一定程度抵消儲蓄不平等的累積效應,同時在工業化和城市化早期的動盪階段過去之後,各種因素就會趨向於提高城市人口中低收入階層的經濟地位,這些有利於收入不平等的縮小。可以看出,庫茲涅茨認為關於經濟增長中收入差距的變動趨勢主要是由市場力量造成的。

庫茲涅茨還進一步指出,由於發展中國家的人均平均收入水平比發達國家低得多,而儲蓄和資產的集中又比發達國家更為明顯,因此長期收入分配在發展中國家可能比在發達國家更加不平等。這種不平等還可能持續擴大,因為發展中國家缺乏與迅速增長相聯繫的動態力量,因而無法阻止上層階層借助於過去的儲蓄持續集中所帶來的累積效應造成收入份額呈上升的趨勢,另外,發展中國家的政治與社會體制未能透過政府或政治上的操作來有效地提高低收入階層的地位。

由於有較強的理論分析和經驗支持,庫茲涅茨的「倒U型曲線」假說長期以來一直成為研究收入分配理論的基本依據和重要文獻。而戰後巴西、墨西哥等拉美國家的發展事實也被視為對這一假說的一個驗證,他

們的收入分配狀況在1960—1970年的經濟高增長時期是急劇惡化的。

(二)「倒U型曲線」假說受到質疑

就在「倒U型曲線」假說獲得肯定與支持的時候，其真實性所面對的實踐與理論方面的挑戰也日漸增大。1960年代以來東亞各國和地區的經濟發展顯示出了一條與「倒U型曲線」不相符合的路徑。自60年代以來的20、30年裡，韓國、新加坡、臺灣和香港等東亞國家及地區的經濟快速增長，但同時這些國家和地區的貧富差距總的來說並沒有明顯惡化，臺灣等地還有相當程度的改善。在理論研究方面，從80年代開始，一些發展經濟學家透過觀察發展中國家的有關資料分析，對「倒U型曲線」提出了公開質疑。到了90年代，則有更多的經濟學家對此假說提出不同意見。其中較有代表性的是，1998年Deininger—Squire在其出版的《國際不平等數據庫》中，運用108個國家的有關數據資料分析表明，「大約90%的被調查國家是不存在倒U型曲線這種關係。」他們的研究還發現不平等在經濟增長時期會上升，同時在經濟衰退時期也同樣會上升。

同樣，賴特（C.L.Wright）的制渡假設理論也對庫茲涅茨的假說提出了挑戰。他認為，市場力量不是決定收入分配的唯一因素，決定收入分配狀況的主要因素是機制和政府的政策。如果過度關注市場力量而忽視機制變遷和政府政策，便會對收入分配與經濟發展之間的關係產生錯誤認識。收入分配與經濟發展的關係

并不像「倒U型曲線」理論所假設的那麼多變,事實上,沒有任何國家在其經濟發展過程中收入分配都必須經歷如「倒U型曲線」假設所描述的這種單一模式。此外,機制變遷和政府政策也有可能繼續導致收入不公的惡化。而且,這種情況不可能得到「自我糾正」。收入分配高度不公的國家尤為如此,因為控制政治和行政權力的精英是不會貫徹那些對其利益有所損害的政策。

如果經濟增長與收入分配相互關係不一定呈「倒U型曲線」,就有可能存在既使經濟增長,又令收入差距不會擴大的途徑。1990年世界銀行的《世界發展報告》和聯合國發展計劃署的《人類發展報告》據此提出了這樣的看法:只要採取了恰當的政策,增長可以減少貧困,增長甚至可以和平等的分配攜手並進。

(三)重新重視「倒U型曲線」假說

20世紀末以來,有關收入分配理論的學術爭論又有了新的發展。1997年爆發了震驚世界的亞洲金融危機,「東亞奇蹟」受到質疑。而拉美各國借鑑東亞的經驗所採取的相關改革措施成效不彰,2000年底阿根廷還發生了金融危機。於是,關於經濟增長與收入分配之間關係的主流觀點又傾向回到「倒U型曲線」假說上,東亞曾經取得的成績被認為是由於某些因素在起作用,它們抵消了拉大收入差距的力量。經濟學家們在東亞成功與失敗間尋找著共同起作用的因素,其中「教育論」較引人注目。英國發展研究所(IDS)的Adrian Wood提出了一種模型,其中包括三種類型的勞動力,分別為沒有受過教育的、受過基本教育的和受過高等教育的,他假設一國要發展技術含量較低的勞動密集型製成品產業,至少需要受過基本教育的勞動力。這種製成品產業的擴大將會增加這一教育程度的勞動者的收益,這一方面縮小了他們與高等教育接受者的收入差距,另一方面卻擴大了與沒有受過教育的勞動者的收入差距。最終的淨影響如何,取決於這三種類型勞動力在人口中的分布。如果一國中受

過基本教育的勞動人口比重非常大,他們所獲得的收益的增加就會降低經濟增長帶來的收入分配的不平等性,而如果沒有受過教育的勞動人口的比例非常大,以勞動密集型產業支撐起的經濟增長就一定會帶來收入差距的擴大。東亞國家由於儒家文化傳統的關係,社會整體對教育的重視程度較高,因此受過初級教育的人口比重很大,這就為它們透過出口替代戰略發展經濟並為縮小收入差距創造了條件。但隨著一國收入水平的整體提高,產業結構轉向發展技術密集型產業時,受益最多的是受過高等教育的勞動人口,他們與沒有受過教育的和僅受過基本教育的勞動人口間的收入差距不可避免地拉大了。換言之,東亞國家的文化傳統構成了一種發展初期的優勢,但當國民收入達到一定水平後,「倒U型曲線」還是會發生作用的。

事實上,自1980年代以來,包括發達國家在內的全球的大部分國家均出現了收入差距擴大化的趨勢。有關解釋比較形成共識的是與「教育論」有關的「知識經濟論」。一般認為,知識經濟的發展會使收入差距擴大加快,李德比特(Charles Leadbeater)在《知識經濟大趨勢》中指出:「知識經濟使貧富不均變本加厲」。之所以如此,李誠教授指出,在知識經濟的時代,誰掌握最新知識誰便掌握經濟大權,而知識的取得只限於少數進入高等學府,特別是名校的學生。韋端教授則從產業結構角度分析知識經濟對所得分配的影響,他認為,知識經濟的發展使傳統產業萎縮而知識密集產業快速發展,由此產生高知識、高技能人力與低知識、低技能人力的供需失衡,進而造成結構性失業增加、所得分配惡化,在此過程中,「高學歷高所得,低學歷求職難」的趨勢更加劇了所得分配不均的狀況。

由上述可見,有關收入分配問題的認識在理論與實踐的發展中不斷加深,儘管目前尚未有十分一致的結論,但相關理論論述對於觀察與分析發展中國家及地區經濟發展每個階段中的收入分配問題仍有重要的指導意義,只是要避免簡單、僵化地套用某種理論,因為各個國家及地區

發展中的差異性很大，具體情況要具體分析。另一方面，透過對個別國家及地區實際經濟增長與收入分配關係的分析研究，也可以在某種程度上檢驗上述理論的適用性，推動相關理論研究的完善。

二、臺灣經濟增長與收入分配關係的發展軌跡

追尋半個多世紀來臺灣經濟增長與收入分配之間關係的發展軌跡，可以發現其經歷了由相對較均衡到不均衡的過程，中間呈明顯的三個階段，目前貧富差距擴大化問題對臺灣社會的困擾日益加重。以下將採用經濟學界常用的衡量收入分配不平等程度的兩個指標：其一，高低收入比率。將家庭收入（或個人收入）從多到少進行排列，分成5個組別（或10個組別），20%最高所得家庭的收入與20%最低所得家庭收入的比即是高低收入比率，它衡量的是一個國家及地區最富和最窮兩個極端收入不平等的程度。其二，吉尼係數。這是20世紀初由義大利統計學家基尼（Corrado Gini）發明的，係數值介於0與1之間，數值越大，表明收入差距越大，反之差距越小，國際上一般以吉尼係數0.4為警戒線。

第一階段1953—1980：庫茲涅茨「倒U型曲線」假說的例外。

國民黨政權敗退至臺後，臺灣經濟經過幾年的恢復穩定，從1953年起進入較順利發展時期，60年代後更進入快速發展的繁榮時期。1951—1960年經濟平均增長率為7.6%，1961—1970年增長率達10%，1971—1980年則為9.4%，與此同時，臺灣由一個農業社會轉變為工業化社會。在這過程中，臺灣的收入分配沒有出現「倒U型曲線」假說所描述的不平等擴大的情況，所得分配表現出相對平均化的趨勢。1953年，臺灣的5組別高低收入比率是16.52倍，所得分配情況與多數發展中國家及地區差別不大。但1959年這個比率降為8.72倍，1964年又降到5.33倍，到1972年為4.99倍，1980年進一步降至4.17倍。（參見表1）同期，臺灣的吉尼係數也呈逐步下降，由50年代初的0.5580逐步下降到1980年的0.277。（參見表1）

這與5組別高低收入比率趨勢基本相同。由此可見，這個時期臺灣經濟發展基本兼顧了「均」與「富」兩個目標，即所謂「均富型的增長模式」，明顯是庫茲涅茨「倒U型曲線」假說的例外。

第二階段1981—2000年：呈現正U曲線走勢。

進入80年代以後臺灣經濟增長速度有所下降，但1981—1990年，年平均增長率仍達8.1%，1991—2000年平均增長率降為6.3%。而過去近30年的「均富型的增長模式」卻發生了逆轉趨勢，從1981年起所得分配差距逐步擴大，5組別高低收入比率由1980年的4.17倍上升為4.21倍，此後持續上升到1990年的5.18倍，2000年時進一步提高至5.55倍。同期，吉尼係數也相應逐步上升，由1981年的0.281上升到1990年的0.312，2000年為0.326。（參見表1）與上個階段臺灣收入差距變動走勢合併觀察，臺灣收入差距在這個階段形成了「正U型」變動趨勢。（參見圖1）

第三階段2001—2003年：貧富差距擴大明顯加快並呈「均貧」現象。

21世紀以來，臺灣經濟增長發生了轉折性變化，2001年出現半個世紀來首次的負增長2.22%，2002年增長率回升到3.94%，2003年又降至3.33%。在此過程中，臺灣經濟增長與收入分配之間關係的發展又有了新變化。一方面，所得分配不平均加劇，「正U型」的右半邊曲線明顯上升，（參見圖1）5組別高低收入比率由1990年代的5倍多驟然突破6倍，2001年達6.39倍，為1960年代以來最高水平，2002年有所下降，仍為6.16倍，2003年為6.07倍。2001—2003年吉尼係數分別為0.350、0.345及0.343。（參見表1、圖2）另一方面，所得分配情況呈現「均貧」現象，貧窮擴大化趨勢明顯。由於經濟增長緩慢甚至衰退，全體可支配所得與平均每戶可支配所得幾乎停滯不前或呈下降走勢。2000年全體可支配所得58734億元新臺幣，2001年下降為58468億元，到2003年才緩慢回升到61377億元。平均每戶可支配所得縮水更明顯，2000年為891445元，

2001年下降為868651元，2003年回升到881662元，仍低於2000年的水平。而就戶數5組別的可支配所得來看，2000-2003年，除了最高所得第5組由1748633元逐年上升至1799992元外，其它4組均呈下降走勢，其中，最低所得第1組由315172元下降至296297元。「均貧」現象發展的結果使全家平均收入低於當局規定的最低生活費的低收入戶戶數及人數明顯上升。低收入戶數由2000年的6.65萬戶增至2003年的7.64萬戶，2004年更高達8.28萬戶。低收入戶人數也由2000年的15.61萬人增至2003年的18.79萬人，2004年再增加到20.42萬人。

表1　1953—1980年戶數5組別的所得分配比與所得差距

年別	可支配所得按戶數5組別的所得分配比(%)					第5組為第1組的倍數(倍)	基尼係數
	1(最低所得組)	2	3	4	5(最高所得組)		
1953	–	–	–	–	–	16.52	0.558
1959	–	–	–	–	–	8.72	0.44
1964	7.71	12.57	16.62	22.03	41.07	5.33	0.321
1968	7.84	12.22	16.25	22.32	41.37	5.28	0.326
1970	8.44	13.27	17.09	22.51	38.69	4.58	0.294
1972	8.6	13.25	17.06	22.48	38.61	4.49	0.291
1974	8.84	13.49	16.99	22.05	38.63	4.37	0.287
1976	8.91	13.64	17.48	22.71	37.26	4.18	0.280
1978	8.89	13.71	17.53	22.7	37.17	4.18	0.287
1980	8.82	13.9	17.7	22.78	36.80	4.17	0.277
1981	8.8	13.76	17.62	22.78	37.04	4.21	0.281
1982	8.69	13.8	17.56	22.68	37.27	4.29	0.283
1984	8.49	13.69	17.62	22.84	37.36	4.40	0.287
1986	8.3	13.51	17.38	22.65	38.16	4.60	0.296
1988	7.89	13.43	17.55	22.88	38.25	4.85	0.303
1990	7.45	13.22	17.51	23.22	38.60	5.18	0.312
1992	7.37	13.24	17.52	23.21	38.66	5.24	0.312
1994	7.28	12.97	17.41	23.18	39.16	5.38	0.318
1996	7.23	13.00	17.5	23.38	38.89	5.38	0.317
1998	7.12	12.84	17.53	23.24	39.26	5.51	0.324
2000	7.07	12.82	17.47	23.41	39.23	5.55	0.326
2001	6.43	12.08	17.04	23.33	41.11	6.39	0.350
2002	6.67	12.30	16.99	22.95	41.09	6.16	0.345
2003	6.72	12.37	16.91	23.17	40.83	6.07	0.343

註：第5組為第1組的倍數為求精確係以第5組可支配所得總額除以第1組可支配所得總額計算而得；所得總額包括：薪資報酬、產業主所得、財產所得及移轉所得。

資料來源：臺灣「行政院主計處」：《臺灣地區家庭收支調查報告2003年》；1953年、1959年數據來自郭婉容等《臺灣的經濟之路》中國經濟出版社1991年1月，第34、93頁。

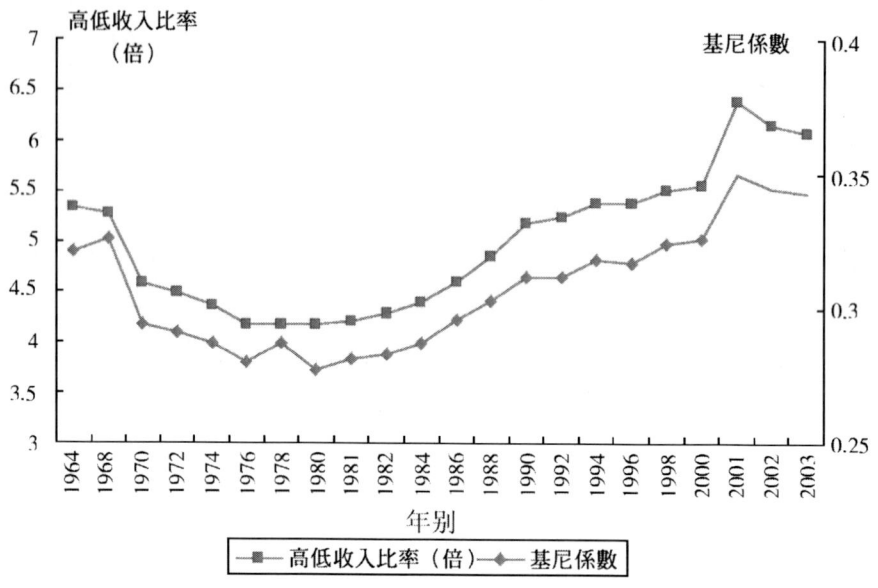

圖1　臺灣收入分配差距走勢（1964—2003）

資料來源：同表1。

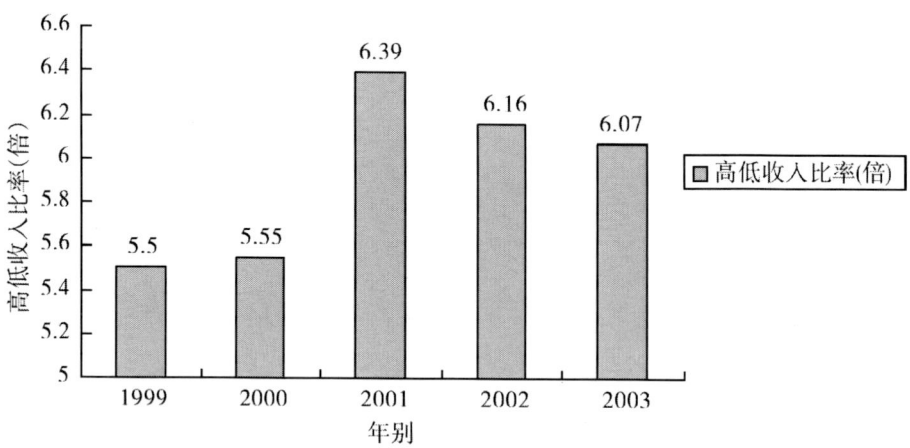

圖2　臺灣貧富差距擴大倍數（1999—2003）

資料來源：同表1。

從上述50年來臺灣所得分配發展過程看，臺灣在經歷了約30年的「均富型的增長模式」後，從80年代起所得分配差距逆向轉成逐步擴大，21世紀後差距更明顯擴大。需要強調說明的是，這些還只是統計數據可表現的部分，是以薪資報酬、產業主所得、財產所得及移轉所得為統計依據的差距。如果加上不能統計或並未統計的財富，如，土地、股票等資產所得，臺灣社會實際貧富差距則大得多。土地一向是臺灣最主要的財富項目之一，在每次轉手及地目變更後都會產生巨大財富。但當局計算土地價值是依公告地價，而一般公告地價約為實際市場價格的五、六成，因此土地交易後的獲利所得，事實上被嚴重低估。另外，臺灣「科技新貴」除擁有高額薪資外，透過分紅制度獲取的股票資產數額遠超過薪資，而這部分收入未計入「薪資報酬」中，因此其實際所得收入也被大為低估了。

　　正因為如此，臺灣社會實際感受貧富差距的程度遠遠大於有關數據表現出的大小。2005年1月《天下雜誌》調查指出，2004年臺灣經濟增長率雖然有5.9%，但不滿意經濟表現的民眾仍達到53.2%，與5年前相比，有42.4%民眾覺得「現在生活困難」；其中17%民眾覺得「困難很多」。高達76.7%民眾認為「臺灣貧富差距比以往嚴重」。事實上，21世紀以來，受到失業增加收入減少的強大貧窮壓力，臺灣自殺率明顯上升，社會治安不斷惡化，以「反貧窮」為訴求的各種民眾遊行抗議活動接二連三發生，凡此種種，深切地反映出臺灣社會對日益擴大化的貧富差距問題越來越難以忍受了。

三、臺灣「均富型增長模式」改變的原因

　　鑒於戰後臺灣經濟增長與收入分配之間關係演變過程的典型性，客觀深入地探尋其「均富型增長模式」改變的原因無疑具有十分重要的意義。不過，作為背景情況及對比研究的需要，有必要首先瞭解其「均富型增長模式」形成的原因。

(一)「均富型增長模式」形成的原因

理論上,政府透過累進稅制及社會福利制度等手段可以改善所得分配狀況,西方國家早期經濟發展中也是這麼做的。但這卻不是臺灣1980年代以前形成「均富型增長模式」的主要原因。這個時期臺灣個人綜合所得稅規模小,影響有限,當局在社會福利方面的財政支出也十分有限,直到1980年「政府」移轉收支使所得差距縮小的倍數僅0.132倍(「政府」移轉收支前為4.305倍,之後為4.173倍)。事實上,正如前述賴特的制渡假設理論所指出的,機制變遷和政府政策是對這個時期臺灣所得分配改善產生影響的主要因素。

1.「土地改革」及優先發展農業的策略

庫茲涅茨在說明經濟增長會帶來收入不平等的原因之一是,對增長具有重要意義的儲蓄和資產集中在少數富有階層,成為這些階層及其後代獲取更大的收入份額的基礎。而臺灣在經濟發展初期進行了較有成效的土地改革,透過「公地放領」及「耕者有其田」等一系列政策措施,將土地資產重新分配,改變原來土地高度集中於少數地主手中的狀況,這在提高農民改良土地增加生產積極性的同時,也為日後收入分配相對平均打下了一定基礎。而當局隨後採取優先發展農業的策略及大量兼業農的出現,則進一步促進農業部門家庭平均收入與非農業部門家庭平均收入之間差距的縮小。1964年農家平均每戶可支配所得為27995元新臺幣,為非農家平均每戶可支配所得的96.59%,此後隨著工業化進程,這一比率有所下降,但1980年時仍達81.57%。

2.大力發展以中小企業為主體的勞力密集型出口工業

從60年代起蓬勃發展的勞力密集型出口工業,使臺灣在實現工業化的同時,較充分地解決了社會就業問題,使較低層勞動力的經濟狀況有可能隨著工業化進程而改善,社會貧富差距問題不那麼突出。臺灣的失

業率從1960年的4.0%逐年下降到1970年的1.7%，此後10年大致都維持在2%以下，1980年為1.2%。同時，臺灣勞力密集型工業是以廣大中小企業為主體，大量資本規模小、人數不多的中小企業的存在，避免了私人資本的過度集中，有利於收入分配的平均化。

　　3.重視發展教育的政策，有助於收入的公平分配

　　英國發展研究所（IDS）的「教育論」在此十分適合臺灣的情況。戰後臺灣在自然資源貧乏、資本也較短缺的情況下，只有人力資源較豐富，當局比較重視發展教育，提高人力素質。按臺灣「憲法」規定，每年教育、科學及文化的經費占各級「政府」預算總額的比例為：「中央」不得少於15%，省不得少於25%，縣市不得少於35%。1955年度至1993年度，教科文經費支出總額占財政支出總額的比重由13.6%上升到19.3%。在發展教育方面，自1950年代起臺灣實施小學義務教育，普及小學教育。從1968年9月起對國民中學（初中）也實行義務教育，完成了普及初中教育的任務。大量「受過基本教育」的人口的存在，既滿足了技術層次較低的勞動密集型產業發展的需求，同時，隨著產業的迅速擴張，他們收入的增加產生了降低經濟增長帶來的收入分配的不平等性的效果。

　　此外，臺灣在人口和勞動力政策上，採取控制人口增長和允許勞動力流動的措施，造成了使經濟中「分紅」者減少和透過市場機制改善分配的效果。

　　總體而言，在1980年代以前臺灣收入分配呈平均化趨勢，是在特定歷史條件下各種「機制」與「政策」綜合作用的結果，當歷史條件與「機制」及「政策」發生改變時，這種趨勢也就隨之改變。

　　（二）80年代以來均富模式改變的原因

　　如前所述，80年代以來收入差距不斷擴大的趨勢在全世界具有普遍

性,因此引起臺灣收入差距擴大的原因應與其他國家及地區有共同之處,即一般性原因。但各國及地區所處的環境與採取的政策不同,造成收入差距擴大的原因難免又有差異性,即特殊性原因,特別是臺灣由過去的均富趨勢發生逆轉,這種特殊性原因更值得關注。

1.一般性原因

前述提及,人們將1980年代以來全球大部分國家均出現了收入差距擴大化趨勢的主要歸因於知識經濟的發展。在臺灣也不例外,主要表現為知識經濟的發展使產業結構發生了明顯變化,在傳統產業逐漸萎縮而知識密集產業快速發展的過程中,結構性失業人數的增加與工資差別的擴大等因素導致了所得分配不均的狀況。

自80年代中期起臺灣產業結構明顯變化,服務業迅速崛起成為產業構成的主導部門,而製造業所占比重逐年下降;與此同時,製造業由傳統的勞力密集產業向以電子訊息產業為主的技術密集產業轉型升級。這對低所得家庭就業狀況造成雙重衝擊,一方面,低所得家庭所得來源主要依賴工作所得的工資,長期以來製造業為這個群體提供了最主要的工作機會,傳統製造業的萎縮減少了他們的工作機會。另一方面,低所得家庭又主要是低教育、低知識的群體,難以達到技術密集產業所需的知識要求。據臺灣「行政院主計處」調查資料顯示,1980—2000年最低所得組平均每戶就業人數由1.46人降低到0.68人,而最高所得組平均每戶就業人數則由2.65人微降為2.41人,同期,後者為前者的倍數由1.82倍擴大到3.54倍。

產業結構的快速變化還引起不同產業別間的工資水平差別擴大,使低所得家庭處於不利的地位。80年代以後,最能吸收低所得家庭的製造業、營造業等的工資漲幅明顯低於水電燃氣業、金融保險業等。1980-2000年製造業平均每月工資,從8043元增至39080元,而以公營員工為主的水電燃氣業則從13451元增至88348元,後者為前者的倍數從1.67倍提

高到2.26倍。製造業與金融保險業的差距也大致如此。而在製造業內，傳統產業與高科技業工作報酬的差距更是突出，高科技產業除了薪資報酬遠高於傳統產業外，還有透過分紅制度獲取的高額股票資產。

與工資水平密切相關的是教育程度的高低。教育在以往臺灣經濟發展中扮演所得分配平均化的重要角色，但在知識經濟發展的時代由於對高知識、高技能人力的強大需求，教育反成了收入分配差距擴大的重要因子了，不同教育程度之間的所得收入差距逐步擴大。1999年研究院（所）教育程度的平均每人可支配所得為103.66萬元新臺幣，而補習自修或不識字的平均每人可支配所得僅為13.43萬元。2000年前者進一步增加到103.96萬元，而後者則減為12.72萬元。

觀察歷年臺灣所得總額來源構成（即薪資報酬、產業主所得、財產所得及移轉所得）可見，受僱人員薪資報酬為4項來源中的最大項，約占55—60%，因此，工資報酬是決定個人間所得分配的重要因素，工資報酬差距拉大，將導致所得分配的不平均化。這就是隨著知識經濟的發展，臺灣所得分配狀況發生逆向轉變的重要原因。

2.特殊性原因

除了上述一般性原因外，更應該引起重視的是因政策失誤造成的臺灣所得分配狀況發生逆轉的特殊性原因。

（1）泡沫經濟造成的惡果之一。

臺灣在80年代中期後出現總體經濟嚴重失衡，泡沫經濟嚴重。大量資金競相追逐房地產與股票，造成房地產及股票價格急劇上漲。少數擁有土地者無不成了巨富，特別是臺灣計算土地價值是按公告地價而不是市場價格，又使得土地交易者得以逃避巨額的稅款。據臺灣「財政部」的統計資料，1976—1996年間，土地交易者共獲利10兆3百億元，但只繳1兆4千億的增值稅，稅率約只有1／10，遠低於稅法所規定的40%至60%。

而沒有土地和住房的工薪階層則可能盡其一生的收入也不能購得一處住宅。在股票市場，少數「大戶」及大財團利用自身雄厚的資金來操縱股市，獲取暴利。據統計，1980—1998年，臺灣上市公司的股票市值從2191億元，增長到8兆3770億元，平均每年增加22.4%，而且股票交易所得不課稅，財富因此迅速向少數人集中，社會貧富差距明顯擴大。

（2）稅制不公平對所得分配的影響。

臺灣從1960年開始實施了30年的《獎勵投資條例》，接著自1991年起實施《促進產業升級條例》，都是以稅收減免方式為促進產業與經濟發展的手段。長期、大量的政策性減免稅，除了導致稅基的明顯縮減外，就是造成稅制不公平外。根據傳統的財政學，所得稅制透過累進稅率可以達到量能課稅的公平性，進而有助於平均社會財富。但臺灣一方面綜合所得稅中減免稅項目繁多，並對各類產業廣泛提供股東投資抵減的優惠，另一方面證券交易所得免稅，這就使得所得稅制在實質上已不是對富人課稅，而是窄化為薪資稅性質。這種情況在1980年代後隨著產業結構的調整升級更顯得突出。根據臺灣「財政部財稅資料中心」的統計資料，1998年全臺灣所得來源中，只有55.7%的所得來自受僱人員的薪資報酬；產業主所得則為16.0%，但是在綜合所得稅來源上，薪資所得者卻繳了72.3%的稅，企業主只繳5.3%。這種「劫貧濟富」的稅制，不但無法有效發揮改善所得分配的功能，而且由於高所得或資本利得長期免稅，造成稅負不公平，助長所得分配的惡化。

（3）「政府」的移轉收支效果小。

由於稅制公平性的嚴重扭曲，使得臺灣無法有效發揮稅收調節社會分配的功能，而在社會福利方面，雖然以1980年通過《老人福利法》、《社會救助法》與《身心障礙者保護法》三法為標誌，臺灣的社會福利有了較快的發展，但至1994年社會福利支出占「中央政府」總預算支出的比例僅達8.9%。90年代中期起臺灣實施《全民健康保險法》後，社會福

利支出的增加才較明顯,在總預算支出的比例逐步上升到兩位數。總體而言,80—90年代臺灣透過「政府」移轉收支改善所得差距的成效仍不明顯。「政府」移轉收支使所得差距縮小的倍數1987年以前均在0.2倍以下,90年代中期以前則在0.5倍以下,90年代中期後才較明顯增加,到2000年達1.02倍。

(三)21世紀初期造成貧富差距加速擴大的因素

在上述種種不利因素造成臺灣收入差距轉呈擴大化趨勢的基礎上,21世紀以來若干新因素的加入,使得這種趨勢進一步加劇。

1.經濟不景氣加劇社會貧富差距的擴大

2000年3月臺灣政局發生巨大改變,新上臺的民進黨,不但沒有對上述結構性的經濟問題進行有效改革,而且是以政治鬥爭為中心工作、以選舉勝利為首要任務,造成臺灣政局動盪不安、兩岸關係緊張對峙以及財經政策搖擺不定等一系列不利經濟發展的新變數,再加上國際經濟不景氣的因素,臺灣經濟發生轉折性的變化,經濟陷於持續低迷甚至衰退的困境。2001年經濟增長率為-2.22%,為戰後首次負增長。2002年以後雖有所好轉,也僅維持低較的增長水平。總體經濟持續低迷不振,進一步激化了社會所得分配不均的問題。

(1)失業率快速上升。自1996年起臺灣整體失業率呈上升走勢,但至2000年止,失業率尚維持在3.0%以下。2001年失業率升至4.57%,2002年再升至5.17%,連創歷史新高。失業者的平均失業時間也在不斷增加,與1996年相比,2001年失業者平均失業時間由20.45周增至26.13周,2002年進一步增至31.9周。失業率的大幅上升,就意味著貧困人口的大量增加、社會貧富差距的不斷擴大。而在失業潮中受到衝擊最大的仍是最低所得組人群,其平均每戶就業人數由2000年的0.68人再降低到2003年的0.62人,而最高所得組平均每戶就業人數則由2.41人略降為2.35人,後者

為前者的倍數則由3.54倍再擴大到3.79倍。

（2）工資水平停滯不前。由於經濟持續不景氣，21世紀以來臺灣整體工資水平呈停滯不前狀態。但不同產業別的工資又進一步拉大，加速了收入差距的擴大化。製造業平均每月工資，從2000年的39080元減少至2002年38565元，2003年才恢復為39583元。營造業的平均每月工資，也從2000年的38896元減少到2002年的36848元，2003年為37219元。而2000—2003年，水電燃氣業則從88348元增至91034元，金融保險業也由60871增至64693元。

2.相關政策措施進一步扭曲稅制的公平原則

新上臺的民進黨當局為了兌現選舉諾言及刺激景氣需要，相繼採取了一系列新的減稅或免稅政策，加劇稅制的不公平，使稅負不公平對所得分配的負面影響進一步擴大化。如，新規定製造業及相關技術服務業新增投資5年免營利事業所得稅；實施土地增值稅減半徵收；對設立金融控股公司所需規費及印花稅、營業稅、所得稅等稅捐多予免繳或免徵；制訂金融資產證券化條例，免徵印花稅、契稅、證交稅與營業稅等等。這些稅收減免措施的受惠者幾乎都是財團與企業，富人的稅負因此變得更輕，有時甚至不用繳稅反而可以獲得退稅。根據臺灣「立法院」國民黨團公布的特定企業損益年報表，2001年與2002年「大陸工程」稅前淨利各為3.04億元與6.7億元，2001年不用繳稅，2002年只需繳稅1400萬元；同期「富邦金控」的稅前淨利分別為6.3億元與92.05億元，2001年不用繳稅，2002年則可獲退稅2.1億元；「國泰金控」這2年的稅前淨利分為1.3億元與128.7億元，繳稅情況也分別是不用繳稅與獲退稅2.1億萬元。這些例子十分典型地反映了臺灣現行稅制不公平、稅負分配不均的情況。

（本文發表於《臺灣研究集刊》）

臺灣經濟「四化」問題與兩岸經濟合作

石正方

一、新世紀初期臺灣經濟的「四化」問題

2000年以來,臺灣經濟遭遇50年來罕見衰退,反映在對外經濟層面,不但對外貿易、投資多數指標呈現持續、大幅度下滑,而且一些主要對外經濟關係消長也出現較大反差。從表面上看,這些不景氣與世界性投資、貿易衰退有密切關係,並且其中一些指標隨著世界經濟的復甦已呈現利好走勢,但實質上反映了臺灣對外經濟步入了一個新的歷史轉折點,透視出全球化演變格局中臺灣經濟所面臨的一些新問題。

(一)「出口導向產品單一化」問題

自1990年代初製造業結構發生劇烈變動以來,臺灣電子、訊息通信產品出口比重開始逐年遞升,至1990年代末期平均比重已達到30%以上,10年間提升了8個百分點。而其它兩類大宗出口產品中,紡織品所占比重呈緩慢下降的趨勢,基本金屬及其製品所占比重雖緩慢上升,但10年間僅提高了不足1個百分點。這種演變格局反映出臺灣出口產品結構的單一化特徵。

臺灣出口產品結構向電子、訊息與通信產品的重度傾斜,一方面雖對其產業結構升級和提升國際競爭力有利,但另一方面也使其對外貿易容易遭受國際景氣波動的影響——2000年以來臺灣對外貿易的大幅衰退,很大程度上是國際電子訊息產品需求縮減所致,因臺灣電子訊息產業主要是以個人電腦(PC)及其上游產品為主體。國際市場對個人電腦需求的飽和以及1990年代末期美國企業的過度投資,導致從2001年第二季度開始國際市場個人電腦出貨量急劇下降,從而對臺灣電子、訊息與通訊產品的出口造成嚴重衝擊,致使2001年出口額較2000年銳減119.7億美元、負增長23.4%,而出口萎縮進一步引發「出口引申」疲弱,導致臺灣電子、訊息與通訊產品進口同期縮減94.2億美元,負增長24.4%。

2002、2003年，臺灣電子、訊息與通信產品出口分別增長6.6%和7.9%，但仍屬於低基期上的恢復性增長。

臺灣經濟對出口有很高的依賴性，出口出現問題將會帶累經濟全面衰退：除使國際收支受到影響外，還會直接帶來內部經濟調整，引發企業投資縮減、出口引申下降、生產蕭條、失業人口增加等連鎖反應。近年來臺灣經濟衰退，受出口貿易下滑的影響很大，從中也透視出臺灣「出口導向產品單一化」問題的嚴重性。

（二）「新產業空洞化」問題

產業空洞化（Hollowing-Out）是指由於海外直接投資的增大而帶來的本土生產、投資、僱傭等減少的現象。1980年代末至1990年代初臺灣先後發生了以輕紡工業為代表的勞動密集型產業、以石化工業為代表的資本密集型產業大舉外移，由此引發了臺灣學者對臺灣產業空洞化的擔憂。後來由於臺灣快速推進向以電子訊息產業為主體的技術密集型產業轉型，一定程度上緩解了由傳統產業外移造成的經濟轉型壓力。東南亞金融危機後，尤其2000年以來，臺灣資本外移逐漸轉向高科技產業，與此同時，臺灣經濟遭受50年來最嚴重衰退，出現工業生產和進出口貿易下降，民間投資、外資投資巨減，失業率攀升等現象。臺灣部分學者認為，資訊產業大量外移所引發的「產業空洞化」是導致臺灣經濟困境的主要原因。於是，「產業空洞化」又成焦點。由於此番的「產業空洞化」是針對高科技產業外移現象而言，故稱之為「新產業空洞化」。

按照產業空洞化的一般性衡量指標（劉紅，1998；林武郎；2003），臺灣確實存在「新產業空洞化」趨勢：首先，臺灣訊息電子產業的海外投資逐年上升。以其中之電子電器業為例：1952—1990年臺灣FDI製造業淨流入達71.8億美元，其中電子及電器產業21.4億美元，占製造業資本淨流入的29.8%。自1993年起臺灣FDI製造業投資除了1995年為淨流入外，其餘各年均為淨流出，表示臺灣製造業資本外移超過外部製造

業資本進駐，呈現資本淨流出的局面。1991至2003年FDI製造業淨流出高達236.5億美元，其中電子電器業FDI淨流出65.3億美元。尤其是2000以來的四年間，臺灣電子電器業FDI淨流出總額高達68.0億美元，占過去13年淨流出總額的104.1%。

其次，臺灣資訊產業海外生產比重大幅增長。據臺「經濟部」2003年12月1日公布的2003年「製造業經營調查報告」顯示，臺灣製造業海外生產比重逐年增加，臺灣自製比例逐年減少，2002年委由海外生產基地生產的比重達到18.7%，相較2000年提升了近10個百分點，其中訊息硬體產業的海外生產比重攀升更快，2002年已達到64.3%，較2000年提升了13.4個百分點，2003年更高達79.1%。

此外，與臺灣FDI製造業投資淨流出趨勢同步，臺灣本土製造業從業人數、設備投資率、生產指數年增加率、勞動生產力均呈下降態勢。

總之，以訊息電子產業為主體的臺灣高科技產業加速外移，不但引發本土投資規模萎縮，失業率增加、而且有進一步導致其國際競爭力弱化的傾向；臺灣製造業資本外移已不單是「防禦型」投資性質，而顯露出「擴張型」投資跡象，其結果也不單是擴張經濟勢力和促進本土產業升級，而是造成高科技與上游工業大規模外移，致使臺灣經濟面臨「新產業空洞化」的挑戰。

（三）「臺灣經濟邊緣化」問題

「臺灣經濟邊緣化」概念最初是由臺灣學者提出的，主要意涵是指隨著東亞區域自由貿易整合的推進，臺灣面臨由「貿易、投資轉移」效應所導致的市場空間縮小的危險：1980年代末期，在「南向、西和、北進」的「亞太戰略」推動下，臺灣經濟重心開始向亞洲地區轉移，至1990年代初期業已確立了以東亞為投資、貿易重心的對外經濟格局。新世紀初期，東亞板塊在臺灣對外經濟中的地位更加突出：2002年大陸取

代美國成為臺灣最大出口地區——至此，臺灣最大進、出口來源地齊集亞洲；新世紀以來的四年間，亞洲所占臺灣出口比重由1990年代的49.0%上升到55.1%，所占進口比重由49.5%上升到56.5%；所占臺灣對外投資比重由1990年代的57.6%上升到59.8%。這種趨勢表明亞洲市場對於臺灣經濟越來越具有舉足輕重的意義。而從目前東亞地區內浮現的AFTA、「10＋3」、「10＋1」以及CEPA等板塊整合來看，對於游離於外的臺灣經濟顯然存在貿易、投資轉移的負面影響，有導致臺灣經濟市場空間縮小的可能性。

實際上，作為與「經濟核心化」相對應的概念，「經濟邊緣化」更多的是對經濟體區域經濟地位下滑現象的描述，反映經濟體在區域經濟事務中由於可替代競爭的出現而日漸「去中心化」的過程。表象上看，是經濟體對區域經濟活動參與減少、經濟活力萎縮，實質上是區域競爭力的下降。因此，「臺灣經濟邊緣化」除了「市場空間縮小」層面的意涵外，更主要的是臺灣在亞太經濟乃至全球產業分工鏈中的定位問題。在過去半個世紀的時間裡，臺灣經濟創造了世人矚目的發展奇蹟，其區域經濟地位從美、日經濟的邊緣上升為亞太區域的技術、產業中介。然而，全球化浪潮的推進，大陸等發展中經濟體的替代競爭，以及「入世」帶來的挑戰，加之臺灣政治生態等非經濟因素的負面影響——凡此種種，都在改變著臺灣經濟賴以發展的社會、經濟環境，動搖著臺灣經濟在亞太產業分工鏈中的既有地位，使臺灣經濟面臨「由產業分工地位下降導致經濟邊緣化」的挑戰。

（四）經濟發展戰略「泛政治化」問題

新世紀以來，臺灣首次「政黨輪替」，臺灣以及兩岸政治生態發生變化：一方面是朝野政黨紛爭不斷，一方面是民進黨「臺獨」政治訴求下兩岸關係的嚴重倒退。臺灣從「臺獨」政治出發，統籌全球化、兩岸以及臺灣財經政策，從而導致其經濟戰略「泛政治化」，集中表現在以

下兩個方面：

其一是以遏制兩岸經貿關係發展為出發點推行「全球布局」戰略。「全球布局」戰略是臺灣在2001年8月的「經濟發展諮詢委員會」上提出來的，主要內容是「深耕臺灣、布局全球」，對於兩岸經貿關係，一方面主張以「積極開放，有效管理」取代「戒急用忍」，一方面主張加強「風險管理」。這次「經發會」雖然在臺灣有識之士的呼籲下就「鬆綁」兩岸經貿關係達成了很多共識，但在繼後執行上卻大打折扣。事實證明，受「臺獨」政治影響，臺灣經濟「全球布局」戰略非但沒有得到真正意義上的貫徹和落實，而且在實際推行中偏離其原有的經濟利益訴求，最終演變為針對大陸的「市場分散」策略。臺灣一方面對兩岸經貿關係實施「假開放，真管理」，一方面積極深化與大陸以外的經濟夥伴關係，試圖以「多元分散」策略減緩兩岸經貿關係的發展步伐。

其二是為達成鞏固政權、競選連任等目的，陳水扁當局以意識形態主導臺灣財經政策，致使其施政中心不再是圍繞經濟發展而是圍繞政治鬥爭，諸如與在野黨在「核四」、「防SARS」、「黨產」、「公投」、「制憲」等政經議題上攻訐不休，以及為選戰而出臺一系列短期性社會福利政策等，都充分體現了其「政治主導經濟」的「泛政治化」。

總之，臺灣的「經濟發展戰略泛政治化」使臺灣政治因素對於臺灣經濟的影響，在民進黨執政以來的四年內上升到主導地位，其所引發的臺灣政局動盪、財經政策搖擺不定、兩岸關係前景不明，特別是遲遲無法達成兩岸直接「三通」等，最直接的後果是造成臺灣投資環境急劇惡化，僑外投資持續下滑，臺灣企業加速外移，歐美商會紛紛撤離等。總之，臺灣從「臺獨」理念出發，統籌全球化、兩岸以及臺灣財經政策，造成了臺灣經濟環境惡化，使臺灣經濟錯過了許多發展良機。

二、大陸經濟成長對臺灣經濟「四化」的影響

「四化」問題，究其根本，是內、外部經濟、非經濟因素共同作用的結果，是臺灣經濟結構性、當局戰略性等深層次問題的反映。「出口導向產品單一化」是傳統產業出口萎縮與高技術產業內部結構性失衡的矛盾顯現；「新產業空洞化」導因於全球IT產業生產經營模式的變革，但其實質仍然是臺灣電子資訊產業本身結構升級及其在國際IT產業價值鏈中所處地位問題；至於「臺灣經濟邊緣化」，表象上看是臺灣游離於區域經濟集團化而導致其區域經濟地位的下滑的走勢，但最終取決於其區域經濟角色調整，相當程度上是臺灣全球化戰略取向的函數；而「經濟發展戰略泛政治化」的主要根源則在於臺灣以「去中國化」意識形態統籌對外經濟政策。

「四化」問題由來已久，但在21世紀初期凸顯出來，主要是受全球化、區域化浪潮衝擊所至。特別是大陸作為亞太新經濟增長中心的崛起及其對全球化、區域化的積極參與，對臺灣經濟「四化」問題產生了尤為深刻的影響。大陸經濟的成長效應，對於臺灣而言，有積極的一面，也有消極的一面，但在兩岸政治「哈哈鏡」的作用下，在臺灣的政治宣導下，其消極面被放大，以至臺灣存在將「臺灣經濟邊緣化」、「產業空洞化」歸咎、問責於大陸「磁吸作用」的輿論。因此，有必要就大陸經濟成長對臺灣經濟「四化」的影響加以客觀評估，以正確認識「緊密兩岸經貿往來」與「保障臺灣經濟安全」之間的關係。

（一）大陸經濟成長對臺灣經濟發揮「增長引擎」的作用；兩岸貿易穩定增長有利於減緩臺灣對外貿易波動性。

近年來，特別是中國「入世」後，低要素成本優勢與市場商機的顯現，使中國成為全球資本聚集地。一方面原來分散在其它東亞國家的來自東亞區域外的跨國投資轉向大陸，另一方面包括日本、韓國、東南亞和港臺地區的東亞區域內的製造業資本也向大陸的遷移。2003年大陸新批設立外商投資企業41081家，比去年增長20.2%；全年吸引合約外資

1150.7億美元，同比增長39.03%；實際使用外商直接投資535.05億美元，同比增長1.44%。以實際投入金額計算，2003年對華投資前十位的國家和地區依次為：香港、維爾京群島、日本、韓國、美國、臺灣省、新加坡、西薩摩亞、開曼群島和德國。近年來流入中國的外資不僅在數量上迅猛增長，而且在質量上也有明顯提升，伴隨日、韓等跨國製造商而來的往往是他們的配套研發部門和一些高端產品。這些跡象表明，中國正在成長為東亞乃至全球的製造業中心。此外，中國本土重工業化的推進和國民消費水平的提高啟動了潛力巨大的內需市場，同時外商投資也帶動原物料及中間產品需求的增加——中國正在成為世界各國（地區）競相角逐的「世界市場」。特別是泰國、新加坡、韓國、臺灣等東亞經濟體都相繼以中國作為第一出口國（或最大貿易夥伴）。總之，作為「世界工廠」、「世界市場」的中國，正以其巨大的磁吸力量匯聚全球資本、物流、訊息流，集成而為亞太區域經濟增長的新極核，帶動周邊國家（地區）乃至全球經濟成長。

　　依據經濟比較利益法則以及區域經濟成長的「近鄰效應」，根植東亞、與大陸一衣帶水的臺灣，因為享有與大陸的經濟互補優勢以及地緣、語緣優勢，更有條件在與大陸這一新經濟增長中心的互動中獲取利益，成為新一輪東亞經濟重組的大贏家。近年來兩岸經貿發展對臺灣經濟增長、經濟轉型的貢獻是有目共睹的，大陸已經成為臺灣經濟發展的重要動力。特別是在新世紀初期臺灣經濟景氣急劇衰退形勢下，更加凸顯出大陸經濟對臺灣經濟的重要支撐作用。進入新世紀以來，由於臺灣內部經濟環境惡化，出口、投資、消費——拉動經濟增長的「三架馬車」中，唯有出口維持相對的活力。僅就2003年臺灣經濟成長情況分析：2003年臺灣民間消費增加率、固定投資均創40多年來最低紀錄，在如此嚴峻的內需不振形勢下，臺灣經濟仍能夠達到3.15%的年增長，其主要動力來自外部需求即貿易出超，貢獻率高達82%，其中，與大陸貿易出超403.7億美元，是臺灣對全球貿易出超147.2億美元的2.74倍。可見，兩岸貿易已經成為臺灣經濟成長的主要牽引力。此外，兩岸貿易具有穩步

持續增長的特徵。四年來臺灣對大陸進、出口成長最為穩定。即使2001年面對臺灣進、出口市場的全面衰退，大陸市場的縮減幅度也是最小的。兩岸貿易這種穩步持續增長的特性對「出口導向產品單一化」所導致的臺灣對外貿易波動造成了重要的緩解作用。

（二）大陸作為新增長中心的出現，促進了亞太乃至全球產業分工鏈重組，客觀上對臺灣的經濟轉型產生壓力和挑戰。

從區域經濟空間演進角度考察，新增長中心的出現會導致新投資、貿易網路的形成，從而引發區域資源重組，產業重構，進而打破既有的經濟循環模式和業已建立起來的競爭均衡，形成新的區域產業分工格局，以及新的競爭均衡。新增長中心所引發的區域經濟空間結構、梯度的變化，無疑會使區域成員感受到不同程度的衝擊和壓力。依靠低要素成本優勢從事代工製造，是目前中國參與東亞區域以及全球產業分工的主體模式。因此，中國作為「世界工廠」的崛起對於以加工製造業為支柱的東亞經濟體而言，意味著強大的替代競爭壓力。而加速產業升級、提升產業分工地位則是應對競爭、抓住機遇、謀求發展的最佳選擇。

臺灣的製造業一向以傳統的代工生產模式為主，成本、規模、產業集聚效應是其競爭優勢所在，但大陸在上述方面成長迅速，逐漸取代臺灣成為亞太「製造中心」，從而在客觀上加速臺灣傳統代工優勢的喪失，迫使臺灣產業加速「西進」。據統計，1991—2003年間，臺灣製造業FDI中有73.9%流向大陸，2000-2003年更高達80.4%；其中電子電器業FDI中流向大陸的份額為66.3%，2000-2003年更上升至72.4%。在臺灣社會政治經濟環境惡化的大背景下，臺灣製造產業的這種加速「西移」與「外人投資」的躑躅不前以及民間投資意願的急劇下降所形成的巨大反差，自然引發了臺灣諸如「生產基地西進，排擠『國內』投資」、大陸「磁吸作用」導致臺灣「產業空洞化」等疑慮。

事實上，產業外移是全球化下資本加速流動的大勢所趨，是經濟發

展的階段性特徵，這樣的趨勢並不只限於海峽兩岸，全球已開發的國家，包括美國、日本和歐盟，都面臨此類的產業外移；產業外移並不必然導致產業空洞化，產業升級滯緩導致新、老產業銜接不力而出現產業「斷層」危機，才是「產業空洞化」的根本源頭。臺灣的訊息電子產業主要因循「代工模式」，缺乏自主研發，技術提升緩慢，在產品附加值、品牌和服務方面都很薄弱。當較低層級的資訊硬體製造業為適應全球化下訊息產業「供應鏈管理」模式而外移尋求新發展空間時，臺灣高階產品成長有限、新形態應用領域開發不足，自然無法填補產業外移造成的「空洞」。

　　大陸對臺灣資本的確存在巨大「磁吸作用」，但這種磁吸力量是透過市場經濟規律發揮作用的。如果說有超越市場的「魔力」，則應歸因於臺灣當侷限制性兩岸經貿政策的「推力」效應——正是臺灣對兩岸經貿「假開放，真管理」，極力離間兩岸經貿關係，遲遲不開放兩岸「三通」等諸如此類的種種作為反而迫使臺灣企業加快轉移大陸的步伐。由此可見，臺灣產業升級不力和臺灣的「泛政治化」才是臺灣「新產業空洞化」的始作俑者。大陸以「競爭促進者」身份所形成的對於臺灣經濟轉型的壓力和挑戰，從積極的角度思考，恰是臺灣實施經濟轉型的契機和動力。

　　（三）大陸經濟對區域化的積極參與有力地促進了東亞經濟整合；借助兩岸經濟一體化融入其中是臺灣防範經濟「邊緣化」的最佳途徑。

　　1990年代以來，經濟全球化和區域經濟集團化步伐加快。在這一進程中，隨著開放的不斷深入，大陸越來越多地參與多邊貿易體制和不同形式的區域經濟合作，目前已經加入的區域合作組織包括亞歐會議、曼谷協定、中國——東盟（10+1）合作機制、亞太經濟合作組織（APEC）、上海合作組織、中日韓——東盟（10+3）合作機制等，合作對象包括歐洲、北美、東南亞、南亞、中亞等地區。其中尤以「中國

——東盟（10+1）」合作機制為新世紀以來大陸對外經濟交往的新亮點。對於大陸的積極態度，有臺灣學者評論說：「以市場誘因為後盾，結合泛亞洲民族主義，使得中共不但表達了融入新國際秩序的企圖，也展現了主導的實力，一改過去改造國際秩序的理念。……最足以說明北京方面以參與取代介入，以領導代替革命的新建設性交流政策」。實際上，大陸成為東亞區域經濟一體化的重要推動力，關鍵在於經濟的日益崛起和市場空間的日益顯現。「正在成為東亞共同的製造業中心的中國已經把東亞各國的經濟聯繫在一起了」，因此，「東亞國家就有必要簽訂這種協議來保護這種分工，這種合作，使大家共享區域利益」。

近年來，面對亞太經濟整合新格局，臺灣把與美、日以及東南亞國家洽簽「FTA」提高到謀求其所謂「國際空間」的「高度」傾力加以推動，但都沒有收到預期效果。實際上，兩岸經濟一體化是臺灣經濟參與東亞經濟「機制性」整合，防範「邊緣化」危機的便捷通道。這條通道不僅能夠使臺灣經濟盡快融入區域一體化，實現其「全球布局」的產業擴張策略，拓展更廣闊的市場空間，而且可以整合兩岸資源優勢重塑臺灣經濟競爭力，有助於鞏固、提升臺灣的區域經濟地位。就此角度而言，能否盡快融入東亞經濟一體化整合，避免經濟邊緣化，很大程度上取決於臺灣的戰略取向：是執著於「遠離大陸的經濟多元分散」，還是依據比較利益法則與大陸經濟持續整合。

三、深化兩岸經濟合作才是解決臺灣經濟「四化」問題的有效途徑

透過前述分析，可以明確：臺灣對外經濟層面所凸顯出來的「四化」問題是臺灣經濟本身結構性矛盾的顯現，而臺灣政治訴求下的戰略導向造成了推波助瀾的作用；大陸作為亞太區域新製造中心的崛起及其對全球化、區域化的積極參與，於臺灣經濟而言，是機會也是挑戰。

事實上，在全球化浪潮下，兩岸經貿關係已不單是兩岸之間經濟往

來的問題，還必須從全球化、區域化的高度加以探討。所謂全球化，具體而言，就是在關稅壁壘消除、訊息科技大發展前提下，以追求最大獲利機會為目的，全球資本、技術、工作機會在世界各國（地區）之間加速流動，進而形成全球產業分工網絡的過程。在此進程中，不論是政府、企業或民間部門都將面對來自全球範圍的競爭，都將有機會掌握全球各地的商機，也都必須不斷提升自己的核心競爭力以應對全球性的挑戰。經濟全球化促進了世界各國（地區）經濟的融合和發展，極大地提高了全球範圍內生產要素配置效率和資源利用效率。但其消極後果卻是對世界各國（地區）非對稱的衝擊效應和日益加劇的兩極分化。一國（地區）要在客觀必然的經濟全球化進程中降低不利衝擊、獲取更多利益，其一是透過發揮比較優勢，提升國際競爭力；其二是透過與其它國家（地區）的經濟結盟，建構內部市場風險共擔機制，以抵禦和緩解全球化浪潮的衝擊，這正是區域經濟一體化與世界經濟全球化並行發展的主要原因。從上述角度來看，兩岸經貿關係不僅是兩岸之間的經濟交往，而且是全球、區域產業分工體系下的必要環節。企業對外投資，與全球生產體系緊密結合，是企業提升競爭力、拓展生存空間的基本策略，臺商對大陸投資也是基於市場經濟規律的理性選擇，至於由此引發臺灣「資本外流」、「產業空洞化」以及「經濟邊緣化」等現象，根源在於臺灣經濟本身結構性問題，很大程度上也受政府政策導向的負面影響。將其簡單地歸咎於產業外移現象、歸咎於大陸「磁吸作用」則有失偏頗。

兩岸經貿關係是在「後冷戰」時期「經濟合作取代政治衝突」的國際政經大氣候中，在全球化浪潮的推動下，隨著臺灣經貿重心向亞洲轉移而孕育、發展起來，又是以新世紀初期兩岸先後「入世」為契機獲得更大進步的。兩岸經貿是經濟全球化的產物，也必然隨著經濟全球化的推進而成為不可遏止的潮流和趨勢。因此，因勢利導，抓住大陸經濟成長所帶來的發展機會，推進與大陸經濟深度整合，構建兩岸產業優勢互補、合作分工的聯動格局，有利於加快臺灣產業升級步伐，推動經濟結

構轉型，不失為解決臺灣經濟「四化」問題的有效途徑。

解決「四化」問題要從臺灣經濟結構轉型著手，包括推進高科技產業結構多元化、資訊產業內部結構升級以及推進傳統產業訊息化、高附加值化等方面：①在總體發展策略上，就是由原有代工製造的出口導向模式重新定位，注重研發、設計和品牌、營銷、運籌等服務環節，也即向「微笑曲線」兩端提升。而把產業鏈低端的製造加工功能轉移至大陸，這樣既可以因應大陸的「替代競爭」，又可以利用大陸的「製造中心」資源實現經濟結構升級。②在具體產業發展方面，依據比較優勢，選定策略發展的產業。目前臺灣規劃除大力發展以LCD為主導的光電產業、半導體專工產業以推進電子訊息產業內部升級外，未來發展納米技術、生物技術等高新技術產業。但這些產業尚處於初始研發階段，短期內難以達成規模經濟。此方面存在兩岸分工合作的巨大空間：大陸基礎科技研究實力雄厚，研發人才眾多，研究成果豐碩；臺灣在科學研究成果的轉化、企業市場營銷的能力、分銷網絡的建設等科技商品化方面，以及在微電子、通訊、電腦、光電等產業等國際化營銷網絡方面有明顯優勢。據此，兩岸可以考慮在「共選項目、共同研發、共合資金、共享市場」方面展開高科技商品的產業化合作。

「四化」問題既有結構性因素，也有戰略性因素，而在目前兩岸政治矛盾糾結的大環境下，消除臺灣經濟發展戰略的「泛政治化」更成為解決臺灣經濟「四化」問題的關鍵所在。其核心在於跳脫當局的「政經連環套」，從全球化、區域化、兩岸經濟一體化聯動發展角度，重構臺灣經濟發展新思維。具體而言就是鬆綁兩岸經貿關係，開放兩岸「三通」，使兩岸經貿關係在市場經濟規律的導引下向縱深發展。唯此，才能進一步發掘兩岸經濟互補優勢，使臺灣經濟得以充分利用大陸的腹地資源和市場，在與大陸這一亞太經濟新成長中心的的互動整合中，奠定發展新利基。

(本文發表於《臺灣研究集刊》)

臺灣經濟現狀與前景分析

鄧利娟

　　臺灣經濟在2001年出現50年來首次負增長後，2002、2003年維持著低增長態勢，2004年在國際經濟景氣帶動下呈反彈復甦，經濟增長率達6.07%，為1998年以來最高水平。但是2005年卻又發生了逆轉，經濟增長率大幅下滑。本文將分析一年來臺灣經濟發生的變化及其原因，展望未來一年的走勢。

一、經濟運行的基本狀況及影響因素分析

　　由於國際經濟景氣轉緩，加上國際油價高漲等因素，2004年底臺灣與國際重要經濟機構均預測2005年臺灣經濟將不如2004年，經濟增長率介於4.1—4.8%之間。但實際情況卻還遠不及預期，2005年臺灣經濟不僅增長速度大幅下滑，而且經濟結構性問題更顯突出。

　　（一）經濟增長大幅下滑，民生痛苦指數創新高

　　2005年以來，隨著國際景氣擴張減緩，臺灣製造業生產與出口明顯下滑，而臺灣民間消費增加有限，民間投資又從2004年的高點大幅回落，上半年總體經濟僅增長2.73%。下半年製造業生產逐漸回升，出口增長有所加快，加上當局加快推動公共建設，臺灣「行政院主計處」初步統計第3季經濟增長4.38%，預測第4季經濟增長率再升至5.28%，合計下半年經濟增長4.83%。全年經濟增長率預估3.80%，GNP為3547億美元，人均GNP 15659美元。與2004年6.07%的經濟增長率相比，2005年減少了2.27個百分點，臺灣經濟重新回到低增長水平。

物價方面2005年延續2004年持續升高走勢，1—10月份消費者物價指數（CPI）年增率2.29%，其中，商品類價格指數上揚3.77%，服務類價格指數上漲0.58%。與過去幾年物價持續下跌、呈現通貨緊縮的局面相比，2005年明顯上升主要是受到蔬果、油價、健保負擔漲價的影響，其中蔬果價格大幅上漲的影響尤為突出，7—8月臺灣遭受多個颱風襲擊，農業損失嚴重，導致果蔬類價格大幅度波動。

物價持續走高，使臺灣的民生痛苦指數（失業率加消費者物價指數年增率）大幅提升。自2000年以來臺灣痛苦指數持續上升，由4.25%升至2004年的6.06%。2005年1—10月臺灣的失業率為4.17%，物價年增率2.29%、民生痛苦指數為6.46%，創歷史新高。物價明顯提高還使臺灣出現實質平均工資負增長與銀行存款實質負利率狀況，加重民眾生活痛苦程度。2005年1—9月臺灣工業及服務業受僱員工每人月平均薪資（含經常性與非經常性薪資）為44724元，較上年同期增加1.78%，其中經常性薪資為35601元，較上年同期增加0.99%，均趕不上物價的上漲幅度。利率方面，臺灣銀行、合作金庫及三商銀平均一年期定存固定利率是1.79%，而物價上漲率則超過2%，實質利率為負數。

（二）影響臺灣經濟增長的因素分析

2005年以來影響臺灣經濟增長的需求面與生產面均呈疲弱，從而造成經濟增長動力不足。

1、內需增長乏力，外需大幅萎縮

臺灣內部需求中，民間消費占GDP的比重超過60%，是影響經濟增長的最重要因素之一。2005年以來困擾臺灣多年的失業問題有所緩和，但對民間消費的增加並無明顯作用。由於臺灣政爭不斷，當局弊案醜聞接二連三，社會不安加劇，社會大眾對臺灣經濟前景的憂慮表現為消費信心不足，另一方面，經濟景氣趨緩，物價上漲，股市震盪低迷，導致民

眾財富與所得縮減,影響消費能力,1—3季民間消費增長率依次為2.56%、2.98%、3.69%,預估全年為3.05%,低於上年3.91%的水平。而另一個影響經濟增長的重大因素——民間投資,也因為臺灣投資環境惡化問題依舊,加上全球經濟景氣擴張放慢,增長急劇下滑。2004年民間投資年增長率為30.96%,而2005年1—3季民間投資分別增長10.52%、8.95%及-2.00%,預估全年民間投資僅增長3.00%,嚴重削弱經濟增長的動力。2005年僑外對臺投資也呈衰退之勢,1—11月核准僑外投資金額計31.24億美元,較上年同期減少5.30%。按照臺灣「行政院主計處」的綜合統計,預估2005年臺灣需求增長率由上年的6.99%降至2.60%,對經濟增長貢獻則由上年的6.30個百分點降至2.37個百分點,對經濟增長貢獻所占的比重則由上年的103.79%降為62.37%。

外部需求方面,2005年以來由於國際油價居高不下,全球經濟景氣趨緩,臺灣對外貿易受到明顯影響,貿易出超大幅縮減。按海關統計,2005年1-11月對外貿易總額3395.9億美元,較去年同期增加9.2%,其中出口增加8.2%,為1722.3億美元;進口增加10.2%,為1673.6億美元,出超48.7億美元,較上年同期大幅減少32.7%。而按國民所得統計,「主計處」預估,2005年臺灣商品及勞務輸出增長6.12%,而輸入增長4.40%,合併計算後外部淨需求對經濟增長貢獻1.43個百分點,對經濟增長貢獻所占的比重為37.63%。

以上分析說明,2005年臺灣經濟增長明顯下降,從需求面來看主要是因為內需部分民間消費與投資的不振,外部需求雖不振,但對經濟增長仍有小幅貢獻,好於上年的負貢獻。

2、製造業生產增長明顯減緩,服務業呈小幅增長

按照臺灣「行政院主計處」最新修正的統計資料,2004年服務業占GDP的比重高達72.73%,工業占25.58%(其中製造業占21.95%),目前臺灣的產業結構明顯以服務業為主幹,但製造業仍占舉足輕重的地位。

2004年臺灣製造業生產增長9.45%，對經濟增長貢獻2.25個百分點，是經濟增長的重要來源。但隨著國際景氣趨緩，國際市場需求減弱及產業持續外移，自2004年第4季起製造業生產增長已明顯放慢，2005年第1、2季則繼續維持2.02%、2.23%的低增長水平，第3季才提高至5.83%，製造業對經濟增長的影響大幅降低。而以內需市場為面向的服務業，由於內需增長乏力，2005年以來也僅呈小幅增長的態勢，難以充分發揮主導產業部門支撐經濟較快增長的作用。1-3季度，服務業增長率分別為2.52%、3.67%及4.25%。其中，商業因油價高漲及颱風造成物價上揚，影響民眾消費意願，上半年增長5.9%，較上年同期減少4.9個百分點，第3季增長率為6.4%；運輸、倉儲及通信業上半年增長4.0%，較上年同期減少5.3個百分點，第3季增長率為5.39%；而金融保險業上半年僅增長0.9%，較上年同期減少6.2個百分點，第3季增長率提高為5.39%。特別值得一提的是，2005年在歐、美、日、韓、新、港等全球股市相繼創下新高紀錄、1-11月外資投入臺灣股市淨匯入額達203億美元的情況下，由於臺灣政局動盪不安，投資者對臺灣經濟信心不足，再加上相繼爆發股市內線交易的「禿鷹案」等醜聞，臺灣股市持續呈現疲軟不振狀態，平均加權股價指數在6000點上下盤桓，其中1、4、5及10月份股價指數均在6000點以下。

二、導致經濟增長衰退的原因分析

自新世紀以來臺灣經濟陷於持續低迷甚至衰退的困境，僅2004年在國際景氣強勁復甦帶動下有所好轉，之所以如此，除了國際因素外，主要在於臺灣政局改變後，新上臺的民進黨當局，不但沒有對經濟發展中存在的產業結構脆弱化、金融與財政惡化等結構性經濟問題進行有效改革，而且是以政治鬥爭為中心工作、以選舉勝利為首要任務，造成臺灣政局動盪不安、兩岸關係緊張對峙以及財經政策搖擺不定等一系列不利經濟發展的新變數。2005年臺灣經濟增長大幅衰退的基本原因依然如故。不過，由於環境的變化，一年來臺灣經濟生活中呈現若干明顯的新趨向，這些新趨向不僅是臺灣經濟增長衰退的直接原因，而且也會深刻

地影響未來臺灣經濟走向。

（一）產業競爭力下降導致貿易順差縮減加劇

出口一向是臺灣經濟增長的主要動力之一，而2005年以來引起臺灣各界高度關注的一個經濟現象就是出口增長明顯減速，貿易順差縮減加劇。2003年及2004年臺灣出口年增率分別為10.40%與20.69%，而2005年1—3季出口增長率僅7.77%、5.99%及7.12%，預估全年增長率為8.55%，較上年大幅減少12.14個百分點。相應的2005年臺灣的貿易順差由2003年的169.31億美元及2004年61.24億美元再下降至50億美元左右。對於臺灣出口增長大幅下滑的原因，臺灣及部分學者認為除了國際景氣轉緩，外部需求減弱外，主要在於近年臺灣產業「臺灣接單、海外生產」趨勢明顯加強。據臺灣「經濟部」統計資料，臺灣製造業臺灣接單海外生產的比重由2003年的24.03%上升至2004年的32.12%，2005年1-9月再至38.89%，其中資訊通信業轉單生產的比重則由45.41%升到60.71%及73.07%。應該說這兩個因素都直接影響了臺灣出口的增長，但卻不是根本性的因素。2005年1-7月韓國、新加坡及香港出口分別增長10.8%、13.6%及8.3%，而臺灣只有6.7%的增長率，國際因素顯然不足以說明臺灣出口增長的衰退。而隨著臺灣產業持續向海外特別是大陸轉移，確實會產生出口地轉移現象，導致外銷訂單與實際出口金額差距擴大，同時隨著臺商所在地生產體系的完善，臺商投資帶動出口的效應也會逐漸下降。但是，在產業逐漸成熟之後，向外尋找勞力與原料便宜之地以降低生產成本是經濟發展過程的自然現象，特別是在經濟全球化加速發展的今天，廠商為了維持競爭力調整生產基地，加快全球布局是難以避免的趨勢。其他國家及地區也有相同的經歷。因此問題的關鍵不在於產業外移造成的轉單生產效應，而在於臺灣自身產業升級的速度慢於產業外移的速度，無法形成足夠新的有競爭力的產業或產品，創造出口新來源，整體產業競爭力趨於下降，具體表現如下。

1.勞動生產力增長衰退。

勞動生產力的不斷提高是維持產業競爭力的關鍵性因素。臺灣製造業的勞動生產力年增率自1995年以來基本維持在5%至9%之間，2002年達9.55%，但近年來由於投資不足、生產技術進步緩慢等原因已有降低之勢，2003-2004年分別降到5.29及5.89%。2005年以來臺灣生產力增長趨緩的現象更加突出，1—9月製造業生產力僅較上年同期增長1.35%，創下近10年最低水平。而同期製造業受僱者總薪資較上年同期增加3.62%，單位產出勞動成本上升2.61%，產品競爭力無疑受到明顯的削弱。

2.高科技產品占出口的比重下降。

1990年代以來隨著臺灣產業結構的轉型升級，高科技產業發展迅速，高科技產品逐漸替代傳統的勞力密集型產品成為臺灣出口主力。2000年高科技產品出口值達828億美元，占出口總值的55.8%。但此後受到全球景氣低迷與產業升級步伐放慢等因素的影響，高科技產品出口值即明顯萎縮，2004年高科技產品出口比重下滑至52.1%，2005年更從1月的51.3%逐月下滑至8月的50.9%，大致倒退到7年前的水平，臺灣出口競爭力下降的關鍵原因即在於此。

3.與日、韓貿易逆差持續擴大。

臺灣產業升級滯後，競爭力下降還突出表現在臺灣產業水平呈現與韓國拉大差距之勢。90年代電子訊息產業成為臺灣產業的主流，是支撐臺灣經濟增長與出口的主力。但因研究與發展的投入不足，技術自主性不高，臺灣訊息電子業的關鍵零組件及中間原料大量依賴從日本進口，導致臺灣對日貿易逆差持續上升。新世紀以來臺灣經濟這種結構性的問題不僅沒有緩解，反而進一步擴大至原來產業結構類似、互為競爭對手的韓國。DRAM與液晶面板是臺灣近年大力發展重點產業，但關鍵性零組件卻需要由韓國大量進口，從而造成近年臺灣對韓國的貿易逆差不斷擴

大，2004年逆差額達62.8億美元，較上年大幅增加52.5%。2005年1—8月，臺灣對韓國貿易逆差額48.8億美元，較上年同期增加28.5%，預估全年臺灣對韓國的貿易逆差將超過75億美元。當臺灣整體出口增長衰退，而對日、韓貿易逆差卻持續擴大時，貿易出超必然大幅縮小。

在世界經濟論壇（WEF）的《2005—2006全球競爭力報告》中，臺灣的「成長競爭力」（衡量一國及地區未來中長期經濟持續成長的潛力）排名第5，雖較上年滑落1名，卻仍為亞洲之首。其主要原因是臺灣民間科技與創新表現突出。然而以上分析說明，近年來臺灣這種潛力並未充分發揮而轉變為實際的競爭力，現實中臺灣的競爭力正呈明顯下滑的趨向。

（二）泛濫的金權政治嚴重侵蝕經濟肌體

新世紀以來臺灣經濟備受非經濟因素的困擾，突出地表現為臺灣在施政與兩岸關係問題上一切以政治利益與意識形態為優先，經濟發展甚至成為其犧牲品。而2005年這種非經濟因素的影響又有新的擴張。一年來臺灣相繼爆發了高速鐵路延期、「股市禿鷹」、高雄捷運弊案等一系列重大弊案，可謂近年爆發各種弊案最多的一年。臺灣內外關注較多的是這些弊案對政局與選舉的影響，而實際上不容忽視的還有，這些弊案所反映出的政商勾結普遍、金權政治泛濫問題，已成為嚴重侵蝕臺灣社會經濟肌體的巨大毒瘤，使其不斷喪失健康發展的動力。

其一，造成公共建設投資效率低下。從理論上講，擴大公共建設投資可以刺激總需求擴張，又可在供給面加強基礎設施，提高社會總生產力。特別是在臺灣經濟多年持續低迷不振的情況下，公共建設投資的作用顯得尤其重要。但是由於金權政治的深刻介入，造成臺灣一系列重大公共投資案成本高、效率低。「高鐵案」即是個典型。原本是個由民間主要投資而「政府零出資」的BOT案，但由於原始股東與臺灣有特殊密切的關係，官方資金相繼大量注入，至今已達1057億元新臺幣，致使當局

由「零出資」變成為最大股東，完全背離了BOT的原則。不僅如此，由於資金缺口巨大及工程進度的嚴重落後，原定2005年10月通車的高鐵被迫推遲一年通車，造成損失高達667.5億元新臺幣。而2005年給臺灣社會造成巨大震憾的「高捷弊案」，除了暴露出官商勾結、偽造文書、利益輸送、收受回扣、偷工減料、剝削外勞等一系列重大違法行為外，高捷工程本身的質量成了最直接的犧牲品。自工程開工以來不到2年內竟然已發生11次塌陷的安全事故，至今為止沒有一家國際再保公司和臺灣保險公司願意為高雄捷運公司承保工程財物損失險、延遲完工險及工程專業責任險。

其二，擾亂正常的經濟秩序。一系列由官商勾結造成的弊案除了對涉案的事件本身造成嚴重衝擊外，其擾亂正常的經濟秩序、製造市場混亂，對經濟肌體的傷害則更深刻。由「高捷弊案」已經揭露出來的事實看，在上自「總統府」，中經「公共工程委員會」及「勞委會」，下至高雄市政府，與廠商之間形成盤根錯節高層次的官商結構網絡的背景下，原有的經濟秩序與市場規則蕩然無存。如，當局出資比重達83%，但13名董事成員中官派董事僅有3人，完全不符比例原則，主導者還是出資僅7億新臺幣的「副董事長」；捷運建設中的6項重大工程，繞過正常程序而不採用「政府採購法」；沒有地鐵建設經驗的公司竟可獲得上百億元的大標。「股市禿鷹」案也是個破壞市場規則與秩序的典型。作為金融主管機關的「金管會」的檢查局局長竟然利用職務之便屢屢泄漏「金管會」查核上市公司的內線消息給特定股市金主，而證券交易所內部人員也透過竊取機密檔案提供內部訊息，官商密切勾結之下大肆炒作股市，牟取暴利。其結果造成股市投資者巨大損失，並嚴重影響臺灣股市交易的公平性，破壞股市正常交易，而臺灣金融市場秩序監督者的權威性更是備受懷疑。

其三，打擊民間投資與消費信心。臺灣金權政治泛濫與橫行在直接傷害臺灣經濟肌體、擾亂經濟秩序的同時，在宏觀層次對經濟更深遠的

危害就是沉重打擊了民間投資與消費信心，進而削弱經濟發展的動力。接連不斷的官商弊案爆發，造成社會動盪不安，當局標榜的「執政清廉」被貪汙腐敗所替代，公權力信用受到嚴重損害。據臺灣《遠見》雜誌《2005年外商投資意願調查》顯示，外商認為臺灣不太清廉或非常不清廉的比例高達51.3%，而對投資環境整體滿意度，外商表示滿意的由2004年的20.3%降為2005年的10.4%，不太滿意或非常不滿意的則由35.9%上升至47.8%。與此同時，民間消費信心持續低迷，據臺灣「中央大學」臺灣經濟發展研究中心發布的2005年9月份消費者信心指數（CCI），總數為71.42點，創近兩年半以來新低，其中下降幅度最大者為「未來半年投資股票時機」，指數為66.30點，較上月減少4.40點。

（三）臺灣在大陸市場的領先優勢逐漸失去

近20年來，臺灣憑藉著與大陸相同文化背景、享受特殊優惠政策及搶先進入市場等優勢，對大陸的投資與貿易在東亞國家及地區中居於領先地位。目前大陸已是臺灣最大的出口市場及最大的貿易順差來源地，大陸同時也是臺灣最大的海外投資地，日益密切的兩岸貿易關係已成為臺灣經濟持續增長不可或缺的重要動力。但是在經濟全球化區域化加速發展的背景下，臺灣卻逆潮流而動，頑固堅守限制性對大陸經貿政策，儘量拖延兩岸經貿關係的正常化。這種政策的負面效應已在2005年逐漸突顯，它使臺灣在大陸市場的競爭力削弱，原有的領先優勢逐漸失去。

1.對大陸出口增長明顯趨緩。

2005年臺灣在整體出口增長下降的背景下，對大陸的出口也呈現明顯趨緩。據臺灣國貿局的統計資料，2002—2004年臺灣對大陸出口增長率均超過20%，而2005年1-9月，臺灣對大陸出口為529.67億美元，比上年同期僅增加11.8%，低於同期大陸總體進口增長率16.1%，臺灣產品占中國大陸進口比重相應下降至11.1%。而同期韓國對大陸出口額為557.76億美元，較上年同期增長22.4%，高於同期大陸總體進口增長速度，韓國產品

占中國大陸進口比重提高到11.7%,已超過臺灣,這樣韓國取代臺灣成為大陸的第二大進口來源地。除了韓國,2005年1—9月,新加坡、泰國對大陸出口增長也高達20.3%及20.1%,由此可見,臺灣產品在大陸的競爭力已面臨嚴峻的挑戰。

2.台商對大陸投資增長速度下降。

造成臺灣對大陸出口增長減緩的原因有多種,但由於台商對大陸投資增速下降引起投資拉動貿易效應減弱應是其中一種。據國家商務部統計資料,近年台商投資大陸已出現增長衰退趨勢。2005年衰退趨勢更顯得突出,1—11月,大陸批准台商投資項目數較上年同期減少2.9%;實際使用臺資金額則較上年同期減少32.7%;僅合約臺資金額較上年增加3.8%。而按臺灣「經濟部投審會」的資料,2005年則是台商對大陸投資轉為衰退的一年。2003年、2004年台商對大陸投資件數與投資金額年增率分別為23%、19%及9%、51%。而2005年1—11月,核准台商對大陸投資件數為1188件,較上年同期減少35.40%,核准投資金額為56.24億美元,也較上年同期減少8.73%。與臺灣形成鮮明對比的是,近年韓國對華直接投資增長迅速,2004年韓國對大陸投資合約投資額139.11億美元,實際投資額62.48億美元,成為中國第三大海外投資來源國。2005年1—11月,韓國對大陸的合約投資額及實際投資額分別為181.86億美元及43.19億美元。韓商大量對大陸投資帶動了原物料與半成品對大陸的出口,這也是近年韓國對大陸出口會超過臺灣的部分原因。

三、未來經濟前景展望

展望2006年,臺灣經濟在內外環境變化的影響下,可能表現略好於2005年,但由於上述分析的造成臺灣經濟增長衰退的基本因素及新趨向並不會有明顯變化,臺灣經濟仍將維持相對低的增長水平。

就臺灣經濟發展的外部環境——世界經濟走勢而言,2005年世界經

濟在高油價等不利因素的衝擊下依然保持了穩步增長態勢，在此基礎上，2006年儘管存在油價上漲、全球經濟失衡、房地產泡沫和國際貿易保護主義加劇等方面的潛在風險，但正處於週期上升期的世界經濟仍將穩步增長。美國經濟依然保持較強增長勢頭，日本經濟可能真正走上復甦的軌道，歐元區經濟也有緩慢加速的跡象，而中國和印度等主要發展中國家經濟仍將繼續保持強勁增長。多數國際權威預測機構預測2006年全球經濟將與2005年持平。國際貨幣基金組織（IMF）9月預測2006年全球經濟增長率為4.3%（2005年為4.3%）；環球透視機構（Global Insight Inc.）11月預測2006年全球經濟成長率為3.2%（2005年為3.4%）。外部大環境持續平穩的發展，將有利於臺灣外貿一定程度的擴張。

兩岸關係問題依然是影響未來臺灣經濟走向的重大因素。儘管2005年以來由於大陸方面的積極推動兩岸關係有些可喜的新進展，但總體而言，只要臺灣不放棄「臺獨」立場，就會繼續堅持限制與大陸經貿往來的經濟戰略思維，盡力拖延兩岸經貿關係的正常化的進程，從而傷害臺灣經濟的競爭力。特別是，當前東亞區域經濟整合正加速發展，除了中、日、韓與東盟10國的合作框架機制（「10＋3」）運作外，中國與東盟10國的自由貿易區（「10＋1」）建設正在積極推進中，臺灣如果由於兩岸因素繼續游離於這種區域合作潮流的話，無疑將被「邊緣化」，臺灣產品將因此更加無法與韓國及其他國家及地區競爭。不過，2006年兩岸經貿互動也存在局部突破的可能性，如大陸積極推動的開放大陸民眾赴臺旅遊。如果這一舉措得以實施，將會拉動臺灣各項投資和消費，帶動服務業的發展，進而有助於提升臺灣整體經濟的增長。

在內部環境方面，各種影響因素在2006年難以好於2005年。除了長期積累下來的產業結構、財政金融及金權政治等結構性問題短期內不易解決，仍將制約臺灣經濟有效增長外，對經濟不利的因素主要有：（1）政局將持續動盪不安。2005年臺灣政局劇烈動盪，2006年仍將不平靜。民進黨當局在2005年年底「三合一」選舉敗選後，反省改革的趨向並不

明確，而黨內接班問題又將加劇內部矛盾，未來施政必將面臨各界更多的壓力與阻力。另一方面，圍繞臺北及高雄市長、市議員選舉與各種議題，朝野各黨將展開新一輪激烈較量。沒有穩定與協調的政治環境，整體經濟的前景是難以樂觀的。前述《2005年外商投資意願調查》顯示，對「臺灣未來一年的經濟成長表現看法」，表示悲觀及十分悲觀的由上年的24.2%上升至31.3%，而表示樂觀及相當樂觀的則由上年的39.8%下降為20.9%。（2）投資增長欲振乏力。儘管臺灣「經建會」希望透過落實公共投資效率及激勵民間投資需求來提升臺灣投資，「經濟部」也強調根據調查顯示，2006年民間新增投資目標可達8682元新臺幣，與2005年大致持平，但實際上由於政局動盪、金權政治泛濫導致投資環境持續惡化，民間投資意願難以明顯提升，「主計處」預估2006年民間投資增長3.6%，僅比上年略增0.6個百分點。公共投資方面，受困於財政惡化與官商勾結的橫行也難有明顯成效。臺灣「行政院」送往「立法院」審議的「2006年度總預算案」中，經濟發展支出為2044億元新臺幣，較上年度減少18.4%。（3）民間消費增長有限。臺灣「經建會」計劃在2006年將失業率控制在4%以內，消費者物價指數上漲率在2%，希望有助民間消費穩定增長，但能否達成尚待觀察。事實上，民間對臺灣經濟前景信心不足，在新的一年裡消費信心與能力難有大的改善，民間消費增長仍將有限。「主計處」預估2006年民間消費實質增長3.1%，與2005相同。

  綜合以上分析，2006年臺灣經濟形勢將大致與2005年相近，倘若世界經濟形勢比預估的好，或兩岸經貿關係能有局部突破，前者將有可能略好於後者。按臺灣官方機構的預測，「主計處」預計2006年經濟增長率為4.08%；而「經建會」制定的經濟增長率目標則為4.5%。民間主要經濟機構對2006年經濟增長率的預測分別為，「臺經究」3.91%；「中研院」4.25%。概言之，如果不發生重大突發性事件的話，2006年臺灣經濟增長率將在4%上下。

  （本文發表於《廈門大學學報》）

現階段臺灣貿易政策及其影響評析

鄧利娟　熊俊莉

　　臺灣於2002年加入世界貿易組織（WTO），這意味著臺灣作為WTO成員，必須積極調整其貿易及其相關政策，減少、消除貿易與投資的障礙，進一步開放市場，在WTO的國際經貿規範下進行公平的經濟競爭。現在5年過去了，臺灣總體貿易政策調整情況如何？臺灣長期實行的限制性兩岸貿易政策有何變化？而現階段臺灣貿易政策對兩岸經貿往來及臺灣經濟的發展又有什麼影響？本文擬就這些相關問題作初步的分析。

一、臺灣總體貿易政策的調整

　　臺灣在加入WTO前就已經開始推動貿易自由化進程，1980年代中期提出經濟自由化、國際化及制度化的「三化」政策，貿易自由化便是其中主要內容之一。臺灣主要透過降低進口關稅稅率、解除進口管制及限制等改革措施來推動貿易的自由化。2002年臺灣正式加入WTO後，為履行承諾，臺灣對其貿易政策繼續作進一步的調整開放。

（一）關稅調降

　　臺灣在入會時承諾，全部產品平均關稅稅率，由現行的8.20%調降至2002年的7.08%，並分年（2003—2011年）調降至5.53%；農產品平均關稅稅率，由現行的20.02%調降至2002年的14.01%，並分年（2003—2011年）調降至12.89%；工業產品平均關稅稅率，由現行的6.03%調降至2002年的5.78%，並分年（2003—2011年）調降至4.15%。

　　對照臺灣實際調降關稅的情況，2002年入會時，臺灣修正5301項產品的關稅稅率。2003年12月，為執行臺灣與巴拿馬雙邊自由貿易協議關稅減讓承諾，並給予低度開發國家部分產品免關稅的優惠待遇，臺灣又

修正8237項產品的關稅稅率。至此，臺灣平均名目稅率由2001年的8.20%，降至2003年的6.32%，其中，農產品平均稅率由20.02%降至13.69%；工業品平均稅率由6.03%降至4.94%。2003年以來臺灣平均名目稅率沒再變動，但其距2011年的調降目標已不太遠了。若就臺灣的平均實質稅率而言，其持續下降的趨勢也十分明顯，由2002年的2.3%降至2005年的1.5%。

（二）減少非關稅貿易限制

在減少農、工產品管制方面，臺灣入會時承諾將取消且不再實行不符WTO規範之進口限制、數量限制、簽審限制或其它具有類似效果且不符合WTO協議規定的非關稅措施。另外，臺灣還承諾於入會時，取消農工產品的地區限制措施。具體而言，現行採取管制進口或限地區進口的41種農產品，入會後除稻米采限量進口外，其餘產品分別採關稅配額措施或開放自由進口，但14項敏感農產品可採行特別防衛措施，以減輕受到不利衝擊。小客車及貨車（未超過3.5噸者）進口現行采地區限制，入會後改採關稅配額制度，逐步開放進口。入會後取消汽、機車的自製率、進口地區限制及禁止性出口補貼。入會後6個月及2年內，分別開放150CC以上機車與柴油小客車的進口。

加入WTO5年來，臺灣按上述承諾逐步減少農、工產品進口管制措施，不斷提高商品進口的自由度。據統計，在2001年8月時列入臺灣進口負面列表的貨品有1388項，占所有進口貨品總數的13.43%；其中管制進口貨品項目共252項，占2.44%；有條件准許進口者計有130項，占1.26%；列入委託查核輸入貨品表者共計1006項，占9.73%。而根據臺灣國貿局2006年2月的《限制輸入貨品、海關協助查核輸入貨品彙總表》統計，列於負面列表上的產品類別減少為1163項，占全部貨品總數（10,921項）的10.65%；管制進口貨品減少至55項，占0.5%；有條件准許進口貨品剩24項，占0.22%；其餘1084項則是委託查核輸入貨品。管制進口的貨品主要

是有機化學產品和農、礦產品，其中最大項化學產品有40項。

（三）進一步開放服務業市場

服務業市場開放包括律師、會計師等專業服務、金融、保險、證券期貨、電信、運輸、教育、電影等，臺灣在入會前已逐步推動落實。臺灣入會時承諾將進一步取消外人投資航空貨運承攬業及航空貨物集散站經營業的外資比例限制、適度允許外國律師來臺執行業務、取消電影業方面的各種限制等。而從臺灣入會後實際繼續推動服務業市場開放舉動來看，比較重要的有：

1.提高外資在電信業的持股比例。2002年6月臺灣修正「電信法」，將外資對相關電信事業的持股比例上限放寬到49%。

2.放寬保險業境外投資上限。2003年1月臺灣將保險業境外投資上限由20%提高至35%，臺灣壽險業投資境外金額隨之大幅增加，至2005年8月投資境外金額高達新臺幣1.69兆元，占壽險業全體資金運用總額比重，達30.3%，而2002年時這一比重僅為16.42%。

3.大幅放寬證券市場對外資的限制。2003年9月臺灣廢除了外國專業投資機構（QFII）制度，外資持股占股票市值比例迅速成長。截至2006年12月底止，外資持股占臺灣整體上市公司總市值比例已達33.93%。2006年一年外資投資臺灣股市淨匯入金額高達213.83億美元。

此外，臺灣還逐步取消了對外資銀行的各種限制，如刪除外國銀行增設分行須有等待期（5年），設立地區（限於臺北市及高雄市設立），以及每年增設以三家為限等限制。

總而言之，臺灣在加入WTO之前已經開始貿易自由化進程，在加入WTO之後，總體貿易政策繼續朝著自由、開放的方向調整。

二、歧視性的對大陸貿易政策

海峽兩岸自1979年恢復貿易往來後，貿易關係發展十分迅速，目前大陸已是臺灣最大的貿易夥伴。據國家商務部統計，2006年兩岸貿易額已高達1078.4億美元，占同年臺灣對外貿易總額4267.1億美元的25.3%。但是，在臺灣的《兩岸人民關係條例》及《兩岸貿易許可辦法》的約束下，臺灣一直對大陸採取嚴格限制的貿易政策，與臺灣總體貿易政策朝自由、開放方向發展形成鮮明的對比。臺灣加入WTO後，迫於WTO的規範及臺灣各界強大壓力，對相關政策作了些調整，但明顯具有歧視性的對大陸貿易政策的基本格局迄今並沒有改變。

（一）對大陸進出口商品的限制

臺灣自1988年開放大陸物品間接進口以來，一直採取「寬出嚴進」的大陸貿易政策，對大陸產品進口進行嚴格限制。開始時採取正面表列方式管理，僅有少量的大陸商品被允許進口。1996年7月以後改用工業產品由負面列表、農產品由正面表列的並列方式管理。自1998年4月起，兩岸貿易納入《臺灣輸出入貨品分類表》統一管理，該分類表中，列有「111」代號的對全球管制的物品及「121」代號的對全球有條件准許輸入的物品，又列有「MW0」代號的大陸物品不准輸入項目及「MP1」代號的有條件准許輸入的大陸物品，這樣大陸物品輸入臺灣在相當程度上受到雙重的限制。

為了應對加入WTO，2002年1月臺灣「行政院」透過《分階段擴大開放大陸物品進口》條文，一定程度上放寬大陸物品的進口。2002年開放大陸進口物品2167項，2003至2005年則逐年減少，分別為開放368項、191項及52項。截至2007年4月2日，臺灣對大陸開放進口物品總數為8696項，即仍然對大陸禁止高達2219項農、工產品的進口，占全部物品總數10915項的20.3%。其中，禁止進口農產品828項，占農產品總數2240項的37.1%；禁止進口工業產品1389項，占工業產品總數8675項的16.0%。（參

見表1）而進一步觀察臺灣禁止大陸進口貨品類別則可見，農產品中，食品及煙酒等比重最高，其次為植物產品、動物產品；工業產品中，鋼鐵及其製品比重最高，其次為醫藥品、紡織產品。（參見表2）

表1　臺灣開放進口大陸農、工產品統計表（截止2007年4月2日）

貨品類別	項數	開放項目 項數	占全部貨品%	占農工產品%	未開放項目 項數	占全部貨品%	占農工產品%	免辦簽證項目 項數	占全部貨品%	占開放項目%
農產品	2240	1410	12.9	63.0	828	7.6	37.1	1404	12.9	99.6
工業產品	8675	7286	66.8	84.0	1389	12.7	16.0	6994	64.1	96.0
總計	10915	8696	79.7	-	2219	20.3	-	8398	76.9	96.6

資料來源：臺灣國貿局，http://ekm92.trade.gov.tw。

表2　臺灣禁止大陸進口貨品類別統計表（截止2006年2月10日）

產品類別		禁止進口項數	總項數	比重(%)
農產品	食品、菸酒等	286	711	40.23
	植物產品	265	695	38.13
	動物產品	283	787	35.96
	其它	8	78	10.26

產品類別		禁止進口項數	總項數	比重(%)
工業產品	鋼鐵及其製品	376	884	42.53
	醫藥品	70	172	40.7
	紡織產品	477	1259	37.89
	車輛等運輸設備	94	268	35.07
	銅及其製品	24	86	27.91
	鋁及其製品	14	62	22.58
	水泥陶瓷玻璃製品	53	259	20.46
	電機設備及零件	132	674	19.58
	武器彈藥及零件	5	28	17.86
	其它	169	4958	3.4
合計		2256	10921	20.66

註：禁止進口項數僅統計《臺灣輸出入貨品分類表》中「MW0」代號的管制輸入大陸物品項數，有條件輸入和委託核查輸入的大陸貨品並未計算在內。

資料來源：根據臺灣國貿局《臺灣輸出入貨品分類表》（2006年2月10日）統計而得。

如前所述，臺灣加入WTO後，管制其他國家及地區的進口物品已降為55項，而不准進口的大陸物品卻至今仍然高達2219項。事實上，即使是名為開放的大陸物品，仍受到所謂的「特殊防禦機制」的制約。按臺灣《兩岸貿易許可辦法》第八條規定，對已開放進口的大陸物品，「因情事變更或政策需要」，可由主管機關報請「行政院」核定後停止輸入。顯而易見，臺灣不僅沒有依照WTO規範，消除對大陸貿易的非關稅壁壘，而且對大陸採取明顯歧視性的政策。

此外，臺灣還對大陸施行出口管制制度。2002年4月30日，臺灣「經

濟部」公告高科技貨品管制清單，增列「大陸地區」為「戰略性高科技設備及技術輸出管制區」，限制23項半導體製造設備輸往大陸。

（二）拒絕兩岸直航，阻礙貿易商品運輸便捷化

兩岸自恢復貿易往來後，臺灣一直頑固拒絕兩岸直航，使兩岸貿易往來只能採取間接模式，費時費事，徒增成本，嚴重妨礙了兩岸貿易正常化發展。

1997年4月，臺灣啟動高雄港境外航運中心，與大陸的廈門港、福州港開始了兩岸「試點直航」的營運。但由於「不通關、不入境」的限制，高雄港境外航運中心，只能從事大陸輸往第三地或第三地輸往大陸貨物的轉運及相關的加工、重整及倉儲作業，也就是說，大陸貨物不能最終輸往臺灣，臺灣貨物也不能最終輸往大陸。所謂的「直航」其實質意義並不大。2001年1月臺灣開放所謂「小三通」，允許臺灣的金門、馬祖與大陸的廈門、馬尾海上直航，局部性地實現了兩岸海上直航。

2002年臺灣加入WTO後，修改《兩岸貿易許可辦法》，其中第五條規定，「臺灣地區與大陸地區貿易，得以直接方式為之；其買方或賣方，得為大陸地區業者。但其物品之運輸，應經由第三地區或境外航運中心為之。」這樣，兩岸的貿易商可以不經過第三者而直接交易，但貿易商品的運輸仍無法直航。兩岸貿易實質上仍是「間接貿易」。

2003年10月臺灣修正公布《兩岸人民關係條例》，據第28條規定，臺灣的船舶、航空器及其它運輸工具，經主管機關許可，得航行至大陸地區。其許可及管理辦法，在18個月內，由「交通部」會同有關機關擬訂，報請「行政院」核定。至此，實現兩岸直航的法規障礙應是排除了。然而，臺灣囿於政治立場與意識形態，卻遲遲不出臺兩岸直航許可及管理辦法，兩岸全面雙向直航迄今無法達成。

（三）對大陸有關服務貿易投資的限制

在開放服務貿易市場方面，臺灣同樣違背WTO的基本原則，而對大陸採取明顯歧視性的做法。

2002年1月，臺灣出臺《加入WTO兩岸經貿政策調整執行計劃》，在對大陸服務貿易投資政策上，把大陸資金到臺投資從原來的「完全禁止」調整為「分階段開放」。具體做法是，按臺灣「入會服務業特定承諾表」的行業範圍（共計108項，已對其他國家或地區開放），將開放行業區分為三類，第一類為，兩岸入會後優先對陸資開放的行業；第二類是，兩岸入會後，視情勢發展再考慮對陸資開放的行業；第三類，暫不考慮對陸資開放之行業。並確定了《開放陸資投資服務業之第一類行業分類清單》，共計58項，包括商業服務業27項、通迅服務業2項、營造相關工程服務業8項、運輸服務業8項、配銷服務業7項、觀光服務業2項以及環境、金融、社會、娛樂服務業各1項。

然而，開放陸資投資臺灣的配套的法規和實施措施卻遲遲沒有出臺。臺灣僅於2002年8月公告《大陸地區人民在臺灣地區取得設定或轉移不動產物權許可辦法》，規定大陸地區的人民、法人、團體，或其它機構與其於第三地區投資的公司，在經過臺灣「內政部」許可後，可入臺投資不動產，但僅限於自用住宅、或投資觀光旅館、商業大樓、工業廠房，並採取總量管制。而實際施行時間拖延到《兩岸人民關係條例》修正後的2004年3月，迄今僅有個別申請案通過審查。

2004年6月，臺灣「陸委會」又公布了大陸資金赴臺投資產業的「三不原則」，即陸資不得超過僑外來臺投資範圍；不得在臺投資被臺灣禁止赴大陸投資的項目；不得投資臺灣正在推動的對產業發展有重大影響的明星產業。

由於臺灣的重重限制及缺乏配套法規措施，迄今為止，大陸資金基本上仍無法進入臺灣，兩岸正常、公平的雙向投資遲遲難以實現。

三、臺灣現行貿易政策的影響分析

臺灣不遵守WTO規範，對大陸採取一系列的歧視性貿易政策，其表面上的經濟理由是，「鑒於現行我大陸經貿管理體制與WTO規範架構差距甚大，假若全面適用WTO規範，對臺灣產業部門將有一定的衝擊與影響。」然而事實正相反，限制兩岸貿易正常化的做法，除了扭曲兩岸經貿關係外，對臺灣產業與經濟的發展及臺灣在國際社會的形象，均造成極大的負面影響。

（一）加劇兩岸貿易的不平衡

由於臺灣長期對大陸產品輸入臺灣實行嚴格限制，再加上兩岸間經濟發展水平及產業結構存在差異，自1980年代初起，兩岸貿易就一直存在不平衡現象，臺灣長期處於順差地位，而且順差額持續擴大。據國家商務部的統計，2001年兩岸貿易額323.4億美元，其中，臺灣對大陸出口高達273.4億美元，而臺灣自大陸進口則僅有50.0億美元，臺灣順差高達223.4億美元。（參見表3）兩岸加入WTO後，從理論說，雙方都應相互減少甚至消除貿易的障礙，進一步開放市場，在WTO的規範下從事自由公平的貿易活動。這樣就有助於緩解兩岸貿易長期嚴重失衡現象。但實際情況並非如此。兩岸加入WTO後，隨著兩岸貿易規模的增長，臺灣對大陸貿易逆差額仍然不斷擴大，兩岸貿易不平衡狀況明顯加劇。2006年臺灣對大陸貿易順差額大幅上升至663.7億美元，是2001年的近3倍。（見表3）

表3 兩岸貿易統計（2001-2006）

單位：億美元、%

年份	兩岸貿易總值 金額	增長率	台灣對大陸出口 金額	增長率	台灣自大陸進口 金額	增長率	台灣對大陸順差 金額	增長率
2001	323.4	5.9	273.4	7.2	50.0	-0.8	223.4	9.2
2002	446.5	38.1	380.6	39.2	65.9	31.7	314.7	40.9
2003	583.7	30.7	493.6	29.7	90.0	36.7	403.6	28.2
2004	783.2	34.2	647.8	31.2	135.5	50.4	512.3	26.9
2005	912.3	16.5	746.8	15.3	165.5	22.2	581.3	13.5

年份	兩岸貿易總值 金額	增長率	台灣對大陸出口 金額	增長率	台灣自大陸進口 金額	增長率	台灣對大陸順差 金額	增長率
2006	1078.4	18.2	871.1	16.6	207.4	25.3	663.7	14.2

資料來源：中國商務部「兩岸進出口統計數據」，http://gcs.mofcom.gov.cn/tongji.shtml。

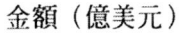

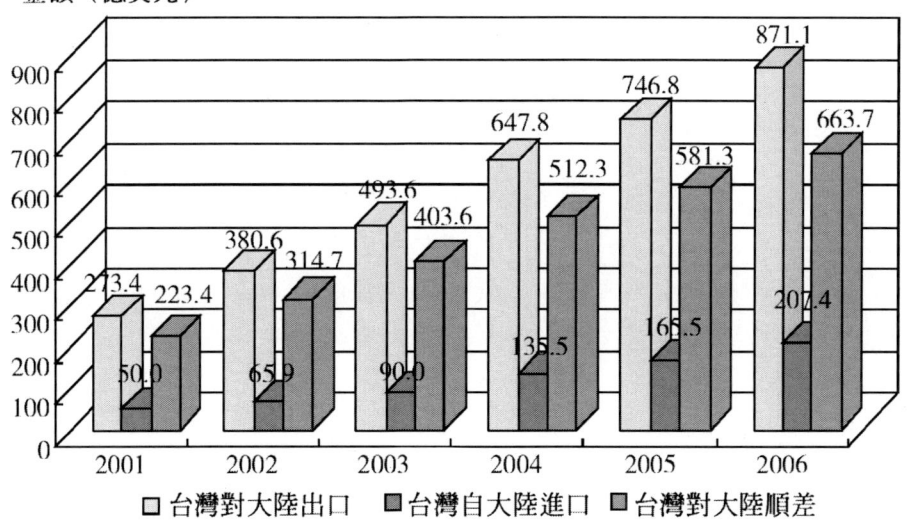

圖1 兩岸貿易不平衡情況（2001-2006）

資料來源：根據表3數據繪製。

造成上述狀況的一個重要原因就是，兩岸在加入WTO後對相關政策的調整存在很大落差。大陸加入WTO後，積極認真履行承諾，分階段地開放內部市場，降低關稅，撤除非關稅壁壘，這些有利因素大大刺激了臺灣對大陸的出口在原來基數已經很大的情況下進一步擴張。而臺灣加入WTO後，雖然也在一定程度上放寬對兩岸貿易的限制，但開放大陸產品進口的進程緩慢，至今仍有2219項大陸物品不准進入臺灣，所謂「寬出嚴進」的歧視性對大陸貿易政策並沒改變。臺灣自大陸進口因此無法在原來較小基數上加快增加。

尤其值得關注的是，從表面來看，目前臺灣對大陸開放進口產品項目已經增至8696項，占全部農工產品進口項目的79.7%。但實際上，在農產品項目方面，臺灣所開放的主要是漁產品、乾果及煙酒類，而大陸較具競爭力的生鮮果蔬、畜禽產品及主要種植業產品等均未開放，對臺灣

市場較敏感的紅豆、花生、蒜頭、香菇等更是在限制之列，這些未開放的項目仍占農產品總項目的近40%。在工業產品方面，未對大陸開放的工業產品項目仍達16%，這些屬於有「一定調適期」的第二類項目與「敏感性及管制性」的第三類項目，尚未確定開放時程；開放的多為一般輕工業消費產品，技術密集型產品基本是屬於臺灣已失去競爭力，或是與臺灣市場互補的產品，大陸與臺灣有一定競爭性的產品仍在禁止之列。根據2005年臺灣國貿局對進口大陸貨品的分類統計來看，居大陸輸往臺灣前10位之列的電機設備及其零件、鋼鐵、光學產品及零件、石料石灰及水泥、車輛及其零件、鋁及其製品等項目都是臺灣對大陸嚴格管控的產品類別，各產品別管制輸入比率分別為19.58%、48.33%、8%、8.26%、43.09%、22.58%，進而推之，如果這些貨品類別不因臺灣對大陸貿易歧視而限制，臺灣自大陸進口貿易將大幅增加，從而有助於改善兩岸貿易不平衡的狀況。

大陸已是臺灣最大的貿易夥伴，臺灣仍不放棄歧視性對大陸貿易政策，不僅造成兩岸貿易不平衡現象持續擴大化、突顯出對大陸方面的不公平性，而且影響兩岸貿易的持續健康發展，進而影響臺灣整體貿易的發展。根據WTO公布的最新數據，2006年臺灣商品貿易總額為4270億美元，增長率為12%，低於全球平均數的14%，貿易總額排名滑落至全球第17名，創下有統計以來最差紀錄。

（二）對臺灣產業發展造成不利影響

從理論上講，一國或地區採取進口壁壘或補貼出口等表現形式的貿易保護政策，多出於保護自身產業發展的需要，或將本地競爭力弱的產業與外來競爭隔離開來，或幫助本地區產業參與世界競爭。臺灣不顧WTO規範，嚴格限制大陸物品進口，其經濟上的理由也是要保護臺灣產業，但實際效果卻正相反。

應當承認，自由貿易、開放市場在給臺灣經濟帶來整體的利益同

時，不同產業因原有自由化程度及競爭力的不同，所受的影響是不盡相同的。但這並不能成為不開放的理由。事實上，由於兩岸經濟互補性高及兩岸貿易具有產業內貿易比例高的特徵，正常化的貿易關係對臺灣產業的發展明顯利大於弊。從目前兩岸的貿易構成來看，主要是用於製造業的初級加工品或零部件，其所占比重高達50%以上。無論是臺灣輸往大陸，還是大陸輸往臺灣的20項主要產品中，均屬於此類產品，這其中電子零部件產品居首位。由於大陸產品具有價格優勢，擴大其進口，對臺灣相關產業將有降低生產成本的效應。臺灣「行政院」在《加入WTO兩岸經貿政策調整執行計劃》中就有這樣的評估：「部分產業因可自大陸進口原材料及零配件而降低生產成本，提升出口競爭力，例如紡織、訊息、電子、汽車零組件等以出口為主之產業。」同時，臺灣「經濟部工業局」的研究結果也顯示，在資本管制條件下，開放大陸貨物進口，相對於進口管制的情況，將使臺灣的GDP在1999-2005年間多增加1.44%，出口值多增加2.36%，進口值多增加1.03%，製造業產值多增加53.76億美元，整體貿易盈餘多增加14.35億美元，對大陸貿易盈餘則減少48.07億美元。對大陸實行更開放的貿易政策對臺灣總體經濟發展是利大於弊。很顯然，臺灣堅持嚴格限制大陸產品進口，雖然名為保護產業，實際卻是違背市場規律，妨礙臺灣產業的順利發展。

（三）削弱臺灣經濟的競爭力

臺灣長期頑固拒絕開放兩岸直接「三通」，最直接的後果是兩岸經貿往來成本明顯增加，而其對臺灣經濟實際造成的傷害則遠遠大於此。一方面，臺灣相關產業如空運、海運、港口業等備受打擊，失去競爭力。臺灣最重要的港口高雄港的地位急劇下降就是個典型例證。近年來大陸對外貿易迅速發展，成為全球最大貨源，但因兩岸不能直接通航，高雄港難以參與到大陸貨櫃轉口市場，許多國際海運公司的越洋航線因此減少甚至取消彎靠臺灣的航班，臺灣自己的航商也紛紛轉移到大陸沿海港口尋找航運商機。高雄港的競爭力明顯削弱，在全球貨櫃港的排名

自1993年的第3位持續下滑至2003年以來的第6位。此外，臺灣第二大貨櫃港基隆港，2006年底全球排名也滑落至第44位。

另一方面，兩岸遲遲不直接「三通」使臺灣在亞太地區中地理區位的優勢無從發揮。越來越多的跨國企業因此將原在臺灣的地區總部遷往香港、新加坡或上海。外商對臺投資也持續衰退，由2000年的76.08億美元減少至2005年的42.3億美元。2006年11月，臺北歐洲商會公布的白皮書指出，2005年與2006年分別有17家及33家歐商撤出在臺灣的投資，很可能2007年還會有15家左右集體撤資。臺灣在經濟全球化與區域化潮流中面臨「邊緣化」的危機日顯突出。

（四）影響臺灣在國際上的形象

臺灣不遵守WTO規則，對大陸地區施行歧視性貿易政策，不僅阻礙兩岸經貿關係的正常化，傷害臺灣產業與經濟的發展，而且對其在國際社會的形象也造成很大的傷害。2006年1月，美國傳統基金會與華爾街日報公布了「2006年全球經濟自由度指數報告」，臺灣的排名由2005年的26名大幅下滑到2006年的37名，而2000年臺灣的排名則是第11名。兩岸貿易往來受到嚴格限制、兩岸「三通」遲遲不開放、兩岸資金不能自由往來、大陸人員赴臺限制重重，所有這些限制性的政策，都使臺灣經濟自由度大打折扣。

總而言之，頑固堅持對大陸歧視性的貿易政策是臺灣現行貿易政策的突出特徵，臺灣在加入WTO後，依然將大陸與WTO其它成員區別對待，嚴重違反WTO規範，而其堅持對大陸歧視性的貿易政策的所謂經濟理由也顯然站不住腳的。事實上，臺灣這樣做的根本原因在於其堅持「臺獨」的政治立場，害怕兩岸經貿關係正常化後將更加密切。2006年以來，臺灣不顧各界的強烈反對，又進一步提出有關兩岸經貿關係「積極管理」的緊縮性政策，並出臺相應的配套措施。這更加充分證明臺灣只是為了達到其政治目的，不惜犧牲臺灣經濟與臺灣民眾的利益。

（本文發表於《臺灣研究》）

臺灣經濟發展規律研究

李非　胡少東

一、文獻綜述與數據來源

（一）臺灣經濟發展規律研究文獻綜述

增長與發展是密切聯繫的兩個不同概念。經濟增長是指一地一定時期內產品和服務量的增加，用來量度的是GDP（GNP）或其人均值。經濟發展除包含經濟增長外，還包含經濟結構的變化（如產業結構合理化等）、社會結構的變化（如勞動力結構等）、環境治理和改善、收入分配的變化等。經濟增長是經濟發展的基礎。

在臺灣經濟發展規律研究方面，對經濟增長研究的文獻比較豐富，而對於社會結構、環境、收入分配等方面的研究還相對欠缺。

在21世紀初臺灣經濟發展出現衰退時，臺灣內外研究機構普遍認為，臺灣經濟發展前景雖然短期內會有所恢復，但就長期而言，仍受到諸多因素的制約。臺灣主要研究機構對經濟發展前景的看法較為樂觀，認為經濟將從「谷底」躍升，呈現「V」型，或者至少是「U」型增長趨勢；而國際評估機構對臺灣經濟的看法就不那麼樂觀。IMF認為臺灣經濟雖然有望擺脫衰退，但復甦步伐明顯較慢，在亞洲主要經濟體中排名倒數第二。摩根史坦利公司認為，臺灣經濟增長不僅是亞洲「四小龍」中經濟增長率最低的地區，而且在東亞除日本外的十大經濟體中也是倒數第一。相對而言，國際研究機構對臺灣經濟發展前景的普遍看法是，經濟將緩慢復甦，在「谷底」徘徊一段時間後，大致呈「U」型增長趨勢，如果出現新的變數，甚至也有可能是「L」型增長趨勢。

黃德海等（2006）從GDP、居民消費、政府支出、企業投資數據進行分析，認為臺灣經濟以2000年為界，呈現強烈的兩階段特徵，2000年後經濟增速銳減。張旭華（2006）採用Markov狀態轉換模型，對臺灣經濟增長的季度數據進行建模和分析，認為當前臺灣經濟處於中速增長階段，再次進入衰退或高速增長的可能性均較小。周忠菲（2006）認為，臺灣經濟整體下滑是長期趨勢，但臺灣企業仍有較強的國際競爭力。林毅夫、易秋霖（2006）認為，臺灣經濟可能保持較長時期的高速增長，條件之一是推進海峽兩岸經貿交流與合作，利用大陸豐富的勞動力資源和巨大的市場。

李非（2004）對臺灣經濟的發展做了比較全面的研究。李非（2004年）認為，臺灣經濟在經歷了50年的長盛期後，發展形勢出現了逆轉。如果臺灣經濟無法充分運用大陸的資源和優勢，將難以從「谷底」躍升，呈現「V」型或「U」型走勢，而可能出現「L」型走勢，即轉入「長衰期」。未來臺灣經濟走勢表現在產出總量上，大致保持低度成長趨勢；表現在經濟結構上，就是逐步向技術型與服務型產業演化，不斷邁向後現代經濟社會。鄧利娟（2004）認為，自2000年以來，臺灣經濟發生逆轉和惡化，進入一個新的轉型期，認為經濟自身結構性問題、急劇強化的非經濟因素和國際經濟景氣衰退，是臺灣經濟惡化的重要因素。影響臺灣經濟增長既有內部需求又有外部需求，在臺灣經濟內部需求乏力的形勢下，外部需求越來越成為支撐經濟增長的重要因素。臺灣經濟結構在經歷了從農業主導到工業主導的轉變後，將不斷邁向服務業主導時代，逐步從工業化社會向後工業化社會發展。

從相關文獻的主要觀點來看，總的來講，臺灣經濟在經歷了近50年的長盛期後，自2000年以來開始發生逆轉，進入一個新的轉折時期，發展速度明顯下降，再次進入中、高速增長的可能性很小，普遍認為將轉入低速增長軌道，並逐步向後工業化社會發展。在影響未來臺灣經濟發展方面，許多學者認為兩岸經貿合作將影響並決定著未來臺灣經濟的發

展趨勢（林毅夫、易秋霖，2006；李非，2004）。在兩岸經貿問題上，認為兩岸建立更緊密的經濟聯繫，將成為臺灣經濟繼續保持適度增長的重要動力來源。

目前來說，影響臺灣經濟發展的因素很多，特別是不確定因素，如金融危機等，未來經濟發展是呈現「V」型，還是「U」型，或是「L」型，不同的研究有不同的判斷。如何從臺灣經濟發展軌跡中找出有關規律，對未來臺灣經濟發展趨勢的判斷具有重要意義。在臺灣經濟發展規律研究中，分析經濟運行規律是最基礎的工作。只有在經濟運行規律的基礎上，才能進行預測和有關決策。其次，經濟發展與產業結構的變化密切相關，經濟發展過程就是產業結構變化的過程，產業結構的變化是經濟增長的主要驅動力。所以，研究臺灣經濟發展規律，需要對臺灣的產業結構進行研究。再者，對外貿易對海島型臺灣經濟具有重要影響，研究臺灣對外貿易對瞭解臺灣經濟發展規律具有重要作用。

誠然，臺灣經濟發展規律研究內涵非常豐富，可以從多個角度進行研究。鑒於以上考慮，本文將從以下幾方面進行研究：從宏觀的角度研究臺灣經濟增長過程，對未來臺灣經濟增長做出判斷；分析臺灣產業結構的變化過程，研究產業結構變化與經濟增長的關係；分析對外貿易對臺灣經濟增長的影響。

（二）臺灣經濟發展規律研究數據來源

本研究採用歷年臺灣有關經濟指標，主要有GDP、人均GDP、經濟增長率、失業率、物價指數、三次產業結構、三次產業就業結構、進出口額、淨出口額等。除特別說明外，各指標的絕對額按當年價格計算。數據來源為《「中華民國」經濟統計年報》（2005、2007）、《Taiwan Statistical Data Book》（2005，2007）和臺灣「經濟部」網站；人均GDP根據GDP、人口數量和匯率計算得到。臺灣對大陸貿易依賴度數據來自《海峽兩岸經濟關係通論》（李非著，鷺江出版社，2008年出版）。

二、臺灣經濟增長與產業結構演變

（一）臺灣經濟增長循環週期

臺灣經濟在1950—70年代出現了近30年的高速增長（年均約9.8%），80—90年代又保持了20年的中速增長（年均約7.3%），在經歷了50年的、「長盛期」（年均約8.3%）後，21世紀初期發展形勢出現逆轉，進入了低速增長時期（2001—2008年年均3.6%）。臺灣經濟增長的演變可分為三個循環週期。

1.高增長循環週期。臺灣經濟在經歷了1950年代的恢復和發展後，從60年代初起，開始步入快速增長週期，至70年代初，初步實現了第一次經濟起飛。世界第一次能源危機後，臺灣經濟經過70年代中期的調整，至70年代後期大致恢復到石油危機前的增長狀態，1977和1978年又實現兩位數增長，失業率控制在2%以下，CPI年增長率控制在19.01%之內，短暫地重現60年代黃金時期穩定增長的局面。然而，好景不長，70年代末第二次世界經濟危機的先兆又使臺灣經濟增長率連續幾年出現低迷狀態。

2.中增長循環週期。經過80年代初期的調整，臺灣經濟從低迷狀態重新進入增長週期。自1983年起，伴隨著新的四年經建計劃的實施和重點建設工程的推動，臺灣經濟開始步入新的中度擴張期，物價水平也再度重現經濟起飛時期的平穩狀態。從1980年代中後期起，臺灣經濟發展面臨新的轉型期：生產形態從傳統的輕紡和石化工業為主導，逐步轉向以技術層次和附加值較高的策略性工業為重點，並選擇新的電子訊息工業作為主導產業；經濟體制從管制、集中和壟斷性經濟，逐步走向自由化、國際化和制度化；產業結構在現代商品經濟發展日趨成熟的基礎上，開始向服務型經濟過渡，逐步邁向後工業社會。1988年起，臺灣經濟增長趨勢明顯放緩，至2000年，平均每年增長速度為6.72%，物價相對平穩，失業率雖有上升趨勢，但到1999年失業率也只有2.92%。

3.低增長循環週期。21世紀初年，受世界經濟增長趨緩、臺灣內外市場需求不振以及美國「9.11」事件等因素的影響，臺灣經濟出現了50年來罕見的衰退，多項經濟指標全面惡化。失業率上升，2002年超過5%；實際GDP增長率為-2.17%（見表1），從而標誌著臺灣經濟發展從「中增長」階段逐步轉入「低增長」階段。雖然經過幾年的調整，臺灣經濟發展有所恢復，但一直未能走出低谷狀態。受2008年世界金融危機的全面衝擊和影響，2008年臺灣經濟增長率為0.06%，未來相當一段時間內，臺灣經濟將會繼續在低位徘徊。

表1　臺灣經濟有關指標

年份	臺灣GDP(億元新台幣)	人均GDP(美元)	經濟增長率(%)	CPI(2001=100)(%)	失業率(%)	出口(百萬美元)	進口(百萬美元)	淨出口(百萬美元)	兩岸貿易占台灣外貿總值	對大陸出口占台灣出口總值	自大陸進口占台灣進口總值
2000	100320	13651	5.77	100.01	2.99	151950	140732	11218	10.82	16.85	4.43
2001	98622	12576	-2.17	100.00	4.57	126314	107971	18343	14.04	22.21	4.66
2002	102933	13153	4.64	99.80	5.17	135317	113245	22072	18.38	29.10	5.86
2003	105196	13695	3.5	99.52	4.99	150600	128010	22590	21.51	34.26	7.07
2004	110655	15279	6.15	101.13	4.44	182370	168758	13612	22.31	35.52	8.03
2005	114213	15269	4.07	103.46	4.13	198432	182614	15818	23.94	37.64	9.06
2006	118590	15901	4.68	104.08	3.91	224017	202698	21319	25.27	38.89	10.23
2007	125890	16873	5.72	101.80	3.91	246677	219252	27425	27.07	41.66	10.80

備註：限於篇幅，只列出2000—2007年數據。

（二）臺灣經濟結構演變規律

世界經濟發展經驗表明，產業結構升級與經濟持續增長具有強相關性。發展中的經濟體進入起飛階段後，長時期的較快增長都是以經濟結構的快速轉換為基礎的。可以說，工業化過程既是經濟總量不斷增長的過程，也是經濟結構調整升級的過程（羅必良，2007），經濟發展就是經濟結構的成功轉變（錢納里，1975）。

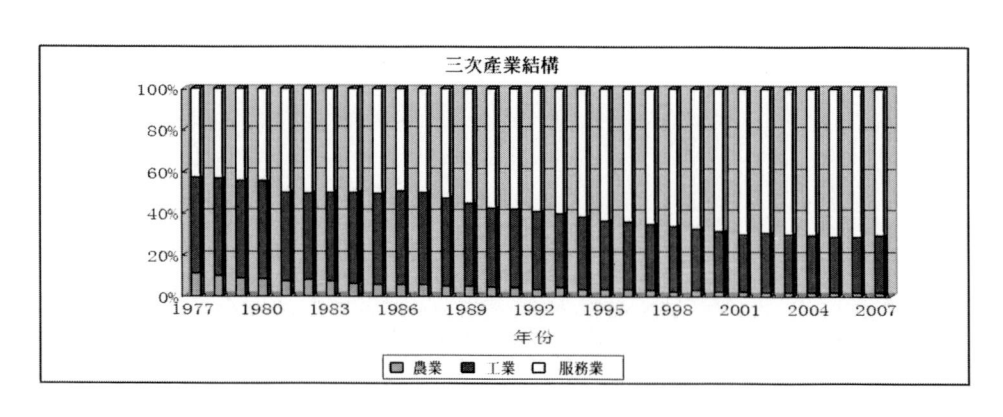

三次產業結構

圖1　臺灣三次產業所占GDP比重結構

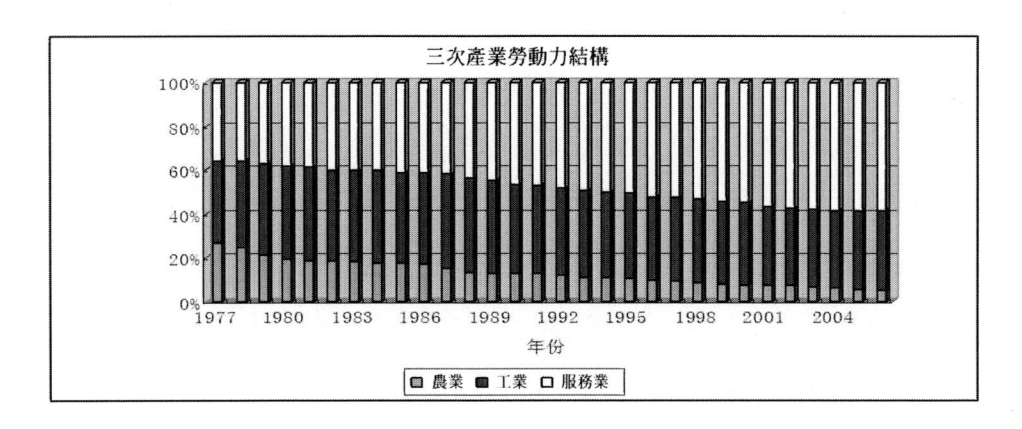

圖2　臺灣三次產業勞動力比重結構

根據一般工業化國家和地區經濟發展的經驗，產業開發的順序大多從農業而至工業，在工業發展達到一定水平後，再通過服務業的擴張以擴大經濟發展的成果。臺灣在完成工業化進程、躋身「新興工業化地區」行列後，為進一步向發達國家和地區靠攏，憑藉發展加工出口經濟的成功經驗和發展慣性，大力擴展第三產業，壯大服務經濟，促進產業升級，從而推動現代經濟社會邁向後工業化時代。臺灣三次產業結構和三次產業勞動力結構見圖1和圖2。

從圖1中可以看出，臺灣經濟向服務產業主導邁進始於80年代初，至80年代末初步完成轉型期，90年代初正式進入服務經濟時代。就產業結構指標變化而言，1981年服務業產值在GDP中的比重首次超過工業產值的比重，達到50%，表明臺灣經濟在80年代處於產業結構從工業主導向服務業主導轉變的過渡期。從90年代初期起，服務業在經濟結構中的優勢地位明顯加強，1990年三次產業比重結構為4.04：38.39：57.58，處於中等發達地區向發達地區轉變的過程。此後，服務業比重不斷上升，並逐步拉大與工業在GDP中比重的差距，並於2001年達到70.53%，到2007年達到71%，而工業在GDP中的比重降為27.5%，其產業結構已經達到發達國家和

地區的水平。伴隨產業結構變化的是三次產業就業勞動力結構的變化，圖2顯示，三次產業的就業結構由1977年的26.71∶37.62∶35.67演化為2006年的5.49∶36.02∶58.49。

按照經濟發展的普遍經驗，產業結構演進的一般規律是，先由「一二三」模式（前工業社會，金字塔型），經過「二一三」模式（工業化初期，橄欖型）和「二三一」模式（工業化中期，橄欖型），轉變為「三二一」模式（工業化後期，倒金字塔型）。從圖1可以看出，臺灣產業結構的變化符合一般經濟發展規律。在經濟增長過程中，第二產業比重先上升後下降，第三產業比重不斷上升並超過第二產業比重。臺灣從80年代初期進入工業化後期，80年代中期開始向後工業化社會轉型，服務業逐步成為臺灣經濟成長的主要來源，尤其是90年代的經濟增長在很大程度上有賴於服務業的支撐，開始進入後工業化社會發展階段。

產業結構演變與經濟增長具有內在聯繫。產業結構的高變換率會導致經濟總量的高增長率，而經濟總量的高增長率又會導致產業結構的高變換率。兩者相互影響，相互促進。這可從臺灣經濟結構的演變與經濟增長的變化得到驗證。臺灣於1984年人均GDP超過3000美元，三次產業結構為6.17∶43.81∶50.02；1992年人均GDP超過10000美元時，三次產業結構為3.45∶36.9∶59.65；到2007年人均GDP達16800美元，三次產業結構演變為1.45∶27.5∶71.05。可見，隨著經濟增長，農業的比重呈不斷下降趨勢，而工業比重在80年代中期達到最高點45%後趨於下降，服務業則呈持續上升趨勢，產業結構不斷升級。這印證了錢納里（1975）的研究發現，即經濟增長的過程就是經濟結構轉變的過程，經濟結構的轉變又推動經濟發展。

（三）經濟增長與產業結構變動的計量分析

本部分選取1977—2007年的年度時間序列數據，以取對數之後的人均GDP（PGDP）為獨立變數，分別以第二產業在GDP中的比重／第一產業

在GDP中的比重（RATE21）和第三產業在GDP中的比重/第一產業在GDP中的比重（RATE31）為因變數，分別建立一元回歸方程，結果見表2。

表2　一元回歸分析結果

Variable	Model 1（因變數為 RATE21）	Variable	Model 2（因變數為 RATE31）
C	-31.1（-7.5）***	C	-113.5（-6.7）***
LOG（PGDP）	4.7（10.1）***	LOG（PGDP）	15.2（7.9）***
Adjusted	0.77	Adjusted	0.67
Prob（F-statistic）	0.000	Prob（F-statistic）	0.000

註：RATE21＝第二產業在GDP中的比重/第一產業在GDP中的比重；RATE31＝第三產業在GDP中的比重／第一產業在GDP中的比重；括號中的數字為t值，表示1%的顯著性水平。

從統計結果看，兩個模型的調整後判定係數分別為0.77和0.67，回歸係數均非常顯著，說明回歸模型的擬合良好，F值也通過了檢驗。計量結果顯示，RATE21、RATE31與LOG（PGDP）呈正相關關係。回歸結果表明伴隨著人均收入的提高，RATE21和RATE31不斷提升，經濟結構升級趨勢明顯。Model2中人均GDP對數前的係數（15.16）明顯高於Model1中的係數（4.71）。這說明臺灣從1970年代後期起，隨著人均GDP的增長，RATE31比RATE21提高得快，經濟增長對第三產業比重的提升非常明顯，與三次產業結構的演變相一致。

（四）小結

從人均收入看，臺灣經濟80年代進入中等收入地區發展階段（超過3000美元），90年代進入發達地區發展階段（超過10000美元）。從產業結構和就業結構看，臺灣從80年代進入工業化後期（進入「三二一」模式），並逐步向後工業化社會發展，進入追求生活質量階段，服務業成

為主導部門。可以說，臺灣已是一個相對成熟的經濟體。按照世界經濟發展的普遍經驗，發達國家（地區）的經濟增長一般為2%左右。所以，未來臺灣經濟發展想要恢復到昔日的快速增長速度的可能性非常小，而比較可能的是，將繼續保持低度增長水平。受國際金融危機的衝擊和影響，2008年美國經濟增長率為1.1%，歐元區和日本經濟增長率分別為0.9%和-0.6%，臺灣為0.06%。隨著金融危機的進一步蔓延，未來世界經濟增長速度還將進一步放緩，高度依賴世界經濟景氣的臺灣經濟也將於低位徘徊。

從經濟結構看，2001年起，臺灣第三產業占GDP的比重已達70%以上，達到發達國家和地區的發展水平。隨著技術創新的發展，未來臺灣將不斷提高第一、第二產業的科技含量，提升服務業的發展層次，第三產業比重增加的速度將有所放慢，並維持在相對穩定水平。在臺灣對海外直接投資中，服務業占了60%的比重，而對大陸投資集中於第二產業，第三產業僅占8.85%。所以，如何吸引臺灣服務業到大陸投資，應成為大陸吸引臺資的重要戰略導向。

三、外貿對臺灣經濟增長的促進作用

羅伯特遜和納克斯認為，對外貿易是經濟增長的發動機。國際貿易不僅能帶來直接的或靜態的利益，還能帶來間接的或動態的利益。國際貿易在自身迅速擴大的同時，會推動全球經濟，尤其是發展中國家和地區經濟的增長。皮爾遜委員會聲稱，自1950年以來，在與發展中國家的經濟增長有關各個指標中，要數出口活動與經濟增長相關程度最高。

本文採用1977—2007年的年度數據，對外貿易各項指標與同期GDP進行相關分析，結果如下：

相關係數	進出口總額 (EI)	出口額 (EX)	進口額 (IM)	淨出口額 (NX)
GDP	0.949	0.949	0.947	0.691

相關分析和回歸分析表明：在對外貿易的各項指標中，進出口總額、進口、出口、淨出口均與GDP存在強正相關關係，其中出口與GDP的相關係數最高，為0.949。這表明出口貿易與經濟增長尤為密切相關，印證了皮爾遜委員會的判斷。外貿對GDP增長的貢獻份額見圖3。

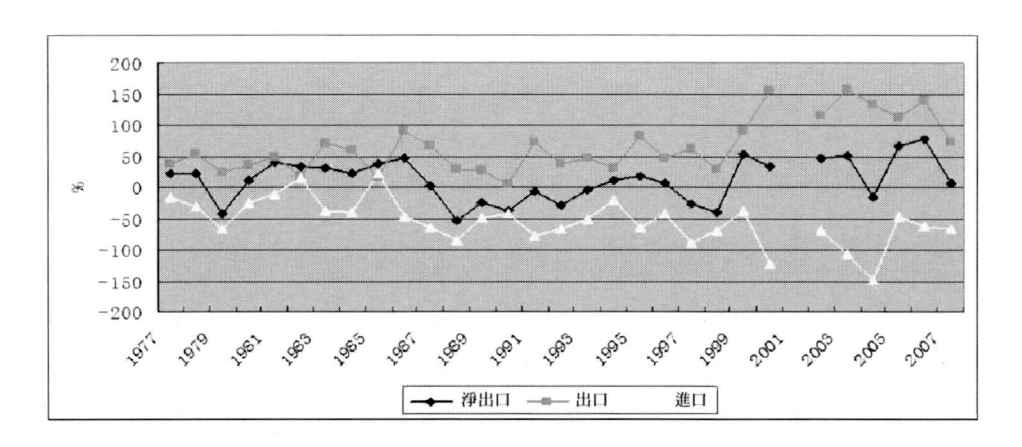

備註：2001年臺灣經濟為負增長，《Taiwan Statistical Data Book》中當年各需求項目對GDP增長的貢獻份額均為空白。

圖3　1977—2007年臺灣淨出口、出口、進口對GDP增長率的貢獻份額

臺灣經濟屬海島型經濟體系，對外依賴度甚高，對外貿易的盛衰直接關係到臺灣經濟的榮枯。1977—2007年期間，淨出口、出口和進口對GDP增長的平均貢獻份額分別為11.98%，65.69%和-53.71%，進出口占GDP的比重平均為0.85，出口占GDP的比重平均為0.46。從90年代起，出口對GDP增長的貢獻呈上升趨勢，在2003年一度達到最高點157.78%，可見出口對臺灣經濟增長的影響非常大。到2006年，臺灣進出口占GDP比重為117%，出口占GDP比重為61%，可見臺灣經濟對外依賴度之高。

50多年來，對外貿易一直是臺灣經濟發展的動力和生命線。戰後臺灣對外貿易大致經歷了三個發展時期，即起步期（1945—1960）、起飛期（1961—1986）和轉型期（1987—現在）（李非，2004）。轉型期臺灣對外貿易發展呈穩中有升的態勢，貿易商品結構不斷調整，出口商品從勞力密集型產品主導轉變為技術密集型產品主導，進口商品結構從消費品主導向工業原材料和生產設備主導轉變。

　　臺灣對外貿易集中程度較高，亞太地區一直是臺灣對外貿易的重點，其中美國、日本、大陸是臺灣三大貿易夥伴，各約占臺灣外貿總額的20%左右，合計約占60%以上。隨著臺灣貿易重心從美歐地區逐步轉向亞太地區，「大陸效應」逐漸取代「美日效應」，成為影響臺灣外貿發展的主要因素。在1979—2007年間，隨著兩岸經貿關係的發展，兩岸貿易占臺灣對外貿易總值的比重從0.25%上升到27.07%，臺灣對大陸出口占臺灣出口總值比重從0.13%上升到41.66%；對大陸進口占臺灣進口總值比重從0.38%上升到10.8%（見表1）。大陸現已成為臺灣貿易順差的最大來源地，2007年臺灣對大陸順差達775.6億美元。

四、結論

　　研究結果表明，從人均GDP看，臺灣在80年代進入中等收入地區發展階段，90年代進入發達地區發展階段，現已成為相對成熟的經濟體；從產業結構和就業結構看，臺灣從80年代進入工業化後期，90年代逐步向後工業化社會發展，進入追求生活質量階段，服務成為主導部門，經濟增長的過程就是經濟結構轉變的過程，經濟結構的轉變推動了經濟發展。外貿是臺灣經濟增長的發動機，尤其是兩岸經貿交流對臺灣經濟增長有著重要影響。兩岸貿易的相互依賴主要表現在臺灣對大陸的市場依賴程度。至於臺灣經濟增長走勢，基本判斷是在21世紀初開始進入了低速增長時期，未來仍會在低位徘徊。

研究結果的政策啟示是：臺灣產業結構水平遠遠高於大陸，大陸進行產業結構優化升級的過程中，應注重吸引臺資投資高附加值產業，除高科技產業外，尤其要重視對臺灣第三產業的吸引，如金融保險、物流、諮詢等現代生產服務業；鼓勵產品附加值較低的臺資企業進行梯度轉移，並採用本地化戰略，就地採購原材料，利用本地人才等。這些將有利於縮小對臺貿易逆差，擴大內需，優化產業結構，促進經濟增長。

（原載於《廈門大學學報》（哲社版））

臺灣經濟從「奇蹟」到「困境」發展過程的重新審視——基於東亞新學說的理論視角

鄧利娟

（廈門大學　臺灣研究中心，福建　廈門361005）

作為戰後經濟發展成功經驗的「東亞模式」曾獲得發展經濟學家的高度重視並是許多發展中國家及地區學習借鑑的榜樣，臺灣經濟的迅速發展也可從中獲得較好的理論解釋。但自1980年代中後期起臺灣經濟發展出現很大變化，進入21世紀後更是呈現持續性的增長緩慢甚至衰退的趨勢，對此，原有的東亞學說顯然已無法發揮效用了。事實上，在1997年亞洲金融危機之後，傳統的東亞研究理論陷入了範式危機，代之而起的是逐漸孕育成型的東亞發展新學說。在此背景下，運用新的理論視角，重新審視臺灣經濟發展的全過程，進而展望其發展前景，無疑具有現實意義與理論價值。

一、發展中的東亞新學說

伴隨著戰後東亞經濟發展變化過程，有關東亞經濟研究理論也呈現不斷演變與發展的過程。1997年亞洲金融危機爆發後，傳統的東亞研究理論陷入了範式危機，東亞發展新學說隨之逐漸孕育成型。

（一）東亞研究範式危機的出現

二次世界大戰後，東亞地區不僅經濟增長速度及其延續的時間均大大超過其他發展中國家及地區，而且社會人文狀況也獲得明顯改善，這一所謂「東亞奇蹟」自1980年代便成了發展經濟學家高度關注與重點研究的對象，圍繞著「東亞模式」問題出現了種種學說，其中，新古典經濟學派、發展型國家理論學派以及儒家文化學派是人們所熟悉的三個占主導地位的學說。這些學說從不同角度研究東亞經濟，分歧極大，但是他們研究的基礎卻是基於一項基本的共識，即東亞地區持續高速經濟增長是一個經濟奇蹟，區別僅僅在於對這種經濟奇蹟形成的原因的解釋大不相同。然而自1990年代中期起，東亞研究界的這種傳統共識受到了嚴峻挑戰。

1.克魯格曼對「東亞奇蹟」的否定

1994年底美國教授保羅‧克魯格曼發表了著名的《亞洲奇蹟的神話》的文章，否認「東亞奇蹟」的存在。他認為，東亞地區的經濟增長「是由非同尋常的投入增加比如勞動力和資本增加，而不是經濟效率的提高來驅動的」，因此他得出兩個結論，一是東亞經濟不是什麼奇蹟，因為「一旦人們考慮到迅速增加的投入在這些國家經濟增長中的作用，就會發現幾乎沒有什麼需要人們解釋的東西」；二是東亞地區「將不會繼續保持近年來的高速增長」，因為投入驅動型的經濟增長存在報酬遞減規律這樣一個自然的限度。克魯格曼的觀點引發了學術界極大的爭論，許多學者對其提出了嚴厲的批評，但無論如何，他所潑出的「這盆冷水」對東亞經濟發展具有明顯的警戒意義。

2.東亞金融危機的爆發

就在克魯格曼從理論上對「東亞奇蹟」提出質疑後兩年多,震驚世界的東亞金融危機爆發了。1997年7月,發端於泰國的貨幣危機,在亞洲多個國家及地區迅速蔓延,「亞洲四小」也受到嚴重衝擊,之後貨幣危機進一步轉化為金融危機與經濟危機,直到2000年初,遭受沉重打擊的東亞各經濟體才從這場經濟危機中逐漸恢復過來。至此可以說,東亞國家及地區自身經濟發展的現實也已在某種程度上對「東亞奇蹟」進行了否定。

很顯然,從東亞研究的角度而言,亞洲金融危機的爆發意味著學術界原有的研究範式及研究方向等必須重新調整了。東亞經濟持續高速經濟增長這一長期以來的基本共識被打破了,東亞研究的方向也將相應從原來是主要探索東亞奇蹟的成因而轉變為重新評價「東亞模式」及其與金融危機的關係、東亞經濟增長的前景等課題了。而新的理論框架必須既能較合理解釋過去東亞經濟持續高增長的原因,同時又能對因金融危機所造成的這種增長過程中斷,有一個較清楚的理論說明。

(二)發展中的東亞新學說——「演化經濟學新框架」

在20世紀末21世紀初,各種東亞發展新學說應運而生,其中賈根良教授提出的「演化經濟學新框架」比較全面並較有說服力。賈教授的研究團隊在整合研究調節學派與創新體系分析方法這兩個演化經濟學的重要分支對東亞模式的最新研究的基礎上提出這一新框架,對東亞模式的歷史作用、新形勢下侷限性及其變化趨勢進行研究。其對東亞模式的重新理解是,金融危機的爆發不能說明東亞模式是無效率和非理性的,相反東亞模式是有特點的創新體系。東亞模式的精髓在於學習與知識創造,出口導向、政府作用與儒家文化作為這個創新體系的有機組成要素在推動學習與知識創造中發揮了重要的作用,從而創造了「東亞奇蹟」。但任何時期都不存在不隨時代變化而因應變革的發展模式,東亞

金融危機的爆發與國際經濟環境變遷有直接的聯繫，同時在相當程度上也是東亞發展模式調整滯後的結果。東亞模式未來創新的重要基礎仍然是學習與知識創造，在以訊息革命為基礎的時代轉變之中，東亞地區通過制度與政策創新，使東亞模式的精髓得到創造性的發揮，就能開創東亞模式的新格局。可以看出，這一理論新框架有兩個明顯的特點，一是將東亞研究與世界體系演變的結構性制約條件結合起來，提供更加深邃的時空視野；二是將原先東亞研究中三種主導學說的合理成分納入其中，避免相關研究的輕率與簡單化。以下就這一新學說相關的重要觀點進一步加以說明。

1.出口導向：創新體系形成的前提條件及其歷史限度

在經濟全球化背景下，發展中國家只有通過積極參與國際分工，並通過國家的能動作用，才有可能逐漸追趕發達國家，改變不平等的世界體系。東亞國家及地區正是通過實施出口導向戰略加入到國際分工體系中的，而在此過程中所形成的以「模仿型創新」為特徵的技術轉移機制與「新重商主義」，在帶來「東亞奇蹟」的同時，也埋下了東亞危機的種子。

1970年代到90年代，西方發達國家陷入低速增長和新的生產過剩與資本過剩，因而在通過制度創新等來為新的基本創新積蓄力量的同時，加快對外資本輸出。東亞地區，特別是亞洲「四小龍」由於開放而直接得益於這種美日的資本和技術的輸出，維持著以美日為源頭的技術引進、以日本為核心的技術擴散機制，即「美——日——東亞其他國家」的技術、資本品和投資轉移機制，這使東亞獲得了難得的「產業和技術學習」機會，並促進了經濟高速增長和產業結構升級。但是這種以「依附性」與「模仿型創新」為特徵的技術轉移機制在國際技術環境發生變化時就會失靈而陷入困境。在90年代以前，創新產品大部分集中在重化工業行業、重加工業，其特點就是產品週期長，因而允許模仿國家及地

區有較長時間來對新技術進行掌握和發展。但在90年代以後，訊息革命全面而深入地展開，訊息產業也隨之成為主導產業，各種產品的生產週期越來越短。當產品的創新週期短到「模仿——掌握」速度跟不上產品更新速度的時候，產品生產活動就只剩下了自主創新階段。這時，只有掌握自主創新能力的國家及地區才有資格進入該項產品的生產活動，而其他沒有自主創新能力的國家有地區則來不及模仿。美國正是以其自主創新的優勢在訊息革命時代進入新一輪經濟繁榮時期，而日本為首的東亞國家及地區則找不到模仿的方向，經濟失去了增長點，這正是90年代中期後，大多數東亞國家都不同程度出現了產業升級不力和產業結構趨同的問題，進而引發金融危機的重要原因。

2.「新重商主義」的成效與弊端

戰後東亞各國及地區在實施出口導向戰略中所形成的「新重商主義」，在取得巨大成效後也積累起不少弊端。為了克服內部市場狹小與有效需求不足的劣勢，東亞國家及地區普遍通過各種要素、政策的傾斜，在具有國際分工相對比較優勢的產業中，培植起一個相對強大的出口部門，從而形成了與「從東到西」技術傳遞機制密切關聯的逆向的產品輸送機制，各種廉價產品源源不斷地由東亞流向美國等發達國家，正是在這種兼有「技術」與「市場」的背景下，東亞取得了經濟持續高速增長。然而隨著原有順暢的技術傳遞機制出現「阻塞」，東亞的「動態分工階梯」被打亂了，在「出口導向」所造成的市場擴張和競爭壓力下，每一階梯都在橫向上擴大生產能力，這就造成了「生產過剩」與利潤攤薄的後果，逆向的產品輸送機制也因此不再通暢了。除此之外，東亞的「新重商主義」還有兩個嚴重的內在缺陷。其一，這種模式過分依賴於外部市場，政府因而失去對宏觀經濟的「需求調節」能力，宏觀經濟的穩定只能靠供給能力的調節來保證。當外部需求變動不大時，這種「供給調整」比較有效，而一旦外部需求出現劇烈變動，這種「供給調整」便陷入困境。其二，「新重商主義」在實踐中導致一種「重外輕

內」的經濟格局的出現，即一組相對強大的外向型出口部門和另一組相對薄弱的內部依賴型部門並存的局面，這種割裂式的不平衡發展固然在一定程度有利於集中力量發展出口，但卻破壞了經濟系統的內在協調性，內部依賴型部門受到人為抑制發展相對滯後，而內部市場規模的壓抑便阻礙了經濟持續增長的自主能力。

3.政府在經濟發展中的作用及其侷限性

東亞模式的一個突出特徵就是政府在經濟發展中的重要作用。東亞金融危機的爆發，並不能否認這種客觀存在的政府的經濟作用，但需要重新評價政府究竟起了什麼樣的作用、起了多大的作用。從東亞歷史的發展進程看，政府最重要的功能是推動學習與知識創造。東亞國家及地區的政府，通過構建學習與知識創造的制度演化框架，為大規模的外國技術吸收與擴散奠定了良好的制度基礎，使發展中國家及地區的後發優勢得以充分利用。然而，從動態的角度來看，政府的作用也會隨著經濟發展的不同階段、市場的完善以及國際政治經濟環境的變化而發生相應的變化。換言之，政府作用效果受制於一定的宏觀環境和條件，政府本身也存在著策略調整的問題，只有這樣才能適應經濟全球化、訊息化的需要。但實際上，由於制度的演進存在著路徑依賴，東亞政府並未成功地實現這一政策調整，這也是產生東亞金融危機的重要背景。

此外，政府對經濟的干預不是一味地替代市場，是在肯定市場基本作用的前提下進行的，是市場的增進、改良。而且，政府干預也不是萬能的，運用不當也會失效。政府干預有效性的前提是：其一，政府代表多數人的利益，因而政府行為比個人行為更能體現社會利益或公共利益；其二，政府更明智，政府在理智上強於個人；其三，政府的運轉是高效率、低成本的。當這些前提不能滿足時，政府的干預就會失靈，對經濟發展的影響就會走向負面。事實上，東亞模式產生危機正是與政府作用失靈有關。首先，政府未必代表多數人利益，由於政府的壟斷性，

在訊息不完全與不對稱的情況下，作為代理人的政府官員的尋租行為就不可避免，並容易滋生腐敗。而政治腐敗將影響經濟穩定、國民信心。其次，政府並非是完全理性的，在政府協調過程中也會出現政策失誤，在訊息不充分時尤為如此。此外，政府的管理體制滯後、運作低效率也會影響政府在經濟發展中的正常作用的發揮。

二、臺灣「經濟奇蹟」的重新審視

如果運用東亞新學說重新審視戰後以來臺灣經濟發展及其變化的話，大致可以以東亞金融風暴後的20世紀末21世紀初為分界，將其劃分為兩大時期，前一時期，大體屬於傳統「東亞模式」時期，總體經濟發展較快及其原因是人們關注的重點，其中，80年代中期以前是人們較有共識的臺灣「經濟奇蹟」階段，而80年代中期後則進入經濟轉型階段。後一時期是臺灣經濟發展轉折時期，或稱新一輪轉型時期，人們關注的焦點落在經濟發展明顯放慢甚至衰退的趨勢及其原因上。這裡首先以新的理論視角重新審視人們較為熟悉的臺灣「經濟奇蹟」階段。

臺灣經濟歷經1950年代的恢復與發展，在60年代後實現快速增長，並在其後較長時期內保持著高增長態勢。60年代，經濟增長速度年平均達到10%，70、80年代仍保持較快增長速度，年平均增長率分別為9.4%與8.1%。臺灣經濟結構也相應由落後的農業社會轉變為新興的工業化地區。與此同時，臺灣經濟發展還呈現出在經濟快速增長的同時物價較為穩定、所得分配相對平均化的明顯特徵。關於這一時期臺灣「經濟奇蹟」及其原因有大量的研究成果，不過如今重新回顧這段歷史則可看出，它在相當程度上驗證了「演化經濟學新框架」的理論說明，主要表現在以下兩方面。

（一）有利的國際環境為臺灣經濟發展提供有了技術來源與市場支持

二次大戰後，世界資本主義經濟在1973年石油危機發生前呈現長期穩定和高度增長的局面，這種較為穩定與繁榮的國際經濟環境給臺灣經濟的發展創造了極為有利的條件，首先是新的國際分工模式使臺灣能夠利用技術轉移機制促進經濟高速增長。由於新技術革命的巨大影響，在50年代末60年代初前後，資本主義世界產業結構進入調整轉軌時期，工業發達國家逐漸放棄勞力密集型的輕紡工業，並將其大量轉移至工資低廉的發展中國家及地區，自己則致力於經營資本技術密集型工業。伴隨這種國際分工模式的形成，「美國——日本——東亞其他國家」的技術、資本轉移機制逐步建立起來，臺灣以其擁有豐富廉價的勞力優勢吸引大量外國資本與技術，積極發展加工出口工業，同時逐漸形成以技術引進為主的「模仿型技術體系」，以支持經濟的快速增長。據臺灣「經濟部投審會」的統計，1952—1986年，臺灣核准的技術合作案件共2427件，從技術引進的產業類別來看，以電子及電器製造業、化學品製造業、機械製造業、基本金屬及金屬製造業、橡膠製品製造業等為主，與臺灣總體產業構成發展趨勢一致性十分明顯；而就技術引進來源國而言，日本占臺灣技術合作對象的首位，約占技術合作總件數的63.78%；美國則約占21.96%。由此可見，以美日為源頭的技術轉移機制對臺灣經濟的促進作用。其次，世界貿易與經濟的繁榮為臺灣產品提供了廣闊的銷售市場。臺灣是海島經濟，對外貿易是其生命線。60年代臺灣轉向實施出口擴張戰略後，產品外銷市場更是舉足輕重。而戰後20、30年裡國際貿易與經濟的持續繁榮、世界市場的迅速擴張為臺灣提供了極其有利的環境，特別是美國出於自身政治及經濟的目的，還對臺灣實行特殊優惠政策，長期為臺灣產品輸美開放綠燈。在此背景下，臺灣對美國的出口占其出口總額的比重由1952年的3.5%不斷上升至1984年的48.8%最高點。

總之，十分有利的國際經濟環境是戰後40年臺灣經濟得以較快發展的重要原因，不過，外部因素畢竟是事物發展變化的外因，外因必須通過內因起作用，所以，臺灣經濟能否快速發展，在更大程度上還取決於臺灣能否有效利用這一有利的國際環境。

（二）臺灣發揮了促進經濟發展的積極作用

回顧1980年代中期以前臺灣經濟發展的歷史過程，儘管臺灣強力干預經濟生活，在相當程度上造成了妨礙市場機制運行，扭曲資源配置的結果，但總體而言臺灣對經濟發展扮演了積極推動者的角色，有關這方面研究的比較多，也是相對較有共識的。概括說來，臺灣所採取的比較重要的經濟政策主要有：（1）60年代初期，在島內進口替代工業的市場已飽和與國際經濟格局出現新變動的背景下，適時選擇了外向型的出口導向發展戰略。（2）實行循序漸進的產業發展政策，即首先發展農業，在此基礎上依序發展輕工業、重化工業及高科技工業，有效地促進了臺灣工業化順利而平穩地實現。（3）在經濟發展過程中，重視公共建設的作用。（4）重視人力資源開發，大力發展教育事業等。

然而需要進一步探究的是，戰後40年臺灣對經濟發展的干預為什麼會較為有效？結合理論與實際進行分析，可以發現主要有3方面的原因。其一，由於生存危機的壓力，使得臺灣「具有強烈的經濟建設意識和強大的導向作用」這一東亞模式的典型特徵。1949年國民黨政權從大陸敗退至臺灣，面對的是混亂不堪、瀕於崩潰的臺灣經濟，要想在臺灣生存下去，恢復發展經濟是唯一的出路。同時，在大陸失敗的教訓，也使臺灣深刻認識到經濟發展的重要性。而恢復發展經濟在客觀上反映了社會大眾的根本利益與迫切願望。其二，為了達到發展經濟的目的，臺灣比較明智地採取了實用、靈活的政策措施。一方面，根據臺灣內外經濟形勢的演變，適時調整經濟發展策略；另一方面重視並經常採納經濟學者專家的相關建議，改革不適宜的政策措施。其三，在強權政治體制下，相關的經濟政策不論在「立法」、執行及實施方面都相對較少阻力，表現出較高的行政效率。正是在上述背景之下，臺灣較好地利用了當時有利的國際環境而採取了一些較有成效的經濟政策措施，從而促進了臺灣經濟的迅速發展。

三、臺灣經濟轉型發展之分析

　　進入1980年代中期以後，臺灣經濟進入轉型發展的新時期，其標誌為，一方面，過去持續高速增長的時代結束了，經濟發展進入了中速增長階段，1991—2000年平均經濟增長率下降為6.52%；另一方面，經濟結構也發生了明顯的調整與轉型，自1988年起服務業占GDP的比重超過50%，臺灣開始進入所謂後工業化社會。產業結構由傳統的勞力密集型產業轉向技術密集型產業，以電子訊息業為主的高科技產業取代傳統的紡織、塑膠等成為經濟增長的新支撐點。與此同時，經濟體制也在漸進的改革中朝向「自由化、國際化」發展。若以東亞新學說的視角觀察這一時期臺灣經濟的轉型發展的話，可以發現，由於內外環境的急劇變化，過去對臺灣「經濟奇蹟」產生重大影響的「市場」、「技術」及「政府作用」等因素均發生了明顯改變，而事實上，正是這些因素的變化決定著臺灣經濟的轉型發展。

　　（一）國際經濟格局變動造成臺灣海外市場空間的縮小與轉換

　　在1970年代末80年代初第二次石油危機後，世界經濟持續不振，美國等發達國家的貿易保護主義日趨加強，臺灣出口增長的困難日益增多，特別是臺灣對美貿易順差不斷擴大，臺灣成為美國施加貿易壓力的主要目標之一，臺灣在被迫逐步開放島內市場的同時，新臺幣大幅升值，臺灣許多傳統出口產業因此失去國際競爭力。另一方面，進入80年代後越來越多後起的發展中國家及地區，憑藉廉價勞力及資源的優勢大力發展勞力密集出口工業，加入國際市場競爭，臺灣傳統的勞力密集型出口產品受到嚴峻挑戰，到90年代這種趨勢更加明顯。在這種前有強敵阻擋，後有追兵壓力的「夾殺困境」下，臺灣傳統的外貿市場難逃日趨縮小的命運。臺灣對美出口的比重從80年代中期的高峰逐年下降到2000年的23.5%。這是臺灣經濟高增長時代結束的重要原因之一。

　　不過，幸運的是，自1979年起，中國大陸開始開放，國民經濟從此

駛上蓬勃發展的軌道，同時，大陸宣布「和平統一祖國」的對臺方針，海峽兩岸關係從長期的緊張對峙走向逐步緩和。隨著1987年臺灣正式開放部分民眾赴大陸探親，臺灣對大陸經貿政策也呈現逐漸鬆動趨向，兩岸經貿往來因此日趨活躍。對於處在轉型發展中的臺灣經濟，兩岸經貿關係、尤其是大陸市場成為其新的、日趨重要的影響因素，它在相當程度上促成了臺灣在相對不利的國際經濟環境下仍可維持較穩定的中等增長速度。2000年臺灣對大陸出口額（不含香港市場）上升至261.4億美元，占臺灣出口總額的比重提高到17.6%，大陸市場追趕美國市場進而將成為臺灣最大出口市場的趨勢已十分明顯。

（二）新的國際經濟格局為臺灣產業升級提供了技術支撐

儘管80年代中期後臺灣經濟發展的外部環境不再像60、70年代那麼有利了，但國際經濟格局的演變也同時為臺灣經濟的轉型升級創造了難得的機遇。其一，日元大幅升值給臺灣生產與出口帶來新的機會。1985年西方5國財長會議後，日元急劇升值，日本國內生產成本迅速提高，國際競爭力下降。為此，日本企業在政府的鼓勵下，開始新一輪的海外直接投資高潮，包括臺灣在內的亞洲成為日本主要投資對象之一。1985—1990年度日本對臺灣的直接投資高達20.84億美元。由於新一輪日本的投資，製造業方面集中於電子電器和汽車及零部件產業，服務業方面則以金融、貿易及商業等為主，這就給同樣開始面臨貨幣升值壓力，產業結構必須由傳統的勞力密集產業向資本技術密集型產業調整升級的臺灣帶來資金與技術方面的有力支持。其二，美國新經濟的發展為臺灣發展電子訊息產業提供了有利的外部技術與市場條件。90年代以來在訊息技術革命的帶動下，美國以訊息產業為核心的高技術產業迅猛發展，美國經濟因此在90年代初期走出衰退而進入了近10年的繁榮期。出於產業技術分工的需要，美國國內企業90年代以來更多地將其資源集中於新產品開發和創造、維持和改進產品的市場標準所必須的相關技能，而將具有較高附加值硬件的生產和製造活動轉移到已有較好發展基礎的東亞地區，

甚至將某些部件的設計、製造活動通過合約形式轉包給東亞地區的企業，使東亞地區成為美國訊息產業的部件、組件乃至整個系統的新供應基地。在此新的國際生產網絡中，臺灣通過吸收美國的直接投資、技術貿易以及代工製造（OEM）、委託設計製造（ODM）等技術學習渠道，獲取並提高了相關生產技術能力。整個90年代美國是臺灣主要外資來源之一，對臺直接投資大體呈不斷增加的趨勢，10年間共投資67.76億美元，占外國直接投資總額的23%。與此同時，美國還為臺灣電子訊息產業等提供了有效的商品吸收市場。

（三）政治轉型與臺灣在經濟發展中作用的變化

自1980年代中期臺灣取消「戒嚴法」、開放黨禁報禁以來，臺灣政治也進入了轉型時期，隨著原來威權政治體制的瓦解，政黨政治逐漸發展，社會運動蓬勃興起。這種急劇變化的政治社會環境使臺灣對經濟發展的作用受到很大制約，以前的「具有強烈的經濟建設意識和強大的導向作用」的特徵逐漸淡化，臺灣經濟也因此很難再維持以往的快速增長模式了。

首先，動盪的政局使當局不再專心推動經濟發展了。隨著臺灣政治體制由威權政治向多黨政治的轉換，島內各種政治利益集團的對立鬥爭日趨尖銳，在接連不斷的大小選舉中，各種政治勢力的力量此消彼漲，國民黨長期執政的地位受到挑戰而出現動搖。這種局面使得國民黨當局不再以發展經濟為其鞏固政權的主要任務了，而是把政黨利益與選舉勝利作為首要目標，經濟發展與社會穩定則是其次的了。

其次，當局的經濟決策效率轉趨低落。臺灣在社會與政治日趨多元化後，經濟政策制定的遊戲規則相應改變了，經濟決策過程往往變得漫長而艱難，行政效率明顯下降。作為「民意機構」的「立法院」，對於各種法案的審議，即使是社會經濟發展急需的法案，囿於各黨派的利益衝突、各利益集團的牽制，也往往是爭論不休，遲遲難以通過。

第三，當局的「公權力」陷於不振。伴隨著原來威權政治體制的瓦解，臺灣長期累積並被壓制的各類社會矛盾不斷爆發出來，環保運動、勞工運動等各種社會運動此起彼伏，這一方面使得當局過去以「以成長為優先」經濟發展策略面臨嚴峻挑戰，另一方面則讓當局受困於「公權力」不振的無力感，不少大型投資案件因此無法順利進行，如臺塑的「六輕」案、臺電的「核四」案及美商杜邦案等。

儘管80年代中期以來臺灣對經濟的作用備受政治轉型的衝擊，臺灣還是順應內外經濟形勢的變化採取了一些有利經濟發展的政策措施，推動經濟的轉型發展。主要措施為，（1）扶植高科技產業發展，推動產業結構升級；（2）大力推動公共投資，提升內部需求；（3）推動經濟自由化與國際化。

四、21世紀臺灣經濟新一輪轉型的困境

從亞洲金融風暴洗禮後的20世紀末21世紀初起，原來造就臺灣經濟成功的諸多因素，在臺灣內外政治經濟形勢劇烈變化過程中，繼續發生著深刻變化，甚至走向了反面。臺灣經濟因此結束了大致持續10年的穩定中速增長，而呈現明顯轉折性的下滑趨勢，經濟發展陷入了戰後以來罕見的困境。2001—2008年臺灣經濟增長率平均僅3.58%，與此同時經濟結構性問題也日益突出與激化。探究臺灣經濟陷於困境的原因成為人們觀察這一時期臺灣經濟的焦點。

（一）臺灣在經濟發展中的角色發生了根本性的轉變

2000年臺灣島內政治發展出現了戰後50年首次的「政黨輪替」，陳水扁以微弱多數當選為臺灣新領導人，主張「臺獨」的民進黨成為執政黨。在主客觀條件均發生了的巨大變化的背景下，臺灣在經濟發展中的角色發生了轉折性的變化。

其一，施政中心是政治鬥爭而不是經濟發展。2000年臺灣政治結構劇烈變化的一個結果是，臺灣對於發展經濟的立場態度發生了質的改變。一方面，由於臺灣政治生態的驟然改變，即執政長達半個世紀的國民黨成為在野黨，而民進黨「少數政府」成為執政當局，形成所謂「朝小野大」的政治格局，導致臺灣政壇各種政治矛盾與鬥爭空前激烈，「朝、野」之間針對各種政經議題展開無休止的政爭，政局極其動盪。在此過程中臺灣的中心工作無疑是政治鬥爭與奪取各類選舉的勝利，以鞏固其執政地位，經濟發展與社會穩定只能退居於後，或者為政治與選舉服務。另一方面，以意識形態主導施政是民進黨當局的典型特徵。為施行其政治理念，臺灣的經濟發展與社會穩定往往成為犧牲品。為了維護民進黨的「反核」理念，民進黨上臺不久便掀起停建「核四」風暴，造成島內政治經濟的劇烈震盪與長遠影響。為了堅持「臺獨」理念，陳水扁當局更是不惜製造兩岸關係緊張局勢，破壞臺灣社會經濟發展所必需的和平環境。顯然，這個時期的臺灣一切以政治利益與意識形態為優先，無心也無力真正推動反映社會大眾的根本利益的經濟發展，8年來儘管相關經濟發展規劃與方案頻繁提出，卻大都僅止於紙上談兵，不見落實成效。

其二，經濟政策缺乏理性與明智。陳水扁上臺執政以來，受制於政治立場及政黨利益，對於經濟問題的決策往往失之理性與明智。其典型代表就是不顧世界潮流及臺灣經濟自身需要，頑固地堅持限制性對大陸經貿政策。1990年代以來世界經濟全球化區域化加速發展，中國大陸在東亞乃至在世界經濟中的地位越來越重要，順應時代潮流，融入新的國際分工體系顯然是與大陸僅一水之隔的臺灣無法迴避的歷史選擇。但是，日益密切的兩岸經貿關係不符合「臺獨」分離政治路線，1996年李登輝拋出對兩岸經貿關係要「戒急用忍」的政策原因即在此。陳水扁上臺後，公開化的「臺獨」立場更是決定了其經濟發展的戰略思考必然是儘可能地繞過兩岸經貿關係這一關鍵性的問題，以保證臺灣經濟與大陸的所謂「安全距離」而不過多依賴大陸。因此，儘管有內外環境強大的

壓力，陳水扁當局也被迫陸續放寬了若干對大陸經貿政策措施，但在本質上8年來陳水扁始終是頑固地堅持限制性對大陸經貿政策，從而使其各項經濟發展政策規劃難有實質成效。

其三，經濟管理體制運作效率低。21世紀以來，臺灣不僅在制定經濟政策時失去了以前所奉行的「務實主義」精神，而且其所謂「政府機制」的運作也有明顯障礙，除了受制於所謂「少數政府」的困境，使「立法院」財經議事效率低下的問題更明顯加劇外，還突出表現在行政部門經濟管理的混亂上。作為首次「政黨輪替」上臺執政的民進黨當局，沒有執政經驗，又缺乏財經人才，從而形成8年來臺灣行政部門的財經隊伍極其不穩定的局面，從「行政院長」到「經建會」主委、「經濟部長」、「財政部長」等財經官員一再走馬換將。動盪不安的財經行政部門體系顯然無法有效推動與執行相關經濟政策，更無力應對驟然衰退的經濟局勢。

由此可見，21世紀以來臺灣已失去了政府干預經濟有效性的前提條件，臺灣在經濟發展中扮演的角色已發生根本性的轉變，已經從以往的「促進者」變成了「阻礙者」。這是近8年來臺灣經濟陷於困境的最重要原因。

（二）限制性對大陸經貿政策使臺灣無法有效充分利用大陸市場

如前所述，自1980年代中期以來大陸市場對臺灣經濟的影響日益重要並舉足輕重。但是由於臺灣採取限制性對大陸經貿政策，兩岸經貿往來在總體上一直是在「間接、單向、民間」畸形格局下運行。這又在相當大的程度上削弱了臺灣經濟從兩岸經貿關係中所能獲得的利益。進入新世紀以來，一方面，世界經濟全球化區域化趨勢加速，兩岸先後加入世界貿易組織，兩岸經貿關係正常化的緊迫性日益加強；另一方面，國際經濟不景氣，臺灣經濟持續不振，大陸市場對臺灣經濟的重要性更為突出。但是陳水扁當局卻繼續阻礙兩岸經貿關係的正常化，這就使已經

深陷困境的臺灣經濟備受打擊。一是導致臺灣經濟面臨被邊緣化的危機。由於兩岸遲遲不能直接「三通」，資本貨物無法暢通雙向流動，形成臺灣明顯游離於東亞區域經濟合作發展潮流的局面，外商在臺的營運基地因此紛紛撤離臺灣，臺灣失去了成為營運總部的機遇，在臺的美國商會、歐洲商會人數也日益減少。二是削弱臺灣企業在大陸市場的競爭力。兩岸經貿往來只能採用間接方式，台商對大陸投資又有種種限制，這不僅使台商徒增成本費用，加大商業風險，影響其競爭力，更重要的是導致許多企業無法在兩岸間有效進行產業整合及分工，進而逐漸失去在大陸市場的領先優勢。近年來臺灣產品占大陸進口市場的比重已呈逐年下降趨勢。三是島內相關產業備受打擊，加劇經濟困境。兩岸經貿關係遲遲無法正常化，嚴重限制了臺灣相關產業如交通港口業、金融業及旅遊業等的發展空間。高雄港的地位急劇下降就是個典型例證。

（三）出口導向戰略的歷史限度使臺灣產業結構先天存在脆弱性

長期以來臺灣通過實施出口導向戰略，從國際分工體系中獲取技術來源與市場支持，由此創造了「經濟奇蹟」，並使隨後的經濟轉型發展也較為順利。但是出口導向戰略的歷史限度卻使臺灣產業結構先天存在著脆弱性。這種脆弱性由於21世紀以來臺灣外部技術與市場環境的重大變化而日趨暴露，並從根本上制約了臺灣經濟的健康發展。

首先看以「模仿型創新」為特徵的技術轉移機制對臺灣產業結構的負面影響。1980年代下半期以來受益於「美——日——東亞其他國家」的技術擴散機制，臺灣製造業由勞力密集產業向技術及資本密集產業轉型升級，電子訊息產業逐步成為臺灣產業的主流。但是這種產業結構除了具有明顯的單一性特徵，即主要集中於電子訊息產業外，又呈現極強的對外依賴性，不論是技術來源或是產品出口市場均嚴重依賴美國與日本。這使臺灣的經濟增長機制脆弱而無可持續競爭優勢，一方面，美、日等國際景氣波動對臺灣影響極大，另一方面，一旦電子訊息產業發展

受阻，臺灣整體產業便失去支柱力量。2001年以來，美、日經濟不景氣，特別是電子訊息產業需求的大幅萎縮，之所以會對臺灣造成特別大打擊，臺灣產業結構的脆弱性顯然是其深層的原因。特別是，在帶有明顯「依附性」的技術轉移機制中，臺灣難以獲得關鍵性的生產技術及設備，而臺灣自身「重技術、輕研究」的技術創新體系又使其自主創新能力長期薄弱。在此背景下臺灣電子訊息產業生產方式只能停留在委託加工生產（OEM）與委託設計生產（ODM）的「代工」模式上，而這種生產方式所需技術水平相對較低，其生產的地位也容易被後起的發展中國家所取代。事實上，自1990年代以來，在東亞地區逐漸形成的多層網絡型分工體系中，由於大陸及東盟等國家及地區技術水平及生產能力的不斷提高，臺灣產業的發展所面臨的競爭已越來越激烈，21世紀以來這種趨勢則更加明顯。

其次，「新重商主義」的缺陷也對臺灣產業結構造成了深刻的影響。戰後40年臺灣實施出口導向戰略的一個結果是，形成了「重外輕內」的經濟格局，一方面是相對強大的外向型出口部門，另一方面則是相對薄弱的內部依賴型部門。在80年代下半期產業結構快速轉變的過程中，長期基礎較薄弱的服務業在短時間內迅速膨脹，使臺灣產業結構出現了服務業比重高、規模大，但發展水平卻較低的特徵。這種產業結構的弊端在內部需求擴張較順利的情況下不易顯現，1990年代臺灣經濟尚能維持中速增長的重要原因即在於此。但是新世紀以來臺灣內部需求急劇萎縮，服務業水平較低、競爭力較弱的脆弱性便日益凸顯出來，尤其是大量傳統的附加價值較低類型的服務業備受衝擊。由於服務業占臺灣產業構成的比重已超過70%，其增長水平對總體經濟增長的影響舉足輕重。21世紀以來臺灣整體服務業每年增長率大致維持3—4%的低增長水平，對經濟增長的貢獻所占的比重由2000年的70.4%逐年下降到2007年的51.8%。

結語：臺灣經濟前景展望

以東亞新學說理論重新審視跨世紀近60年的臺灣經濟發展可以看出，作為東亞模式創新體系基本要素的「出口導向」、「政府作用」等始終發揮著重要作用，只是在時空背景發生巨大變化時，由於臺灣沒有進行相應的調整與變革，甚至反向作為，才使得臺灣經濟發生由「奇蹟」到「困境」的演變。

現階段臺灣經濟又處於一個新的歷史關頭了，一方面2008年5月臺灣發生了所謂「第二次政黨輪替」，民進黨當局結束8年的任期，馬英九代表國民黨重新上臺執政；另一方面由美國次貸危機所引發的國際金融危機正持續蔓延和深化，包括臺灣在內的全球實體經濟受到的衝擊越來越明顯。這種政經環境的巨大變化正在使過去8年造成臺灣經濟困境的各項因素相應發生改變，一是臺灣新當局努力重新扮演經濟發展「促進者」的角色，但面臨多年積累下來的經濟問題與特別惡劣的國際經濟環境的嚴峻挑戰；二是兩岸關係的改善與兩岸經貿交流合作的日益深化將使臺灣經濟從大陸市場獲得更大的利益，不過來自島內的阻力依然不小，國際金融危機的負面影響也在一定程度上弱化了兩岸經貿開放政策的效應；三是，國際金融危機使臺灣產業結構的脆弱性更加暴露無遺，推動新一輪的產業轉型升級十分緊迫，但又是個長期而艱巨的任務。這些變化因素的綜合作用將決定臺灣經濟發展的前景，總體而言，臺灣經濟重振的機會明顯增加，但所面對的挑戰也更大。

（本文發表於《臺灣研究集刊》）

國際金融危機下的臺灣經濟形勢分析

李非、吳鳳嬌

（廈門大學　臺灣研究中心，福建　廈門　361005）

2008年爆發的國際金融危機席捲全球，引發了世界性的經濟衰退。

作為外向型的臺灣經濟自然不能倖免，在內需提振乏力、外需市場萎縮的雙重壓力下，呈現「內外皆冷」的特徵，並從低增長軌道步入衰退境地。不僅臺灣對外經濟循環陷入低迷狀態，而且島內生產和服務業增長停滯，財政狀況惡化，民生痛苦指數居高不下，內部需求趨於萎縮。臺灣經濟衰退的表層因素是國際經濟不景氣，深層因素則是其自身經濟結構的脆弱性和矛盾性。在此背景下，兩岸經貿關係的逐步開放和正常化回歸有助於紓解臺灣經濟困境。

一、國際金融危機衝擊下的臺灣經濟表現

在國際金融危機爆發前，臺灣經濟增長走勢是先揚後抑。2008年第1季經濟增長率為6.25%，其中民間消費增長率2.01%，固定資本成長率4.42%，出口增長11.83%，延續了2007年穩健成長的力道；第2季經濟增長率雖受固定資本成長轉負的拖累有所滑落，但因出口強勁仍保持4.56%的水平。由於對國民黨重新執政後兩岸經貿關係的樂觀預期，島內和國際評估機構對臺灣經濟增長謹慎樂觀，綜合各主要預測值介於3.4%與4.78%之間。但景氣對策信號於5月轉呈黃藍燈，更於7月轉為藍燈，反映了隨著國際金融危機日益蔓延，全球景氣趨緩對島內經濟的衝擊日益加劇，導致經濟增長日趨疲乏。與此相對應，島內和國際經濟重要機構在9月後紛紛下修對臺灣經濟增長的預期，「中華經濟研究院」10月17日首先將經濟增長預期值由之前估計的4.67%下修至3.82%。而臺灣「行政院」主計處更於11月20日大幅修正2008年經濟增長預測值為1.87%，並發出了連續三季負成長的衰退警告。但2008年年底出口急劇下挫導致實際經濟增長遠低於預期。據臺灣「行政院」主計處的最新統計，第4季經濟增長率為-8.36%，為1961年以來單季最大衰退，合計全年經濟增長0.12%，GNP總值4026億美元，人均GNP17576美元，創下2001年網路泡沫崩潰後的7年來最低，同時預估2009年臺灣經濟將繼續延續衰退走勢，前3季經濟增長率分別為-6.51%、-6.85%和-2.67%，全年經濟增長將衰退2.97%。

從重要經濟指標看，在國際金融危機衝擊下的臺灣經濟發展態勢主要表現在以下幾個方面：

(一) 內需提振乏力，消費和投資意願下降

雖然馬英九上臺後將施政軸心重新定位於「拚經濟」，並陸續出臺了一系列旨在刺激消費、振興投資的經濟方案，但因相關政策的實施仍需時間發酵才能奏效，對內部需求的效果較為有限。按照臺灣「行政院主計處」綜合統計，2008年島內內需增長率由上年的2.16%下降至-2.42%，對經濟增長的貢獻率則由1.83%降至-2.05%。

在臺灣內部需求中，民間消費支出占GDP的比重超過60%，成為決定經濟增長的最重要因素之一。由於受景氣不斷下滑、就業形勢日益嚴峻、股市震盪低迷、物價持續上漲等多重因素的影響，民眾消費信心明顯不足，消費能力持續下降。第1、2季民間消費增長率分別為2.07%和0.52%，而第3季則由正轉負，衰退程度達1.97%，第4季持續衰退1.68%，導致全年民間消費衰退0.29%，為有統計紀錄以來的首度全年負成長。

在投資方面，全年固定資本成長率為-10.78%，比上年下降12.68個百分點。從具體構成看，民間投資成長率為-13.47%，比上年下降16.72個百分點，主要原因在於企業對未來經濟前景預測趨向悲觀而延後或縮減資本支出；由於「愛臺十二項建設」和地方公共建設的執行率低於預期，「政府」公共投資僅小幅成長0.34%，比上年增加了5.62個百分點；另外，公營事業投資也出現了2.58%的衰退，較上年減少了4個百分點。由此可見，島內民間投資增長乏力是整體投資不振的主要因素。與內部投資低迷相對應，僑外資本對臺投資也呈現衰退之勢，全年核准僑外直接投資金額為82.32億美元，較上年減少46.41%。2009年1月，核准僑外直接投資金額僅為1.45億美元，比上年大幅減少73%。另外，值得關注的是，投資島內證市場的外資從2008年4月開始，持續出現匯出金額大於匯入金額的情況，且金額逐漸擴大，至2009年1月淨匯出金額高達147.47億美元。

外資大幅賣超成為島內股價指數連創新低的重要原因。

（二）外需市場萎縮，對外貿易由盛轉衰

從外部需求看，由於2008年上半年國際油價和原物料價格飆漲以及全球經濟不景氣，臺灣進出口貿易萎縮趨勢逐步顯現，貿易出超大幅銳減。根據臺灣「財政部」公布的數據顯示，上半年對外貿易仍保持快速成長的勢頭，對外貿易總額為2610億美元，其中出口總額為1345億美元，進口總額為1265億美元，分別比上年成長了18.1%和22.4%。而出口自9月轉為近7年來首次負成長後不斷加速下滑，12月出口額僅為136.4億美元，比上年同期下降41.9%，創歷年來最大降幅；進口成長率也因內部需求低迷，外購設備較少及進口物價下跌而連續三個月負成長，12月進口額為117.8億美元，比上年同期下降44.6%，亦創歷年來最大降幅。全年對外貿易累計總額為4964.8億美元，其中出口總額為2556.6億美元，進口總額為2408.2億美元，分別比上年增加了3.64%和9.84%；貿易出超為148.3億美元，比上年同期大幅減少了45.9%。2009年第1季度，對外貿易仍處於萎縮態勢，其中出口總額為405.46億美元，進口總額為320.58億美元，分別比上年減少了36.6%和47.2%。同時，作為提前指標的外銷訂單成長率也連續縮減，繼10月增率減少5.6%之後，12月繼續下跌至-33%，2009年1月更大減為-41.7%，對外貿易前景不容樂觀。

（三）服務業增長停滯，製造業面臨嚴重產能過剩

從臺灣產業構成看，2008年服務業占GDP的比重高達73.17%，工業占25.15%（其中製造業占21.85%），是一個以服務業為主幹，但製造業仍居舉足輕重地位的經濟體系。面向內需市場的服務業，由於民間消費增長乏力，股市跌宕起伏，2008年1至4季度的增長率分別為4.35%、3.15%、-1.35%和-2.88%，合計全年小幅成長0.75%，難以發揮主導產業部門支撐經濟增長的作用。

随着国际经济景气趋缓，国际市场需求低迷，工业和制造业生产也同样出现了增长放慢直至衰退的趋势。4个季度工业生产增长率依次为11.19%、8.26%、-0.43%和-20.23%，全年工业生产比上年减少1.95%，其中制造业减少1.76%，电力及燃气业、用水供应业、矿业及土石采掘业和建筑工程业分别下降了1.78%、1.83%、1.96%和9.27%。若从单月生产指数看，工业和制造业从9月开始连续呈下降趋势，10、11和12月连续出现两位数以上的负成长，2009年1月工业和制造业更分别减产43.31%和44.94%，均创下2001年10月以来的新低，预示随着国际市场需求的萎缩，岛内制造业的生产规模锐减，产能过剩问题日益突出。

以近年来岛内重点扶植发展的DRAM产业为例，由于行业整体供过于求，再遭受由金融风暴引发的全球消费紧缩的影响，2008年DRAM产品均价跌幅已达60%。岛内五家主要DRAM厂商相继陷入订单下滑和削价竞争的困境，第4季的产能利用率均不足60%，全年营业亏损超过1000亿新台币，力晶、茂德两家厂商负债比例已达60%的上限，潜伏严重的财务危机。在液晶面板方面，第4季度台湾面板厂也因产能利用率普降至50%而出现了出货量递减和营收衰退，其中龙头厂友达、奇美光电的亏损共计超过500亿新台币，为有史以来亏损最严重的一季。半导体和面板两大明星产业同时面临困境，加剧岛内投资规模萎缩和产业不景气。

（四）财政状况恶化，「政府」债务明显增加

根据财政总预算，2008年「中央政府」财政总收入为16192亿新台币（下同），占GDP的12.17%，财政总支出为17767亿，占GDP的13.36%，预算财政赤字占GDP的1.19%。若加入当年共发行公债4100亿，「中央政府」累计债务未偿余额至年末已达4.11兆，创历年新高。鉴于「政府」负债持续增加减弱台湾财政的弹性，惠誉信评在2009年1月发布的评等报告中，将台湾长期货币发行评等展望由「稳定」降为「负向」，这是该公司自2001年开始对台湾进行信用评等以来，首度调降展望。惠誉信评预

测由於經濟衰退、基礎建設投資大幅增加和減稅等因素，未來兩年臺灣財政狀況將進一步惡化，財政赤字將超過GDP的3%，債務總額占GDP的比重將達47%，超過國際標準公認的警戒線。

（五）失業率和物價的「雙升」效應使民生痛苦指數提高

隨著全球經濟不景氣程度加劇，國際市場需求萎縮使島內的失業率不斷攀升。2008年臺灣平均失業人數達45萬人，失業率為4.14%，受失業波及人口累計近120萬人，創近3年來新高。2009年2月島內平均失業人數已達62.4萬人，失業率提高至5.75%，受失業波及人口累計近136.5萬人，創6年來同月新高。長期失業者中高達56%集中在30歲以下，有近30%的失業者具有大專以上學歷，顯示這一波失業潮不僅衝擊藍領勞工，年輕一族的高學歷者也深受影響。面對嚴峻的就業形勢，馬英九當局已於11月1日開始推行為期8個月「加強短期促進就業措施」，另外還將在今後四年內每年平均投入66.7億擬創造約22萬個工作機會。

2008年上半年國際原油和原物料價格飆漲推動臺灣進口成本上升，導致全年躉售物價指數年增率為5.22%。與此相對應，消費者物價指數年增率3.52%，其中食物類上漲8.55%，商品類（不含食物）上漲2.16%，服務類上漲2.25%。受此影響，前11個月受僱員工的實質平均薪資負成長3.14%，實質經常性薪資負成長3.01%，創下1980年以來最大的負增長。由於這輪通貨膨脹的性質是國際油價上升傳導而成的輸入性通貨膨脹，所以下半年島內物價上漲幅度已隨國際油價的下跌而放緩。在民間消費日趨乏力的疊加效應下，2009年初消費者物價指數年增率已回落至0.08%。

失業率和物價雙重上升直接導致了臺灣的民生痛苦指數（失業率加消費者物價指數年增率）從2008年1月的6.74%直升至7月最高的9.87%。臺灣《遠見》雜誌於12月22日公布的民調顯示，島內民眾對馬英九執政7個月以來的滿意度僅30.3%，不滿意度達58.4%。同時47.4%的民眾表示信任馬英九，37.5%表示不信任。

（六）股市重挫，匯率趨貶

馬英九競選時曾提出當選後島內股市要「上萬點」，民眾對此有強烈期盼，島內投資人及外資紛紛做多，大量資金湧入股市，股指從2008年3月的8000點一路飆漲至5月的9300點左右。然而，股市榮景「曇花一現」。隨著國際金融風暴愈演愈烈，島內經濟日益低迷，外資大幅超賣臺股，股價指數從9300點狂跌至11月底的4089點，跌幅達55%，股市市值蒸發12.62兆新臺幣（下同），眾多中小投資者被嚴重套牢，島內股民人均損失143.2萬。儘管臺灣9月以來積極採取了一系列救市措施，陸續宣布限制臺股跌幅、全面禁止借券及融券放空並動用四大基金和「國安基金」介入股市護盤，同時多次調降重貼現率，但都沒有對疲軟的股市產生明顯的刺激作用，並且造成各類護盤基金累計虧損達1027億。至2008年底，臺灣股市仍在4500點上下波動，股價指數全年重挫46%。股市的疲軟既反映了投資者信心不足，又標誌著民間財富大幅縮水。

匯市方面，新臺幣也呈現先升後貶的走勢。2008年1至3月，「中央銀行」在島內出口貿易尚屬繁榮時，為抵禦輸入性通貨膨脹而實行強勢匯率政策，新臺幣一路上揚，對美元匯率由32.25直升至30。之後，新臺幣對美元的匯率一直在30～31範圍內震盪盤整。直至8月，島內經濟衰退趨勢顯現，再加上獲利外資不斷匯出，新臺幣持續大幅走貶，10月27日對美元匯率一度跌至33.45，其後僅抬升一週即重現震盪下挫，12月新臺幣對美元匯率大致維持在32.90～33.30的區段波動，2009年初一舉突破35元大關，與2008年初相比，貶值幅度達10%以上。由於出口急劇下降，再加上連續5季的經濟衰退預測進一步加劇了投資者對未來經濟前景的憂慮心理，新臺幣後市仍然存在一定的貶值空間。但值得注意的是，新臺幣貶值雖可在一定程度上增強出口商品的競爭力，但卻加重了進口商品的成本，並會對內需的擴大和總體經濟復甦產生不利的影響。

二、導致臺灣經濟困境的主要因素

当前,影响臺灣經濟走向的主要因素可以從內部和外部兩個層面進行解讀。外部因素即國際經濟不景氣是直接誘因,而內部因素如產業結構升級不力、財政收支惡化,以及非經濟因素如政黨紛爭導致財經施政效率低下等問題,則是臺灣經濟衰退的深層次原因。

(一)全球經濟衰退引發的外需萎縮是臺灣經濟重創的直接原因

當前全球經濟正面臨1930年代以來最嚴重的金融衝擊,經濟增長動力減弱,與臺灣經濟聯繫緊密的三大發達經濟體美國、日本和歐元區都處於不同程度的衰退。2008年上半年受制於國際油價上升、國內金融市場動盪因素,美國經濟出現溫和衰退趨勢,第1季和第2季經濟增長率分別為0.9%和2.8%。在「兩房」危機、雷曼兄弟申請破產和美林集團遭美國銀行收購等一系列不利因素影響下,儘管美國政府通過各種管道向市場挹注資金,並推出金額超7000億美元的金融救援計劃,第3季和第4季仍出現0.5%和6.2%的負成長,全年經濟成長率僅為1.1%,為2001年以來最低。日本受出口萎縮、企業投資成長不足的影響,自第2季開始進入經濟衰退的軌道,第4季更出現高達12.7%的經濟負成長,創下近35年來最大季度降幅。受美國金融危機的影響,歐元區國家也相繼發生嚴重的金融危機,股市普遍重挫,整體經濟步入15年來的首次衰退,在連續三季萎縮的基礎上,全年經濟增長率不足1%。

高度外向性的海島型經濟特徵決定了臺灣經濟對外需市場的強烈依賴。據「行政院」主計處統計,2000~2007年外需對臺灣經濟增長的平均貢獻比重達54%以上。因此,三大經濟體的衰退對臺灣經濟的打擊效應更甚於其它國家和地區。其一,臺灣進出口貿易在歐美內需市場低迷、電子產品需求銳減的影響下大幅萎縮,進而引起島內生產受挫,投資急劇減少,經濟增長衰退。12月份臺灣對美國、日本和歐洲出口年增率分別下降23.5%、21.9%和29.5%。其二,臺灣股市在全球股市普跌的連動效應下加速下瀉。上市公司、上櫃公司股價75%以上都低於資產淨值,企業

已無法從股市融通資金。其三,受全球金融海嘯的衝擊,島內金融機構因投資美國雷曼兄弟、阿根廷以及冰島的股債而嚴重受損。2008年前三季度島內銀行資產報酬率和淨值報酬率分別為0.21%和3.3%,遠低於國際平均水準。

與發達經濟體相比,作為臺灣最大貿易夥伴的中國大陸仍然保持了9%的經濟增長。但目前臺灣對外經濟關係仍以「美、日進口——臺灣設計——大陸加工——美歐出口」的「四角模式」為主要特徵。大陸臺資企業大多採取迂迴方式將產品外銷到美、歐市場,因此與島內企業同樣出現了出口下降、生產減速的現象,從而直接導致了其從島內進口的原材料、半成品、零部件以及機械設備等生產資料急劇減少。繼2008年9月首次下降14.6%,12月臺灣對大陸的出口年增率加速下降57.1%。因此,臺灣對外經濟關係已面臨由「四角模式」向「美、日進口——臺灣設計——大陸加工和銷售」的新「三角模式」轉變的巨大壓力,即大陸臺資企業應由出口導向型轉變為內需導向型。只有這樣,臺灣經濟才能充分分享未來中國大陸經濟成長的紅利。

(二)經濟自身結構性問題是臺灣經濟衰退的根本原因

當前臺灣經濟之所以衰退與其長期積累的自身結構性問題密切相關。這些結構性問題造成臺灣整體經濟體質的脆弱性,當內外經濟環境發生重大變化時,這種脆弱性便被激化而暴露,從而導致經濟陷於嚴重衰退。

1.現有產業結構對總體經濟增長的支撐力呈弱化趨勢

臺灣產業結構的特徵是以服務業為主導,製造業占據重要地位。自1980年代下半期以來快速增長的服務業,進入21世紀後,由於島內內部需求急劇萎縮、股市長期疲弱不振、金融經營體系不斷惡化等原因而出現競爭力下降、增長裹足不前的狀況。2002~2007年,整體服務業大致

維持3%～4%的低增長水平，對經濟增長的貢獻逐年下降，直接導致臺灣經濟由過去的中高速增長轉入低速增長。另一方面，製造業因內部產業不平衡發展而出現結構單一、整體產業競爭力不強的缺陷。在臺灣產業結構調整和升級中，不僅傳統產業，如紡織、汽車升級緩慢，高科技產業內部發展也不平衡。除了以半導體和面板為代表的電子訊息產業發展較快外，其它高科技產業，如航天工業、生物技術、醫療保健工業及環境保護工業等都發展緩慢。這種產業結構的脆弱性勢必造成臺灣經濟增長機制缺乏穩定性和可持續性：其一，電子訊息產業對外依賴性強，尤其是對美、日的依賴。因研究與發展投入不足，技術自主性不高，臺灣電子訊息業至今仍無法擺脫OEM和ODM的「代工」模式。這不僅造成了其在核心技術掌控和研發、品牌和銷售渠道開拓上「受制於美、日」的局面，而且也無法充分體現高科技產業的高收益優勢，對經濟增長的貢獻受到很大的限制。其二，「出口導向產品單一化」傾向日益明顯。自1990年初製造業結構發生劇烈變動以來，臺灣電子、訊息通信產品的出口比重逐步提升，1990年代末期出口比重已達30%。「出口導向產品單一化」使臺灣對外貿易容易遭受國際經濟景氣波動的影響。一旦電子產品的出口因國際經濟景氣波動的影響受阻，整體對外貿易便急劇萎縮，進而使島內經濟受到嚴重衝擊。2001年臺灣經濟衰退已經充分驗證了這一點。近年來，臺灣電子產品、訊息通信產品的出口比重仍不斷提高，2008年出口比重已近45%。這波全球經濟衰退之所以使臺灣遭受嚴重打擊，「出口導向產品單一化」和產業結構脆弱性顯然是深層原因，其經濟機理就在於：全球經濟低迷造成臺灣電子產品出口銳減，電子產業陷入不景氣狀況，進而波及整體製造業和工業增長停滯，企業投資縮減，生產蕭條，導致經濟衰退。因此，臺灣必須改善現有產業結構，一方面放寬對服務業發展的限制，提高生產性服務業的競爭力；另一方面實現製造業產業優勢由單一化向多元化轉變，否則，經濟增長難免陷入「高風險、低穩定」的境地。

2.長期財政收支惡化制約了「政府」刺激經濟的「能效」

近年來，臺灣財政赤字持續增高。尤其在2000～2007年民進黨執政期間，為因應特殊的政治生態需要，對內推行各種稅收優惠減免與增加福利開支，對外實行「金援外交」，增購軍備，導致稅基削弱，財政狀況不斷惡化，「政府」債務日益龐大。據「財政部」統計，臺灣各級「政府」的負債餘額由1999年的2.3兆新臺幣（下同）上升至2007年的4.3兆。另據臺灣「立法」部門估算中心估算，如果將隱藏性債務加總，負債額高達13兆，每年償還負債的利息達1300億。財政拮据嚴重影響了臺灣提供公共建設與服務的能力。2001～2007年，「政府」資本支出平均每年減少5.2%，「政府」消費只增加0.66%，對宏觀經濟的控制能力也隨之減弱。

國民黨重新執政後，將經濟發展的重心立足於擴大內需，由於民間對未來經濟發展信心不足，消費和投資意願低迷，因此希望借助於加大公共投資來拉動島內經濟整體發展。面對島內日益低迷的景氣，當局提出了一系列耗資巨大的經濟刺激方案，主要包括「加強地方建設擴大內需方案」需投入583億；「愛臺12項建設」需籌措2.65兆；「因應景氣提振經濟方案」投入的補貼和減稅金額合計1226億，「振興經濟新方案」4年內擬投入4829億。以上舉措是否能奏效暫且不談，目前臺灣亟待解決的難題是在已經債臺高築的情況下如何籌措財源，否則聲勢浩大的經濟刺激方案的實際效應將不如預期顯著。

（三）財經施政效率在一定程度上仍受政黨紛爭的掣肘

2008年國民黨重新執政後，積極履行其「拚經濟」競選承諾。面對島內日益嚴峻的經濟形勢，臺灣試圖運用減稅、降息、促進就業、加大公共投資和鬆綁兩岸經貿限制性政策等多種措施來刺激內需，提振景氣。但民進黨在政權更替後，屢次製造政治事端，一方面，重拾街頭抗爭路線，先後組織「8·30嗆馬遊行」和「10·25遊行」，利用民眾對島內經濟不滿的情緒，對馬英九當局施政添加壓力，並蓄意干擾海協會和

海基會的二次協商談判，企圖為兩岸交流設置障礙；另一方面，利用在「立法院」的影響力不斷杯葛當局提出的各項經濟舉措。最顯著的例子，莫如針對臺灣股市跌幅超逾全球平均值，當局提出了證券交易稅減半徵收半年的構想，但證交稅條例修正案在「立法院」已經擱置了數月之久始終無法通過。如此一來，雖然國民黨在「立法院」占據絕對優勢，但財經施政進程在一定程度上受阻於政黨紛爭，從而削弱對經濟作用力。

三、兩岸經貿關係逐步開放和回歸正常化有助於紓解臺灣經濟困境

以往民進黨執政當局採取「鎖島」政策，拒絕開放兩岸直接「三通」和大陸民眾赴臺旅遊，並不斷強調兩岸經貿開放「威脅臺灣安全」，造成臺灣內外對臺灣經濟發展產生信心危機，民間消費和投資意願受挫，島內經濟因無法搭乘大陸高速發展的「經濟列車」而處於長期低迷態勢。

面對島內經濟的頹勢，國民黨重新執政後，摒棄了以政治訴求主導兩岸經貿關係的錯誤做法，在大陸不斷釋放善意的推動下，實行立足於民生的積極、務實和開放的兩岸經貿發展政策。2008年6月，海協會和海基會在「九二共識」的基礎上，於北京進行了第一次協商談判，並簽署了《海峽兩岸包機會談紀要》和《海峽兩岸關於大陸居民赴臺旅遊協議》。7月4日，兩岸週末包機直航和大陸赴臺旅遊雙首發，揭開了兩岸經貿交流的新篇章。下半年，隨著國際經濟形勢惡化，島內經濟日益低迷，臺灣加快開放兩岸經貿交流的步伐，陸續推出調高企業對大陸投資上限至淨值60%、放寬海外基金投資大陸比重、允許大陸台商回臺上市、開放陸資赴臺投資、解除敏感產業登陸限制等舉措，大有期望引大陸經濟活水來擺脫經濟困境之意。11月，「兩會」在臺灣進行了第二次協商談判，並簽署了《海峽兩岸空運協議》、《海峽兩岸海運協議》《海峽

兩岸郵政協議》和《海峽兩岸食品安全協議》四項協議，標誌著束縛兩岸經貿交流的「三通」枷鎖得以解除，真正實現了兩岸人員、貨物和訊息的自由流動，初步實現了兩岸經濟關係的正常化。

開放的兩岸經貿政策為臺灣帶來了多重的實質經濟效益。如「陸客赴臺」為臺灣旅遊業帶來新的增長點，並帶動交通運輸業、餐飲業、零售業等相關產業發展，增加島內就業。據統計，自2008年7月開放大陸居民赴臺旅遊以來，大陸居民赴臺旅遊的規模不斷擴大，日均赴臺人次已由2009年1月初的500人次增加為3月的1500人次，至2009年3月累計赴臺旅遊已近15萬人次。根據臺灣「觀光局」所作的消費調查顯示，大陸遊客在臺平均停留7天，平均每人每天消費約6800元，近15萬大陸遊客已為臺灣旅遊業和相關產業帶來了102億元的收益。在顯著的直接經濟效益之外，「陸客赴臺」還增加了旅遊業和相關產業的就業崗位，一定程度上緩解了島內就業壓力。又如開通兩岸海空客貨直航，大幅降低了兩岸人員和貨物往來的時間和運輸成本，以海運為例，直航後不必彎靠香港或日本石垣島，每航次平均節省航行時間16～27小時，成本節省15%至30%。如以1萬噸的集裝箱貨輪計算，每航次便可節省成本約2萬美元。兩岸每年可節省海上運輸費用達數十億美元。另外，兩岸直航還有助於降低臺灣農、工產品的出口價格，擴大其在大陸市場的銷售；提高臺灣企業物流配送效率和市場競爭力；增加臺灣海、空港口運能，高雄港有望扮演大陸市場轉運中心的角色。據臺灣經濟研究院調查分析，兩岸直航後，每年約可節省310億元的海、空運運輸成本，可使企業總產值每年增加0.02%到0.16%，島內GDP成長率每年提高0.01%到0.41%。

此外，兩岸經貿開放還對臺灣經濟發展產生了間接的積極影響。首先，增強了臺灣民眾對島內經濟發展的信心，民間投資意願大增。如鴻海集團迅速啟動在高雄的軟體園投資，臺塑集團也提出了五年內逾5000億元的加碼投資臺灣計劃。其次，促使外商重新審視島內投資環境，把營運總部留駐島內，有助於臺灣實現亞太營運中心目標。據島內經濟主

管部門預估，2009年外資在臺灣設立區域營運總部的家數可從2008年的615家增至800家。

四、未來臺灣經濟走勢展望

對於未來臺灣經濟走勢，臺灣統計部門、經濟主管部門、研究機構以及國際權威評估機構不斷將預測值下修。臺灣「行政院」主計處認為，2009年雖有振興經濟法案等多項政策的刺激，但仍難以扭轉國際利空所帶來的出口大幅下降的衝擊，預估全年經濟增長率為-2.97%。而大多數國際權威評估機構和投資銀行對2009年臺灣經濟表現則更趨悲觀。IMF、EIU、高盛證券和瑞信證券等多家機構預測，2009年臺灣經濟衰退幅度將達5%以上。更有甚者，里昂證券認為在全球經濟走軟的背景下，臺灣出口將大幅減少，加上島內消費疲軟和投資減緩，經濟衰退程度將達11%，景氣指數居亞洲「四小龍」末位。

筆者認為，對未來臺灣經濟走向的預測，必須在客觀審視其經濟發展空間的基礎上進行。

首先，由美國次貸危機引發的國際金融海嘯對實體經濟的衝擊將日益劇烈，全球消費、信貸及貿易大幅萎縮，未來全球經濟發展更趨嚴峻。據IMF的最新預測，2009年全球經濟成長率僅為0.5%，為2002年以來的最低水平。美國、日本和歐元區仍處於經濟衰退週期，全年經濟成長分別為-1.6%，-2.0%和-2.6%。另據聯合國近期公布的2009年世界經濟情況與前瞻研究報告，2009年全球經濟最好的情況是成長1.6%，最壞的則是負成長0.4%。外部經濟環境的持續惡化，將使臺灣傳統的面向發達經濟體的出口導向型經濟增長機制無以為繼。

其次，臺灣內部經濟環境改善有限，民間消費和固定投資難有起色。雖然「政府」積極實施促進就業方案和工作所得補助方案，調降稅賦，發放消費券，但失業攀升、股市及不動產市場低迷等制約民眾所得

的負面因素將持續存在，民眾消費信心不足，消費者信心指數屢創新低。2009年2月，消費者信心指數下降至48.42%，是1999年1月以來類似調查的最低水平。臺灣主計處預估2009年民間消費名義成長停滯，實質成長0.82%。雖然「經濟部」希望透過扶持資源再生產業發展和推動加工出口區招商等措施來提升民間投資，但多數企業由於現有產能過剩延遲或縮減資本支出，民間投資意願不高，而公共投資將因擴大公共建設的推動大幅增長，主計處預估2009年民間投資衰退28.07%，「政府」固定投資成長22.14%，合計全年固定投資負成長17.76%。

最後，兩岸經濟合作的加強與深化將為臺灣經濟拓展新的發展空間，添加新的經濟增長動能。2008年兩岸經貿關係出現了重大突破。海協會與海基會的兩次協商會談達成了開放大陸赴臺旅遊和實現兩岸直接「三通」的目標，標誌著過去對立的兩岸關係進入了以經濟為軸心的探索合作階段。在第四屆兩岸經貿文化論壇上宣讀的「九項建議」，涵蓋合作應對金融危機、產業合作和建立兩岸經濟合作機制等內容，指明了兩岸將在金融、基建、高科技、油氣開採、製造業、服務業、漁農業及航運物流等領域進行發展合作。「九項建議」將推動兩岸經貿關係的重心由製造業向服務業領域延伸，有助於臺灣服務業拓展大陸市場，解決其長期受限島內內需市場狹小的發展瓶頸；將深化兩岸產業分工與合作，有助於臺灣製造業利用大陸市場、技術和勞動力優勢資源實現產業結構升級，提高產品附加值與國際競爭力，擺脫其在全球產業分工體系中處於「代工」環節的相對弱勢地位；與「九項建議」相呼應的10項惠臺措施將直接有助於大陸臺資企業拓展大陸內需市場和實現營運模式的轉型升級，逐步擺脫對美、日的市場依賴，使大陸臺資企業能夠切實分享大陸經濟高速增長的紅利而獲得長足發展。因此，兩岸經濟合作為臺灣經濟發展拓展了新的空間，減弱其因全球經濟衰退而受到的負面衝擊。

綜合以上分析，雖然當前臺灣所面臨的內外經濟環境可能更加嚴

峻,但兩岸經濟合作的利好效應使臺灣經濟不致出現較大的衰退,預計2009年經濟增長率將在-5%到-2%之間。在大陸經濟發展的帶動下,臺灣經濟將逐步走向谷底,緩慢復甦,重新步入低度增長循環週期(3%～5%)的發展軌道。

(原載於《臺灣研究集刊》)

第二篇　兩岸投資、貿易及經濟關係研究

臺灣企業集團大陸投資現況與策略研究

石正方

（廈門，廈門大學臺灣研究院，361005）

台商赴大陸投資，先後掀起了以輕紡工業為主導（1980年代中、後期）、以石化工業為主導（1990年代初、中期）、以高新技術特別是訊息技術產業及其相關產業為主導（2000年下半年開始並延續至今）的「三次熱潮」。隨著台商投資大陸熱潮的不斷湧現，大陸台商的產業結構、企業結構、營運模式不斷上升到新層次，而且其原來「獨資生產、兩頭在外」的自我擴張模式，逐步轉向運用大陸資本市場、成立大陸營運總部、與大陸企業互動發展的新模式，從而使臺灣經濟愈益融入大陸經濟，兩岸經濟聯繫更加頻密，凸顯出相互依賴的經濟一體化特徵。

在此進程中，臺灣企業集團的大陸投資規模不斷擴張、經營模式日趨成熟，已成長為台商大陸投資的主導力量。本研究以台商大陸總體投資為背景，在有限資料基礎上，展開對臺灣企業集團大陸投資的研究，雖不能窺其全貌但求略見一斑。

一、臺灣企業集團大陸投資概況

1.1990年代中期以後，臺灣企業集團開始加快對大陸投資，促使台商大陸投資總量、個案規模迅速擴張，投資日趨大型化、集團化。

1980年代以來，隨著海峽兩岸經貿關係的迅猛發展，台商投資大陸

的項目、金額均經歷了穩步、快速成長的歷程（見表1）。

表1　1989年-2004年臺灣對大陸投資情況

年度	項目個數 台灣	比重	合同台資金額（萬美元） 台灣	比重	實際使用台資金額（萬美元） 台灣	比重	平均單項台資（萬美元/件） 實到台資	合同台資
1989	539	9.33	43169	7.71	15479	4.56	28.72	80.09
1990	1103	15.17	88997	13.49	22240	6.38	20.16	80.69
1991	1735	13.37	138852	11.59	46641	10.68	26.88	80.03
1992	6430	13.19	554335	9.54	105050	9.54	16.34	86.21
1993	10948	13.12	996487	8.94	313859	62.78	28.67	91.02
1994	6247	13.14	539488	6.53	339104	10.04	54.28	86.36
1995	4847	13.1	584907	6.41	316155	8.43	65.23	120.67
1996	3184	12.97	514098	7.02	347484	8.33	109.13	161.46
1997	3014	14.35	281449	5.52	328939	7.27	109.14	93.38
1998	2970	15	298168	5.72	291521	6.41	98.16	100.39
1999	2499	14.77	337444	8.19	259870	6.45	103.99	135.03
2000	3108	13.91	404189	6.48	229628	5.64	73.88	130.05
2001	4214	16.12	691419	9.99	297994	6.36	70.72	164.08
2002	4853	14.2	674084	8.14	397064	7.53	81.82	138.90
2003	4495	10.94	855787	7.44	337724	6.31	75.13	190.39
2004	4002	9.17	930594	6.06	311749	5.14	77.90	232.53

資料來源：商務部外資統計

就單位項目平均投資額來看，實到臺資、合約臺資在1990年代中期以後都有一個突破性增長，表明台商投資個案大型化趨勢。2004年臺灣在大陸投資新設立企業4002家，同比下降10.97%；合約金額93.06億美元，同比增長8.74%，平均個案規模232.59萬美元，較前一年增長22.13%。2005年1至9月，大陸共批准台商投資項目2850個，同比下降4.3%；合約臺資金額70.1億美元，同比增長7.4%，平均個案規模245.96萬美元，恰好

印證了近年來台商投資大型化的趨勢。

　　台商投資大型化是與台商大陸投資熱潮的推進相輔相成的，表明了臺灣大型企業集團在大陸內地投資業務的快速增長：1990年代初，台商投資大陸主要是勞動密集型製造業，基本上以中小企業為主；而從1990年代中期以後，台商對大陸投資的結構出現了明顯變化。一方面，下游的製造業帶動了上端的石化業及電力等基礎設施投資；另一方面，隨著臺灣以訊息電子產業為代表的高科技產業的崛起及國際產業分工的形成，臺灣電子電器業、精密儀器業等技術密集型產業對大陸的投資不斷升溫，使得以食品飲料業為代表的勞動密集型產業投資比例不斷下降，單件的平均投資金額明顯增加，一向對大陸投資保持謹慎態度的臺灣大中型企業逐步成為主力軍。特別是新世紀以來，為了到大陸市場「卡位」，增強在大陸市場的競爭能力，許多臺灣大型企業加快了投資大陸的步伐。臺灣的大企業、大財團、上市公司紛紛到大陸投資辦廠。據臺中華徵信所對2005版臺灣企業集團海外投資布局研究，2003年，臺灣資產排名前250企業集團共設立海外分子企業4074家，其中投資大陸1457家，約占其海外投資總家數的36.12%，較之2001、2002年有較大幅度增長（見表-2）。2000年以來，以上市、上櫃公司為代表的臺灣大中型企業已成為台商投資的主流。到2003年上半年，一共有424家臺灣上市公司到大陸投資，占臺灣全部上市公司的64%。到2004年第一季止，已有451家上市公司赴大陸投資，占所有上市公司的67%；274家上櫃公司赴大陸投資，占所有上櫃公司的59%。至2005年6月底為止，電子產業方面，臺灣上市（櫃）638家電子公司中，已有455家在中國投資設廠，占整體上市（櫃）電子公司的71.3%；傳統產業方面，臺灣上市（櫃）475家傳產公司中，已有301家在中國投資設廠，占整體上市（櫃）傳產公司的63.3%。

　　表-2　大陸分子企業與其他海外地區分子企業占全體海外企業家數比率

年度	中國大陸（含港、澳）		其他海外地區	
	家數	百分比	家數	百分比
2001	927	32.92%	1889	67.08%
2002	1219	34.84%	2280	65.16%
2003	1475	36.21%	2599	63.79%

資料來源：（臺）中華徵信所：《2005年版臺灣地區企業集團研究》。

臺灣大型企業集團除主要以大陸作為生產基地外（其中有176家集團投資大陸的製造業達832家，占其海外製造業的68.14%），也開始注重集團內部業務的垂直整合，圍繞集團核心業務，在大陸（含香港）設立投資公司、量產基地、銷售據點、研發中心等，布建完整的產供銷一體化的營運鏈，從而凸顯出台商大陸投資集團化特徵。

2.臺灣企業集團大陸投資促進了台商大陸投資的「群聚化」，從而奠定了台商大陸投資地域格局的主體框架。

臺灣大企業、大財團、上市公司不僅財力雄厚，而且較之中小企業具有長遠的戰略眼光，正是由於這些企業在大陸布點卡位，建構上下游完整作業體系及周邊服務系統，以及發揮龍頭企業的「群聚效應」，以「龍頭」帶「配套」，「配套」引「龍頭」，使台商大陸投資在總體規模擴張的同時，趨向大型化、集團化、群聚化，從而建構著台商大陸投資的地域分布格局。

從1980年代到1990年代中期，臺資主要分布在廣東（主要集中在廣州、東莞、深圳，三市臺資企業超過10000家）、福建（主要集中在福州、廈門，二市臺企總數超過5000家）。尤其是1981～1989年間，大陸共吸納臺資10.57億美元，其中福建省占38%，廣東占28%，二者合占2/3的份額，可謂高度集中；1990年代中、後期，台商投資重心開始向以上

海為中心的長三角地區轉移，江、浙兩省所占份額逐步上升，而福建、廣東所占份額逐步下降。據臺方統計，1991年至1999年，台商對廣東、福建、江蘇、浙江等沿海地區的投資共占臺官方核准對大陸投資總額的78%（孫升亮，2005）。2000年以來，台商投資重點地域最終實現了由珠三角向長三角的轉移，長三角吸引的臺資總額大幅超過珠三角地區。近幾年，廣東所占份額已降為25%左右，而江蘇和上海的投資已上升到55%左右。僅上海、蘇州、崑山、杭州四市的臺資企業即已超過12000多家。

近年來，隨著大陸區域開發的梯度推進，中、西部市場商機的逐漸顯現，台商對大陸投資開始由東南部沿海地區的福建、廣東、上海向華北、西北內陸地區的擴張，總體上呈現「重點卡位與全面布局並進」態勢：伴隨臺資加速向長江三角洲地區集結，以及福建、廣東內部調整，以京、津、魯、冀、遼為主體的環渤海地區，以武漢、長沙、南昌為重心的中部地區，以重慶、成都、西安為重心的西部地區，成為台商投資多元化布局的承接地（其中環渤海地區具有能源充足、勞動力低廉、未來國家政策及資金傾斜等優勢而最被看好，有「台商明日的希望之都」、「下一個『長三角』」之譽。近三年來，僅大連、天津、青島三市臺資企業已猛增至5000多家）。目前，台商投資已遍及全國31個省市區。即使地處邊遠的西藏、寧夏、青海、西藏等地也有台商涉足。但總體來看，東部沿海地區仍是台商投資的重心地區。2004年，東部地區新設立臺灣投資企業3461家，合約外資金額84.11億美元，實際投入外資金額26.70億美元。全國吸收臺資總量中的比重依次為86.48%、90.38%、85.64%；中部地區新設立臺灣投資企業374家，合約外資金額6.97億美元，實際投入外資金額4億美元，在全國吸收臺資總量中的比重依次為9.35%、7.49%、12.83%；西部地區新設立臺灣投資企業167家，1.98億美元，實際投入外資金額0.48億美元，臺資總量中的比重依次為4.17%、2.13%、1.53%。2004年實際使用臺資最多的前四位省、市為江蘇、山東、上海、浙江。

上述台商大陸投資地域分布格局的形成，與臺灣企業集團投資的地域分布關係緊密。據《2005年版臺灣地區企業集團研究》資料顯示，目前資產排名TOP100的企業集團在大陸投資設廠約880多家（含香港），分布於上海的最多（100多家），其次是深圳、崑山（50多家），再次是東莞、廣州（30多家），北京（20多家），中山、杭州、廈門、南通（10多家）。另據《大陸台商1000大》統計，頂新、統一、臺塑、鴻海、華新麗華、大成長城、寶成、英業達、廣達、華碩等十大企業集團入圍「台商1000大」的下屬公司共124家，其中約34%布局於長三角；19%布局於珠三角；22%布局於環渤海；7%布局於東北地區；3%布局於福建地區。以這些企業集團的龍頭企業為核心，吸附上下游配套及周邊服務企業所形成的企業集群，是台商投資空間集聚的重要表現形式，從而奠定了台商大陸投資地域分布格局的總體框架。

3.臺灣企業集團大陸投資促進了台商大陸投資產業層次的不斷提升，目前以電子電器業為代表的高科技產業占據主導地位。

1990年代中期以前，台商大陸投資以傳統的勞動密集型製造業為主，如食品、飲料、塑料製品、橡膠製品、紡織成衣、木竹製品等占了相當大的比例，這些產品大多屬於下游加工業，技術層次較低，投資規模不大；1990年代中期以後，隨著第二次投資熱潮的湧現，台商對大陸的投資由傳統的勞動密集型產業逐步向資金密集型、技術密集型轉移，石化業、電力基礎設施等資金密集型產業及電子電器業、精密儀器業等技術密集型產業對大陸的投資不斷升溫。2000年以來，高科技產業成為投資主流（科技台商屬大投資、大規模族群。「大陸台商製造業一千大」前10大都是科技業，前100大的名單中有67家是科技業）。除電腦及周邊設備與零件投資加快外，臺灣核心高科技產業半導體廠商突破臺灣的限制正式到大陸投資，其中臺灣宏仁集團董事長王文洋與大陸合作在上海張江科學園區投資16億美元興建8英时芯片廠，開創了臺灣半導體產業投資大陸的先河。另外移動電話、數碼相機與光電、訊息家電等產業

臺灣研究新跨越·經濟分析

開始向大陸轉移，軟體、網絡與電子商務等投資與合作發展迅速。依臺灣方面統計，2004年前10個月，電子電器類產業投資額占台商對大陸投資總額的55%，臺灣訊息硬體產值在大陸的生產比重由上年的33%上升到40%。2002年以後隨著大陸加入WTO，服務、貿易與商業等投資領域逐次放寬或開放，台商大陸投資加快由單純的製造領域向相關的生產服務領域延伸。未來一段時間，以電子電器業為代表的高新技術產業仍將是台商投資的主力；以金融、保險、醫療、零售業為主的服務業將成為台商搶灘的重點；農業領域的投資正成為新的熱點。

　　具體考察臺灣企業集團大陸投資，有以下兩方面突出特徵：①以製造業（包括IT製造業）最為集中。以島內資產排名前250名的企業集團為樣本，其中有176家集團投資大陸的製造業達832家（占海外製造業的68.14%），設於其他海外地區的製造業則僅381家，表示大陸是企業集團最重要的生產基地。②服務業投資逐漸增多。近三年來，新設於大陸的製造業家數已有減少，而配合企業集團大陸市場卡位及垂直整合策略，臺灣大型企業集團開始增加其在大陸從事投資、貿易、研發設計、市場營銷、批發零售等服務業務的資本投入。表明大陸作為島內母公司代工廠的角色正在向多元化、高級化轉變。落實到具體行業，就島內資產排名前100大企業集團（TOP100）大陸投資來看，製造業大陸投資前五大行業為電腦組件業（約49家），光電材料、元件及成品業（約36家），電腦製造業（約38家），被動電子元件業（約24家）、電腦周邊設備業（約22家）。服務業（投資控股業除外）前五大行業依次是電腦及其周邊設備、軟體批售業（約61家），進出口貿易業（約40家），電子零組件批售業（約39家），電腦軟體服務業（約26家）、一般批發零售業（約15家）。表明臺灣大企業集團內陸投資不論製造業或服務業都偏重訊息科技產業，並以垂直整合為主。

　　4.臺灣企業集團大陸投資加快了台商大陸投資的本土化進程。

近年來，台商在大陸的投資運營中，不僅採購、銷售環節，而且在人員、融資及產品研發等方面，都出現了本土化的趨向。台商在大陸投資設廠後，為因應市場激烈競爭的需要，越來越多地採取原料供應本地化的策略，以降低產品生產成本。目前來看，大陸台商生產所需要的半成品、零組件及原材料「就地取材」的趨勢日趨明顯。雖然臺灣仍是大陸臺資企業生產所需原料或零組件的主要供應地，但是，台商對島內原材料或零組件的供應依賴度逐年下降，尤其是高科技企業由當地提供所需原料的比重已超過對臺灣的依賴。據島內學者調查，1980年代中後期及1990年代初期，有53.6%的大陸臺資企業是由島內供給原料；有75.4%是由島內供給機器設備的，表明台商赴大陸投資初期，其「資本材」、「中間材」來自島內。而目前台商當地採購率（原材料、零組件及半成品）已幾近5成（詳表3）；產品大陸銷售的比例，除紡織品及電子產品外，其他行業均在40%以上；台商越來越多地聘用大陸人員，大多數臺資企業的中層管理人員已基本實現本地化；台商融資「就地取材」的比例也達到40%以上。產品研發方面的本土化也出現端倪，雖然總體上台商大陸投資的技術仍以島內母公司提供為主，但在大陸北京、上海、西安、南京、崑山、蘇州等地設立研發中心的比例上升很快。

表3　大陸台商生產所需原料、零組件供貨來源

年度	原料供貨地			零組件、半成品供貨地		
	台灣	當地（大陸）	其他國家	台灣	當地（大陸）	其他國家
1992	54.7	32.9	12.3	60.8	23.3	7.6
1997	49.0	38.3	12.7	52.9	39.1	8.0
2004	39.3	47.5	12.9	46.1	46.6	7.3

資料來源：（臺）工商財經數位股份有限公司：《大陸台商1000大》，2005年11月版，第105頁。

1990年代以後，大陸台商經營的本土化趨勢更加凸顯，其中臺灣企

業集團大陸投資步伐加快及其經營策略深化調整是其中重要原因。僅就台商企業「採購本土化」來看，1990年代中期以前，赴大陸投資的主要是臺灣中小企業，隨著中小企業大陸投資熱的興起，臺灣企業集團也開始跟進大陸投資，從而進一步帶動與企業集團有連帶關係的衛星企業赴大陸投資，形成以企業集團為核心的「中心——衛星」企業集群模式以及上中下游廠商配套的產業鏈關係。如福建以東南汽車（隸屬臺灣裕隆企業集團）為龍頭，吸附以冠捷電子、中華映管為代表的高新技術企業，形成70多家上下游企業協作的地域產業供應鏈；又如明基電腦在大陸投產以來，引進了均強機械、新航發泡、星厚電子等10余家配套企業。此外，宏泰精密機械、光達光學電子、優技電腦、廣泰精密沖壓等企業也紛紛進入大陸設廠為明基公司配套，等等。這種企業鏈關聯投資模式實際上是對島內產業供應鏈的「拷貝」，島內企業的配套生產模式移居大陸之後，無疑大大提升大陸台商原物料的「當地供應率」，如臺「經濟部」《製造業對外投資實況調查報告》（1997，2000）稱：「比較業者在最主要對外投資地區91年與90年生產所需原料、零組件與半成品進貨來源的增減情形，除由『臺灣提供』者之展望指標呈現負向外，其餘均呈現增加之正向展望指數，其中又以『當地台商企業提供』者最高，『當地非台商企業提供』者次之。顯示業者在海外事業發展趨穩後，對外投資產生的貿易效果逐漸減弱，業者轉而朝向更有效率的運用當地資源並致力於當地化發展，傾向直接由投資地供應生產所需要的原料、零組件與半成品。」

　　此外，諸如透過「市場卡位策略」建構行銷通路、透過「垂直整合策略」實現集團核心與外圍企業的產供銷一體化、透過「外部聯盟、策略分工」與大陸本土企業及外資企業結盟以更深融入大陸經濟，透過「減少臺幹」實現人才「在地化」，等等，都在在體現臺灣企業集團在臺資企業大陸運營「銷售本土化」、「人才本土化」、「研發本土化」等進程中所發揮的重要推動作用。

二、臺灣企業集團大陸投資營收狀況及對大陸經濟的影響

1.產出期的大陸臺資企業普遍進入贏利期，大陸分公司是島內企業集團贏利的重要來源。

近年來，台商大陸投資熱潮迭起，一方面是大陸市場利基的誘惑，一方面是先行赴大陸投資台商普遍贏利的示範作用。據臺灣「經濟部」一項針對製造業對外投資的實況調查顯示，2003年島內赴大陸投資出現盈餘的業者，首度破四成，如果再加上獲利持平者，則有高達六成以上的企業，在大陸投資處於獲利及持平狀況，顯示赴大陸投資業者漸入佳境。臺「經濟部」調查，2003年赴大陸投資的製造業中，出現盈餘的業者高達44.6%，持平的業者達17.76%，而虧損的業者則為37.64%。另有一項調查表明，廣東省現有臺資企業已形成行業群體和產業鏈，進入產出期的臺資企業有九成贏利；近兩年作為台商投資熱點地區的江蘇省進入產出期的臺資企業也有八成贏利或盈虧持平；福建省是台商在大陸最早進入的投資地區，雖然目前臺資進入的增長速度已經趨緩，但臺資企業的經營狀況同樣很好，福建臺資企業中只有不到20%因經營不善還處於虧損狀態；台商投資具有資本密集型和技術密集型特點的上海，當地大約4000家正在經營的台商投資企業中有六成贏利，盈虧持平的占10%至20%。廣東、福建、江蘇、上海等省市臺資企業的經營狀況，在大陸臺資企業中具有代表性。

島內對「大陸台商1000大」調查顯示，位列第一名鴻富錦精密工業（深圳，隸屬紅海集團）2004年營收716億元（人民幣，下同），最後一名（第1000名）南通嘉宏塑膠也有4084萬元的營收；入榜1000家企業2004年的營收加總則高達7336億元，約等於臺灣國內生產毛額（GDP）的四分之一，相當於上海一個城市的生產總值。在「大陸台商1000大」中，隸屬各大集團的分子企業陣容龐大。僅就分子企業入圍最多的前十

大企業集團來看，即共有124家分子企業入圍，其中頂新集團27家，統一集團21家，臺塑集團16家，鴻海集團16家，華新麗華集團15家，大成長城集團14家，寶成集團5家，英業達集團、廣達集團、華碩集團各3家，總營收合計2464億元人民幣，相當於1000大臺資企業總營收的33.6%，由此可略見企業集團大陸營收之一斑。實際上，由於許多臺灣企業集團在大陸的分子公司分散於各省、地區，個體營收規模不是很大，但總體營收規模可觀。另就《2005年版臺灣地區企業集團研究》對島內資產排名前250名（TOP250）大集團的海外投資效益來看，4074家海外投資實業在2003年共創造了4兆7379.8億元（新臺幣，下同）的營收，其中來自中國大陸投資的營收貢獻即達到1兆7908.83億元（約占海外總營收的37.80%），來自其他海外地區的營收達2兆9471.15億元（約占海外總營收的62.20%），另外，250大集團海外投資的稅後純益高達1940.03億元，其中來自中國大陸的貢獻為703.32億元（約占海外純益的36.25%），顯示中國大陸是臺灣企業集團海外營收及稅後純益的重要來源。（詳表4）

表4　2003年臺灣企業集團（TOP250）大陸公司總營收及稅後純益狀況

項目	大陸公司		其他海外公司（百萬元新台幣）		海外總應收（百萬元新台幣）
	總額	比重	總額	比重	總額
總營收	1790883	37.80	2947115	62.20	4737998
稅後純益	70332	36.25	123671	63.75	194003

資料來源：同表2。

2.臺灣企業集團投資對大陸經濟的影響

臺灣企業集團赴大陸投資所推動的台商內陸投資不斷增加和結構提升，為大陸經濟帶來了積極效應。首先，對大陸而言，台商投資作為重

要的外資來源，彌補了大陸經濟起飛所需的資金缺口，為中國臺資密集區域經濟增長做出了重要貢獻。不但改善了大陸產業結構，發展了非國有經濟，強化了市場經濟力量，促進了大陸外向型經濟的發展，而且帶來了先進的技術、管理及營銷經驗，促進了大陸社會價值觀念的變化。其次，為投資地創造了大量的就業機會。據研究，台商投資每增加1億美元即可以直接創造0.57萬人的就業機會，按照商務部統計數字計算，截至2005年底，合約臺資902.95億美元，實際使用臺資417.73億美元，業已創造就業崗位200多萬個，另有200多萬個潛在就業機會。第三，促進了大陸進出口貿易發展和兩岸產業分工合作關係的形成。兩岸貿易具有明顯的「投資帶動」特徵，兩岸投資規模的擴張推動著兩岸貿易快速成長，截至2005年底，兩岸貿易總額累計達到4957.95億美元。目前，大陸是臺灣第一大出口市場和最大貿易順差來源地，臺灣是大陸的第二大進口市場。

近年來，兩岸產業分工已初步形成垂直分工與水平分工並存的混合分工形態。從時序上考察，大陸最初是臺灣轉移勞力密集產業的主要基地。自1993年起，由於大陸內銷市場逐步開放及因應全球高科技產業發展，臺灣電子及電器產品製造業投資大陸的步伐加大，大陸開始承接臺灣較為成熟的電腦及半導體等產業，主要以臺灣資訊硬體產業的加工出口基地角色參與臺灣高科技產業的產業分工。從公司營運角度考察，台商到大陸投資製造業，絕大多數都維持母公司在臺灣繼續營運，其主要機器設備、原材料及半成品等中間投入，或由母公司負責或直接向臺灣其它企業採購，因此，伴隨著台商在大陸投資不斷擴充，不但臺灣與大陸之間雙邊貿易獲得快速成長，而且促進兩岸產業分工關係更加緊密。目前，兩岸產業分工模式已突破了「臺灣接單、大陸生產」的垂直分工形態，而開始向水平分工模式發展，呈現出垂直與水平兼具的混合分工特徵，表明兩岸經濟一體化趨勢，對於兩岸經濟發揮互補優勢，實現互動發展、合作雙贏，具有積極推動效應。

臺灣企業集團投資對大陸經濟的影響，另一突出的方面在於其對大陸本土企業營運管理的示範效應。臺灣企業集團是在激烈的競爭中成長壯大的，多數企業集團既有兩岸布局，也有對其他海外地區的布局，不但熟悉國際規範，而且具有獨特的企業文化。這些企業集團常常比中小規模的臺資企業更具有長遠的戰略眼光，不但注重對大陸低成本生產要素資源的利用，更加關注與大陸經濟發展俱進的市場空間的開發，因此，一般進行「長線」投資，更注意與大陸企業建立合作生產及營銷通路，因而對於大陸企業的營運效率的提高和競爭力的提升具有積極的示範效應。

然而，儘管2000年以來，臺灣企業集團的內陸投資蒸蒸日上，不僅數量規模迅速擴張，而且產業層級、經營策略呈現高級化趨向，但並非盡如人意。其中最大的問題在於這些企業多屬獨資經營，產業的外向關聯度大，但與地方經濟關聯有限；雖然在原材料、零部件採購、管理人才任用、研發設計、融資等方面都出現了本土化傾向，但並未真正融入當地經濟，或融入程度不深。其所具有的「產業鏈集聚」特徵，少與內陸企業配套聯繫，多是對島內產業鏈條的「拷貝」，不能真正根植於當地經濟。雖然島內大企業已轉變其起初的「兩岸布局」策略，開始注重其大陸業務的上下游整合配套，將營銷、研發等高端活動逐漸擴展到大陸，但大陸子公司主要還是作為島內母公司代工廠的角色，處於產業鏈的「低端」層次。這種形勢對於增加地方財政收入、解決就業問題具有積極的一面，但對於當地經濟可持續發展、提升區域競爭實力、形成自主知識產權、推動產業升級等方面的貢獻則極為有限。

總體而言，雖然台商大陸投資已經有20多年的發展歷程，而且兩岸同文同種，較之其他「外商」節省許多「跨文化」交流成本，但相當程度上還屬於「外源性」經濟。其癥結一方面在於大陸產業配套環境不發育，大陸企業特別是中小企業素質較低，難以與臺資企業形成分工互補、有機協作關係；另一方面在於大陸引資政策存在誤區，更多的關注

優惠政策和投資環境的改善,而忽略了對於構建大陸企業與臺資企業協作配套關係的訴求,對於培育產業配套環境沒有足夠重視。因此,以技術創新為核心,加快民營經濟的發展,培育吸引臺資的有效載體應作為今後努力的方向。吸收臺資戰略應從注重比較優勢向注重競爭優勢和技術創新轉變,提升大陸臺資公司的現有功能,使台商投資真正融入大陸經濟,為大陸經濟起飛發揮更大的作用。

三、臺灣企業集團大陸投資經營策略

考察臺灣企業集團大陸投資經營策略,可以發現2000年前後存在明顯的轉變。此前,台商採取的是「兩岸布局」策略,即將勞動密集型產業移到大陸,而將知識密集型的產業留在臺灣;將加工基地設在大陸,把研發、營銷環節留在臺灣,採取「臺灣接單、大陸生產」的代工模式,主要是考慮到節約成本,利用大陸廉價的生產要素資源。2000年以後,形勢逐漸發生了變化。一方面是大陸經濟增長逐步釋放出巨大的市場潛力,另一方面是大陸工業化的推進促使產業轉型升級加快,工業配套能力提升,加之大陸人力資源開發不斷上升到新層次,研發人才越來越優秀,許多臺資企業看好大陸市場,紛紛加大投資力度,圍繞生產加工基地,建立營銷、研發事業,許多公司到大陸建立營銷據點和研發中心。其經營策略由過去的「兩岸布局」的垂直分工策略轉變為上下游整合配套的水平分工策略。雖然臺灣仍是台商資金調度中心,但生產、營銷、研發等方面將逐漸擴展到大陸。

1.迂迴投資策略

為規避臺灣對台商投資大陸的限制性政策(如限定台商赴大陸投資上限、特別是對封裝測試及其他敏感科技有關的產業的「西進」投資更是提高審查門檻,對獲準投資大陸業者母公司在島內持續投資與技術升級情況和廠商在陸營運及資本增長情況追蹤管理,等等。迄今,臺灣已

對300多家公司進行了涉嫌在大陸「非法投資」的調查，處罰了臺聯電等多家公司），臺灣企業集團赴大陸投資一般採取間接、迂迴的投資策略，大多經由至少一家海外控股公司進行轉投資，甚至有的集團為投資一家大陸工廠，中間竟然透過四、五層投資控股架構進行轉投資。

2.市場卡位策略

「進入中國內銷市場即可稱霸華人世界。」為因應2005年中國大陸開放內銷分銷權，臺灣大型企業集團開始加速其進入內陸市場的布局。例如鴻海集團透過旗下的廣宇科技，在大陸各地轉投資設立3C量販店40多家。「市場卡位」，一方面是掌握流通環節、建設行銷通路；另一方面則是「貼近市場的生產、加工、組裝」。因此擴充產能、拓展生產線，布建新生產據點也是臺灣大企業大陸「市場卡位」策略的重要體現。

3.垂直整合策略

其一，是圍繞集團核心業務建立零組件生產基地、行銷據點、研發設計中心等業務，以完善集團系統作業體系。如光寶企業集團自2000年前後，為實現集團製造業內部垂直整合，先後在東莞、廣州、深圳、上海、無錫等地設立製造基地17家，從事光電材料、元件及成品業、電腦組件業、電腦周邊設備業、被動電子元件業、無線通信機械器材業、其他橡膠製品業等製造業務；為完成集團系統整合設立電腦及其周邊設備、軟體批售業、電腦系統整合服務業、電腦軟體服務業各一家。其二是擴充投資規模、沿產業鏈上中下游垂直整合。廈門海滄台商投資區的翔鷺石化可謂是個中典範：1995年翔鷺化纖斥資4.75億從事聚酯滌綸生產，2003年、2004年先後斥資6.5億、4億美元向上整合興建90萬公噸的PTA生產線進而橫向擴充產能至年產150萬公噸，並開始規劃產能120萬公噸的第二條PTA生產線；2005年5月，又獲准透過14.2億美元年產能80萬公噸的PX投資案。預計兩年後將完成化纖上中下游的垂直整合鏈，達到

原料自己自足。

4.外部聯盟，策略分工

其一是與當地企業結盟，實現策略分工，互動雙贏。如宏碁透過生產全部委外代工強化品牌行銷功能，強調借助通路，在各地選擇前3大通路廠商合作，負責金流與物流，宏碁則致力於行銷與品牌推廣。透過當地通路商的密集布點，宏碁得以將業務快速擴展到大陸二、三級城市。其二，由於台商比外商更瞭解大陸，比大陸更瞭解世界，許多國際大公司在進入中國大陸時，都會和台商建立聯盟關係，戰略聯盟方式將是今後台商進駐大陸的重要投資策略。

5.本土化策略

近年來，台商越來越傾向於實施本土化策略以扎根大陸，其本土化策略從最初的採購、生產、人才、管理本土化向市場、營銷、研究開發、乃至融資本土化延伸，從而逐步建構起物流配送、協作分工、市場營銷、資金融通、人力資源調配等生產、流通、服務網絡。如台商將研發基地轉移大陸在幾年前就已開始，但2000年明顯加快，神達、明基、仁寶、大眾、華邦、廣達等臺灣知名科技企業紛紛在大陸籌設研發中心、IC設計中心及軟體開發基地，並形成一股趨勢與風潮。

6.多角化經營策略

看好核心業務以外的新商機，如許多以傳統製造業為核心業務的企業看好高科技產業等，而實施跨足經營的多角化策略，以拓展公司業務範圍，增加營收。如「東元電機」跨足高科技產業，在無錫設廠從事光電材料、元件及成品業。「寶成」跨足印刷電路板業等。

（原載於《臺灣研究集刊》）

臺灣研究新跨越·經濟分析

台商對大陸投資與兩岸貿易間的動態關係
——基於向量自回歸模型的實證研究

王華

（廈門大學臺灣研究院，福建　廈門　361005）

一、問題的提出與研究假設

　　台商對大陸投資與兩岸進出口貿易是海峽兩岸經貿關係發展的核心內容。目前大陸已經成為臺灣最重要的投資地和貿易夥伴，臺灣對外投資中超過半數投向大陸地區（農業和製造業投資大陸比重甚至超過70%），對大陸的巨額出超也成為臺灣經濟成長的重要源泉。兩岸之間是否因循比較優勢來進行產業資本轉移和進出口貿易，產業資本轉移與進出口貿易之間又具有怎樣的相互影響效應，一直是兩岸經貿關係研究中的重要課題，也是確保兩岸經貿政策協同性與指導政策模式適時轉換（張傳國，2007a）的關鍵所在。

　　以商品流動為特徵的國際貿易與以生產要素流動為特徵的國際直接投資是跨國公司國際化經營的兩種基本形式。以傳統赫克歇爾—俄林貿易模型加以考量，在兩國間存在資源稟賦差異的情況下，生產要素跨國流動障礙必然導致貿易的發生，而貿易障礙又會刺激資本的國際流動（Mundell，1957）。然而現實中國際直接投資與國際貿易的地域與產業分布日益趨同的現象對傳統的替代觀點提出了挑戰。Kojima（1973）認為邊際產業對外直接投資使投資國與東道國都得以發揮新的比較優勢，此時國際直接投資具有更大的貿易互補性，將推動兩國貿易增長。即使國際間的相對要素稟賦和生產技術無明顯差異，資本要素流動也會產生額外的貨物貿易，如中間產品的出口（Markusen，1983）；而出口貿易導致出口產業密集投入的生產要素價格上漲，也會吸引國外同類要素的流入

（Markusen和Svensson，1985）。

　　作為中國主體與同其單獨關稅區之間的經貿往來，台商對大陸投資與兩岸貿易間的相互關係受到台商投資動機與產業特性的影響。利用大陸低廉的勞動力和土地使用成本，不斷發揮企業在全球產業分工體系中的比較優勢和在國際市場中的競爭優勢，始終是台商投資大陸的首要動機所在。臺資企業在大陸通常採用代工生產的經營模式、主要承接產業鏈條中加工組裝環節，根據Petri（1994）對於對外直接投資動機的分類，屬於以降低生產成本為目標的生產導向型投資，因而會帶動臺灣對大陸的機器設備和原料零部件的出口貿易。而以「外向型」經營為特徵的大陸臺資企業，其產出部分會返銷臺灣島內，但更多會直接銷往國際市場，對臺灣進口貿易的促進作用有限。

　　近年來，台商投資的產業類型和技術層次逐漸升級，並且顯現出產業集聚、規模大型化和經營本土化趨勢（張傳國，2007b），在大陸採購原料半成品、融資與研究開發的比重正在逐漸增加，對大陸市場的開拓也不斷深入。這一趨勢無疑又會對臺灣中間產品和最終產品的出口形成替代。同時資源導向型和追隨上游客戶型臺資企業的大陸投資行為，對臺灣自大陸進口貿易則可能形成替代。但隨著對外投資經營階段的發展，大陸生產基地與國際營銷網絡形成，會帶動以支持性服務為基本內容的新貿易增長（劉恩專，1999），這也成為臺灣服務貿易出口的重要誘因。反向觀之，臺灣對大陸出口貿易增長所反映出的大陸強勁的市場需求，進口貿易所體現的大陸同類產業（包括臺資企業）的全球競爭優勢，也會成為吸引台商投資乃至增資的動力所在。

　　劉祥熹（1998）以及陳美玲、王凱立和吳家豪（2004）針對臺灣對外直接投資的研究表明，對外投資對產品出口呈現負向影響。詹明瑛（1994）和張淑貞（2004）針對特定產業研究1991年以後台商對大陸投資與出口貿易之間的關係，同樣發現投資對產品出口產生替代現象。而

李楊（2003）和李隆生（2005）的研究則表明，外銷比率越高的企業，追隨客戶而進行對外直接投資的意願也越高，故出口對台商對外投資有正面影響。李保明和劉震濤（2004）以及張傳國（2007b）針對台商大陸投資與兩岸貿易間相互關係的實證檢驗，表明二者之間具有顯著的互補關係。

對於台商大陸投資與兩岸貿易間相互關係的研究結果的差異，既反映了研究對像在不同產業和不同階段的特殊性，很大程度上也與研究中所採用的數據和分析方法有關。如指標選取與數據形態的差異——包括時序與截面數據，年度、季度與月度數據，流量、存量與增量數據等各個方面的差異——會對研究結果產生很大影響；傳統的結構式經濟計量分析方法無法揭示變量之間經由時間推移產生的動態影響，也易於造成對變量解釋力的高估；而在對變量交互影響的估計中若不考慮解釋變量內生性所產生的估計偏倚，也會影響研究結果的可信性。因此，採用適當的數據和分析方法，對於正確地揭示經濟機理至關重要，這也是本文重新檢視台商大陸投資與兩岸貿易間相互關係的動機所在。

二、研究方法與指標數據說明

（一）研究方法

鑒於傳統的靜態分析方法對於揭示台商對大陸投資與兩岸貿易之間的關係有相當的侷限性，本文採用向量自回歸（VAR）建模方法分析二者之間的動態關係。與結構式經濟計量模型相比，VAR模型對系統中的變量不作任何先驗性約束，令所有當期變量對所有變量的滯後項進行回歸，避免了因經濟理論不完善、造成對內生變量和外生變量劃分的主觀隨意性等複雜問題。同時這也可克服對變量交互影響的估計中內生解釋變量所造成的聯立偏倚。對於研究各變量序列之間的動態關係特徵，VAR方法更有其獨特的適用性。

建立如下的VAR模型：

$$Y_t = A_1 Y_{t-1} + \cdots + A_p Y_{t-p} + BX_t + \varepsilon_t, \ t = p+1, \cdots, T$$

（1）

其中Yt=（Y1t，Y2t，……，Ykt）是k維內生時間序列向量，Xt=（X1t，X2t，……，Xdt）是d維外生時間序列向量；p為模型滯後階數，根據AIC和SC最小準則或似然比檢驗加以確定；T為觀測樣本量；A1，……，Ap和B分別是k×k和k×d維的待估參數矩陣；εt代表k維隨機擾動向量，且滿足Cov（εt，εs）=0（t≠s）。

透過對該模型的估計，一方面可以檢驗k個內生變量對於彼此的歷史變動有無一定的解釋能力，另一方面還可給出在一定滯後期中各變量間具體的聯合動態影響程度。進一步，利用基於VAR模型的脈衝響應函數（IRF）和方差分解，可以測算模型中各方程隨機擾動項的衝擊（稱為新息）對各變量當前和未來取值的動態影響，並比較各方程新息對內生變量波動的相對重要性。

（二）指標選取與數據處理

本文選取了臺灣對大陸出口額（EX）、進口額（IM）、實際投資額（TWI）和前期累積投資額（TWIC）四個指標。關於台商投資和兩岸貿易，有多種來源和口徑的統計數據可資利用，考慮到數據資料的準確性、可取得性與連續可比性，本文兩岸進出口貿易數據採用了大陸海關總署公布的月度資料，台商投資數據則採用商務部外資司公布的月度資料（對於2004年以前僅有的季度投資數據，依照臺灣「經濟部投審會」的月度資料予以等比例調整）。考慮到投資與貿易相互作用機理在較長時期內易於發生變化，研究的時間起點界定為兩岸先後加入WTO的2001年，終點至2006年底，旨在探求新的國際分工與國際貿易形勢下兩岸投

資與貿易間的動態關係。採用高頻月度數據既可以滿足模型估計對樣本量的要求，同時也有利於從中發掘被年度綜合數據所掩蓋的動態行為訊息。

由於進出口貿易數據表現出明顯的季節性週期變動特徵，本文在進行模型分析之前採用X11方法予以季節調整。對於投資數據，研究以當月實際投資額和前期累積投資額分別代表台商對大陸投資的流量和存量水平。之所以作此區分，是考慮到投資流量和存量在與兩岸貿易的交互影響中處於不同的地位：當期投資通常尚未產生中間投入需求、也未轉化為生產力，對進出口貿易無明顯影響，卻有可能受到前期貿易水平的影響；而前期累積投資通常才是影響兩岸貿易的實際要素。需要指出的是，由於前期累積投資額不會受到當期投資貿易額的影響，因而須作為模型的外生變量處理；同時本文忽略了臺資廠商在生產經營過程中的折舊因素，累積額未扣減歷史各期中可能的資本折舊。進一步，研究中對所採用變量數據進行了對數化處理，以消除異常數據對模型估計精度的影響，同時也使模型回歸參數可被解讀為被解釋變量相對於解釋變量變動的彈性係數。

三、VAR模型估計及其結果分析

（一）變量數據形態檢驗

本部分主要針對各變量序列的平穩性及其協整關係進行檢驗。雖然VAR模型分析不以系統變量的協整關係作為必要條件，但協整性所蘊含的變量之間的長期均衡關係，對於本研究的深入分析仍然不無裨益。

由表1對各對數化變量（LEX、LIM、LTWI和LTWIC）進行ADF單位根檢驗的結果可知，LEX和LIM為一階單整序列，LTWI和LTWIC則為平穩序列。

表1　ADF單位根檢驗結果

變量	檢驗形式（C, T, k）	ADF統計量	伴隨概率p值	結論
LEX	(C, N, 1)	-1.24949***	0.6484	不平穩
△LEX	(C, N, 0)	-15.23328***	0.0001	平穩
LIM	(C, T, 1)	-2.57705***	0.2919	不平穩
△LIM	(C, N, 1)	-10.20320***	0.0001	平穩
LTWI	(C, T, 0)	-6.28939***	0.0000	平穩
LTWIC	(C, N, 0)	-5.88545***	0.0000	平穩

註：△表示序列的一階差分；檢驗形式中C和T分別表示檢驗方程帶有截距項和趨勢項（N則表示沒有相應項），滯後期數k以SC值最小準則確定；ADF統計量的上標

表示在0.01顯著性水平上可拒絕非平穩性原假設。

對於同階單整序列LEX和LIM，表2中Johansen協整檢驗的結果表明，二者之間包含一個協整關係。當然，對於雙變量序列的協整檢驗，利用E-G兩步法對回歸殘差進行ADF單位根檢驗亦可給出相同的結果，此處不再列示。

表2　Johansen協整檢驗結果

原假設	特徵值	跡統計量（P值）	最大特徵值統計量（P值）
無協整關係	0.193544	16.6936（0.0329）**	14.84235（0.0405）**
最多有一個協整關係	0.026473	1.8513（0.1736）	1.85128（0.1736）

註：檢驗統計量的上標表示在0.05顯著性水平上可拒絕原假設。

由於LTWI和LTWIC本身是平穩序列，可知LEX、LIM、LTWI和LTWIC四個變量間具有長期均衡關係，具體的均衡關係式可估計如下

$$LEX_t = 0.27LIM_t + 0.02LTWI_t + 1.71LTWIC_t 11.44$$

(2)

(0.065)　　　(0.015)　　　(0.211)　　　(1.769)

其中括號內的數字表示相應回歸參數的估計標準誤。需要說明的是，本文假設台商投資與兩岸貿易間具有雙向影響，因此可以得到多個形如式（2）的均衡關係式。而由式（2）可見，臺灣對大陸的出口額與進口額、累積台商投資之間保持了較高的正向相關關係。

（二）Granger因果關係檢驗

作為對各變量彼此之間短期動態關係進行分析的基礎準備，運用Granger因果關係檢驗來確定在VAR系統中各變量間的相互影響關係，結果如表3所示。

由表3的檢驗結果可知，臺灣對大陸出口（LEX）對自大陸進口（LIM）具有單向的因果關係，隱含了經由台商在大陸投資設廠、代工生產的中間環節，由臺灣出口機器設備、零部件，再進口製成品至島內的產業內貿易的可能性。臺灣對大陸進出口貿易（LEX和LIM）對當期台商投資（LTWI）都具有單向的因果關係，表明兩岸貿易所顯現的比較優勢及綜合福利的提升，或者因兩岸貿易障礙造成外部交易成本的上漲，成為刺激台商進一步投資大陸的動機所在；台商前期累積投資（LTWIC）對進出口貿易（LEX和LIM）都具有單向的因果關係，證明了台商投資存量對兩岸貿易的促進作用。台商前期累積投資（LTWIC）與當期投資（LTWI）之間則具有雙向的因果關係，前者對後者的因果關係表明台商投資的群聚效應不斷得以發揮，後者對前者的因果關係則是顯而易見的，因為投資流量本身會陸續成為投資存量的一部分。

表3　Granger因果檢驗結果

原假設	樣本量	F 統計量	伴隨概率 p 值
LIM 不是 *LEX* 的 Granger 原因	69	2.152 26	0.102 68
LEX 不是 *LIM* 的 Granger 原因		4.776 77***	0.004 65
LTWI 不是 *LEX* 的 Granger 原因	69	0.199 50	0.896 34
LEX 不是 *LTWI* 的 Granger 原因		2.319 74*	0.084 01

續表

原假設	樣本量	F統計量	伴隨概率p值
LTWIC 不是 LEX 的 Granger 原因	69	2.738 17*	0.050 89
LEX 不是 LTWIC 的 Granger 原因		0.159 93	0.922 88
LTWI 不是 LIM 的 Granger 原因	69	0.529 64	0.663 60
LIM 不是 LTWI 的 Granger 原因		3.694 07**	0.016 36
LTWIC 不是 LIM 的 Granger 原因	69	3.935 41**	0.012 32
LIM 不是 LTWIC 的 Granger 原因		1.809 77	0.154 64
LTWIC 不是 LTWI 的 Granger 原因	69	3.995 94**	0.011 48
LTWI 不是 LTWIC 的 Granger 原因		228.384***	1.9E−33

註：檢驗滯後期數為3；F統計量的上標分別表示在0.01、0.05、0.1顯著性水平上可拒絕無Granger因果關係的原假設。

（三）基於VAR模型的脈衝響應分析

基於上述分析，以台商前期累積投資作為外生變量，建立臺灣對大陸出口、自大陸進口及當期台商投資的VAR模型。利用似然比檢驗確定VAR模型的滯後階數為3；整體檢驗結果表明模型解釋能力較高；對模型殘差的JB正態性檢驗、LM自相關檢驗及White異方差檢驗，也表明殘差序列基本滿足服從聯合正態分布且無序列自相關、無異方差的分析要求；模型所有特徵多項式的根都落在單位圓內，說明VAR模型的結構滿足平穩條件。

鑒於VAR模型的複雜性，對單個參數估計值的解釋較為困難，同時意義也不大，本文省略具體的模型估計結果，重點透過基於VAR的脈衝響應函數與方差分解，分析系統中各內生變量的短期變動對全部內生變量所產生的影響，並測算各內生變量對彼此波動的相對貢獻率。

VAR系統中的內生變量在長期具有均衡關係，但在短期內由於受到

隨機干擾的影響而有可能偏離均衡水平。對於一個變量的衝擊可以透過VAR系統的動態結構傳導給其他所有的內生變量。脈衝響應函數即刻畫了對各個方程隨機擾動項的一個標準差的衝擊（新息）對系統內生變量（LEX、LIM、LTWI）在當前和未來各期取值的動態影響軌跡，可如圖1所示。

　　圖1（a）反映了臺灣對大陸出口對於自大陸進口、台商投資在當期的一個標準差衝擊的動態響應：對於當期進口的一個標準差衝擊，出口在未來各期表現為負向變動，並且影響大致可以延續三個季度（9期）的時間，表明在短期內尚難以發揮兩岸產業分工與貿易優勢互補的作用；對於當期的投資衝擊，出口在第2期表現為正向變動，在第3期以後則為負向變動，且於第9期後收斂於0，這在一定程度上可以作為台商投資在短期內帶動機器設備和中間產品出口、卻對最終產品出口形成替代的證據，但相關影響並不顯著。

　　圖1（b）反映了臺灣自大陸進口對於對大陸出口、台商投資在當期的一個標準差衝擊的動態響應：對於當期的出口衝擊，進口的增量在第2期迅速衰減後，第3～4期又有所回升，之後漸次回落至第15期收斂於0，再次驗證了台商在大陸代工生產的經營模式，導致由臺灣出口機器設備和零部件的增加，並在較長時期（約五個季度）內造成返銷臺灣島內的產值增加；對於當期的投資衝擊，進口表現延續3期的負向變動，表明在短期內台商投資對於臺灣自大陸的進口貿易有一定的替代作用，其原因可能在於台商投資旨在獲取島內貧乏而大陸則相對豐富的自然資源和其他工業原材料，或者是中小企業為追隨上游大企業而聯同外移。

　　圖1（c）反映了台商投資對於兩岸進出口貿易在當期的一個標準差衝擊的動態響應：對於當期的出口衝擊，台商投資表現為正向變動，且在第4期達到最大，之後有所回落，第7期之後收斂於0，由於台商投資大陸的動機之一即在於滿足產業供應鏈的要求從而追隨已在大陸投資的下游

客戶，出口增加本身即表明下游客戶需求規模的提升；對於當期的進口衝擊，台商投資的負向變動在第2期即達到最大，之後逐漸回落至第10期收斂於0，鑒於圖1（a）表明的進口衝擊對出口的負向影響，加之出口衝擊導致投資同向變動，因此不難理解進口衝擊對投資必然產生負向影響。

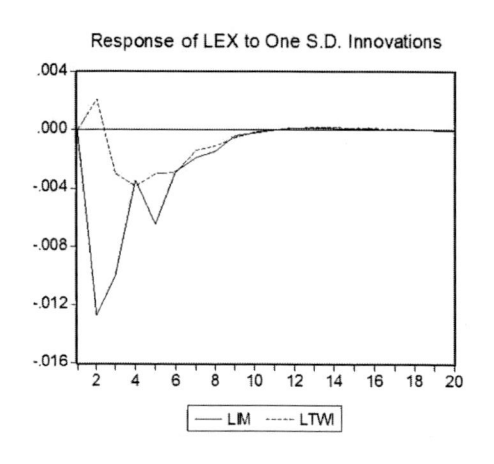

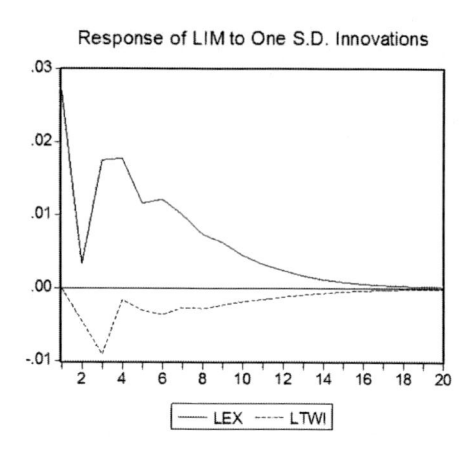

Response of LTWI to One S.D. Innovations

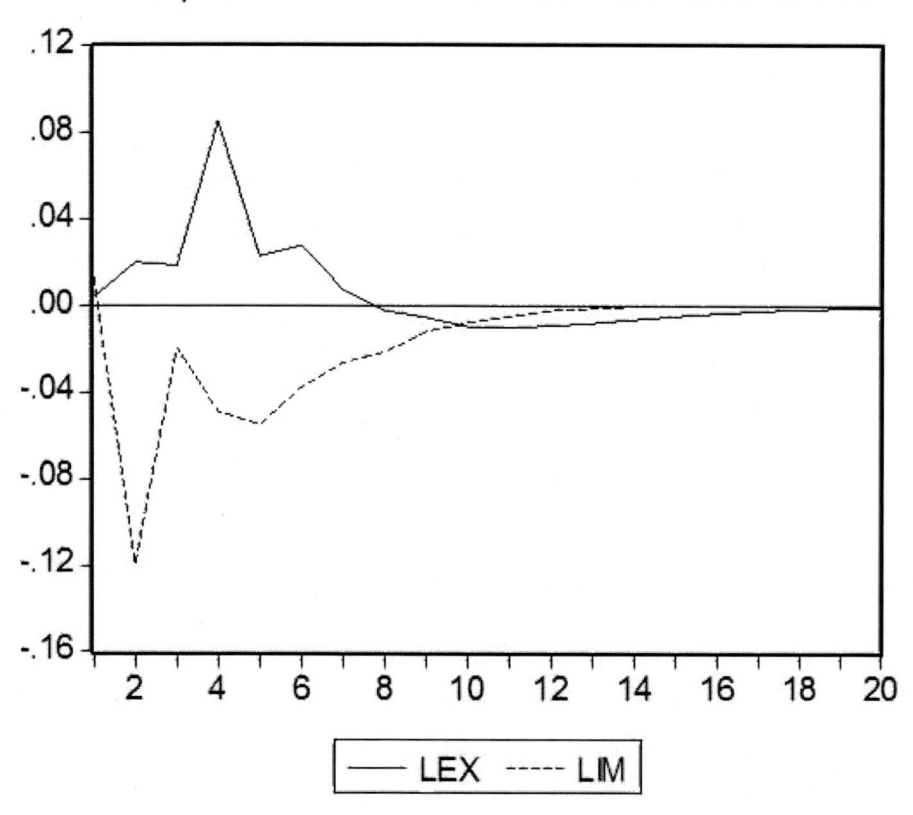

图1 各变量对一个标准差新息的脉冲响应函数

（四）基於VAR模型的方差分解

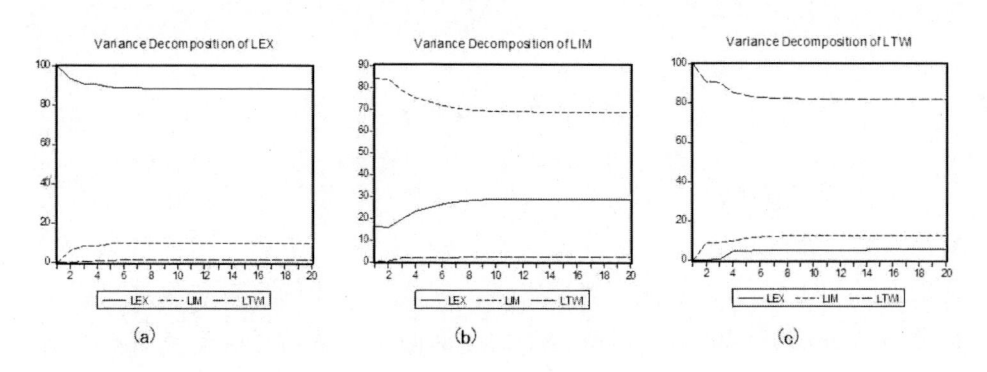

(a) Variance Decomposition of LEX
(b) Variance Decomposition of LIM
(c) Variance Decomposition of LTWI

圖2　各變量預測誤差方差的分解

方差分解方法是將VAR系統中每個內生變量以預測誤差方差表示的波動，按其成因分解為與各方程隨機擾動項相關聯的幾個組成部分，透過計算各組成部分所占的百分比，從而分析每一結構衝擊對於內生變量變動的相對貢獻率，結果可如圖2所示。VAR系統中變量的排列順序對於方差分解結果會產生影響，本文中的變量順序為LEX/LIM/LTWI。

由圖2（a）可見對臺灣出口貿易的方差分解結果在第6期以後趨於穩定，出口變動中88.7%都由其自身決定，進口變動的衝擊對出口變動的貢獻率為9.8%，投資變動衝擊的貢獻率尚不足1.5%。圖2（b）表明對臺灣進口貿易的方差分解結果在第9期以後趨於穩定，進口變動中近70%由其自身決定，出口變動衝擊的貢獻率不足30%，投資變動衝擊的貢獻率僅略超過2%。圖2（c）表明對台商投資的方差分解結果在第6期以後趨於穩定，投資變動中約82%由其自身決定，出口變動衝擊和進口變動衝擊的貢獻率分別為5.4%和12.5%。

上述結果表明，從長期來看台商投資與兩岸貿易自我發展、自我擴張的內在強化機制都相當強，彼此之間的動態交互關係對於各自的增長波動並無太大影響。由此可見，台商投資與兩岸貿易基本上仍是遵循不同的發展路徑向前推演，為了準確把握二者的變動趨勢，應重點考察本VAR系統之外其他經濟變量如大陸的經濟增長、市場容量、區位條件、產業形態等因素的影響。

四、結論

本文借助VAR模型技術分析台商對大陸投資與兩岸貿易二者之間的動態關係，可得如下結論：首先，反映台商投資存流量和兩岸進出口貿易的四個變量之間具有長期均衡關係，臺灣對大陸的出口額與進口額、累積台商投資之間保持了較高的正向相關關係，證明了台商投資存量對

兩岸貿易的促進作用以及台商投資的群聚效應。其次，台商投資可能在短期內帶動機器設備和中間產品出口、卻對最終產品出口形成了替代，同時台商投資對於臺灣自大陸進口貿易產生約一個季度的替代作用，表明臺資企業將產品返銷臺灣島內的比例非常有限，同時台商投資中存在資源導向和追隨上游客戶的可能性。再次，臺灣出口貿易對於台商投資表現為正向影響，驗證了台商投資大陸的動機之一即在於滿足產業供應鏈的要求從而追隨已在大陸投資的下游客戶；進口貿易對於台商投資則表現為約三個季度的負向影響。儘管如此，台商投資與兩岸貿易的動態交互關係在各自的增長波動中並無太大影響，對於二者的變動趨勢，在系統之外存在發揮支配性作用的其他經濟變量。

（原載於《廈門大學學報》（哲社版））

在廈臺資企業對廈門投資環境評價的調查分析

王華　石正方

（廈門大學　臺灣研究院，福建　廈門　361005）

一、問題的提出與文獻回顧

投資環境是影響外商直接投資區位選擇決策的關鍵要素，也是一國或地區在培育區域競爭力和招商引資過程中著力建設和改善的目標。廈門市作為中國大陸唯一與臺灣毗鄰的經濟特區，在促進兩岸經貿交流中發揮了重要作用。然而在經歷了1990年代台商投資的兩波熱潮之後，包括廈門市在內的整個福建省的台商投資規模，在近十年來已遠遠落後於珠三角和長三角地區，成為夾在兩大地區之間的相對低窪地帶。為了能進一步發揮廈門市的對臺獨特優勢，不斷提升在兩岸產業分工合作體系

中的地位和作用,對其投資環境的現狀和所存在的問題做深入系統的瞭解和把握,已成為極其迫切而重要的任務。

投資環境是投資發生地擁有的、影響和決定投資活動預期效益的政治、經濟、基礎設施、社會、法制等多方面要素的有機整體。國際資本流動浪潮的興起導致了對於外國投資環境的關注,早在1960年代,美國學者就已提出了評價一國投資環境的冷熱比較分析法、多因素等級評分法等。而Dunning(1977)在國際生產折衷理論中關於區位優勢的論述,則為分析投資環境提供了基礎理論框架。Dunning認為區位因素可能透過不同的形式影響企業所有權優勢的發揮,從而決定了企業區位投資組合的結構和內容,因此對於跨國公司維持和提升其全球競爭力有至關重要的影響。

基於宏觀層面的投資環境研究大體可分為兩個方面:一是對於影響國際直接投資流向與規模的投資環境各要素(區位要素)的相對重要性進行甄別判斷,包括借助數量分析模型對各國或一國內各子區域間外商直接投資規模的差異成因的研究;二是對於一定地域範圍內各子區域的投資環境進行綜合評價與排序,透過對各子區域在投資環境上各要素的比較,尋找投資環境的優劣勢所在。這兩方面的研究都要以建立客觀評價指標體系作為先決條件,但由於目前對投資環境的概念並無準確界定,因而評價指標體系的完備性通常無法保證;同時宏觀層面的研究也難於揭示跨國投資特徵(如投資動機、投資行業、投資規模、企業經濟類型與經營導向)對於區位選擇的影響和對投資環境要求的差異。

與上述研究相比,基於對外資企業問卷調查的投資環境研究則顯得更為直觀明確。透過設計問卷對外資企業進行調查,獲取外商對於投資地影響企業經營和獲利狀況的各類投資環境要素的主觀評價。雖然被調查者的主觀判斷會帶來一定的不確定性,但問卷調查可以得到更為具體和豐富的第一手訊息,因而相較宏觀層面的研究會更為深入而系統;同

時也可以避免客觀綜合評價方法因研究區域內無合宜的標竿樣本點，導致比較結果所揭示訊息的有效性不足等問題。

本文即利用對廈門市臺資企業進行調查訪談的資料，探查台商對於廈門市投資環境各類要素的實際認可滿意程度，把握廈門在吸引臺資過程中的區位優勢，從而為明確本市在發展定位中的制約因素、及時制定有效的應對措施並改善投資環境提供有益借鑑。論文共分為四個部分：第二部分對採用的調查方案與數據處理方法進行說明；第三部分為調查數據的分析部分，揭示臺資企業對廈門投資環境的評價狀況、明確存在的問題；第四部分基於分析結果探討針對投資環境的改善路徑，並提出有關政策建議。

二、調查設計與數據處理

鑒於研究力量所限，本研究沒有採用調查研究中慣用的問卷調查方法，而是有選擇性地針對在廈投資的14家臺資企業進行了深度訪談，訪談時間為2007年7—8月。與問卷調查方法相比，深度訪談雖然取得的樣本量較小，無法進行嚴格的統計檢驗與分析比較，但針對單個樣本點所獲得的訊息更為豐富，對於全局狀況的把握同樣可提供有價值的資料訊息；同時訪談分析的結論也可作為進一步研究的參考基準。

接受訪談的企業分布於廈門的海滄、杏林、集美三大台商投資區、以及湖裡和同安兩區，涵蓋了廈門的大部分地區，且都屬於廈門台商較為密集的區域；企業經營領域包括食品、紡織、木器、石化、橡塑膠、機械、電子、醫療和精密器械等行業，涵蓋了勞動密集、資本密集和技術密集三大類型的輕重工業；企業的投資規模從100萬美元以下到1000萬美元以上不等，僱用員工人數亦從數十人到上千人不等。因此可以認為，受訪企業的觀點對於在廈臺資企業具有一定的代表性。同時，受訪企業在廈門投資經營時間都較長，僅兩家在五年以下，但也超過三年，

因此對於廈門環境的評價已較為深入、成熟和穩定。受訪臺資企業目前仍以在廈門代工生產、外銷國際市場為主要經營模式和目標，但一部分企業已經開始將銷售目標轉向廣闊的大陸市場，經營的本地化趨勢有所加強。

為了提高深度訪談的結構化程度，便於對最後結果的歸納分析，參照「臺灣區電機電子工業同業公會」歷年對台商在大陸地區的投資環境與風險進行調查評估的問卷內容，訪談事先設計了對廈門投資環境的評價指標體系（具體核心內容見下節的調查結果分析）；請受訪企業的負責人士針對其中的各個投資環境評價指標提供自己的觀點，根據受訪者認可程度（滿意水平）的高低界定為「較好」、「一般」、「較差」三個等級，分別賦值3、2、1。將各指標所得到的平均評價值進行比較，即可得到對廈門投資環境優劣勢的大致反映。

三、在廈臺資企業對廈門市投資環境的評價分析

訪談中對於投資環境劃分為自然環境、社會環境、經濟環境、行政環境、公共服務環境、基礎設施條件、產業經營環境等七大類要素，在每類要素中又提供了具體評價指標。如果將評價均值劃分為1—1.5、1.5—2、2—2.5、2.5—3四個區間，可將評價結果界定為低、較低、中等和較高，從而可對不同投資環境要素及其當中的不同細分指標，進行更為細緻的分析和討論。

1.自然環境

在自然環境類別當中，受訪臺資企業對廈門的氣候條件和地理位置評價較高，認為較為適合企業發展的條件；而對廈門水資源及礦產資源豐富程度、土地價格合理程度則評價較低。評價結果如圖1所示：

台商在投資大陸的區位選擇過程中，廈門所展現的地緣相近、血緣

相親、文緣相承的特點無疑具有特殊的吸引力。地理位置鄰近，可以有效拉近台商的心理距離，有利於廈門與臺灣之間開展深入的人員、文化與經濟交流；同時廈門作為大陸商貿物流的中轉城市和窗口橋樑的功能也倍受台商青睞，在兩岸開放「三通」過程中可以爭取到先行先試的機會，廈金直航以及廈門港與高雄港之間的試點直航，都突顯廈門在吸引臺資方面的獨特優勢。而由於處於同一緯度，廈門與臺灣同為亞熱帶海洋氣候條件，台商在廈門投資不僅生活容易適應，適宜在臺灣發展的產業同樣也易於移植到廈門發展。但另一方面，由於廈門地域範圍較小，無廣闊的經濟腹地，水、礦產等自然資源缺乏，土地供給有限因而價格偏高，難免成為廈門吸引外資乃至經濟發展的瓶頸。

項目	評分
氣候條件	2.692
地理位置	2.538
水資源及礦產資源豐富程度	2
土地價格合理程度	1.75

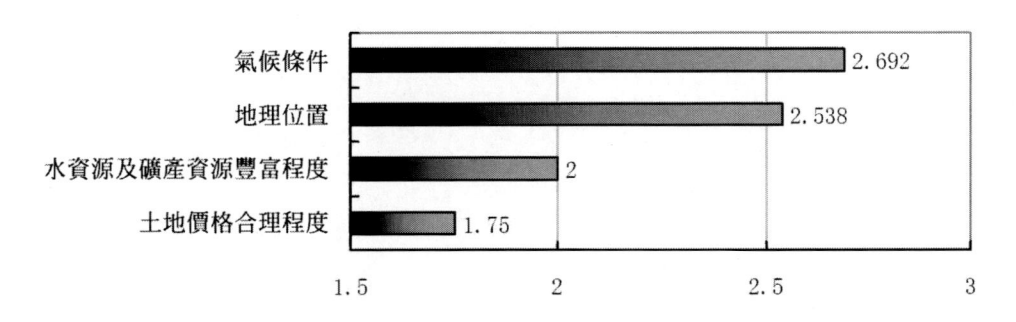

圖1　受訪企業對廈門自然環境的評價

2.社會環境

在社會環境類別當中，受訪臺資企業對廈門的社會治安狀況評價較高；對民風淳樸及政府開明程度、民眾對台商在本市投資設廠態度、民眾生活素質及文化水準評價中等；對民眾的國際觀評價較低。評價結果如圖2所示：

廈門是大陸最早對台商開放的地區之一，在經歷近二十年來的資本轉移與經營過程中，台商在廈門市的城市建設與經濟發展中發揮了重要作用，與當地民眾也形成了良性互動的局面。

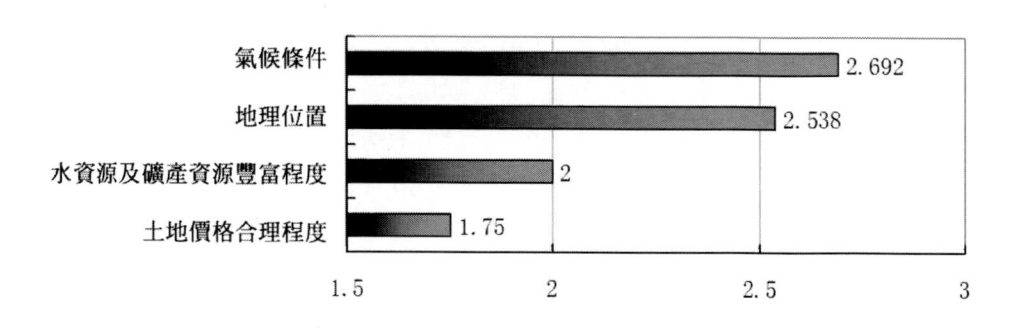

```
氣候條件         2.692
地理位置         2.538
水資源及礦產資源豐富程度   2
土地價格合理程度    1.75
```

圖2　受訪企業對廈門社會環境的評價

　　閩臺同文同種的淵源也為包括廈門市在內的閩南區域接納臺資提供了寬鬆的環境氛圍。而隨著生活和文化水準的不斷提高，民眾對於工業生產活動可能帶來的城市形象轉變、資源消耗和環境汙染等問題的關注程度也有所上升，因此對於不同行業臺資企業表現出了有選擇性的接受態度。受限於發展的地域宏觀環境，廈門市以島為核心的發展格局也致使民眾易於產生閉塞心態，缺乏國際化的考察和思維視野，這在一定程度上會影響其生活方式和消費行為模式的轉變速度，從而影響新興產業的進入。

　　3.經濟環境

　　在經濟環境類別當中，受訪臺資企業對政府財政稅收穩定程度、經濟建設程度、民眾生活條件及人均收入狀況評價較高；對資金匯兌便利程度、利潤匯出便利程度、金融措施完善程度、政府改善投資環境的積極程度、資金融通便利程度、金融機構國際化程度等項評價中等。評價結果如圖3所示：

項目	評分
政府的財政稅收穩定程度	2.615
經濟建設程度	2.538
民眾生活條件及人均收入狀況	2.538
資金匯兌便利程度	2.385
利潤匯出便利程度	2.308
金融措施完善程度	2.308
政府改善投資環境的積極程度	2.231
資金融通便利程度	2.077
金融機構國際化程度	2.077

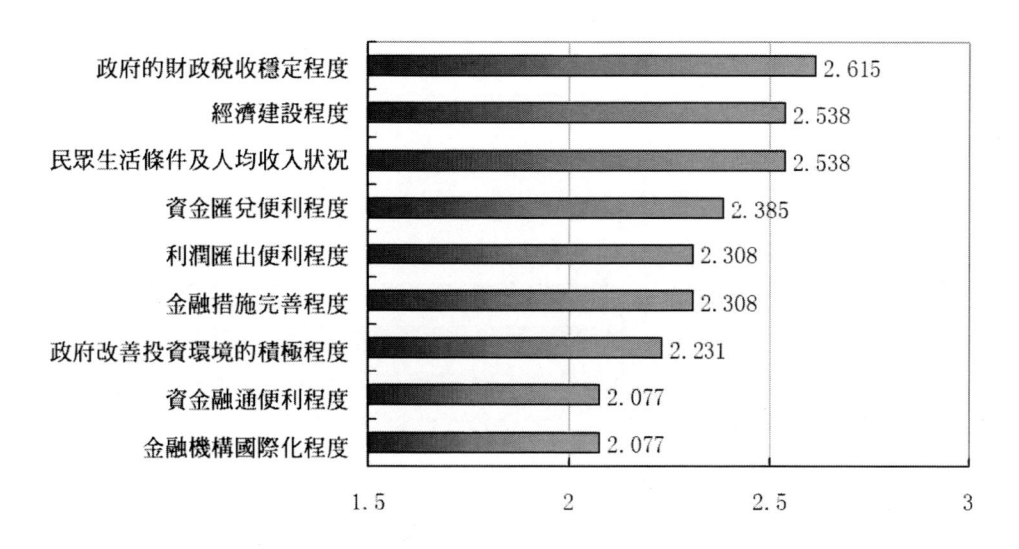

圖3　受訪企業對廈門經濟環境的評價

　　隨著經濟的發展，近年來廈門市財政收入呈現出快速增長的態勢，整個「十五」期間，財政總收入的平均增長速度達到18%。2006年實現財政總收入275.17億元，財政總收入占GDP的比重達23.7%。高速增長的財政收入反映了廈門經濟運行的質量和效益，與之相比，臺資企業則長期享受稅收優惠政策，切實感受到穩定稅賦對培養競爭優勢的價值所在。同時，廈門的經濟建設程度也為台商所認可。近25年地區生產總值、工業總產值年均增長速度分別達到18.0%和24.1%，台商投資區、火炬高技術產業開發區、象嶼保稅區、廈門港的建設以及每年舉辦的中國投資貿易洽談會都引人矚目。在經濟保持快速增長的同時，廈門居民收入和生活水平也同步增長，城鎮居民人均可支配收入和農民人均純收入也從1981年的482元和264元增長到2006年的18513元和6868元；居民生活水平的改善也必然意味著地區市場潛力的提升和市場容量的擴大。

4.行政環境

　　在行政環境類別當中，受訪臺資企業對於政府對台商友好程度、行政命令與國家法令的一致性評價較高；對於政府政策穩定性和透明度、

工商稅務機關及海關行政效率、政府對知識產權重視程度、官員操守清廉程度、解決糾紛渠道的完善程度和政策優惠條件評價中等；而對環保法規規定合理程度、政府與執法機構秉公執法態度以及勞工、公安、消防和衛生行政效率評價較低。評價結果如圖4所示：

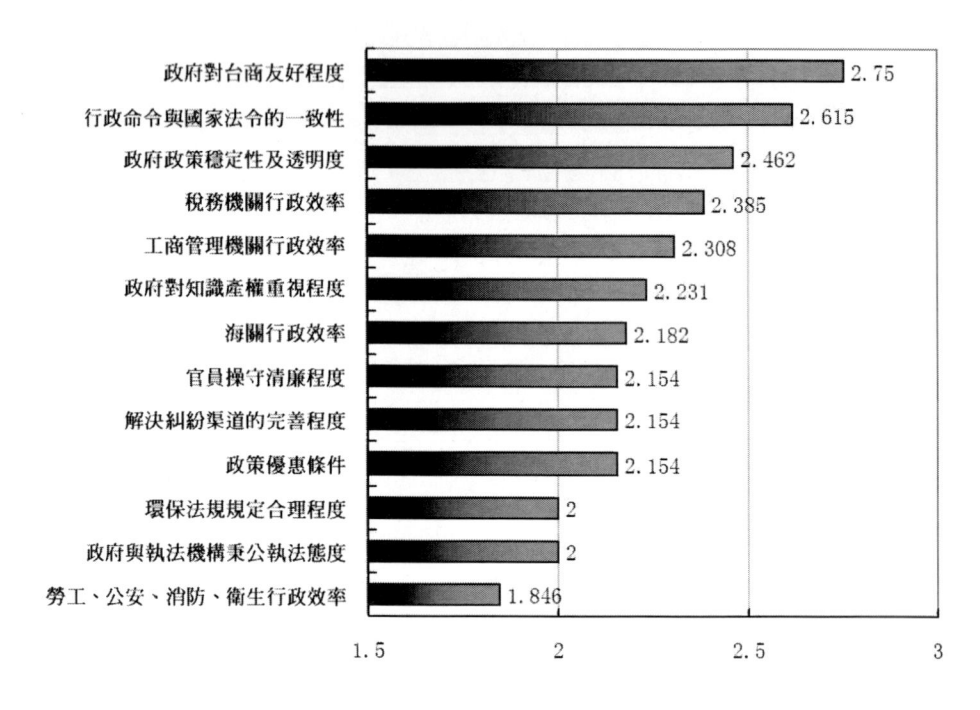

項目	評分
政府對台商友好程度	2.75
行政命令與國家法令的一致性	2.615
政府政策穩定性及透明度	2.462
稅務機關行政效率	2.385
工商管理機關行政效率	2.308
政府對知識產權重視程度	2.231
海關行政效率	2.182
官員操守清廉程度	2.154
解決糾紛渠道的完善程度	2.154
政策優惠條件	2.154
環保法規規定合理程度	2
政府與執法機構秉公執法態度	2
勞工、公安、消防、衛生行政效率	1.846

圖4　受訪企業對廈門行政環境的評價

　　廈門是大陸14個沿海經濟特區中唯一與臺灣鄰近、以對臺工作前沿作為角色定位的城市，在國務院批准設立的台商投資區中四者有其三，政府在引資過程中充分重視對台商開展工作，在對臺資企業的招商、諮詢、法律服務、技術支持、經營手續辦理、勞工招聘等方面都給予大力協助。政府部門的主動和周到服務，對於台商在廈門的入駐和扎根造成了重要作用。而作為經濟特區的政策優勢，包括地方政策法令的合理性、穩定性和透明性，也為台商所重視。然而具體到臺資企業投資經營過程中接觸的工商、稅務、海關、司法、公安等各行政部門，台商的感受體會卻有所不同。受訪企業普遍對本市中基層行政人員的工作熱忱、

效率和態度頗有微辭，對有關部門辦事的嚴謹性、合理性和公正性提出了質疑，表達了改進的訴求。

5.公共服務環境

在公共服務環境類別當中，受訪臺資企業對廈門的衣食住行便利程度評價較高；對廈門休閒娛樂設施提供條件、城市建設的國際化程度、教育機構提供條件和醫療衛生條件評價中等。評價結果如圖5所示：

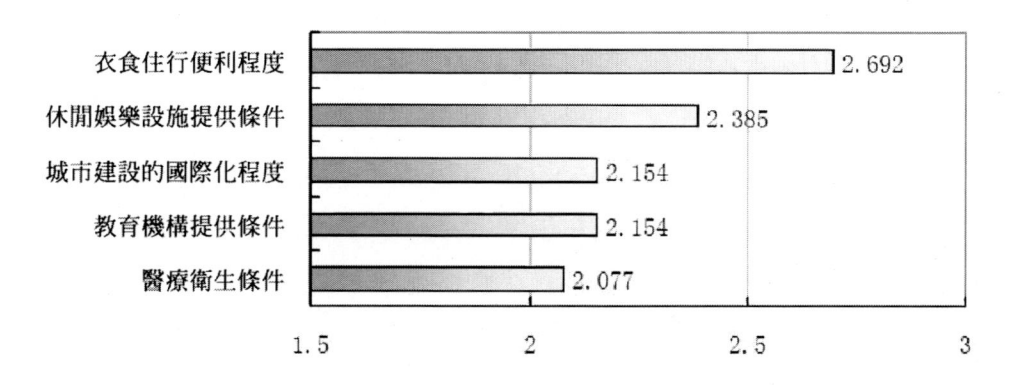

項目	評分
衣食住行便利程度	2.692
休閒娛樂設施提供條件	2.385
城市建設的國際化程度	2.154
教育機構提供條件	2.154
醫療衛生條件	2.077

圖5　受訪企業對廈門公共服務環境的評價

從1990年代初臺灣開放對大陸投資起，以廈門為中心的閩東南沿海地區就是台商投資的集中區域之一，其中最重要的一個原因即為該地區與臺灣同宗同祖，文化習俗和生活習慣都非常相近。同時，廈門多年來以休閒旅遊作為城市的功能定位，致力於不斷改善居住環境，更是獲得了「全國十佳人居城市」（2001年）、「國際花園城市」（2002年）、「中國人居環境獎」（2003年）、「聯合國人居獎」（2004年）、「全國文明城市」（2005年）等一系列榮譽，在各種宜居城市評比中也往往名列前茅。台商在廈門感受到生活各個方面的便利性，自然在情理之中。與基礎生活條件提供的相對完善性相比，廈門城市建設的思路和視野則相對狹窄、國際化程度仍然較低，教育、醫療衛生等公共服務條件仍有很大的改進餘地和必要性。

6.基礎設施條件

在基礎設施條件類別當中，受訪臺資企業對廈門的郵電通訊設施完善程度和交通設施便利程度評價較高；對倉儲物流處理能力、電腦資訊、網絡建設完善程度、未來總體發展及建設規劃完善程度和水電、能源及燃料供應完備程度評價中等；對汙水、垃圾處理設備完善程度評價則較低。評價結果如圖6所示：

項目	評分
郵電通訊設施完善程度	2.538
交通設施便利程度	2.538
倉儲物流處理能力	2.333
電腦資訊、網絡建設完善程度	2.308
未來總體發展及建設規劃完善程度	2.231
水電、能源、燃料供應完備程度	2.154
污水、垃圾處理設備完善程度	1.846

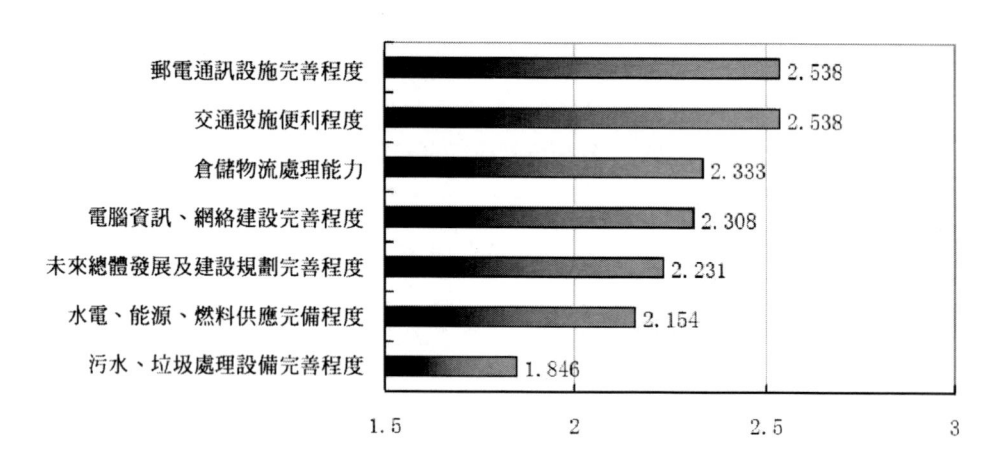

圖6　受訪企業對廈門基礎設施條件的評價

經過二十多年的特區建設，廈門城市基礎設施和各種配套已經比較完善，郵電通訊設施完備，基本上形成了海陸空配套的立體交通運輸體系；而福廈鐵路、龍廈鐵路、廈漳大橋，以及廈門灣10萬噸級航道二期工程，海滄、嵩嶼、東渡港區深水泊位和國際旅遊客運碼頭的建設，將進一步完善港區配套和集疏運體系等配套硬件設施，使廈門成為海峽西岸經濟區的交通樞紐和貨物集散地。廈金直航則更為台商提供了往來大陸的便利渠道。而在水電能源供應、汙水垃圾處理等方面的設施條件還有待進一步改善。

7.產業經營環境

在產業經營環境類別當中，受訪臺資企業對廈門的外資企業勞資關係的和諧程度、市場未來發展潛力、整體成本與相關設施成本合理程度、同業間公平正當競爭的環境條件等項評價中等；對技術與研發水平、員工工作態度及價值觀、原材料或半成品取得的容易程度、上下游產業供應鏈完整程度、專業人才補充容易程度評價較低；而對基層勞動力供應充裕程度的評價最低。評價結果如圖7所示：

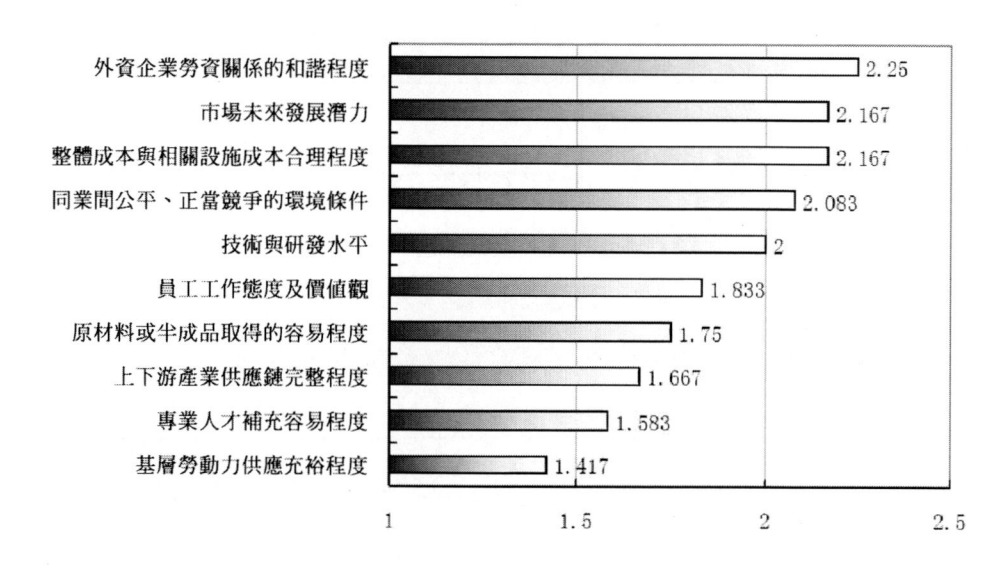

項目	評分
外資企業勞資關係的和諧程度	2.25
市場未來發展潛力	2.167
整體成本與相關設施成本合理程度	2.167
同業間公平、正當競爭的環境條件	2.083
技術與研發水平	2
員工工作態度及價值觀	1.833
原材料或半成品取得的容易程度	1.75
上下游產業供應鏈完整程度	1.667
專業人才補充容易程度	1.583
基層勞動力供應充裕程度	1.417

圖7　受訪企業對廈門產業經營環境的評價

與其他投資環境要素相比，在產業經營環境方面廈門市可謂乏善可陳。除了總體的市場潛力與同業競爭環境尚可外，產業集聚規模不足，尚未形成完整的產業供應鏈，在招商引容過程中缺少對產業關聯度的充分考量，技術研發水平也較低，導致臺資企業在尋求生產原材料供應與咨訊服務方面缺乏必要的支持。受行政區隔的影響，閩東南地區的廈、漳、泉三市一直未能形成產業互補發展的格局，這也加重了廈門市產業集聚關聯生態的脆弱性。而各層次人力資源供應的短缺，則成為廈門市近年來產業經營面臨的嚴峻問題；技術人才短缺導致創新能力不足，由於難以招收到足夠的勞工，很多臺資企業也已出現開工不足的現象。

8.投資環境各要素的綜合比較

將七類投資環境要素下的各評價指標作等權平均，可以對各要素的台商認可程度進行直觀排序比較，結果由高到低依次為經濟環境、公共服務環境、基礎設施條件、行政環境、社會環境、自然環境和產業經營環境，如圖8所示：

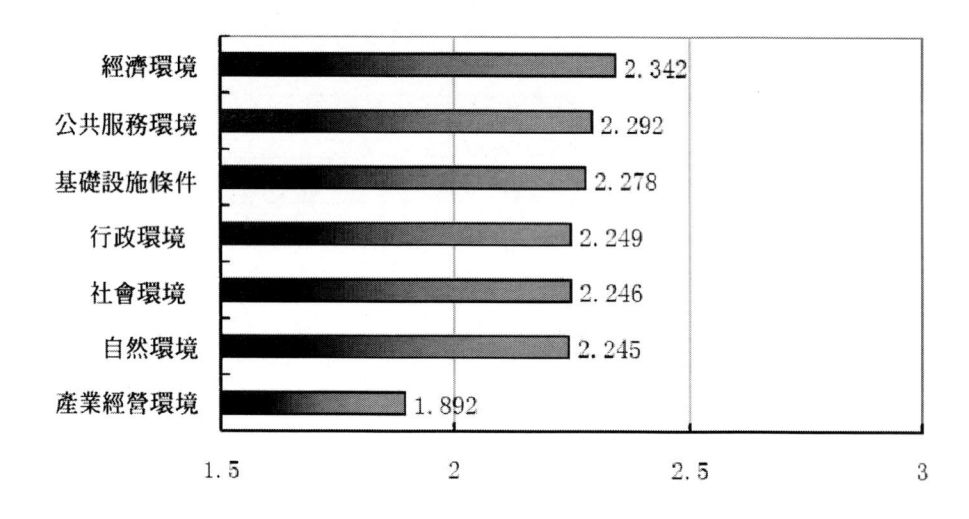

要素	評分
經濟環境	2.342
公共服務環境	2.292
基礎設施條件	2.278
行政環境	2.249
社會環境	2.246
自然環境	2.245
產業經營環境	1.892

圖8　受訪企業對廈門投資環境各要素的綜合評價

四、結論與建議

由上述訪談調查資料的分析結果可知，總體上臺資企業對廈門市的投資「硬環境」的評價尚可，而對投資「軟環境」則評價較低，尤其是台商對於產業經營環境的評價要遠低於其他要素。投資「硬環境」偏重於影響投資活動的物質條件，可控性較強，透過財政傾斜加大投入可望在較短時間內得以改善；投資「軟環境」則偏重於影響投資活動的無形條件，動態性強而可控性弱，對其加以有效改善的難度較前者為大。從可持續長遠發展的角度考慮，軟環境恰恰是制約城市發展和對臺資吸引力的關鍵障礙。因此，為了切實改善廈門市的區位投資環境，應遵循

「先軟後硬」的改善路徑。而當前的首要改進之處，正在於政府行政觀念、作風和效率的提升，人力資源的開發儲備，產業集聚與產業供應鏈的培育，以及城市國際化程度的提高。

其一，改革政府管理體制，提高行政效率。訪談結果表明，儘管政府非常重視對臺工作、重視為台商提供有效服務，然而由傳統行政體制沿襲而來的官僚作風仍未能完全消除，行政機關工作者作為公共服務人員應該為市民提供高質量服務的工作意識未能樹立。政府部門在具體對外接待工作中如果態度惡劣、效率低下、法令不循、處事不公，勢必影響到政府對臺工作宏觀政策目標的實現效果，影響台商對廈門的觀感和投資意願。政府部門不斷端正行政作風、改進工作程序、提高行政公正合理性，深化審批制度改革，大力度開展優質服務建設，已經成為廈門市改善投資軟環境的重點內容。

其二，創新人力資源的開發與儲備機制。為了有效緩解發展空間有限、勞工短缺導致勞動和資源密集型企業經營受阻的問題，廈門地區全面的產業升級已經迫在眉睫，在此過程中加強高層次人才的培養和吸納可望發揮關鍵性的推動作用。對於發展光電、軟體、生物等高科技產業，承接臺灣相關產業的轉移，本地科技咨訊、研發和力量必須要有相應提高，由此才能推動臺資企業在國際產業價值鏈中地位的提升與研發經營的本地化，並促進臺資企業的知識外溢以及與當地企業的分工合作。為此就需要重新對地方人才工作的目標加以定位，推進人力資源配置、保障與激勵機制的全面革新。

其三，廈門在城市產業發展及兩岸產業分工合作中應有明確而適宜的定位，即不能發展過分依靠自然資源稟賦的產業，而是突出環保、低能耗、高資源利用率的產業發展特徵。近年來廈門土地價格的攀升是台商反映較大的一個問題。由於地域狹小，尤其是廈門島內的土地開發和利用程度較高，進一步開發的餘地已經不大，甚至達到了寸土寸金的地

步。高昂的土地價格與臺資企業區位選擇的土地成本準則相背，很多在廈臺企已經開始西進到土地價格遠低於廈門的閩西地區投資設廠，重新挖掘比較優勢已成廈門吸引和留駐臺資的當務之急。進一步，透過拓展培植民營中小企業的生存空間，推進與周邊地區的產業分工與合作，對於台商投資所看重的產業集聚的形成和產業供應鏈的完備都有重要作用。

其四，拓展城市建設思路，全面改善教育、醫療衛生等公共服務條件。廈門在其第十一個「五年規劃綱要」中已明確提出不斷優化教育資源配置、增強教育資源輻射能力和教育服務社會能力；加強公共衛生體系建設，改善醫療服務條件，提高公共衛生服務的公平性和可及性；不斷提升城市文化藝術品位；加快建立全民體育健身服務體系。全方位增強在教育、衛生、文化、體育等方面的公共服務供給能力，不僅可以保障台商在廈門的生活不受影響、免去其後顧之憂，更為兩岸在教育、醫療、文化等領域的產業合作、吸引臺灣生活服務業投資奠定良好基礎。

（原載於《臺灣研究集刊》2008年2期）

台商對大陸投資區位選擇的影響因素分析——基於偏最小二乘回歸方法的最新考證

王華

（廈門大學臺灣研究中心，福建　廈門　361005）

一、引言

台商在大陸投資的區域分布具有不均衡性，但隨著大陸區域經濟發展與投資環境日益改觀、兩岸產業分工合作格局不斷演化，台商也在不斷調整對大陸各省市區位因素的評價考量。2008年臺灣政黨輪替之後，

兩岸交流更趨活絡，預期台商對大陸投資將有更大增長空間。及時洞悉台商投資趨向的變化，把握重要的區位影響因素，對於承接後續臺資產業轉移、提高臺資引進與各地區經濟發展階段特徵和產業升級目標的銜接性、實現大陸區域經濟均衡增長，具有重要的現實意義。

在國際直接投資過程中，受資地的區位條件對於跨國企業的經營有重大影響，區位選擇因而成為對外投資決策的關鍵內容。圍繞對外直接投資區位問題的理論研究，通常將外商的區位選擇視為一種追求利潤最大化和風險成本最小化的經濟理性行為，並假設區位選擇是區位特性的函數，因此區位特性（區位因素）及其對外商區位選擇的影響成為該領域的重要研究對象。而採用各種經濟計量方法，探討外商直接投資區域差異或區位選擇的影響決定因素，則是相關研究中最常遵循的技術路線。

台商投資在投資動機、投資形態等方面具有不同於一般外商投資的特殊性，因此對於台商對大陸投資區位選擇問題的研究，成為國際投資研究中的特例與重要補充。張傳國借由對大陸臺資空間轉移的測度，發現台商投資戰略由投機型、追求短期資本高回報型轉向市場導向型投資，勞動力成本制約加劇，政策優惠和地緣因素的影響減弱。段小梅區分傳統產業和高技術產業的研究表明，兩類台商投資產業的區位偏好不同，前者受當地內銷市場和市場化程度影響大，更傾向於勞動力供給充分的地區，後者則傾向於勞動生產率高的地區。陳恩、汪書軍和羅睿針對制度因素、經濟因素和基礎因素對臺資區位的影響進行研究，結果表明集聚經濟和市場因素是影響台商投資的最重要因素。

此類研究結論的得出，很大程度於取決於解釋變量的選擇。變量選擇如果過少，則所能揭示的訊息必然有限，而忽略重要的解釋變量也會導致模型估計的偏誤；變量選擇如果過多，多個解釋變量之間難免存在多重共線性，又會使傳統的多元線性回歸估計結果的精度大受影響。進

一步，如果要考慮不同區域或不同時期因經濟發展水平不同而造成的影響差異，則模型估計的難度也會成倍增加。同時，現有研究未能解決對各類因素的影響程度進行橫向比較的問題，加之外商投資（包括台商投資）區位決策的關鍵考量因素具有時變特徵，相關研究結論的跨時期適用性也無法得以保證。

本文旨在針對2007年台商投資大陸的區位分布，研究其中的主要影響因素及其影響程度，為相關決策研判提供最新證據；並針對上述問題引入綜合了多元線性回歸分析、主成分分析與典型相關分析的基本功能的偏最小二乘回歸方法（PLS），以求儘可能地提高估計精度與研究結論的參照價值。論文共分為四個部分，第二部分提出研究理論假設並據此選取模型變量，第三部分說明實證研究方法並列示建模估計結果，對各區位因素的影響力進行比較分析，第四部分為研究結論。

二、理論假設、變量選擇與模型構建

（一）理論假設

根據已有研究成果，本文假定台商對大陸投資的區位選擇主要受地區市場規模及其增長潛力、對外開放水平、基礎設施完備程度、集聚經濟狀況、人力資源質量與生產成本等多方面因素的影響。

（1）市場因素。現有實證研究十分強調市場接近性、市場規模及其增長潛力對國際投資區位的影響。選擇在市場規模較大的地區投資經營，可以接近消費市場，減少運輸成本，及時瞭解市場需求的變化，並獲取集聚規模經濟效益。而企業為了維持競爭優勢、把握市場主動權，也會選擇市場潛力較大的區位進行直接投資。一般認為，台商投資大陸的首要動機在於利用大陸低廉的勞動力和土地使用成本，但其對於大陸市場的開拓也在不斷深入，因此區域市場規模及其增長潛力應對台商區位選擇有正向影響。

（2）對外開放水平。較高的對外開放水平往往意味著較高的經濟自由化和市場發育程度，有利於減少外商投資的外部不確定性以及交易成本和訊息成本，因而對於外商投資具有較強的吸引力。臺資企業主要採用代工生產的經營模式、承接產業鏈條中加工組裝環節，具有明顯的「外向型」經營特徵，因此對於地區對外開放水平應有較高要求，可以預期地區對外開放水平對台商區位選擇有正向影響。

（3）基礎設施的完備程度。基礎設施構成地區投資環境中的硬件內容，體現為水陸空交通、通訊、能源等方面的供給或服務水平。基礎設施會影響外資的流入，其完備程度既決定了外資企業的前期建設能否順利開展、正常運營可否維續，也是影響其外部運輸、通訊成本的關鍵因素；完善的基礎設施還可以增強一個地區的集聚經濟。而包括地方財政資金和銀行流動資金供應在內的資金配套能力，則為地方基礎設施的完備奠定了必要的基礎。可以預期，台商投資區位選擇同樣會受地區基礎設施完備程度的影響，二者之間存在正相關關係。

（4）集聚經濟。大量相關企業在地域上的集中，使得知識的轉移更加方便快捷，提高了供給網絡和流通網絡的效率，企業由此得以享受規模經濟和範圍經濟帶來的好處，節約生產成本並提高自身的技術水平和管理效能；同時也標示地區較好的投資環境與較低的投資風險，因而可促進外商投資。作為國際代工廠商，為了保證交貨的迅速性，臺資企業在選擇境外投資地點時對於原有生產網絡的依賴性較強，因此會出現整個產業鏈協同外遷的現象。而新的台商投資者的區位選擇與已有臺資企業的布局應該會有較高的相關性。

（5）人力資源。高質量的人力資源是高水平勞動生產率的前提，也為企業提高自主研發能力和技術水平提供保證；投資地的人力資源供給情況成為外商日益看重的一個因素。與其他外資企業相比，臺資企業以中小型居多，鑒於自身力量有限，更擅長於「就地取材」；而充分利用

投資地的人力資源，提高研發本地化水平，即是其中非常突出的一個方面。隨著臺灣高科技產業不斷轉移大陸，台商對於投資地高層次人力資源的供應必然會有更多的要求。

（6）生產成本。經典區位理論將成本最小化作為區位選擇的標準。對於追求成本最小化而推行全球布局的跨國廠商而言，勞工工資率和稅負水平對於企業盈利能力有至關重要的影響，因此必然是其區位決策中的關鍵考量因素。大陸地區低廉的勞動力成本是吸引台商投資的首要誘因；但在大陸各省市的橫向比較中，受其他關聯因素的影響，勞動力成本與台商投資區位未必會表現出負相關關係。而從開放梯度與優惠政策的給予方面來看，稅負水平對台商投資應有負向影響。

（7）地理位置。除了上述經濟層面的區位因素以外，地理位置以及相伴隨的社會文化聯繫，也對外商投資產生巨大影響。如同日韓對中國大陸投資主要集中在中部和北部沿海地區一樣，港澳台商投資則主要集中在東南沿海地區。以地理位置的鄰接性為出發點來決定投資區位，不僅可以藉由社會文化傳統方面的相似性而減少投資經營風險，進行相關產業的移植也更容易成功。另外，與區位有關的政府體制和優惠政策等訊息，同樣隱含於地理位置當中。

（二）變量選擇與模型建構

針對上述理論假設，本文選擇表1中的X1～X12共12個變量來反映大陸各省份的區位特性。其中地區生產總值（X1）用於衡量市場規模，人均地區生產總值（X2）表示經濟發展水平和市場潛力，非國有企業比重（X3）反映市場發育程度，三者共同構成一個地區的市場因素；地區對外開放水平則由外貿依存度（X4）加以反映；基礎設施情況由交通運輸倉儲和郵電業增加值（X5）、電力消費量（X6）與資金配套能力（X7）三個指標加以反映；關於集聚經濟狀況，本文選取截至2006年底台商對大陸投資總額（X8）作為代表；每十萬人口中高中以上學歷人數（X9）

和教育經費（X10）則反映了地區人力資源的質量狀況；考慮到勞動生產率的影響，本文以效率工資（X11）作為勞動力成本的代表，並預期對台商投資區位有負向影響；稅負水平（X12）則由三資工業企業應交增值稅占增加值比重來表示。被解釋變量（Y）取2007年台商對大陸各省市的投資總額。

表1 各變量的定義及預期影響

變量	變量解釋	預期影響方向
Y	2007年台商對大陸投資總額(千美元)	
X_1	地區生產總值(當年價,億元)	+
X_2	人均地區生產總值(元)	+

續表

變量	變量解釋	預期影響方向
X_3	非國有企業(%)：非國有工業企業總產值占全部工業企業總產值比重	+
X_4	外貿依存度(%)：進出口總額占GDP比重	+
X_5	交通運輸倉儲和郵電業增加值(億元)	+
X_6	電力消費量(億千瓦小時)	+
X_7	資金配套能力(億元)：財政支出與居民儲蓄年底餘額之和	+
X_8	截至2006年底台商對大陸投資總額(千美元)	+
X_9	每十萬人口中高中以上學歷人數(人)：根據2006年全國抽樣調查數據估算	+
X_{10}	教育經費(萬元)	+
X_{11}	效率工資(元)：城鎮單位就業人員平均勞動報酬除以人均GDP	+
X_{12}	稅負水平(%)：三資工業企業應交增值稅占其增加值比重	+

　　上述指標中，X8和Y源自臺灣「經濟部投審會」2006和2007年《核准華僑及外國人投資、對外投資、對中國大陸投資統計年報》中統計的、大陸除西藏和西北5省區之外25個省份的台商投資額數據，其餘指標均源自《中國統計年鑑2007》中相應25個省份的2006年數據。考慮到台商投資決策與實施過程的時滯性，故令解釋變量取值較被解釋變量滯後一期。

　　由此可建構線性回歸模型如下：

$$Y \beta_0 \sum_{j}^{12} X_j$$

（1）

其中的Y和X1～X12為經對數化處理後的變量，用以消除量綱及異常數據對於模型估計精度的影響。

進一步，為了考察區位地理位置的影響，將25個省份分別劃入東、中、西部地區，設立虛擬變量D1和D2，用以反映不同地區區位因素影響力的差異程度；建構如下的變參數模型：

（2）

$$Y = \beta_0 + \sum_{j=1}^{12} (\beta_{j0} + \beta_{j1}D_1 + \beta_{j2}D_2) X_j + \varepsilon$$

其中對於D1，東部地區省份取值1，其餘地區省份取值0；對於D2，中部地區省份取值1，其餘地區省份取值0。

三、偏最小二乘（PLS）回歸建模分析

（一）PLS回歸的基本思路

在模型（2）中，樣本量為25，而待估計的回歸參數卻有37個之多！利用傳統的多元線性回歸分析方法難以進行合宜的參數估計，而解釋變量之間的多重共線性也會對估計精度造成致命影響。本文採用偏最小二乘回歸（Partial Least-Squares，PLS）方法來解決這一難題。

PLS回歸建模的基本思路是：首先根據被解釋變量Y與解釋變量集合X=（X1，X2，……，Xp）的相關結構提取一個成分t_1，要求其既應儘可能多地攜帶X中的變異訊息，又與Y的相關性達到最大；在此基礎上分別實施X和Y對t_1的回歸，如果回歸估計已經達到滿意的精度，則算法終止；否則，利用X被t_1解釋後的殘差矩陣與Y被t_1解釋後的殘差向量進行第

二輪的成分提取；如此反覆直到達到一個較滿意的精度為止。如果最終對X共提取了m個成分t_1【/sub t2……，tm（有m＜p且彼此直交），則施行Y對t_1，tm的回歸，再轉換表達成關於原變量X的回歸方程。該方法綜合了多元線性回歸分析、主成分分析與典型相關分析的基本功能，既可包含原有的全部解釋變量，從而最大限度地利用數據訊息，又可消除多重共線性問題，保證較高的預測精度。

（二）PLS成分數目的確定

利用SAS V9編程進行PLS回歸估計（程序略）。PLS回歸分析首先需要利用交叉效度及精度分析確定應提取PLS成分的數目m，結果如表2所示。交叉效度表明，Q_{23}大於臨界值0.0975，Q_{24}則小於0.0975，由此可知當提取3個PLS成分時即可滿足精度要求。同時，3個PLS成分提取瞭解釋變量集合86.2%的訊息，對於被解釋變量變異的解釋能力也達到了86.84%。

表2　PLS成分的交叉效度及精度分析

t_h	t_1	t_2	t_3	t_4
Q	0.5481	0.4424	0.0996	0.1098
Rd (X, t_h)	0.5997	0.2090	0.0533	–
Rd (X)	0.5997	0.8087	0.8620	–
Rd (Y, t_h)	0.5805	0.2265	0.0613	–
Rd (Y)	0.5805	0.8070	0.8684	–

（三）PLS回歸建模結果

利用被解釋變量對三個PLS成分的線性回歸模型，最終轉換得到對原始解釋變量的回歸模型，其標準化與非標準化回歸係數如表3所示。標準化回歸係數是針對標準化變量進行回歸估計所得到的係數，反映瞭解釋

變量（以標準差衡量）的單位變化量所引起的被解釋變量的變化幅度；其與傳統彈性係數的經濟意義有共通之處，但在消除原始變量量綱影響的同時，也可消除原始變量分布離散程度（變化可能性）不同所產生的影響，因而使同一模型中不同解釋變量的回歸係數之間更具橫向可比性。下文的分析即主要針對標準化回歸係數結果展開。

表3　經由PLS回歸係數轉換得到的原始模型的回歸係數

	標準化回歸係數			非標準化回歸係數		
	東部地區	中部地區	西部地區	東部地區	中部地區	西部地區
X_1	0.083 (4.943)***	0.076 (4.090)***	0.085 (8.752)***	0.256	0.252	0.257
X_2	0.041 (2.676)***	0.048 (3.383)***	0.053 (9.164)***	0.200	0.203	0.205
X_3	0.172 (7.402)***	0.187 (6.347)***	0.182 (5.522)***	1.656	1.671	1.665
X_4	0.116 (10.28)***	0.113 (7.907)***	0.098 (7.017)***	0.226	0.235	0.208
X_5	0.021 (2.981)***	0.212 (7.271)***	0.090 (9.090)***	-0.769	1.773	0.295
X_6	0.085 (6.224)***	0.075 (4.724)***	0.085 (9.927)***	0.254	0.247	0.254
X_7	0.101 (7.861)***	0.110 (6.590)***	0.105 (10.134)***	0.336	0.335	0.338
X_8	0.234 (6.512)***	0.226 (5.933)***	0.230 (5.160)***	0.270	0.264	0.267
X_9	0.033 (2.323)***	0.048 (3.856)***	0.049 (9.904)***	0.252	0.259	0.259
X_{10}	0.091 (7.110)***	0.097 (6.534)***	0.100 (10.132)***	0.351	0.353	0.354
X_{11}	-0.011 (-1.741)*	-0.005 (-0.457)***	0.022 (-1.817)***	-0.130	0.127	0.134
X_{12}	-0.113 (-5.448)***	-0.072 (-6.504)***	0.073 (-10.582)***	0.637	-0.561	-0.562

註：1）括號中數字為t檢驗統計值；2）*表示$p<0.1$，**表示$p<0.05$，***表示$p<0.01$；3）模型整體檢驗結果來自PLS回歸估計。

由表3中結果可知，地區效率工資和稅負水平對於台商投資的區位選擇有負向影響，其餘區位因素對於台商投資則都為正向影響；同時除效率工資的影響顯著性較低外（中部地區甚至在10%顯著性水平下也無法拒絕無影響假設），其餘因素基本都在1%水平下對被解釋變量有顯著影響，從而印證了前文的所有理論假設。

（四）區位因素影響力的比較分析

在市場因素當中，地區生產總值、人均地區生產總值和非國有企業比重的影響係數分別約為0.08、0.05和0.18，且基本都在1%水平下顯著。表明以「外向型」經營為主的臺資企業已經開始關注大陸地區的內銷市場，並將市場規模及其增長潛力作為區位選擇的重要考量因素；當然，（人均）地區生產總值指標中同時也蘊含了基礎設施和工業配套程度、勞動生產率等多方面的訊息，因而也提高了其對台商投資正向影響的可能性。同時市場因素的影響力表現出由東、中向西逐次遞增的趨勢，這在一定程度上是由中、西部地區台商投資較為集中的格局造成的，從而意味著在近期內選擇西向投資的台商會更為青睞其中的相對發達省份，如湖北、四川、重慶等地。

反映地區對外開放水平的外貿依存度的影響係數，在東、中、西部地區依次為0.116、0.113和0.098，都在1%水平下顯著，並且表現出逐次遞減的趨勢。由於各地區對外開放水平存在「先天」差異——中、西部地區的外貿依存度遠低於東部沿海地區，台商如果選擇西向投資，則看重的顯然不是區域開放程度，而是市場、資源等比較優勢，這也與市場因素影響力由東向西逐次遞增的格局形成呼應。

在基礎設施因素當中，交通運輸倉儲和郵電業增加值的影響係數，在東、中、西部地區依次為0.021、0.212和0.090，都在1%水平下顯著，但地區間差異較大；表明東部地區在30年的對外開放與經濟建設中，奠定了較好的交通運輸和通訊硬件基礎，在台商投資決策中的重要性已經相對下降，而中、西部地區仍應著力改善區域基礎設施的完備程度，不斷提高對台商的吸引力。而作為工業生產必備條件的電力消費量與資金配套能力，影響係數分別約為0.08和0.1，都在1%水平下顯著，且地區間差異不大。

反映集聚經濟狀況的台商對大陸累計投資額的影響係數約為0.23，三

地區間無明顯差異，且都在1%水平下顯著。大陸地區現有臺資企業的區位布局，往往也蘊含了有關區位投資環境不確定性與台商生產網絡完備性的訊息，加之大陸台商的推薦，新的台商投資者因而傾向於選擇靠近已有臺資企業密集分布的區域。而台商累計投資額即可表徵以往時期的台商區位布局，在各省區區位條件無明顯變化的情況下，表明區位因素對台商區位決策的影響力亦較為穩定。

在人力資源因素當中，每十萬人口中高中以上學歷人數和教育經費的影響係數分別約為0.04和0.95，除東部地區的高中以上學歷人數指標外，都在1%水平下顯著，並且表現出由東向中、西逐次遞增的趨勢。表明中、西部地區在引資過程中更應注重本地人力資源的培養、以及對於教育和科技研發的投入，著力提高區域勞動生產率和產業技術水平，從而為臺資企業管理和研發的本地化營造良好氛圍。

在生產成本因素當中，效率工資的影響係數在東、中、西部地區依次為0.011、0.005和0.022，東、西部地區僅在10%水平下顯著，中部地區則無顯著影響；大陸地區的勞動力成本雖然整體低於發達國家和新興發展中國家（或地區）的水平，成為台商投資的首要動機，但就大陸地區本身而言，勞動力成本的影響已經退居次要位置，不成為當前台商在區位決策中需要考量的顯要因素。稅負水平的影響係數依次為0.113、0.072和0.073，都在1%水平下顯著，東部地區的影響程度高於中、西部地區；東部地區作為大陸率先對外開放的區域，稅收優惠政策一直以來都是吸引外商（包括台商）投資的重要手段，這種影響力至今尤存。

透過將各地區區位因素的影響力進行排序，還可以實現對不同因素的影響程度的比較分析，結果如表4所示。

表4　三大地區各解釋變量影響力的排序秩次比較

變量	東部地區排序秩次	中部地區排序秩次	西部地區排序秩次	秩次級差
X_1	8	7	7	1
X_2	9	10	10	1
X_3	2	3	2	1
X_4	3	4	5	2
X_5	11	2	6	9
X_6	7	8	8	1
X_7	5	5	3	2
X_8	1	1	1	0
X_9	10	11	11	1
X_{10}	6	6	4	2
X_{11}	12	12	12	0
X_{12}	4	9	9	5

在東部地區，對於台商投資影響最大的四個指標分別是台商累計投資額、非國有企業比重、外貿依存度和稅負水平；在中部地區，影響最大的四個指標分別是台商累計投資額、交通運輸倉儲和郵電業增加值、非國有企業比重和外貿依存度；在西部地區，影響最大的四個指標分別是台商累計投資額、非國有企業比重、資金配套能力和教育經費。效率工資、每十萬人口中高中以上學歷人數以及人均地區生產總值的影響力則都較小。同時，反映區域基礎設施完備情況的交通運輸倉儲和郵電業增加值、以及稅負水平的影響力，在各地區間的秩次差異較大。

上述結果表明，在經濟轉型時期，大陸各省區的集聚經濟與市場發育程度普遍受台商關注。從某種意義上說，台商的區位選擇過程具有很強的「自我積累」特性，在各省區區位比較優勢決定了最初台商投資的空間布局後，後續進入的台商則以「先驅者」的區位分布情況作為指針不斷跟進，從而越發強化這一空間布局，其目標既在於尋求成形的生產網絡，也在於儘可能地降低訊息成本和投資風險；除非各省區區位條件

有較大改觀，或者區位比較優勢發生逆轉，否則業已形成的集聚經濟狀態很難改變。在這一過程中，台商集聚地的市場化和對外開放經驗也不斷積累，日益提高的市場發育程度又加劇了台商集聚和空間離散狀況。

各省區（主要指東部地區）的軟、硬投資環境，包括基礎設施和政策優惠等，在完成最初的引導台商投資空間布局的任務之後，其影響力開始不斷減弱。當然，在中、西部台商投資規模較為匱乏的區域，相關因素的影響力仍將不斷發揮作用。值得注意的是，市場規模和潛力的影響作用尚未有足夠體現；而不論是勞動力成本（效率工資）還是勞動力質量（每十萬人口中高中以上學歷人數），對於台商投資區位選擇的影響都很微弱，反映勞動力因素在台商決策中不占主導地位。

四、結論

台商對大陸投資的區位選擇，受地區市場規模及其增長潛力、對外開放水平、基礎設施完備程度、集聚經濟狀況、人力資源質量與生產成本等多方面因素的影響。本文採用偏最小二乘（PLS）回歸方法來處理回歸參數個數多於樣本量、同時解釋變量間存在多重共線性的情形，從而儘可能地提高模型估計精度。

PLS回歸建模結果表明，市場規模及其增長潛力、對外開放水平、基礎設施完備程度、集聚經濟狀況與人力資源質量對於台商投資的區位選擇有顯著的正向影響，效率工資和稅負水平對於台商投資有負向影響，但效率工資的影響顯著性較低。

從東、中、西部地區區際比較的角度看，市場因素、人力資源因素的影響力表現出由東、中向西逐次遞增的趨勢，意味著在近期內選擇西向投資的台商會更為青睞其中的經濟相對發達、勞動生產率和產業技術水平相對較高的省份。對外開放水平的影響力則表現出逐次遞減的趨勢，台商如果選擇西向投資，則看重的顯然不是區域開放程度，而是市

場、資源等比較優勢。東部地區奠定了較好的交通運輸和通訊硬件基礎，在台商投資決策中的重要性已經相對下降，而在中、西部地區基礎設施的影響力則較高。集聚經濟狀況的影響力在三地區間無明顯差異。勞動力成本的影響已經退居次要位置，不成為當前台商在區位決策中需要考量的顯要因素。稅負水平的影響力，東部地區的影響程度高於中、西部地區。

從區位因素間比較的角度看，在經濟轉型時期，大陸各省區的集聚經濟與市場發育程度最受台商關注。台商的區位選擇過程具有「自我積累」特性，初期台商投資的空間布局對於後續進入的台商產生很強的「誘導」作用。各省區（主要指東部地區）的軟、硬投資環境，包括基礎設施和政策優惠等，在完成最初的引導台商投資空間布局的任務之後，其影響力開始不斷減弱。市場規模和潛力的影響作用尚未有足夠體現。而勞動力因素對於台商投資區位選擇的影響非常微弱，反映該類因素在台商區位決策中不占主導地位。

（原載於《臺灣研究集刊》）

臺灣農產品貿易的特徵及其主要影響因素淺析

趙玉榕

農產品對外貿易的發展曾經為臺灣農業的發展帶來過一段時期的輝煌。1970年以來農產品貿易持續逆差。2000年至今臺灣農產品對外貿易呈現出階段性特徵。未來國際經濟因素、臺灣總體經濟的發展、WTO農業談判結果、主要貿易夥伴美國和日本農產品的進出口的變化以及兩岸農產品貿易的發展趨勢是影響臺灣農產品對外貿易發展的主要因素。

一、臺灣農產品對外貿易的主要特徵

臺灣經濟是以農業起家的，農產品對外貿易在國民經濟建設中具有重要的地位，戰後，農產品外貿經歷了由盛到衰的過程，在60年代中期以前，農產品及其加工品居臺灣出口貿易的首位，1952年這兩類產品出口1.08億美元，占出口總值的92.7%，而工業品出口僅0.08億美元，占7.3%。農產品及其加工品出口比重大於工業品的格局一直持續到1965年。1966年臺灣農產品及其加工品在總出口中的比重首次降到50%以下，低於工業品的出口份額，該年農產品出口2.56億美元，占47.8%。自此以後，在以出口加工業為主導的經濟體制影響下，農產品的出口量仍然有大幅度的增加，但其在總出口中的比重卻持續降低。1984年臺灣提出經濟自由化和國際化的政策方針，從某種意義上講，它是推進臺灣經濟轉型的必要選擇，但給農業帶來許多負面的影響，1990年以來臺灣農產品的年出口額在31億美元至56億美元之間波動，但比重卻逐年減少。儘管農產品出口值的比重隨著工商業的興起、膨脹而減少，但農產品的出口的意義仍不可低估，無論對改善農業結構，提高農業技術水平或調節對外積極關係都是不可缺少的因素，尤其是在經濟日益國際化和自由化的今天，農產品的進出口與農業的總體發展有著更為密切的關係。而這一特點在90年代末尤其是陳水扁執政以來表現的尤為突出，這一階段是臺灣加入世貿組織前後關鍵的時期，臺灣農產品貿易呈現出以下幾個特點：

（一）進出口貿易額緩慢增長

2000年至2004年農產品進出口貿易總值從108.7億美元增加到123.2億美元，增長13.4%，年平均增長2.8%，高於1990年至1999年的1%的平均增長幅度。其中，僅2001年降低了9.1%，2002年和2003年分別增長3.9%和7.0%，2004年在此基礎上又增長了12.1%。儘管增長幅度微弱，但這是自1997年以來連續3年負增長的一個轉折。再進一步觀察農產品進出口額的變化，我們可以發現，這幾年農產品進口和出口額的變化與農產品貿易總額的變化曲線無太大差異，2000年至2003年出口減少0.8億美元，進口增加1.6億美元，而農產品進出口貿易總額也增加了1.2億美元。可見雖然

從整體來看，農產品進口的增長要大於出口，但農產品進出口的發展比較平衡，沒有出現進口與出口之間的大起大落。但在2004年進出口構成發生了比較明顯的變化，當年農產品出口35.2億美元，增長9.3%，進口卻達88億美元，增長了15.9%，農產品進口較前有了比較明顯的增長，說明入世的影響開始逐漸顯現。

（二）占總進出口的比重逐步降低

臺灣農產品對外貿易變化的另一個重要特點，是農產品進出口占商品進出口的比重呈現逐步降低的趨勢。根據統計資料觀察，1990年以來農產品出口在總出口中的比重在3%至5.5%之間徘徊，農產品進口在總進口中的比重在7%至11%之間變化，且兩項指標均呈逐年下降的態勢。2004年農產品出口和進口分別為35.2億美元和88.0億美元，占總出口和總進口的2.0%和5.2%，降到了歷史的最低點。儘管從長期來看，農產品貿易絕對值有所增加，但由於農業發展速度低於國民經濟其他部門，尤其是高新技術產業的迅速發展，使農產品貿易的增長速度遠遠低於工業製成品部門。

（三）農產品貿易失衡的狀況有所加劇

1970年農產品進口首次超過出口，標誌著臺灣農產品貿易順差時代的結束。隨後，入超額連年持續增長，1997年曾經達到59.4億美元。2000年至2004年5年累計入超219.8億美元，每年平均43.8億美元，與前一個5年即1995年至1999年的年平均入超47.5億美元相比，減少了4億美元。但這並不表示貿易失衡的情況有所改善，近三年農產品的進口增長明顯快於出口的增長，引起逆差額有較為明顯的變化，增長的速度分別為3.9%、14.6%和16.1%，可見，入世對臺灣農業的負面影響正在逐漸的顯現。臺灣農產品外貿逆差主要來自種植業產品和畜產品。2004年農產品貿易逆差52.8億美元，其中種植業產品逆差44.5億美元，畜產品逆差6.3億美元，水產品和林產品順差，分別為9.8億美元和1.5億美元。在國際農產品市場

上，臺灣的水產品、林產品、花卉和種苗以及部分畜產品具有一定的競爭優勢，而穀物產品及油料、砂糖等其它農產品不具有競爭優勢。

（四）進出口產業構成維持出口以漁業和牧業產品為主，進口以種植業產品為主

90年代以來，臺灣進口農產品基本是以種植業產品為主，出口則以漁業和畜牧業產品為主。2000年以來，這一構成依舊。種植業產品在進口產品中的比重每年均在55%以上，2003年比重最大，占58.9%。漁、牧業產品在農產品出口中占有70%強的比重，其中2001年以來漁業產品的比重稍大於牧業產品。2003年漁牧業產品出口占74.9%，漁業占40.7%。與出口農產品結構不同，在進口農產品中占有絕對比重的是種植業產品，與90年代相比，其比重還有上升的趨勢，2001年曾經達到過59.3%，2003年也還占有58.9%的比重。牧業產品在進口中排第二位，其比重與90年代相比變化不大，4年中在21%至22%之間變動。漁業產品的進口比例在7%左右。2000年至2003年種植業和牧業進口產品比重分別從55.8%和21.1%提高為58.9%和21.5%；林業和漁業的進口產品比重則分別從15.3%和7.8%降為13.1%和6.5%。

（五）高價值產品是出口產品的主力

魚類及其製品、皮及皮製品、羽毛、蔬菜及其製品和水果及其製品是臺灣出口農產品的支柱產品，2000年至2004年5年間，除2003年外，其餘各年出口值居前5位的都被這些產品囊括，約占臺灣農產品出口值的70%以上。2004年臺灣前五大出口農產品依次為魚類及其製品13.8億美元，占39.2%；皮及其製品8.3億美元，占23.5%；羽毛1.4億美元，占3.8%；蔬菜及其製品1.1億美元，占3.2%；羊毛及其他動物毛1億美元，占2.9%。動物性食品及其製品在出口農產品中的突出地位在90年代初時尚不明顯，但從90年代中期這一格局就已開始形成。具有較高的產品品質和附加價值以及國際市場需求旺盛是此類產品出口增加的主要原因。

在進口農產品中，主要是穀類及其製品、油料籽實及粉、皮及其製品、煙葉及其製品、活畜禽以及乳品。這些產品的進口值在5年間都有不同程度的增加。自2002年1月加入世貿組織以來，稻米、雞肉、東方梨、大蒜及龍眼等原限制進口農產品改為限量進口、關稅配額或自由開放進口，相關產品的進口有更為明顯的增加，2002年至2004年穀類及其製品進口增長27.1%，其中2002年稻米進口量10萬噸，進口值3000萬美元，分別是入世前的19倍，和6倍。水果及其製品增長23.6%；活畜禽增長76.9%。入世對農產品進口貿易的影響已初見端倪。

（六）農產品進出口市場的集中程度高，對主要貿易夥伴的貿易出現新的增長

農產品進出口市場的集中程度高是戰後臺灣農產品貿易的顯著特徵，這一特徵的形成不僅有歷史的原因，有農業經濟發展過程中農業產業結構改變的因素，也不乏政治和外交上的需要。臺灣農產品的出口市場歷來集中在日本、香港、美國、越南、泰國、韓國、新加坡、中國大陸、馬來西亞和印尼等國家和地區。進口國主要有美國、澳大利亞、印尼、泰國、巴西、馬來西亞和日本等。2004年前5大出口市場依次為日本、香港、美國、中國大陸和越南。前五大進口市場是美國、澳大利亞、日本、馬來西亞和泰國。美國、澳大利亞和日本占臺灣農產品進口的前3位，約合占47%左右，其中美國產品歷年占臺灣進口農產品的比重均在33%左右。2004年臺灣對大陸的出口增加66.2%，說明大陸成為臺灣農產品出口增長最快的主要市場。對泰國和越南的出口分別增長23.9%和23%。對加拿大和美國的出口分別增長6.3%和4.2%。臺灣從主要貿易夥伴進口增加較多的國家和地區是巴西、馬來西亞、新西蘭、中國大陸和印度尼西亞，增幅分別為84.8%、32.7%、28.7%、22.8%和21.0%。農產品進出口市場的過於集中，事實上形成了對少數國家的依賴，給農業發展帶來一定的負面影響，為此臺灣近年來一直在力圖分散市場，實行市場多元化策略，但收效甚微，進出口市場主要依賴於美國和日本的格局依舊。

二、影響臺灣農產品對外貿易發展的主要因素

當前國際貿易保護主義盛行對臺灣對外貿易發展形成重大的障礙，近年來一些發達國家以環保標準、質量標準、技術標準、衛生標準等多種形式的非關稅壁壘對進口實行限制，並濫用反傾銷手段保護中國市場，國際上針對臺灣出口商品的保障措施越來越多，對臺灣對外貿易的發展產生了不良影響。臺灣存在外銷市場的拓展方面投入的經費不足、外銷農產品的品質不夠穩定、廠商未能建立起自己的行銷系統以及缺乏以外銷為導向的穩定供貨結構等等問題，也給農產品外銷造成一定的困難。未來臺灣農產品對外貿易的發展環境有其有利的因素，但制約因素有所增加。

（一）國際經濟因素

今年全球的經濟景氣不佳，美國經常帳戶巨額赤字、歐元區和日本經濟增長緩慢、據德國ifo研究所和國際商會（ICC）最新完成的調查顯示，世界經濟週期已經轉入降溫階段，未來幾個月的經濟增長將進一步減緩，預計今年全球經濟增速將為3%左右，①影響世界經濟增長的不利因素還在發展。作為臺灣第二大出口國，也是第二大出超來源國的美國，今年的整體經濟形勢不佳。第一季度修正後的經濟增長率雖然尚有3.5%，但是，財政和貿易雙赤字；5月新增就業人數，只有預期的一半；不斷調高的利率影響投資的增長；石油價格升高，對民間消費產生排擠作用。②所有這些現象對美國下半年的經濟增長都將產生不利。《歐盟憲法條約》先後在法國和荷蘭公投中遭到否決，在歐盟內部產生一定的信任危機，對歐盟國家經濟發展前景產生衝擊，並可能進一步「削弱」歐元，使歐洲經濟難有起色。歐盟是臺灣第三大出口市場和第三大出超來源地，歐洲從經濟一體化向政治一體化演變受挫，歐元區短期經濟將受到影響不僅對歐洲有影響，對歐盟成員國有影響，難免對臺灣的對外貿易產生影響。

（二）臺灣整體經濟景氣因素

　　受世界經濟景氣變化的影響，臺灣產能外移，今年臺灣經濟景氣「令人憂慮」：從生產面來看，以農、林、漁、牧業為主的初級產業對臺灣經濟的貢獻，長久以來維持零成長；而昔日曾為經濟增長主力的製造業，今年第一季的增長率不到2%；原本發展前景看好的服務業，也沒有能夠填補製造業外移造成的產業空缺，而是受限政治因素而陷於停頓，去年臺灣遊客人數僅有不到200萬。帶動臺灣經濟成長的進出口貿易成長率大幅下滑，預計出口增長率將由2004年的20.7%下降到今年的2.2%，進口增長率由27.9%下降到1.2%，據2004年12月到2005年3月四個月中就有三個月出現貿易逆差來推估，全年的貿易順差將由2004年的67億美元減少到今年的35億美元，創下近23年以來的新低；機械設備進口率估計僅5.3%，比2004年減少48.1個百分點；民間資本形成增長率也將由25.4%降低為15.5%；島內消費者5月的信心指數（CCI）下滑為73.06點，創近兩年來新低。③臺灣「主計處」日前下修臺灣今年全年的經濟成長率，從原先預測的4.21%大幅調降到3.63%，降幅高達0.58個百分點，創下近4年來的最大修正幅度。這意味著臺灣今年全年的實質生產毛額，將驟減約新臺幣615.77億元。島內人士擔憂，臺灣經濟今年「可能再現衰退噩夢」。④臺灣整體經濟景氣下滑將影響農產品的出口。

（三）美國因素

　　美國農業十分依賴於國際市場，它的農產品約有1／5供出口之用，是世界上最大的農產品出口國，憑藉著政府的支持和補貼，美國的大量農產品在世界市場傾銷，而且傾銷幅度（出口價格低於生產成本%）不斷增長。即使在世界貿易組織透過「農業協定」10年後的今天，美國仍然以低於生產成本的價格出口糧食。從1950年代末期起，美國農產品貿易一直保持著順差。近年，由於國外競爭的加劇，棉花、大豆、小麥的價格隨著全球產量趨增有所下滑，美國幾乎所有的出口農產品都受到了影

響。據美國農業部最近公布的一項預測，2005年財政年度美國農產品出口將為575億美元，較2004年減少45億美元；與此同時農產品進口將達到550億美元的歷史新高，美國農業貿易預計將徘徊在順差和逆差之間，最樂觀的估計順差也只會是自1972年以來的最低水平，約為25億美元，遠遠低於2004年的96億美元。加入世界貿易組織意味著臺灣農業已經被置於世界農產品市場的影響之下，然而，世界農產品市場本身又深受美國、歐盟等主要農產品出口大國政策干預的影響。戰後以來美國一直是臺灣第一大農業進口國，長久以來，美國產品在臺灣進口中都占有最大比重，近幾年大約都在30%左右。因此，美國的出口將對臺灣產生直接的影響。2004年，美國出口到臺灣市場的玉米、黃豆、棉花、小麥價值18.7億美元，占臺灣農產品進口的24%。作為美國當然希望能有更多的產品進入臺灣市場，早在臺灣入世前，臺灣入世以來農產品市場開放的速度美國表示不滿，對臺灣加入反對農產品貿易自由化的「10國集團」，美國「感到遺憾」，2004年臺灣實際進口稻米僅比配額14.7萬噸少了18噸，美國就在WTO農業委員會提出質詢，並指出這短缺的部分必須自動納入今年的配額。可見，只要有涉及到自身利益的情形發生，美國就會給臺灣施加壓力，最終達到增加對臺灣出口的目的。

（四）日本因素

日本是農產品自給率最低的國家之一，農產品進口量大，目前在世界上僅次於俄羅斯和德國居世界第三位。臺灣與日本的農產品貿易關係建立於日據時期。縱觀近年來臺日農產品貿易的情況，日本一直是臺灣最大的農產品出口國，每年臺灣對日本的出口額約在10億美元以上，2003年和2004年臺灣對日本出口高於農產品總出口的增長率，分別為12.1億美元和13.7億美元，分別比上一年增長12.1%和13.9%，高於農產品出口的增長率，2004年對日本出口占農產品出口總值的39.1%，主要產品是冷凍魷魚、活鰻魚、調製鰻魚、羽毛及羽絨、木材、木製家具以及蔬菜。近幾年臺灣農產品向日本出口不斷攀升，與以下的各種因素共同作用有

關：首先是在2000年至2004年間，新臺幣對美元匯率相對弱勢，對臺灣農產品出口有利；其次臺灣積極鼓勵業者參加在日本舉辦的各項展覽和促銷活動，有利於產品在日本消費市場打開知名度；第三，日本允許進口的臺灣農產品品種有所增加。相對穩定的日本市場是臺灣農業發展的重要保障。但近年日本銷往臺灣的農產品有增加的趨勢。2003年臺灣農產品進口總值比2002年增加1.5%，但從日本進口卻增加了10%，2003年日本蘋果外銷3766萬美元，其中銷往臺灣的就有3538萬美元，占93.9%。在109個國家和地區中，日本的「貿易開放程度」排在第64位，是發達國家中的最後一位。針對本國農產品競爭力不強的狀況，日本除了採取產地應對措施外，為了保護中國的產業而對進口設置壁壘，對中國大陸進口產品頻繁採取非關稅貿易壁壘「緊急進口限制」措施，因此，雖然當前臺灣對日農產品貿易還能保持順差，但不能保證未來是否臺日之間也會產生類似的貿易摩擦，從而影響臺灣農產品的生產和出口。

（五）WTO農業談判因素

WTO「多哈回合」談判自2002年全面啟動以來，農業一直是各國最關切的重點，因發達國家與發展中國家在農業補貼問題上的矛盾無法調和，致使在墨西哥坎昆舉行的世貿組織部長級會議不歡而散。「多哈回合」談判自此陷入停滯。目前新一輪農業談判正在進行，目標是要大幅度削減乃至消除各種形式的出口補貼，大幅度擴大農產品市場准入，以建立一個市場導向的、公平的世界貿易體系。這一議題無論對發達成員還是對發展中成員來說都十分敏感，談判各方巨大的利益分歧，預示著未來談判前景的巨大不確定性。在加入世貿組織的談判中，臺灣在農產品關稅水平，關稅配額以及市場開放等方面已經作出了承諾，儘管在入世最初的三年，臺灣所受影響還不明顯，但一旦環境有所變化，從長遠看，島內農業發展將受到一定的衝擊。臺灣目前正在爭取新入會員國的特殊待遇，並希望憑藉與日本、挪威糧食淨進口小農國家結盟為「10國集團」的影響力，避免在WTO孤軍作戰，共同爭取權益。但值得關注的

是，無論談判的進展和結果如何，臺灣都無法阻擋WTO走向貿易自由化的腳步。

三、兩岸農產品貿易的發展及其影響

自1987年9月臺灣宣布准許27項大陸農工原料進入臺灣市場以來，隨著兩岸經貿關係的不斷深入和兩岸農業交流的日益深化，兩岸的農產品進出口貿易逐漸發展起來。隨著雙方市場日趨開放，兩岸農產品貿易快速增加，大陸市場對臺灣農產品外銷的重要性逐漸提升，成為臺灣農產品進出口貿易的重要組成部分。2000年以前兩岸農產品貿易總額基本在3億至4億美元之間，占臺灣農產品貿易額的4%左右，占大陸農產品貿易額的比重約在1%多一點，但絕對值有明顯的增加。近幾年無論是兩岸農產品貿易總額、對大陸貿易占臺灣農產品出口值的比重，還是對大陸貿易在臺灣農產品貿易夥伴中的排名均呈上升的態勢。據臺灣的統計，2000年至2004年兩岸農產品貿易額從3.7億美元增加到9.1億美元，增長145.9%，年平均增長24%。對大陸貿易占臺灣農產品進出口值的比重也有明顯增加，2000年臺灣出口到大陸的農產品占臺灣農產品出口值1.54%，2004年已增長到11.4%，進口比從4.25%增加到5.7%。同期，大陸在臺灣農產品進口市場的排名從第8名上升為第4名，出口市場的排名從第7名上升為第4名。農產品貿易已經成為兩岸經貿合作的重要領域，未來兩岸農產品貿易的發展是臺灣農產品外貿發展的一個直接的影響因素。

兩岸農產品貿易的發展是以產品的互補為基礎的。臺灣對大陸出口以畜產品為主，從大陸進口以農耕產品居多。臺灣出口至大陸的農產品中，畜產品占4508.5萬美元，占有67.4%的比重，農耕產品1306.6萬美元，占19.5%，林產品742萬美元，占11.1%，水產品最少，僅占2%即133.6萬美元，皮及其製品、花卉、苗木是臺灣向大陸出口的主要農產品。2003年臺灣出口到大陸市場前五位的農產品依次為皮及其製品、木材及其製品、花卉及種苗、種植用種子及果實以及苗木。臺灣自大陸進口按大類

分，農耕產品占58%，其次是林產品占19.8%，第三是畜產品16.2%，水產品5.9%。具體來看主要以木材及其製品、植物性中藥材、皮及其製品為主，2003年臺灣從大陸進口排前五位的農產品依次為木材及其製品、皮及其製品、植物性中藥材、水果及其製品和蔬菜及其製品。從兩岸農產品貿易的產品結構變動可以看出，大陸對臺灣出口的農產品主要是加工層次較低的初級農產品，其中植物性中藥材歷年都占有較大比重；臺灣向大陸出口以具有競爭力的花卉及其種苗為主，水產品和熱帶水果的銷量近年增長迅速。

目前兩岸都是WTO的成員，兩岸農業具有獨特的產業優勢，產品互補性強，市場需求旺盛，相比之下，兩岸農產品貿易的規模仍然太小，農產品貿易在雙方貿易中所占的比重更與實際需求相距甚遠，臺灣目前對兩岸農產品貿易還有諸多阻撓，至今仍有48%的農產品沒有對大陸開放，兩岸間的農產品貿易仍然採取間接貿易的方式，這些人為的因素不僅影響了兩岸農產品貿易的正常發展，也不符合兩岸人民的切身利益。在貿易自由化面前，臺灣農業的生存和發展最重要的是要解決降低農產品生產成本，提高農產品附加價值以及開拓市場，以彌補島內消費不足的問題，而大陸廣闊的市場能夠為臺灣農產品的銷售提供廣闊的空間，隨著大陸擴大進口臺灣農產品的政策出臺，兩岸公平、共贏的發展環境正在逐漸建立起來，我們有理由相信，臺灣農業依託自身地理位置和技術優勢完全可以為大陸市場提供更多的特色農產品，臺灣的農民能夠從不斷發展的兩岸農產品貿易中得到真正的實惠。

（原載於《臺灣研究》）

兩岸經濟相互依存性發展態勢的定量考察

唐永紅

一、引言

根據相互依存理論，開放經濟條件下的各經濟體，一般會因各自特定的經濟發展條件與政策，在彼此交流交往中形成一定態勢的相互依存性，進而反過來影響到彼此經貿政策與制度性合作的進一步安排。就兩岸經濟關係發展態勢而言，有研究指出，近20多年來兩岸經濟體在潛在的互補性發展條件基礎上，在全球化力量的推動下，不斷突破兩岸政治關係的約束，不僅在貿易、投資、金融、人員往來等方面都保持著持續發展的勢頭（高長1997；李非，2000；張冠華，2005），並呈現了一種不對稱、不平衡的經貿關係格局（王建民，2004；張世宏，2004），而且在全球化過程中，隨著彼此交流交往的展開，自然形成了垂直與水平交叉並存的、動態演變的多元化分工關係，使得兩岸經濟結構在原來的互補性基礎上形成了一定的競爭性與依存性，展現了功能性一體化的發展態勢（李非，2000、2004；潘文卿、李子奈，2000；童振源，2002；唐永紅，2004）。但在兩岸經濟相互依存性方面，現有研究多屬定性層面的分析，定量研究多侷限於兩岸貿易相互依賴度、臺灣對大陸投資占臺灣對外投資的比重等局部層面的單一性指標方面，且又多停留在對某一年度數據的靜態分析；既缺乏對兩岸經濟相互依存性態勢進行全方位與綜合性的定量研究，又沒有對之進行持續性的長期動態跟蹤，因而不能準確把握兩岸經濟相互依存的程度及其發展態勢，也就難以進一步預見這種相互依存性態勢對彼此經貿政策與制度性合作可能產生的影響。本文將主要根據近10餘年來兩岸經貿往來數據，不僅從兩岸投資相互依賴度、兩岸貿易相互依賴度、兩岸經濟體的兩岸貿易依存度等單一性指標方面，而且從兩岸經貿往來對兩岸經濟體的貢獻度這一綜合性指標方面，實證考察兩岸經濟體相互依存的程度及其發展態勢，為當前兩岸經濟關係發展方向定位提供參考。

二、兩岸投資相互依存性及其發展態勢

各經濟體相互依存的一個重要表現就是資本流動形成的投資上的相互依賴狀態。一經濟體（A）在資本投資方面對另一經濟體（B）的依賴程度，在利用資本層面，通常可以用該經濟體（A）實際利用另一經濟體（B）的資本占該經濟體（A）實際利用外資的比重以及占該經濟體（A）資本形成總額的比重來表示；而在資本輸出（對外投資）層面，則可以用該經濟體（A）對另一經濟體（B）的資本輸出占該經濟體（A）總體對外資本輸出的比重來衡量。這些指標一定程度上反映了各經濟體在資本要素市場上的依賴程度與一體化態勢。表1及圖1顯示了1980年代末以來兩岸投資相互依賴程度及其發展態勢。

眾所周知，主要由於長期以來臺灣的限制性大陸經貿政策的作用，兩岸資本投資往來關係主要表現為一種台商投資大陸的單向資本流動現象。這意味著臺灣經濟體在利用資本層面對大陸資本沒有依賴關係。然而，從臺灣對外投資地區分布看，如表1及圖1顯示的，近15年來（1991-2005），臺灣歷年核准對大陸投資占臺灣核准對境外總投資（含對大陸投資）的比例，基本上保持了增長態勢，從1991年的9.5%增至2005年的71%。特別是自2002年起，這一比例都維持在65%以上的高位水平，這表明臺灣對大陸投資已持續超過對其他地區投資總和，大陸已成為臺灣資本的絕對的首要投資市場。即便從臺灣在這一期間的累計對外投資地區分布看，上述結論也依然成立。從1991年至2005年，臺灣累計對大陸投資占同期臺灣累計對境外總投資的53.3%。

從大陸實際利用外資方面看，大陸實際利用臺資金額占大陸實際利用外商直接投資（FDI）金額的比例，從1989年的4.6%增至1993年的11.4%，達到了歷史最高點；此後，這一比例呈現逐漸減小態勢，在2005年僅為3.6%。這一比例及其上述變動態勢不僅表明大陸在利用外資方面並沒有對臺資形成明顯依賴，而且表明隨著大陸外資來源地的多元化以及外資在大陸市場競爭的強化，臺資顯示了相對較弱的競爭力，而大陸對臺資的依賴程度也越來越小。不過，據商務部臺港澳司（2006）統計，

2005年大陸實際利用臺資21.5億美元,臺資在大陸實際吸收境外投資(603.25億美元)中排第七位(前六位依次為香港179.5億美元、英屬維爾京群島90.2億美元、日本65.3億美元、韓國51.7億美元、美國30.6億美元、新加坡22.0億美元)。如加上經第三地(維爾京群島、開曼群島、薩摩亞等自由港)的台商轉投資,2005年大陸實際利用臺資約58.5億美元,在大陸全年吸收境外投資中排第二位,占全年實際利用外資總額的9.7%。而截至2005年底,大陸累計實際使用臺資417.6億美元,在大陸累計吸收境外投資中所占比重為6.7%,排第五位(前四位依次為香港2595.2億美元、日本533.8億美元、美國510.9億美元、英屬維爾京群島459.2億美元)。如加上經第三地的轉投資,大陸累計實際使用臺資約598.6億美元,在大陸吸收境外投資中排第二位,約占大陸使用外商投資總額的9.6%。

從大陸資本形成方面看,大陸實際利用臺資金額占大陸資本形成總額的比例,先從1989年的0.1%增至1994年的1.4%,之後逐漸下降至2005年的0.2%。這一變動態勢與同期大陸實際利用外資金額占大陸資本形成總額的比例的變動態勢大致相似,後者也先從1989年的2.0%增至1994年的14.3%,之後逐漸下降至2005年的6.2%。1989年以來臺資與外資占大陸資本形成總額的比例及其上述變動態勢表明,大陸經濟的發展不僅並沒有嚴重地依賴於臺資或外資,而且隨著大陸經濟的不斷發展與中國投資的不斷增長,大陸經濟的發展對包括臺資在內的外資的依賴性自1994年以來在不斷減小。

綜上可見,在臺灣長期禁止或高度限制大陸資本入臺以及大陸開放不斷深化、經濟持續快速發展的背景下,兩岸投資關係不僅呈現了單向投資往來格局,而且具有明顯的不對稱依賴性質:臺灣雖然在利用外資與資本形成層面與大陸資本基本上沒有關係,但臺灣的對外投資卻高度集中於大陸市場,並呈現不斷上升態勢;而大陸在利用外資與資本形成層面對臺資的依賴程度不僅較小,而且分別自1993、1994年以來在逐漸

下降,在對外直接投資方面基本上無緣於臺灣市場。

表1 兩岸投資相互依賴度

(單位:%)

年度	大陸實際利用台資占大陸實際利用FDI的比重	大陸實際利用台資占大陸資本形成總額的比重	大陸實際利用外資占大陸資本形成總額的比重	台灣核准對大陸投資占台灣核准對外總台資的比重
1989	4.6	0.1	2.0	
1990	6.4	0.2	2.5	
1991	10.7	0.3	3.0	9.5

1992	9.5	0.6	6.0	21.8
1993	11.4	1.2	10.1	65.6
1994	10.0	1.4	14.3	37.3
1995	8.4	1.0	12.3	44.6
1996	8.3	1.0	12.1	36.2
1997	7.3	0.9	12.5	60.0
1998	6.4	0.8	12.0	38.2
1999	6.4	0.7	10.1	27.7
2000	5.6	0.5	9.7	33.9
2001	6.4	0.6	9.8	38.8

續表

年度	大陸實際利用台資佔大陸實際利用FDI的比重	大陸實際利用台資佔大陸資本形成總額的比重	大陸實際利用外資佔大陸資本形成總額的比重	台灣核准對大陸投資佔台灣核准對外總台資的比重
2002	7.5	0.7	9.6	66.6
2003	6.3	0.5	7.9	66.0
2004	5.1	0.4	7.3	67.2
2005	3.6	0.2	6.2	71.0
累計	6.7			53.3

資料來源：根據大陸商務部統計的歷年大陸實際利用臺資數據，國家統計局編訂的《中國統計年鑑》（2006卷）提供的歷年大陸實際利用FDI數據、資本形成總額數據、人民幣對美元年平均匯價（中間價）數據，臺灣「經建會」編訂的《Taiwan Statistical Data Book 2006》提供的歷年臺灣核准對大陸投資金額數據、對外投資金額數據計算得出。

圖1：兩岸投資相互依存性發展態勢圖

- 大陸實際利用台資占大陸實際利用FDI的比重
- 大陸實際利用台資占大陸資本形成總額的比重
- 大陸實際利用外資占大陸資本形成總額的比重
- 台灣核准對大陸投資占台灣核准對外總台資的比重

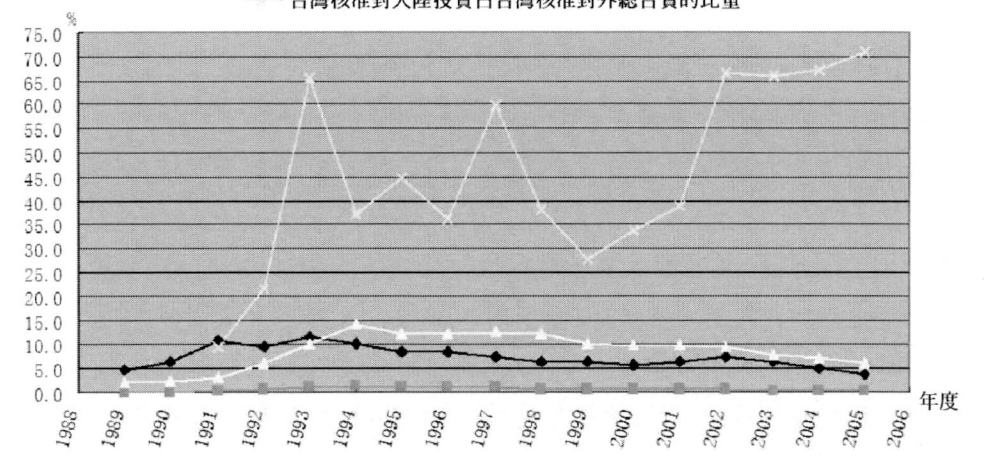

資料來源：根據表1數據繪製。

三、兩岸貿易相互依存性及其發展態勢

經濟體的相互依存性還表現為商品國際流動形成的貿易上的相互依賴狀態。一經濟體（A）在貿易方面對另一經濟體（B）的依賴程度，通常可用該經濟體（A）對另一經濟體（B）的進出口貿易額相應占該經濟體（A）的總進出口貿易額的比重來表示。這一指標一定程度上反映了各經濟體在商品市場上的依賴程度與一體化態勢。表2及圖2顯示了近20餘年來（1984—2005年）兩岸貿易相互依存性及其發展態勢。

從表2及圖2可見，臺灣對大陸出口占臺灣總出口的比例（一定程度上反映了臺灣在商品需求市場方面對大陸的依賴程度）、臺灣自大陸進口占臺灣總進口的比例（一定程度上反映了臺灣在商品供給市場方面對大陸的依賴程度）、臺灣對大陸進出口貿易總額占臺灣進出口貿易總額

的比例（一定程度上反映了臺灣在商品供求市場方面對大陸的依賴程度）近20年餘來基本上都在持續增加，分別從1984年的1.40%、0.58%、1.06%上升到2005年的27.34%、10.97%、19.33%。這些比例及其變動態勢表明，臺灣進出口貿易對大陸商品市場供求方面有著較高的且不斷增加的依賴性。

與此同時，大陸對臺灣出口占大陸總出口的比例（一定程度上反映了大陸在商品需求市場方面對臺灣的依賴程度），隨著臺灣逐步開放對大陸商品的進口呈現了持續增加的態勢，從1984年的0.49%上升至2005年的2.81%；但這一比例較之於臺灣對大陸出口占臺灣總出口的比例、大陸自臺灣進口占大陸總進口的比例都明顯偏低，反映出臺灣對大陸商品進入臺灣市場的限制性政策的作用。而大陸自臺灣進口占大陸總進口的比例（一定程度上反映了大陸在商品供給市場方面對臺灣的依賴程度）、大陸對臺灣進出口貿易總額占大陸進出口貿易總額的比例（一定程度上反映了大陸在商品供求市場方面對臺灣的依賴程度）總體上也保持了增加的態勢，分別從1984年的1.55%、1.03%上升到2005年的8.01%、5.34%，但卻以1996—1997年為界呈現了先持續上升後持續下降的態勢，前者在1997年達到了15.77%的歷史高點，後者在1996年達到了8.21%的歷史高點。這種變動態勢表明，隨著大陸商品市場的不斷開放，臺灣商品在大陸市場面臨越來越強烈的國際競爭，在大陸市場的占有率在下降。

此外，從表2及圖2顯然可見，近20餘年來，兩岸貿易相互依賴度雖然總體上呈現了不斷增加的態勢，但也表現出較大的不對稱性，臺灣貿易對大陸（商品市場）的依賴，明顯高於大陸貿易對臺灣（商品市場）的依賴。事實上，兩岸貿易的這種相互依存性也體現在兩岸各自對外貿易的地區市場分布方面。臺灣「行政院陸委會」（2006）編制的《兩岸經濟統計月報》第157期有關統計顯示，2005年，大陸是臺灣最大的貿易夥伴、第一大出口市場、第三大進口來源地和最大貿易順差來源地；而臺灣是大陸的第四大貿易夥伴、第8大出口市場、第三大進口來源地和最

大貿易逆差來源地。可見，兩岸經濟體已互為重要貿易夥伴，但彼此間卻具有明顯的不對稱性依賴。

表2 兩岸貿易相互依賴度

(單位：%)

年度	台灣對大陸貿易占台灣外貿之比重			大陸對台灣貿易占大陸外貿之比重		
	出口比重	進口比重	進出口比重	出口比重	進口比重	進出口比重
1984	1.40	0.58	1.06	0.49	1.55	1.03
1985	3.21	0.58	2.17	0.42	2.34	1.58
1986	2.04	0.60	1.49	0.47	1.89	1.29

續表

年度	台灣對大陸貿易占台灣外貿之比重			大陸對台灣貿易占大陸外貿之比重		
	出口比重	進口比重	進出口比重	出口比重	進口比重	進出口比重
1987	2.28	0.83	1.71	0.73	2.84	2.06
1988	3.70	0.96	2.47	1.01	4.06	2.65
1989	5.03	1.12	3.31	1.12	5.63	3.51
1990	6.54	1.40	4.23	1.23	8.24	4.47
1991	9.84	1.79	6.20	1.57	11.75	6.35
1992	12.95	1.55	7.60	1.32	13.09	7.05
1993	16.47	1.43	9.32	1.20	13.46	7.71
1994	17.22	2.18	10.02	1.54	13.85	7.55
1995	17.40	2.98	10.46	2.08	14.71	8.02
1996	17.87	3.02	10.95	2.03	14.93	8.21
1997	18.39	3.42	11.15	2.14	15.77	8.11
1998	17.94	3.93	11.13	2.24	14.16	7.39
1999	17.52	4.09	11.12	2.32	12.86	7.16
2000	16.87	4.44	10.84	2.49	11.18	6.60
2001	17.86	5.50	12.10	2.22	9.01	5.46
2002	22.56	7.06	15.39	2.44	9.98	6.03
2003	24.52	8.61	17.07	2.50	8.57	5.44
2004	25.83	9.93	18.03	2.81	8.01	5.34
2005	27.34	10.97	19.33	2.62	7.84	5.04

註：經濟體A對經濟體B出口比重係指A對B出口金額占A出口總額的比重；其進口比重、進出口比重類推。

資料來源：整理自臺灣「行政院大陸委員會」編制的《兩岸經濟統計月報》第157期。

圖2：兩岸貿易相互依存性發展態勢圖

- 台灣對大陸出口比重
- 台灣自大陸進口比重
- 台灣對大陸進出口比重
- 大陸對台灣出口比重
- 大陸自台灣進口比重
- 大陸對台灣進出口比重

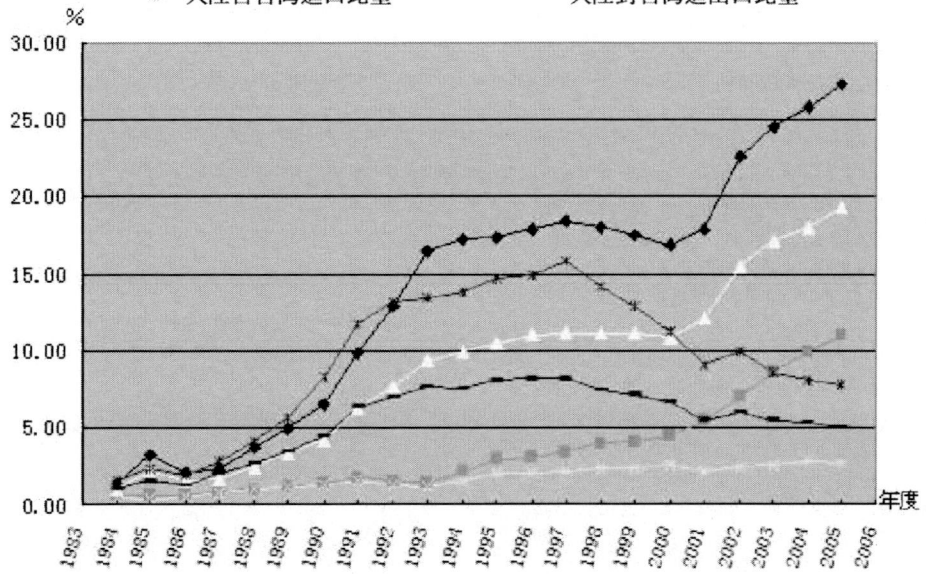

資料來源：根據表2數據繪製。

四、兩岸經濟體對兩岸貿易的依存性及其發展態勢

　　兩岸貿易相互依賴度表明兩岸貿易往來關係對兩岸經濟體各自對外貿易的重要性，顯示了兩岸經濟體在商品市場供求方面的依存性與一體化態勢。但由於各經濟體的外向型程度（如貿易占中國生產總值的比例，即貿易依存度）不同，兩岸貿易相互依賴度不能完全代表兩岸經濟體對兩岸貿易往來關係的依賴程度，更無法真正反映兩岸經濟體之間的相互依存性大小。因此，有必要進一步採用兩岸貿易往來（出口或進口）金額以及進出口差額占各自中國生產總值（GDP）的比例指標，以衡量兩岸經濟體對兩岸貿易往來關係的依存性。筆者把這種比例指標稱為「兩岸經濟體的兩岸貿易依存度」。表3及圖3顯示了1995年來兩岸經濟

體的兩岸貿易依存度及其變動態勢。

總體上看，兩岸經濟體對兩岸貿易的依存性呈現出三個特徵。其一，兩岸經濟體對對方的出口依存度、進口依存度、貿易依存度都呈現為持續的正增長態勢，表明兩岸經濟體對兩岸貿易往來關係的依存性基本上都在不斷提高。表3及圖3顯示，臺灣經濟的對大陸出口依存度、自大陸進口依存度、對大陸貿易依存度分別從1995年的5.6%、1.2%、6.7%增至2005年的21.6%、4.8%、26.3%。相應地，大陸經濟的對臺出口依存度、自臺進口依存度、對臺貿易依存度分別從1995年的0.4%、2.0%、2.5%增至2005年的0.7%、3.3%、4.1%。

其二，表3及圖3顯示，除了自大陸進口依存度較小（這主要是由於臺灣長期以來高度限制進口大陸商品所致）之外，臺灣經濟的對大陸其他各項貿易依存度都較大，並遠高於大陸經濟的相應的各項對臺貿易依存度。而且，臺灣經濟的對大陸貿易依存度的增長速度，1997年以來明顯高於大陸經濟的對臺貿易依存度的增長速度。

其三，表3及圖3顯示，臺灣經濟的對大陸淨出口依存度是正值，並從1995年的4.4%增至2005年的16.8%；而大陸經濟的對臺灣淨出口依存度則是負值，並呈現負增長，從1995年的-1.6%降至2005年的-2.6%，表明兩岸貿易（淨出口）對臺灣經濟的即期增長有著不斷提升的正面拉動作用，而對大陸經濟的即期增長這有著不斷提高的負面漏損作用。

上述兩岸經濟體的兩岸貿易依存度及其變動趨勢表明，臺灣經濟體較之於大陸經濟體更多地倚重於兩岸貿易往來關係。

表3　兩岸經濟體的兩岸貿易依存度

(單位：%)

年份	台灣經濟的對大陸貿易依存度				大陸經濟的對台貿易依存度			
	出口依存度	進口依存度	貿易依存度	淨出口依存度	出口依存度	進口依存度	貿易依存度	淨出口依存度
1995	5.6	1.2	6.7	4.4	0.4	2.0	2.5	-1.6
1996	5.6	1.0	6.6	4.6	0.3	1.9	2.2	-1.6
1997	5.5	1.1	6.6	4.3	0.4	1.7	2.1	-1.4
1998	6.0	1.4	7.4	4.6	0.4	1.6	2.0	-1.3
1999	6.5	1.3	7.9	5.2	0.4	1.8	2.2	-1.4
2000	7.9	1.6	9.5	6.4	0.4	2.1	2.5	-1.7
2001	9.4	1.7	11.1	7.7	0.4	2.1	2.4	-1.7
2002	12.9	2.2	15.1	10.7	0.5	2.6	3.1	-2.2
2003	16.5	3.0	19.5	13.5	0.5	3.0	3.6	-2.5
2004	20.1	4.2	24.3	15.9	0.7	3.4	4.1	-2.7
2005	21.6	4.8	26.3	16.8	0.7	3.3	4.1	-2.6

註：臺灣經濟的對大陸出口依存度、自大陸進口依存度、對大陸貿易依存度、對大陸淨出口依存度分別係指臺灣對大陸出口、自大陸進口、對大陸貿易、對大陸淨出口占臺灣GDP的比例；大陸經濟的對臺出口依存度、自臺進口依存度、對臺貿易依存度、對臺淨出口依存度分別係指大陸對臺出口、自臺進口、對臺貿易、對臺淨出口占大陸GDP的比例。

資料來源：根據大陸海關總署統計的兩岸貿易往來數據，國家統計局編訂的《中國統計年鑑》（2006卷）提供的歷年大陸GDP（人民幣）數據、人民幣對美元年平均匯價（中間價）數據，臺灣「行政院主計處」網頁（http//:www.stat.gov.tw/lp.asp？CtNode=2130&CtUnit=1049&BaseDSD=34）提供的統計年鑑資料（2006年）關於歷年臺灣GDP（美元）數據計算得出。

圖3：兩岸經濟體的兩岸貿易依存度變動態式圖

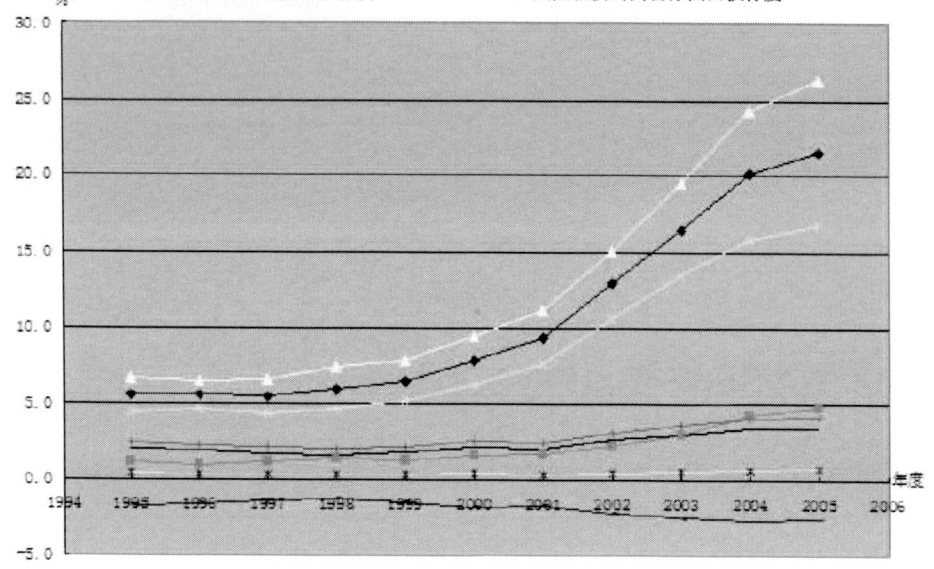

資料來源：根據表3數據繪製。

五、兩岸經濟發展對兩岸經貿往來的依存性及其發展態勢

兩岸經濟體因彼此經貿往來形成了一定的相互依存性。這種依存性最終必然會體現為兩岸經貿往來對兩岸經濟發展的總體影響。因此，有必要進一步從總體上定量分析兩岸經貿往來（兩岸經濟關係）對兩岸經濟發展的影響程度，以揭示兩岸經濟體的相互依存性大小。顯然，這可以用兩岸經濟往來所產生的經濟貢獻占兩岸經濟體各自的中國生產總值（GDP）的比例來衡量。這一比例可稱為「兩岸經貿往來對兩岸經濟體的貢獻度」，可用以衡量兩岸經濟相互依存的程度大小。

這裡的計算問題主要是分別估算兩岸貿易、兩岸投資對兩岸經濟發展的貢獻。就兩岸貿易對兩岸經濟發展的貢獻而言，可以用外貿總額與「外貿乘數」（Foreign-trade Multiplier）的乘積指標來計量。所謂「外貿乘數」，是指透過貿易所能獲得的經濟實質效益或福利（Farmer，2000）。王直等學者（Wang，1997；Wang & Schuh，2000）利用「可計算一般均衡」（Computable General Equilibrium）世界貿易模型，模擬大陸與臺灣加入WTO以及臺灣、香港與大陸經濟一體化的潛在影響，估計大陸的外貿乘數在19.4%-28.7%之間，而臺灣經濟體的外貿乘數在22.3%-32%之間。

由於臺灣至今仍然不開放或高度限制大陸資本在島內投資，計算期內大陸資本未對臺灣投資或投資金額極少，因此計算期內大陸資本對臺灣投資及其對臺灣經濟發展的貢獻可以忽略不計。就台商投資對大陸經濟發展的貢獻來說，可以用台商在大陸的總產出與其附加價值率的乘積指標來計量。依據王直等學者（Wang，1997；Wang & Schuh，2000）的估計，台商在大陸的總產出的附加價值率約為26%。台商在大陸的總產出方面，根據高長（1997）的研究，至1995年底台商對大陸累計投資金額為11606百萬美元，而1995年台商在大陸的總產出為336億美元。假設台商投資對大陸經濟發展的貢獻與台商對大陸累計投資金額成正比，就可據此估算台商投資歷年對大陸經濟發展的貢獻。

表4估算了近10年來兩岸經貿往來對兩岸經濟發展的貢獻大小，也就是兩岸經濟體因兩岸經濟往來形成的相互依存性大小。圖4顯示了近10年來兩岸經貿往來對兩岸經濟體的貢獻度變動態勢，也就是兩岸經濟體相互依存性的發展態勢。總體上看，近10年來，兩岸經貿往來對兩岸經濟體的貢獻度，或者說兩岸經濟體對兩岸經貿往來的依存性，具有如下幾個重要特徵。

一是近10年來兩岸經貿往來對兩岸經濟體的貢獻總體上保持著不斷增加的態勢，兩岸經濟體對兩岸經貿往來的依存性在持續上升。兩岸經

貿往來（兩岸貿易）對臺灣經濟的貢獻度，從1995年的1.50%-2.15%增至2005年的5.87%-8.43%。與此同時，兩岸經貿往來（兩岸貿易與台商投資）對大陸經濟的貢獻度，從1995年的1.68%-1.90%增至2005年的2.20%-2.58%。二是兩岸經貿往來對臺灣經濟的貢獻的增長速度較快，而且，自2000年以來，兩岸經貿往來對臺灣經濟的貢獻超過了對大陸經濟的貢獻，臺灣經濟較之於大陸經濟對兩岸經貿往來的依存性要高並在不斷上升，兩岸經濟相互依存性的不對稱特徵越來越明顯。三是近10年來的兩岸貿易對臺灣經濟的貢獻度，也明顯地遠遠高於對大陸經濟的貢獻度。換言之，臺灣經濟對兩岸貿易的依存性，遠遠高於大陸經濟對兩岸貿易的依存性。四是台商投資對大陸經濟的貢獻度，從1995年的1.20%增至2002年1.72%的高峰後，開始緩慢下滑至2005年的1.41%。這種下滑態勢明顯影響了兩岸經貿往來對大陸經濟的貢獻度的變動態勢，後者自2003年後在兩岸貿易貢獻度還在增加的過程中也呈現了下滑態勢。

需要指出的是，眾所周知，由於臺灣長期以來對進口大陸商品、對台商赴大陸投資進行的是嚴格管制下的逐步有限開放，並至今對大陸資本赴臺投資不予開放或高度設限，因此，上述兩岸經貿往來及其對兩岸經濟體的貢獻以及兩岸經濟相互依存性，是在臺灣有限制的經貿政策環境空間的約束下由市場機制主導形成的，因而遠未窮其潛力，未能達到其可能的規模與程度。如果臺灣全面開放大陸商品的進口、全面開放台商赴大陸投資，特別是開放大陸資本赴臺投資，兩岸經濟關係中的不對稱特徵會得以改變，兩岸經貿往來對兩岸經濟的貢獻以及兩岸經濟相互依存性有望進一步提高。

表4　兩岸經貿往來對兩岸經濟體的貢獻度

（單位：%）

年份	兩岸經貿往來對台灣經濟的貢獻度（外貿乘數22.3%）	兩岸經貿往來對台灣經濟的貢獻度（外貿乘數32%）	兩岸經貿往來對大陸經濟的貢獻度（外貿乘數19.4%）	兩岸經貿往來對大陸經濟的貢獻度（外貿乘數28.7%）	台商對大陸經濟的貢獻度（台商在大陸總產出的附加價值率：26%）	兩岸貿易對大陸經濟的貢獻度（外貿乘數：19.4%）	兩岸貿易對大陸經濟的貢獻度（外貿乘數：28.7%）
1995	1.50	2.15	1.68	1.90	1.20	0.48	0.70
1996	1.46	2.10	1.76	1.97	1.33	0.43	0.64
1997	1.47	2.12	1.86	2.05	1.45	0.40	0.60
1998	1.66	2.38	1.96	2.15	1.57	0.39	0.58
1999	1.75	2.51	2.08	2.28	1.66	0.42	0.62
2000	2.12	3.04	2.14	2.38	1.64	0.49	0.73
2001	2.47	3.55	2.13	2.36	1.66	0.47	0.70
2002	3.38	4.84	2.31	2.60	1.72	0.60	0.88
2003	4.34	6.23	2.36	2.70	1.67	0.69	1.02
2004	5.42	7.78	2.33	2.71	1.54	0.79	1.16
2005	5.87	8.43	2.20	2.58	1.41	0.79	1.17

註：1.各年台商總產出＝1995年台商總產出（33600百萬美元）×至該年的台商對大陸累計投資金額/至1995年的台商對大陸累計投資金額（11606百萬美元）。2.各年台商對大陸的經濟貢獻度＝100×各年台商總產出×台商在大陸總產出的附加價值率（26%）／該年大陸GDP。3.兩岸貿易對兩岸經濟體各自的貢獻度＝100×兩岸貿易總額×兩岸經濟體各自的外貿乘數／兩岸經濟體各自的GDP。4.兩岸經貿往來對兩岸經濟體的貢獻度＝兩岸投資的貢獻度＋兩岸貿易的貢獻度。5.所涉計算期中大陸未對臺灣投資或投資金額很少，因此本表估算中忽略大陸對臺投資及其對臺灣經濟的貢獻。

資料來源：根據大陸海關總署統計的兩岸貿易往來數據，商務部統計的大陸實際利用臺資數據，國家統計局編訂的《中國統計年鑒》

（2006卷）提供的歷年大陸GDP（人民幣）數據、人民幣對美元年平均匯價（中間價）數據，臺灣「行政院主計處」網頁（http//:www.stat.gov.tw/lp.asp？CtNode=2130&CtUnit=1049&BaseDSD=34）提供的統計年鑒資料（2006年）關於歷年臺灣GDP（美元）數據計算得出。

圖4：兩岸經貿往來對兩岸經濟體的貢獻度變動態式圖

- 兩岸經貿往來對台經濟的貢獻度（外貿乘數22.3%）
- 兩岸經貿往來對台灣經濟的貢獻度（外貿乘數32%）
- 兩岸經貿往來對大陸經濟的貢獻度（外貿乘數19.4%）
- 兩岸經貿往來對大陸經濟的貢獻度（外貿乘數28.7%）
- 台商對大陸經濟的貢獻度（台商在大陸總產出的附加價值率：26%）

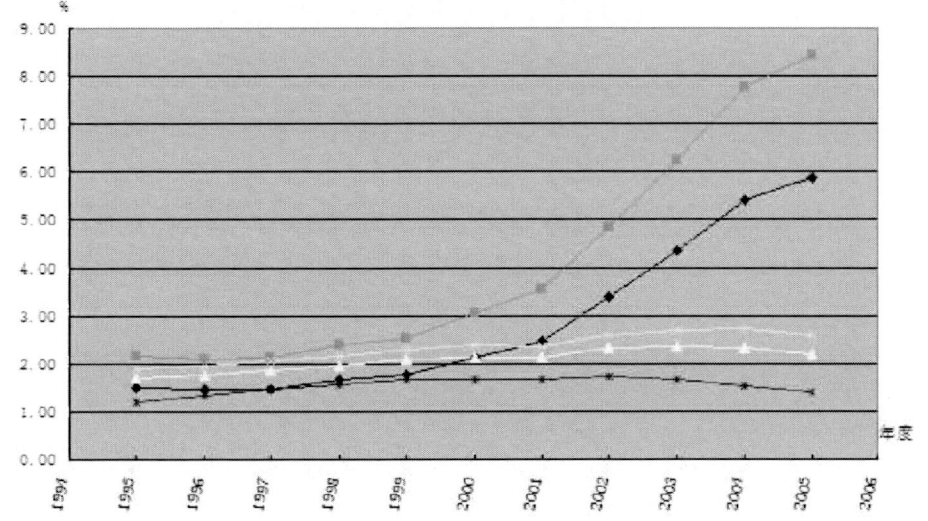

資料來源：根據表4數據繪製。

六、結論與啟示

綜上可見，近20多年來的兩岸經濟體，在潛在的互補性發展條件基礎上，在雙方兩岸經貿政策與市場力量的雙重作用型塑下，在全球化進程與彼此交流交往的深化發展中，在貿易、投資與發展層面形成了一定程度的相互依存性與功能性一體化態勢：一方面，除了臺灣在對外投資方面對大陸市場形成了過高的依賴、在出口方面對大陸市場有著較高的依賴之外，兩岸經濟體在其他單一層面與總體層面的相互依存度基本上還處於較低水平；另一方面，兩岸經濟體的這種相互依存性在動態變化中總體上保存了上升趨勢，但呈現出較大程度的不對稱性特徵：臺灣經

濟體對兩岸經貿往來的依賴程度明顯高於大陸經濟體。

兩岸經濟體總體層面的上述相互依存水平及其不對稱特徵的存在，一方面表明兩岸經濟交流與合作不僅本身未能實現其可能的發展規模，而且遠未充分發揮其對兩岸經濟發展的促進作用，有著進一步提升的空間，另一方面也可能使得臺灣在兩岸經貿往來中具有較高的敏感性與脆弱性。臺灣不免會擔心兩岸經濟的不對稱相互依存可能會帶給臺灣以較高的經濟風險，更會擔心由此影響其在兩岸政治關係博弈中的力量。這種擔心顯然會影響到臺灣對進一步發展兩岸經貿交流與合作的態度。但是，鑒於全球化下經濟交流與合作是必然的選擇、相互依存程度的提升是必然的趨勢，更鑒於形成兩岸經貿往來與相互依存不對稱格局的一個重要原因，就在於眾所周知的長期以來臺灣大陸經貿政策的限制性作用，兩岸經貿往來與相互依存性中不對稱特徵的消減，兩岸經濟交流與合作的進一步擴展，以及兩岸經貿往來對兩岸經濟發展貢獻的進一步提高，顯然都有賴於兩岸經濟關係正常化以及制度性合作與一體化。

（原載於《臺灣研究集刊》）

閩臺經貿交流回顧與展望——基於區位優勢變遷視角的分析

石正方

（廈門大學　臺灣研究院，福建　廈門　361005）

1990年代中期以前，閩臺經貿在大陸對臺經貿中曾一度占據領先地位。1990年代中期開始出現下滑，突出表現在台商赴閩投資勢頭逐步減弱，尤其是在台商掀起以資本與技術密集型產業為主導的新一輪投資大陸的區域布局中，出現福建被「邊緣化」的現象。近年來，閩臺經貿合作雖然有所起色，但較之長三角、珠三角等地區的對臺經貿合作，閩臺

經貿規模較小、層次較低，台商投資產業集聚特徵不夠顯著，相對於福建對臺稟賦優勢以及中央政府的政策支持所提供的發展空間而言，存在較大發展落差。322臺灣「大選」結果為兩岸關係增加了積極因素，更為兩岸經貿關係提供了寬鬆的發展環境，兩岸經貿交流將加速向正常化、機制化方向邁進。在此利好形勢下，福建作為大陸與臺灣地緣關係最為緊密的地區，是否有條件把握機會在對臺經貿領域大有作為，值得探討。

對於閩臺經貿滯後發展的原因，以往學者們多從基礎設施落後、腹地狹窄、產業基礎薄弱、經濟規模小等因素制約角度進行分析。本文擬從區位優勢及其變遷理論視角，檢討福建的對臺經貿合作，並在此基礎上展望閩臺經貿合作發展前景。

一、區位優勢及其變遷理論探討

區位和區位優勢是區域經濟學的核心概念。在傳統的區域經濟學中，包括作為區域經濟學理論淵源的西方經典區位理論在內，通常把區位理解為經濟活動的場所，如企業活動的場所就是企業區位，城市經濟活動所占據的場所就是城市區位等。這些是把區位等同於位置（location），認為區位不過是經濟事物所占據的位置。實際上，區位既是空間位置，也是各種經濟性要素的有機結合體。區位既有位，也有區，還有被設計的內涵。實際上，區位是一定經濟空間場中的區位，作為構成經濟空間的細胞，體現了所在位置的要素稟賦的性質和特徵，並能夠承載經濟主體的經濟活動。這個意義上講，區位不僅是屬於特定的區域經濟空間，而且也代表一定的區域經濟空間。因此，區位概念強調三方面內容：區位自身稟賦特徵（包括要素稟賦、要素等級以及要素的聚集狀態）、區位的外部聯繫（區位所受到的外部影響及其自身對其他區位的影響）、區位接受外部影響和實施其對外影響的通道。

區位優勢是對區位諸要素經濟價值的綜合描述，單一要素難以成就區位優勢。區位優勢是相對而言的概念。其一，區位優勢是相對於經濟活動主體而言的。不同的經濟活動主體有不同的區位偏好，決定了其所關注的區位優勢的內涵不同；其二，區位優勢是相對於其他區位而言的，是在與其他區位比較和競爭中而檢驗、顯現的；其三，區位優勢被用以描述特定經濟空間中由於與「特惠地點」的獨特地理關係而能夠為經濟主體帶來額外利益的經濟屬性，通常具體化為由此所反映的市場、供求、（運輸）成本等方面的優越性。

區位優勢是變遷的。區位優勢的相對性，決定了區位優勢不是一以貫之、一成不變的，而是隨著經濟活動主體訴求以及外部競爭環境的變化而變化，這是區位優勢變遷的一個方面，可以稱之為相對區位優勢變遷。區位優勢變遷的另一個方面表現在區位優勢的內涵和外延是隨著區域經濟空間運動而不斷演變。這種演變的動因在於區位自身要素稟賦的變遷及其對外聯繫通道的變化，可以稱之為絕對區位優勢的變遷或區位的變遷。從傳導機制上看，絕對區位優勢變遷存在自主性與誘發性的不同。前者主要是區位要素的重組和調整（包括自身素質提升和空間聚集形態的變化），後者則主要是外力作用或外部環境發生變化，如外部資源的流入，通道的改良或衰敗等。然而，外因透過內因起作用，無論外部影響如何強大，都要透過區位自身的調整和變化才能最終實現區位的變遷——區位變遷的根本動力在於區位自身。這為我們培育區位優勢提供了著力點。

二、區位優勢變遷視角下的閩臺經貿合作——歷史總結

（一）1980年代中後期至1990年代初期區位優勢凸顯下閩臺經貿的初期繁榮

地緣與人文優勢是福建得天獨厚的對臺優勢，在閩臺經貿發展中也

一直發揮著重要作用：由於地緣與人文優勢，福建成為大陸最先開展對臺貿易的地區，也是台商最早登陸的地區；由於地緣與人文優勢，福建作為對臺工作的前沿，得以在大陸對臺經貿合作的多個領域享有「先試先行」的政策，諸如台商投資區、免稅區、閩臺農業合作試驗區，以及允許廈門經濟特區實施「自由港某些政策」、福州與廈門兩港區為對臺定點直航口岸，「小三通」等等，這些優惠政策對於推進閩臺經貿交流發揮了重要作用；由於地緣與人文優勢，閩臺經貿得以在對臺農業、林業、漁業合作、對臺旅遊合作等領域有所作為，成為兩岸經貿交流中獨具特色的重要組成部分。

特別是在兩岸經貿交流初期，地緣與人文等稟賦優勢賦予福建以獨特的親和力，配合中央政府及地方政府的開放政策，使福建的對臺區位優勢凸顯出來，閩臺經貿因此獲得蓬勃發展的契機。這一時期，閩臺貿易和台商對閩投資在兩岸貿易、投資總額中所占權重曾分別高達23.8%（1985年）、32.1%（1992年）。由於地理、氣候等自然條件的相似性，台商對福建投資呈現以製造業為主體的同時，向農業、林業、漁業、餐飲服務、勞務、旅遊合作等多領域擴展，形成多元化、寬領域合作的繁榮局面。

（二）1990年代中期至21世紀初期區位優勢變遷下閩臺經貿的日漸「邊緣化」

1.台商投資取向變遷下閩臺經貿的相對衰落

區位優勢是相對於經濟活動主體而言的，經濟活動主體的區位偏好差異，決定了其所關注的區位優勢的內涵差異；區位優勢是相對於其他區位而言的，是在與其他區位比較和競爭中而檢驗、顯現的。可以說，兩岸經濟合作是由貿易往來破題，以台商投資為主線展開的。從這個意義上來看，台商投資經營活動是兩岸經貿合作的微觀基礎，台商投資的區位偏好主導著著台商投資熱點的地域轉移；與此同時，那些能夠滿足

台商投資區位偏好的地區,則成為台商投資的熱點區域;而不能迎合台商投資取向的地區則遭受冷遇。在1990年代中期以後湧現的兩次台商大陸投資熱潮中,在長三角、珠三角地區的強勢競爭下,福建相對區位優勢下降,致使閩臺經貿合作呈現衰退走勢而日漸「邊緣化」。

迄今,台商大陸投資先後形成三次熱潮。第一次是1980年代末期至1990年代初期,以島內勞動密集型廠商為西進主體。這一時期台商投資大陸主要目的在於利用當地廉價的勞動力、土地等資源進行勞動密集型產品的簡單加工,原料與市場「兩頭在外」。在區位選擇上偏好與港澳地緣緊密的地區。當時福建、廣東作為開放的先行者以及與鄰近港臺的地緣關係與人緣關係,區位優勢突出而率先承接了第一波台商投資,從而成就了閩臺經貿的初期繁榮。

1990年代相繼出現了以石化產業等資金密集型產業為主體、以電子訊息業等高技術產業為主體的第二波、第三波台商投資熱潮。這兩次熱潮中,台商投資的目標取向、產業結構、企業結構方面都發生了巨大變化,投資區位選擇偏好那些產業配套能力強、市場腹地廣闊、高級人力資本雄厚的地區。於是,以上海浦東為中心,包括江蘇、浙江部分地區在內的長江三角洲地區成為投資熱點區位,憑藉其綜合競爭優勢吸引台商投資重心由閩、粵兩省迅速北上西移,特別是高科技企業在長三角地區大規模集結,使長江三角洲地區成為以半導體等高新科技產業為主體的台商投資基地,逐步確立了其在大陸台商投資地域分布格局中的核心地位。與此同時,珠江三角洲地區憑藉毗鄰港澳的區位優勢,經濟發展勢頭也不遜色,對臺資依然保持較強的競爭力,所吸納臺資的技術層次不斷提升,至新世紀前後已經成長為大陸電子零件業的重要加工出口基地。

而這段時期,福建的投資環境雖也有所改善,台商投資規模也出現大型化趨向,投資產業層次也有所提高,但終因基礎設施落後、產業配

套能力差、市場規模小等問題導致綜合經濟實力不強,對臺資吸引力下降,造成福建空有地緣人文優勢而無力大有作為的尷尬局面。此階段,不但台商對閩投資占全部大陸投資的份額銳減,由1991年的32.1%下降到2001年的4.3%,10年間下降27.8個百分點(詳見圖1),而且由於後續成長有限,福建的台商投資在質量和結構上也較熱點地區遜色。

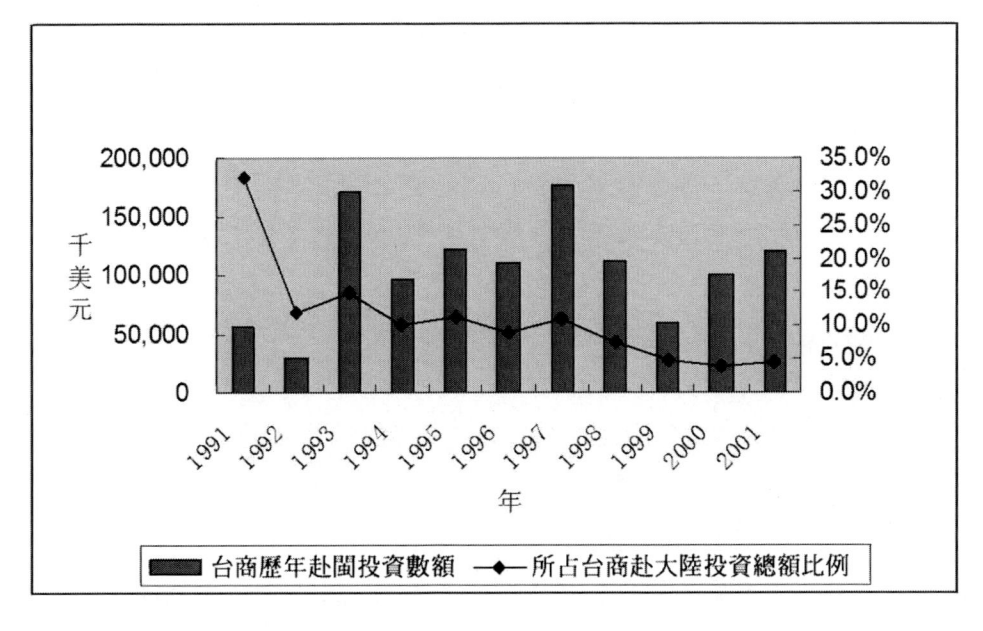

圖1 1991-2001年間台商赴閩合約投資及其占台商赴大陸投資權重

資料來源:根據臺灣投審會數據整理繪製。

2.「三通」瓶頸制約下福建對臺稟賦優勢的削弱

區位優勢也常被用以描述特定經濟空間中由於與「特惠地點」的獨特地理關係而能夠為經濟主體帶來額外利益的經濟屬性,通常具體化為由此所反映的市場、供求、(運輸)成本等方面的優越性。福建由於對臺地緣優勢,閩臺經貿合作本應享有地利之便,然而由於兩岸政治僵局特別是臺灣當侷限制性兩岸經貿政策的制約,兩岸之間遲遲不能實現

「三通」直航,致使閩臺之間「最近」的距離反而成為最遠的路。

　　一直以來,兩岸貿易絕大部分需經香港、澳門中轉(福建、廣東等沿海口岸有對臺直接小額貿易,但所占比重甚微)。就兩岸轉運或過境貨物來看,大多是台商在大陸投資設廠所需要的小型成套機械設備、企業生產所需的原材料和零部件、台商在大陸所購的農工原料、半成品以及日用消費品,其餘為大陸轉運至臺灣的煤炭、砂石等貨品。上述貿易結構顯現兩岸貿易具有明顯的「投資拉動」特徵,而兩岸貿易的便捷程度直接影響到台商投資的成本及收益,成為影響台商投資布局的重要因素。兩岸不能直航不僅使台商多付出數倍的運費成本,而且耗費更多的時間,而其中受損失最大的莫過於閩臺之間的貿易往來。根據臺灣學者的研究估算(見表1),兩岸直航情況下,高雄、臺中至廈門、基隆至福州的海運距離均不超過200海里,一艘輪船行駛一趟約10多小時,1個標準集裝箱的運費只要300美元左右。但如繞經香港或其他第三地(過境貿易),航程則增至600至1000海里,時間增至3～4天以上,費用每集裝箱增至700～900美元;若經第三地港口中轉,花費時間更多,所需費用更高,每個集裝箱增至1000美元的運費以及7～10天的運輸時間。透過這一估算結果可知,兩岸不能直航三通,赴閩投資台商所需付出的運輸成本較之赴大陸其他地區投資所付運輸成本相對更高,從而大大削弱了福建對臺經貿的地緣優勢,對台商赴閩投資造成一定負面影響,使福建在兩岸經貿合作大板塊中居於不利地位。

表1　兩岸海運成本估算

航線	間接通航						直接通航			
	航程距離(海哩)	所需時間(天)		估計運費（美元）				航程距離(海哩)	所需時間(天)	運費（美元）	
				20英尺集裝箱		40英尺集裝箱				20呎貨櫃	40呎貨櫃
		彎靠	中轉	彎靠	中轉	彎靠	中轉				
福州至基隆	943	3-4	7-10	840	1020	1580	1850	150	1	280	320
廈門至高雄	632	3-4	7-10	700	880	1310	1580	170	1	300	350

資料來源：臺灣「交通部運輸研究所」「運輸工程組」：《未來兩岸可能直航之港航問題研究》，1994年版，http://www.iot.gov.tw/ct.asp?xItem=221764&ctNode=1447。

雖然自1990年代中期以來，兩岸逐步摸索出「試點直航」和「準直航」等模式，21世紀初期又出現福建沿海地區局部直接通航（小三通）的局面，但這些都不是真正意義的兩岸雙向直航。這些創新模式與相關政策優勢對福建雖有一定的助益，但並不能從根本上改變「形近實遠」的尷尬局面。「三通」不通，使得福建固有的對臺地緣優勢無法充分發揮而大打折扣。

3.絕對區位優勢不顯著下閩臺經貿的欲振乏力

承前所述，區位概念強調三方面內容：區位自身稟賦特徵（包括要素稟賦、要素等級以及要素的聚集狀態）、區位的外部聯繫（區位所受到的外部影響及其自身對其他區位的影響）、區位接受外部影響和實施其對外影響的通道。這三方面內容從區位自身的稟賦素質面向上概括了區位優勢的內涵，可稱之為「絕對區位優勢」（與「相對區位優勢」對應）。

一般而言，構成區位的稟賦要素包括自然條件、自然資源、人力資源、資本、技術、制度等。其中，自然條件、自然資源屬於初級要素，

人力資源和資本是高一級的要素,而技術、制度則是更高一級的要素。顯然,隨著經濟發展的階段性演進,不同要素對於區位價值的影響是不同的,現代經濟凸顯出要素等級和要素聚集的重要性,高等級要素的聚集程度以及聚集結構的合理性對於區位優勢的貢獻日顯重要。因此我們在比較不同區位優勢(競爭力)時,往往更關注人力資源、資本、技術、制度等要素質量,以及產業聚群、城市集群等結構狀態。

區位的外部聯繫和區位與外部聯繫的通道密切相關,只是前者著眼於歷史發展的積累,後者關注外聯通道本身的經濟屬性,包括其可能為區位帶來的經濟利益。一個優勢區位,往往是一個四通八達的交通樞紐——陸路或水路轉運點,這樣才能保證區位有廣闊的腹地依託和頻繁高效的外部聯繫。

區位優勢理論認為,區位優勢是對區位諸要素經濟價值的綜合描述,單一要素難以成就區位優勢,正如管理學的「木桶原理」所闡釋的道理一樣。福建雖然對臺地緣、人文優勢突出,然而由於其他經濟要素質量不高,存在基礎設施落後、腹地狹窄、產業基礎薄弱、經濟規模小等問題,造成綜合區位優勢不顯著。綜合來看,主要體現在以下幾方面:

(1)交通不便,外聯通道不暢,限制了腹地縱深

山高路險、交通不便一直是制約福建進一步吸引包括臺資在內的外資,促進經濟發展的一大制約因素。近年來,福建交通建設雖取得巨大成績,但尚未從根本上擺脫交通滯後困境。以鐵路為例,福建鐵路處於全國鐵路網的「末梢」,數量少,等級低,內不成網,外不暢通。全國鐵路5次提速,但在福建還難以真正提起來。由於交通的滯後,福建經濟的發展,往西未能把江西、湖南納入縱深腹地;南北兩翼與兩個三角洲尚未做到全方位的對接。前者致使江西外運貨物,雖然運距與廈門最近,卻不得不捨近求遠,取道上海和廣東;後者使福建還無法和「兩

洲」實現區域經濟在同一平臺的對接、協作。

福建海岸線綿長，擁有眾多良港，海上交通便利，因為兩岸至今尚未「三通」，福建海上交通並不能真正發揮作用，此外，海上交通優勢的充分發揮需要仰賴於陸地交通系統的完善，如果沒有便利的陸地交通作為支撐，福建的各深水良港便沒有充足的貨源，福建便不能發揮海上交通便利的優勢，而只能「望洋興嘆」。

（2）經濟總量、產業結構、投資、科技教育水平滯後發展

福建由於經濟發展的歷史基礎較為薄弱，開放以來雖然經濟飛速發展，然而較之長三角、珠三角地區的部分省市，在經濟總量、產業結構、投資、科技教育等諸要素方面均明顯具有滯後發展特徵。表2以2002年福建與上海、江蘇、浙江、廣東在上述各項指標方面的表現加以比較。2002年是福建自1998年以來國民經濟運行有明顯回升的年份，這一年福建經濟扭轉了自1998年以來增速逐年趨緩的狀況，呈現平穩快速上升的趨勢。然而，即使是經濟景氣較好的年份，福建與其它地區的落差也是相當明顯的，無論總量還是人均值都大為遜色。

表2　2002年福建與相領省市部分區位要素指標比較

		福建	上海	江蘇	浙江	廣東
常住人口數（萬人）		3466	1625	7381	4647	7859
國內生產總值	總額（億元）	4681.97	5408.76	10636.3	7670.0	11674.4
	人均（萬元）	1.35	3.33	1.44	1.65	1.49
三產增加值比重		14.2:4 6.1:39.7	1.63:4 7.4:50.9	10.6:5 2.1:37.3	8.8:5 1.2:40.0	8.8:5 0.2:41.0
固定資產投資	總額（億元）	1230.76	2158.41	3849.2	3458.0	3943.81
	人均（萬元）	0.36	1.33	0.52	0.74	0.50
批發零售額	總額（億元）	1663.1	2035.21	3215.8	2878.0	9047.31
	人均（萬元）	0.48	1.25	0.43	0.62	1.15

資料來源：根據中華人民共和國統計局（http://www.stats.gov.cn/index.htm）各省統計公報整理。

註：其中上海在校研究生數為當年招收數字。

(3) 中心城市規模小，城市間協作不夠

與珠江三角洲經濟區的深圳及廣州、長江三角洲經濟區的上海、環渤海經濟區的北京、天津、大連等區域經濟發展中心城市所起的作用相比，福建現有的福州、廈門、泉州三個中心城市的經濟總量明顯偏小，輻射能力不足。而且中心城市之間、中心城市與周圍城市之間缺少有效的產業互動和協同合作。首先，表現在中心城市重點發展產業或與臺對接產業雷同、重複、同構現象嚴重。例如，電子訊息、化工等產業均為福州、廈門、泉州重點發展的產業。由此產生的中心城市間激烈的無序競爭在所難免。其次，中心城市與周圍城市沒有形成相應的產業配套能力，中心城市的重點產業鏈難以延伸到周邊的城市。

(4) 產業聚群不夠發育，對台商吸引力不足

1990年代中期以來，投資地集聚經濟是否發育已成為台商投資大陸進行區位選擇的最重要影響因素之一。福建工業基礎落後，產業配套能力差，從而不利於產業聚群的形成。雖然多年以來，政府著力培育電子訊息、石油化工、機械裝配方面的集聚經濟，但是較之電子和IT產業在珠江三角洲和長江三角洲的集聚，存在很大落差，尚處於初級階段，其擴散和輻射功能更是較弱，影響範圍較小，有待進一步的提高。同時，省內各大城市定位尚不十分明顯，擬大力支持發展的城市特色產業還不很確定，各大產業在省內城市「遍地開花」的同構現象比較突出。

絕對區位優勢取決於區位經濟發展的歷史積累、要素稟賦及其結構特徵、區位的外聯通道等諸方面綜合影響，而這些是需要假以時日加以改善的。在1990年代中期以後，閩臺經貿合作受制於福建的絕對區位優

勢不顯著而欲振乏力。

三、加入WTO以來絕對區位優勢提升下閩臺經貿的漸入佳境——現狀分析

近年來，特別是福建實施海峽西岸經濟區發展戰略以來，閩臺經貿開始呈現良好發展勢頭。首先從數量規模上看，閩臺貿易和台商赴閩投資都有較大幅度的持續增長，自2004年以來，閩臺轉口貿易總額年均增長接近20%，2007年已高達69億美元；台商赴閩投資年均增長率接近12%。其次從質量結構上來看，閩臺進出口貿易以機電產品為大宗，服裝、鞋類、塑料製品、家具等傳統勞動密集型的商品出口增長緩慢甚至下降，表明閩臺貿易結構加速優化；此期間，台商赴閩投資在個案規模和產業結構層次上也出現了顯著提升，並且出現了較為明顯的產業集聚和地域集群。2007年，福建積極開展對臺招商活動，落實閩臺產業對接規劃，促成臺塑、臺玻、友達光電、東元電機等一批臺灣知名大企業來閩投資，特別是吸引臺灣石化、鋼鐵、機械等重化工業項目和訊息、生物製藥、環保等新興產業及生產性服務業、金融服務業等來閩投資，著力推動一批閩臺產業合作重大項目落地。目前，福建四大台商投資區已成為大陸臺資企業最為密集區域。廈門海滄的化工產業聚群、翔安的光電產業聚群，福州福清的電子產業聚群，漳州的臺資農業產業聚群等以臺資為骨幹的產業聚群都在迅速發展壯大，並凸顯閩臺地緣、文緣特色。在表3中，透過對2001年至2007年中台商對大陸投資較為集中的前五省市的投資額及比重的比較，我們可以清楚地看到2002年以來台商赴閩投資較2001年的低谷時期有了明顯的好轉提升。

表3　臺灣對大陸投資較為集中的前五位省市

單位：千美元，%

	大陸利用台資總額	江蘇		上海		浙江		廣東		福建	
		金額	比重	金額	比重	金額	比重	金額	比重	金額	比重
2001	2784147	1046346	37.58	376245	13.51	208485	7.49	787970	28.30	120122	4.31
2002	6723058	2223082	33.07	949230	14.12	511553	7.61	1635093	24.32	749942	11.15
2003	7698784	2601103	33.79	1104296	14.34	607721	7.89	2054475	26.69	491778	6.39
2004	6940663	2486757	35.83	1174993	16.93	689461	9.93	1404082	20.23	452831	6.52
2005	6006953	2349104	39.11	1017513	16.94	484800	8.07	1220183	20.31	398326	6.63
2006	7642335	2883297	37.73	1041794	13.63	590997	7.73	1415182	18.52	519939	6.80
2007(1-6)	6237611	2361640	37.86	1172051	18.79	389756	6.25	1150011	18.44	259114	4.15

資料來源：臺灣「經濟部統計處」
（http://210.69.121.6/gnweb/default.aspx）

近年來閩臺經貿的漸入佳境，首先是得益於海西建設，福建的鐵路、公路、空港、海港等交通基礎設施建設快速發展，目前業已基本形成北承長三角、南接珠三角、西聯內陸腹地、東出臺灣海峽的海陸空立體交通網絡。其次是福建近年來透過推動中小企業發展、產業園區建設以及主動推進閩臺在訊息產業、石化產業、機械產業領域的產業對接等途徑著力培育產業聚群。如廈門電子訊息與石化產業聚群、泉州市紡織鞋服業、食品工業及石化工業集群、福州在機電工業、電子訊息產業、現代農業方面的產業聚群已初具規模，從而大大改善了福建的產業配套能力。第三，福建充分利用對臺政策優勢，透過舉辦海交會、臺交會、投洽會等重大涉臺經貿盛會，舉辦不同主題的經貿論壇和專題研討等，以及入臺舉辦福建商品展為突破口，帶動閩臺貿易、投資、旅遊、通匯等經貿合作項目的拓展。透過這些交流平臺的建立大大拓寬了閩臺交流渠道，改善了台商投資環境，使閩臺經貿交流出現了諸如對臺小額貿

易、廈金旅遊、「小三通」局部「直航」等亮點。

從區位優勢理論視角出發，福建在上述諸方面的進步可以歸結為內外因兩個方面：區位自身稟賦要素的質量提升、結構優化和對外聯繫通道的改善。從而透過「自主性變遷」機制達成其絕對區位優勢的有效提升。

四、新時期綜合區位優勢凸顯下閩臺經貿的大有可為

承前所述，「海西」建設初見成效，特別是高速公路、鐵路、港口等基礎設施建設蓬勃發展，使福建的腹地縱深得以擴展，另外在產業聚落方面也漸成氣候，產業配套能力大為改善，使福建對臺絕對區位優勢顯著提升，為閩臺經濟合作的深化發展奠定了良好基礎。今後一段時期內，兩岸經貿關係朝向正常化方向發展，三通直航等政策瓶頸將逐步得以突破，對於福建而言，無疑是在「地利」和「人和」基礎上恰逢「天時」——自身稟賦要素優化、對外聯繫通道的建設以及外部環境（兩岸經貿交流環境）的改善——「自主性區位變遷」與「誘發性區位變遷」機制的互動，將進一步促使福建的絕對區位優勢提升，加之地緣優勢、政策優勢潛力的發掘——相對區位優勢和絕對區位優勢相輔相成，福建的綜合區位優勢將因而大為凸顯，使福建有能力抓住兩岸經貿開放的新契機，迎來飛躍發展的大好形勢，成為新時期兩岸經貿成長最受惠地區。

1.台商赴閩投資增長空間廣闊。

今後四年，隨著兩岸交流大環境的改善和臺灣當侷限制性政策的解除，台商赴大陸投資將掀起新一波熱潮。由於獨特的地緣優勢、政策優勢以及「海西」效應等綜合作用，以及福建作為臺灣與大陸沿海及內陸地區的「中介地」而獲得「過境發展」機會，包括承接珠三角、長三角等地外移臺資。與「兩三角」形成分工發展、協同發展的局面。福建將

會在這波台商投資的新浪潮中表現亮麗，台商赴閩投資會有顯著增長。目前台商赴閩投資在台商大陸投資總額中所占比重將顯著提升，預估可由目前7.39%上升到10%—12%。

2.閩臺貿易增長空間巨大。

閩臺貿易主要由轉口貿易、對臺小額貿易及「福建對金、馬、澎直接貿易」三部分組成。其中，間接貿易占絕對權重（98%以上）；對臺小額貿易近年來增長迅速，但所占權重不足2%；「福建對金、馬、澎直接貿易」品類及數量規模都非常有限，目前尚僅涉及砂石和民生日用品、農副產品。

源於產業、經濟互補性的閩臺貿易的快速增長，得益於福建獨特的地緣優勢和對臺政策優勢。近年來，福建堅持先行先試，率先零關稅進口臺灣水果，率先擴大臺灣農產品準入種類和範圍，率先設立臺灣農產品、水產品集散中心，率先恢復對臺漁工勞務合作，率先實施臺灣居民在大陸申辦個體工商戶，率先入島舉辦商品展等。同時積極促進閩臺產業深度對接，承接臺灣高新技術產業轉移，擴大金融、物流等服務業領域合作。落實更加開放的對臺小額貿易政策等，這些措施極大促進了閩臺各種形式的貿易往來。毋庸置疑，今後四年中，隨著兩岸經貿正常化、機制化的推進，特別是小三通全面開放、三通直航逐步達成，閩臺經濟合作將進入新的發展階段，閩臺貿易將獲得快速增長。

除台商赴閩投資拉動的閩臺貿易成長外，小額貿易將更加活絡，福建對金馬澎直接貿易增長空間也很大。目前這一部分貿易量還很微小。小三通全面開放後這一形式會大大改觀。如所預期的那樣，金馬作為兩岸貨物的中轉口岸、雙向旅遊口岸而獲得發展契機，其本身消費市場需求大增，同時作為閩臺便捷直接的貿易通道，經由這一直航路線的閩臺貿易量將會大大增加，特別是在全面三通實現以前，其發展空間更大，或將部分替代閩臺轉口貿易。

3.閩臺特色產業合作得以長足發展

得益於相似的自然條件、緊密的地緣關係和諸如「閩臺農業合作試驗區」、「閩臺林業合作試驗區」等政策優勢，閩臺農業、林業、水產業合作蓬勃開展，其產品差異化必將推動閩臺農林漁產品貿易的快速增長，成為閩臺貿易的特色板塊。

4.受益於閩臺人員往來增長，閩臺旅遊合作發展空間廣闊

未來隨著「小三通」政策全面開放，「小三通」航線成為獨具特色的臺海雙嚮往來通道，經由「小三通」往來兩岸的臺灣居民與經由「小三通」赴臺旅遊和從事其他領域對臺交流的大陸居民都將大幅增長。雖然全面「直航」後，由於其他兩岸「航線」的分流作用，這種增長勢頭會有所回落。但是這種回落是有限回落，「小三通」有其獨特的便捷性，不只是成本低，還因為金門機場有通往臺灣島內各縣、市的「地方航線」，這是「小三通」受台商歡迎的原因之一。

上述閩臺之間人員往來的可預期增長不但為閩臺旅遊業合作提供廣闊發展空間，而且將會進一步彰顯福建作為聯結臺灣與大陸東南沿海經濟發達地區、連接珠三角、長三角台商聚集區的「中介地」角色，因此福建能夠真正成為溝通兩岸的橋樑和紐帶，享有地緣優勢和「中介」發展的雙重機會。

第三篇　兩岸產業合作研究

廈臺農業交流的可行性與合作領域探討

趙玉榕

由於多方面原因，廈臺農業交流還相對滯後。如何利用與臺灣農業的交流來加快廈門農業現代化的實現，需要進一步研究。

一、廈臺農業合作現狀及存在問題

據不完全統計，至2003年8月，廈門市臺資農企業105家，累計合約利用臺資1.31億美元，實際利用臺資1.15億美元，涉及種植、養殖、農產品加工等行業。其中農產品加工業35家，合約利用臺資6437萬美元，實際利用臺資6263萬美元，占全部農業投資的54.5%；種植業企業27家，合約利用臺資2092萬美元，實際利用臺資1992萬美元，占17.3%；養殖業22家，合約利用臺資1565萬美元，實際利用臺資1272萬美元，占11.1%；水產品加工業4家，合約利用臺資1010萬美元，實際利用臺資316萬美元，占8.7%；畜牧業企業8家，合約利用臺資695萬美元，實際利用臺資592萬美元，占5.1%；其他9家，合約利用臺資1268萬美元，實際利用臺資980萬美元，占8.5%。共從臺灣引進農業優良品種287種，先進技術78項。其中有苦瓜、白菜、紅薯、毛豆、番茄等十幾種農作物推廣面積達667公頃以上。台商到廈門發展農業，已經獲得了明顯的效益。據統計，台商在廈門投資辦廠（場），吸納近2萬人就業，約占廈門農業富餘人員的1/5，每年可增收1億多元。

目前廈臺農業合作存在的主要問題有：

第一，總量不大。與其他行業相比，農業引進臺資農業企業的數量

偏少，投資比重偏低，臺資農業企業只占全市外商投資企業總數的2.3%，投資總額僅占0.7%；其次，引進的企業以勞動密集型企業為主，絕大多數是一般的種、養、加工企業，高科技、高附加價值的企業少，並以小型企業為主，75.8%的企業投資規模在100萬美元以下；第三，品種引進較為單。引進的種養業品種，主要集中在蔬菜、水產和部分花卉上；第四，綜合型、高新技術示範區或城郊型的園林觀光休閒農業方面的合作還比較薄弱。

二、拓展廈臺農業交流的可行性分析

1.廈門具有明顯的對臺優勢

廈門是中國最早實行對外開放政策的經濟特區之一，又是唯一經中央批准實施自由港某些政策的城市，已經形成了全方位的對外開放格局，具體體現在：開闢了台商投資區、保稅區、火炬高技術產業開發區等多層次、多功能開發區域；被開闢為首批海峽兩岸客貨運直航試點口岸，每天有航班往返於廈門與金門之間，福建居民金門旅遊也即將開放，形成了突出的對外開放政策優勢。

2.對外開放在廈門現代農業發展中具有重要地位和作用

當前，廈門正在加快推進海灣型城市建設，農業在國民生產總值中的比重會不斷下降，但農業在廈門經濟發展中的地位不會因此削弱，隨著農業與非農業產業之間聯動性的增強，農業將繼續受到重視。海灣型城市建設對廈門農業的發展提出了新的要求，要轉變農業和農村作為城市附屬和服務區域的陳舊觀念，按照現代基礎產業的要求來發展現代農業，重新確立現代農業城鄉一體化、城市輻射農村、農村趨向城市、城鄉經濟相輔相成共同發展的戰略地位。要實現這些轉變，加大農業對外開放的力度是必要的。

3.福建省建設海峽西岸經濟區和廈門建設東南沿海中心城市為廈門發展對臺農業交流與合作提供了契機

在中國區域經濟發展勢頭強勁的大背景下,福建省於今年初提出建設「海峽西岸經濟區」的發展構想,廈門提出要「領先、領跑海峽西岸經濟區建設」,在海峽西岸經濟區建設中充分發揮樞紐口岸的輻射作用、擴大開放的橋樑作用、體制創新的示範作用、產業聚群的帶動作用、對臺工作的基地作用和統籌發展的表率作用,為廈門發展對臺農業交流與合作提供了契機。

4.入世後與大陸農業開展合作與交流仍然是臺灣農業持續發展的選擇

入世以來,臺灣農產品進口量有顯著增加,引起農產品價格下跌。但農業生產和貿易沒有明顯惡化。其中的原因有國際農產品價格大幅上揚,為臺灣農產品的出口創造了有利條件;入世至今臺灣尚沒有讓大陸比照其他WTO會員國開放所有臺灣承諾的農產品項目進口以及臺灣農業產業政策和貿易政策的調整對緩解入世給農業帶來的衝擊造成了一定的作用。儘管臺灣對兩岸的交流尚有諸多限制,但開展海峽兩岸的農業合作,對臺灣來說畢竟是利大於弊,在高生產成本和貧乏的自然條件下,選擇來大陸投資,可以以最低的交易成本和運輸成本換取最大的經濟利益,是臺灣農業發展的必然選擇。

三、廈臺未來農業合作的方向和領域探討

1.拓展廈臺農業合作的基本思路

認真貫徹中央對臺工作方針,按照「優勢互補,共同發展」、「同等優先,適當放寬」的原則,根據廈門市開放和經濟發展的需要,用足、用活優惠政策,廈門的對臺農業合作應以農業良種、資金、技術、設備引進以及農業科技交流為重點,根據廈門的實際情況,科學地制定

規劃,從區域和行業選擇上定位廈臺農業合作的方向。在區域上,重點抓好「一所五場」的對臺合作項目,即農科所的閩臺農業高新技術園區、第一農場水果及其加工區、第二農場工貿開發區、鳳南農場農工貿開發區、白沙侖農場水果和工業開發區以及大帽山農場果茶、畜禽開發區;建設好「兩大區」和鎮辦工業小區,即同安閩臺高優農業示範區和海滄東孚農業綜合開發區,以及各區規劃並已動工的17個鎮辦鄉鎮企業小區。在行業選擇上確立引進交流的重點,儘量選擇用地少、科技含量高、帶有示範作用、貿工農一體化的項目,重點發展蔬菜、畜牧、水果和花卉等支柱產業的良種引進和繁育、農產品加工和相應的旅遊觀光業。

　　2.具體設想與建議

　　(1)加強廈臺都市農業的交流與合作。廈門近幾年開發了一些休閒果園、草莓園、觀光農園,但都還處在都市農業發展的萌芽期,設施簡陋、規模小、投資少、層次低。廈門的城市建設發展較快,都市農業生態旅遊的市場具有開發的潛能,因此應該積極地加以規範和引導,把都市農業的發展作為建設農村「寬裕型小康」的重要內容,納入城市規劃與生態環境建設中。臺灣的都市農業起步於1970年代末,經過20餘年的發展取得了明顯的效果,成為發展前景良好的新興產業之一,在理論和實踐方面都積累了豐富的經驗,廈門應該充分利用特殊的地緣和人文優勢,加強與臺灣都市農業的合作,吸引臺資進行觀光農園、休閒農場等多種主題的都市農業的開發,聘請臺灣有關專家來指導或協助進行都市農業的規劃,以及採取到臺灣研修和培訓的方式,汲取臺灣的經驗,培養休閒農業產業的實用型人才。

　　(2)抓住台商高優農業、養豬業、食品加工業和倉儲營銷業向外轉移的時機,有針對性地開展招商活動。根據同安區、海滄區、集美區和翔安區四個農業區的特點和現有基礎,加強可開發農業資源的調查,爭

取每年都推出招商引資的項目。利用一年一度的「九·八中國（廈門）投資貿易洽談會」和「四·一二廈門台商企業產品交易會」開展對臺的招商引資工作，爭取大資金、大項目，並且每個項目要事先作好可行性研究和項目投資概算，提高招商的命中率。除透過「廈門閩臺農業高新技術園區」、「海峽農業科技交流培訓中心」等窗口，繼續推動民間交流活動外，要注重發展廈門與臺灣農村法人財團基金會的密切合作關係，並且加強與臺灣閩籍鄉親的交流。

（3）進一步營造和完善投資環境。政府應該從地方稅費、土地出讓金與使用費、增值稅等方面，對台商農業生產項目和企業實施優惠；在融資上給予傾斜；簡化台商投資基建項目的審批程序；對重點項目要加大資金扶持力度；農業管理部門在種子種苗引進、植保植檢等審批手續方面要提供更加便捷優質的服務，使臺資企業引得進、留得住；各級有關部門應抓緊制定兩岸農業交流與合作的總體規劃，根據廈門市情，把良種的引進與改良、園藝精緻設施農業、畜牧水產養殖、食品加工為主的農產品和加工業作為現階段廈臺農業合作重點；儘可能取得臺灣農業方面的民間或半官方組織的配合，有計劃、有目標地引進合作項目；積極吸引台商和農業社團來廈門從事既能發揮地方資源優勢，又對發展農村經濟有利的農業項目，諸如種植、養殖、農產品加工、農業科學研究、推廣服務等，尤其對投資規模大，技術含量高，綜合能力強，輻射範圍廣和效果顯著的項目，要加大吸引力度；進一步健全、完善有關政策，增加必要資金投入，同時，中國農業銀行及其他相應的金融機構也應對引進臺灣的某些農業項目，特別是大型項目，提供一定的配套資金。

（4）發展廈門設施農業。廈門地區自然條件原本適宜多種熱帶、亞熱帶作物生長，然而由於季風盛行，氣候變化大，一些帶危害性的惡劣氣候往往導致作物產量和品質的不穩定，使一些農產品的生產和價格大起大落，其中以蔬菜、花卉受影響最大。隨著生活水平的提高，人們對

農產品的品質要求越來越高。設施農業是透過改變自然環境來獲得植物最適宜的生長條件，提高資源和資本集約化水平的一種先進生產方式，包含設施栽培、飼養，各類型玻璃溫室，塑料大棚，連棟大棚，中、小型塑棚及地膜覆蓋，還包括所有進行農業生產的保護設施，具有高投入、高技術含量、高品質、高產量和高效益等特點，是最具活力的現代新農業，也是廈門市農作物生產發展的重要方向。廈門現有塑料大棚面積約60公頃，占全省的44%以上，現雖擁有荷蘭達爾森公司現代化玻璃溫室，國產普通玻璃溫室量少，約僅有3000平方米，尚不成規模，與中國先進省市設施農業相比仍較落後。臺灣設施園藝業發達，技術源於歐美、日本，經過不斷研究改良，已基本本地化，設施栽培面積達6500公頃。臺灣與福建省及廈門地區氣候相似，宜種性幾乎相同，其設施農業發展經驗，值得廈門市借鑑。應充分發揮廈門的對臺區位優勢，加強閩臺、廈臺農業交流合作，透過引進其先進設施栽培技術、設備和經營管理方法，促進廈門市設施農業的發展。

（5）合作發展無公害蔬菜生產。生產無殘毒蔬菜是臺灣發展「精緻農業」目標中的一項重要內容，臺灣無公害蔬菜的生產除了培育抗病蟲品種及合理的栽培措施、先進的設施栽培外，主要的措施是安全用藥和生物技術、防治技術的運用。廈門在發展無公害蔬菜生產方面與臺灣合作，可從以下幾個方面著手：一是加大引進臺灣高產、優質、抗逆性強、抗病毒性強的優良蔬菜品種。二是引進臺灣畜牧廢棄資源共同處理系統，將畜牧業產生的糞便經粗糠吸附後進行堆肥無害化處理，生產出有機質肥料，不僅能解決生產無公害蔬菜有機肥缺乏的問題，還能減少環境汙染。三是與臺灣合作開展蔬菜蟲害生物防治技術研究，利用生物技術和作物天敵來防治病蟲害，有效降低農藥對農作物和土地的汙染。

（6）加強廈門與金門的經貿合作。金門自古隸屬同安，與廈門僅一水之隔，現在金門菜市場上銷售的蔬菜、肉類，大多來自福建，主要是廈門。海峽兩岸加入世貿組織後，金門農業將受到很大的挑戰，因此，

金門有關方面真誠尋求與福建進行農業合作途徑。目前廈門與金門已經建立起了良好的溝通渠道，廈金航線經過幾年的發展，旅客吞吐量持續創高，至2004年6月底旅客吞吐量累計達172998人次，今年初，中共福建省委和省人民政府提出了建設海峽西岸經濟區的戰略構想，決定近期開放福建居民赴金馬旅遊，這是廈門發展與金門的經貿往來的契機。廈門與金門隔海相望，具有與之發展緊密協作關係的獨特優勢，最近金門高粱酒已在廈門、福州和泉州設置銷售點，隨著市場的不斷擴展，金門高粱酒的原料高粱的需要量也將急增。以往原料高粱長期以來都是從東北進口，運費貴。廈門應該抓住這一契機，利用金門的資金和農業技術，發展高粱種植，在廈門建立起金門高粱酒的原料基地，給廈門農民提供發展機遇。

（7）加強對農業管理技術和實用技術的引進工作。農業要發揮特區的「窗口」作用，突出對臺優勢，努力改善農業招商引資環境，透過創辦廈臺農業合作園區等形式，多渠道開展對臺對外招商工作。由於臺灣與大陸體制不同，不能生搬硬套，一方面，要引進先進農業管理技術，學習臺灣產銷一體化的農業合作模式，健全現有的「經濟合作社」，使其逐步成為為農戶提供全方位服務、多元化經營的公益性社團法人組織，透過其運作來保障農民權益、提高農民生產技能、促進農業現代化建設、增加生產效益、改善農民生活、發展農村經濟。另一方面，要加強農業先進實用技術的引進。在加強農業生產適用技術引進的同時，根據廈門市農業生產的實際需要，重點引進農產品加工保鮮技術，特別是龍眼、蔬菜等農產品的深加工和保鮮技術，解決廈門市大宗農產品產後銷售的突出問題，不斷提高農產品附加值。此外，還要加強對新品種、無公害農資和動植物疫病防治等技術的引進工作。

（8）積極促進兩岸農業科技交流與人員的雙嚮往來，繼續辦好廈門閩臺農業高新技術園區廈門閩臺農業高新技術園區，充分利用廈門對臺、對外的區位優勢，加快高新技術的引進和開發，透過設施農業科技

示範區、蔬菜花卉工廠化種苗繁育基地建設，使廈門逐步成為全市、全省乃至全國農業開放、引進、合作交流的窗口、農業高新技術科學研究基地及其商品化、產業化的搖籃、現代設施農業科技示範點和農業科技培訓交流中心。在已成立的海峽兩岸農業高新技術開發園區的基礎上，建立兩岸農業科技交流中心，著重研究、吸收、消化、推廣臺灣和國外的農業新技術、新品種、新產品和先進管理方法。爭取海峽兩岸農業方面的科技交流和學術討論會到廈門來舉辦；同時有計劃地選擇一些廈臺兩地都需要的項目，在廈臺兩地以召開研討會、懇談會的形式加以推進。透過舉辦兩岸農業科技交流與成果展及各種類型的培訓班、農業經貿洽談會以推動農業科技人員的雙嚮往來。同時，廈門還應有計劃地多組織一些技術專家赴臺訪問、考察，汲取更多先進的農業科技和訊息，提升廈臺農業合作的層次。

（原載於《臺灣農業探索》）

臺灣漁業的困境與出路

趙玉榕

漁業在臺灣農業中占有重要的位置，但近年來隨著生產成本的增加，勞動力和漁業資源的缺乏，發展日見困難，十多年來由於近海資源逐漸衰退，遠洋漁業也日益萎縮，加上船員勞動力不足且價格高，臺灣漁業發展面臨困境，呈現出明顯的衰退跡象。大陸對推動兩岸漁業合作表現出極大的誠意，兩岸在遠洋捕撈、投資養殖業企業、休閒漁業和水產品加工企業等方面的合作有著廣闊的發展空間。

臺灣漁業——生機萎縮

臺灣四面環海，海岸線長達一千六百多公里，加上西部沿海為和緩平坦的大陸架，有大陸海流、黑潮等交匯，水產資源豐富，漁業歷來占

有十分重要的地位。戰後，漁業的發展速度要遠快於種植業，其在農業產值中的比重80年代以來基本維持在21%至28%之間。90年代末期以來，漁業生產繼續保持著比較高的增長率，2000年至2003年四年間，除了2001年增長1.68%外，其餘三年的增長率均在7%以上，是農業各業中最好的，目前漁業產值在農業產值中占有25.5%的比重，從業人員有34.6萬人。近年，隨著臺灣沿海和近海漁業資源日漸枯竭、漁業勞動力不足、漁民海上活動空間日益縮小、漁業現代化的發展衝擊傳統漁業生產結構等問題逐漸明朗化，臺灣漁業呈現出明顯的衰退跡象，2004年臺灣漁業總體減產16.06%，其中除了近海漁業增產2.19%外，遠洋漁業減產22.78%，沿岸漁業減產11.69%，海面養殖減產21.74%，內陸漁場減產46.32%，內陸養殖減產9.46%。

一、水土資源缺乏、生產成本高、養殖環境惡化

養殖業是臺灣沿海地區主要經濟產業之一，在80年代進入發展的全盛時期，曾經年產量達30萬噸以上，產值300億元以上。目前養殖業約占漁業總產量的29%，產值占32%。維繫著4萬餘養殖戶的生計。這幾年來，臺灣農業生產成本高，水土資源缺乏，自然生態環境被破壞，地層下陷、農地鹹化、汙染加劇，養殖環境逐漸惡化，加上大宗魚貨容易產生產銷失衡等問題，養殖漁業面臨發展瓶頸出現頹勢，曾經以草蝦養殖王國享譽國際的臺灣水產養殖業，如今淪為「夕陽產業」。目前，臺灣透過採取室內超高密度循環水養殖；逐步縮減陸地淡水養殖池面積，提高鹹水養殖比例；減少陸地養殖面積，發展海上網箱養殖；建設水產種苗專業產區；加強休閒養殖漁業經營者職能教育，促進養殖生產與生態、生活的結合等措施來拯救養殖業。

二、資源日漸枯竭沿海和近海漁業亮起紅燈

臺灣從事沿、近海漁業的漁戶數約有8.5萬戶，從業人員約21.5萬人，

經營沿近海漁業的種類非常多，主要有扒網、定置網、流刺網、中小型拖網、圍網、火誘網、延繩釣、一支釣、賞鯨和捕撈魚苗等。沿、近海漁業生產以往都以強調開發、生產為主，在1980年代，臺灣近海和沿海每年漁獲量維持在35-39萬噸之間，年產值約為190億-200億元，漁獲量的增加造成了資源的過度利用，使臺灣漁業陷入由於捕撈過度造成單位產量下降和漁獲種類的小型化、低值化，從而進一步導致資源衰退的惡性循環中。為維護沿近海資源，臺灣曾經在70年代開始實施限制漁船增加數量，但由於外海漁場縮小加大了近海和沿海的捕撈強度，漁業資源受到過度捕撈的壓力並沒有因此而緩解，人為過度開發，海洋生態環境遭受汙染以及非法濫捕，造成80年代中期以來沿、近海漁業年漁獲量與年產值逐年遞減，90年代開始產量減少至30萬噸以下，2005年沿、近海漁業產量26萬噸，產值195億元，較十年前減少28%。

三、外海漁場縮小，遠洋漁業遭受重創

遠洋漁業歷來是臺灣漁業的支柱，在80和90年代曾經經歷過一段輝煌的時期，1981年至1997年，遠洋漁業的產量增加了1.3倍，1997年產量曾經達到75萬噸，產值491億元新臺幣，占當年漁業總產量和總產值的57.2%和56.2%。目前，雖然其從業人員不過1.8萬人，僅占漁業總從業人員的5.1%，但產量和產值卻分別占漁業的53.8%和占47.5%，其在漁業中的重要性可見一斑。200海里專屬經濟區建立之後，公海漁業的管理和限制更趨嚴格，這一變化，使臺灣遠洋漁業面臨更新的問題和挑戰。在2001年至2004年間，臺灣人經營的權宜船共18艘進行鮪魚捕撈，被大西洋鮪魚保育委員會（ICCAT）判定為屬於利用權宜船進行非法洗魚的行為，將臺灣2005年的大西洋大目鮪的配額從原來的16500噸刪減為14900噸；在隨後的「留洋查看一年」中，臺灣被認為仍然有違規超捕及洗魚之嫌，遭受ICCAT的嚴厲制裁，2005年11月19日ICCAT決議將2006年臺灣在大西洋的大目鮪漁獲配額減少2／3，即從14900噸減為4600噸，並透過嚴苛的附帶決議，要求臺灣減少160艘延繩釣船；同時中西太平洋漁業委員會也於

2005年12月16日決定削減臺灣大目鮪配額，每年定為15,000公噸。臺灣「農委會」漁業署署長謝大文表示，這一國際漁業史上「史無前例的制裁」，將造成臺灣大西洋捕鮪魚業之「崩盤」，乃至捕撈行業無法估計的損失，直接威脅到漁民的生計和漁業的發展。臺灣在三大洋的大目鮪總產值約190億元，漁獲年產值估計達新臺幣900多億元，大西洋的大目鮪漁獲減少2／3後，大目鮪的總產值將減少1／10，據估計，臺灣2006年大目鮪漁撈損失將達19.2億元新臺幣，若將連鎖效應如其它業者停航的損失和增加失業人口的社會成本一同考慮進去，估計損失將達新臺幣百億元以上。

四、漁業勞動力青黃不接

臺灣自60年代開始發展外向型經濟，漁工來源日漸減少，由於島內漁業工作的待遇和福利不高加上工作時間長環境不佳及危險性高等因素島內民眾從事漁業工作意願低落漁業勞動力需求缺口大。目前持有船員手冊的船員計有13.4萬人，而實際從事漁撈作業船員的人數卻遠遠低於領有船員手冊的人數。

綜上所述，臺灣漁業正承受著內外在環境嚴酷的考驗，據估計，2006年漁業增長率將為-7.76%，漁業產量及產值較2005年將分別減少15.55%和8.35%，漁業在農業總產值中的比重也將從2005年的27.25%降至25.23%。臺灣輿論指出，漁業「輝煌的時代已經過去，曾經縱橫四海的臺灣漁船，已載不動漁民的失望」。

兩岸漁業合作——臺灣漁業的出路

為了讓「已近黃昏」的臺灣漁業「起死回生」，臺灣對沿岸漁場進行改造，透過投放人工魚礁；實施鐘苗放流來增加漁業資源；減少漁船總數，緩解漁場壓力；透過選定優質水產種苗發展核心養殖產業增加養殖漁業生產區，帶動養殖漁業的發展；實施減船措施，引導漁業轉型，

興辦休閒漁業。但民眾對臺灣漁業的發展前景依舊憂心忡忡，期待發展兩岸漁業合作，為臺灣漁業尋求出路。

一、開展漁業交流是兩岸漁業發展的共同需要

中國是世界最大的漁業及水產養殖大國，也是世界水產的主要進出口和加工國，水產養殖產量約占世界總產量的70%。中國大陸發展漁業的優勢在於有一系列對海洋資源進行保護的措施，每年都有休漁期，有充足的勞動力，但大陸漁業漁業整體效益不高，養殖生產方式粗放，品種單一，水產品加工層次較低，漁業發展與國際先進水平仍有一定的距離，臺灣漁業產業發達，漁業技術居世界領先水平，水產品競爭力較強，特別是淡水養殖技術水平和生產設備都領先於大陸，水產養殖漁業在國際上具有較高的知名度，在石斑魚、吳郭魚、文蛤的養殖和水產種苗的培育上具有技術優勢，也是具有競爭優勢的出口產品；金槍魚、櫻花蝦和油魚子也以品質高聞名世界；種苗業在世界上也處於技術領先的位置，目前是亞洲水產種苗主要供應來源。臺灣漁業無論是技術還是管理，都處於世界領先地位，但是臺灣過去不注意對資源的保護，現在臺灣周圍海域資源已基本開發完成，而且臺灣在勞動力上有缺口，漁業發展基本都是使用外勞，這些都限制了漁業的發展。可見兩岸具有很強的互補性。兩岸漁業合作將有助於大陸引進臺灣先進的生產技術和管理經驗，借台商的營銷渠道順利打開海外市場，推動本地漁業的快速發展；臺灣漁業也可利用大陸廉價的勞力、豐富的資源和廣闊的市場，擴大漁業發展空間。

二、兩岸漁業合作的良好環境和合作機會

首先，大陸漁業發展進入轉型期為台商投資提供了機遇。大陸漁業經濟近年取得了迅速的發展，水產品產量達到4900萬噸，漁業的快速發展，使水產品市場出現了供大於求的根本變化，因此當前大陸漁業生產的重點由注重產品數量向注重產品質量轉化，以提高產品質量和產業層

次為目標,重點發展無公害、綠色產品、水產加工和休閒漁業,同時,近年中國政府為防止過度捕撈和保護海洋生態,鼓勵發展水產高效養殖及深加工,對優質種苗繁育、高效養殖設備、精深加工設備等有較大需求,水產品儲藏、保鮮、分級、包裝、運輸、加工等領域都鼓勵外商和台商投資經營,為台商投資提供了機遇。

其次,臺灣水產品在大陸的市場空間大。隨著大陸經濟的快速發展,人民消費水平提高,需求結構也呈現出多樣化,對優質魚產品的需求增加,而目前大陸本地水產品從結構上來說,仍然是低檔、初級產品多,高檔品、精深加工品少,大陸每年需進口近20億美元水產品來滿足市場需求。臺灣出口到大陸市場的水產品2005年僅900萬美元,在出口至大陸的農產品中僅占2.6%,占臺灣水產品出口的比例更小,僅0.006%,在大陸進口水產品總量的比重則更小,充分顯示臺灣產品在大陸還有很大的市場拓展空間。

第三,大陸為推動兩岸經貿交流和促進兩岸漁業合作創造良好的環境。漁業合作是兩岸農業合作的重要組成部分,多年來大陸對兩岸的漁業合作始終持積極的態度,為台商來大陸投資提供優惠和便利,創造良好的環境。為擴大臺灣捕撈和養殖的水產品在大陸銷售,對臺灣部分鮮、冷、凍水產品實行零關稅優惠措施和檢驗檢疫便利,臺漁船隻要參照大陸自捕漁船做法,憑公海自捕魚許可證、貿易合約、發票等資料向大陸檢驗檢疫部門報檢,不需要提供島內主管部門出具的衛生證書,為臺灣水產品從大陸口岸進境開闢了通道;考慮到臺灣漁業界方面急迫的需求,長期不間斷地跟臺灣十多家漁業界行業組織和漁會接觸,直至恢復兩岸漁工勞務合作,表達了臺灣漁業界的共同心聲,為推動兩岸經貿交流和促進臺灣漁業的發展造成了積極作用。大陸沿海地區不僅有優良漁港,廣闊的淺海灘塗可利用面積,有些還建立了海洋科技園區,臺資漁業投資區,水產加工業、食品業、漁需用品貿易、造船業、運輸業及服務業等海洋產業鏈日臻完善,漁業產業聚群鏈業已形成,具有進一步

擴大與臺灣在養殖、捕撈、加工、經貿、流通等方面的合作的有利條件。近日國務院批准在福建霞浦設立臺灣水產品集散中心，集散中心具備有專用碼頭作業、漁船維修補給、水產品冷藏、交易、加工、行政辦公、生活居住等主要功能區及相關配套設施，涉及臺灣水產品生產、銷售、加工等項目，享有國家惠臺政策支持，在稅收、土地、金融、通關等方面，還將推出若干重大優惠政策。水產品集散中心的建立，為兩岸水產業開闢一個新的合作平臺，為對外遭受國際漁業組織強大壓力、對內受制於當局的臺灣漁業找到一個新的出路。

第四，可供合作的領域廣闊。在貿易和投資方面，可以在漁產品進出口、水產養殖投資、漁產品加工投資、水產品保鮮倉儲設施、漁業工程投資和開發合作；在漁業技術方面，引進臺灣水產名優品種、捕撈技術和養殖技術；在漁業關聯產業合作方面，可進行的合作有漁船製造維修、養殖飼料加工以及休閒漁業等；勞務合作領域可從單純的捕撈業擴大到水產養殖、加工等行業；兩岸漁業物流中轉業、水產種苗合作研發與繁育、合作發展水產品深加工出口基地以及兩岸海洋與漁業科技交流合作平臺建設方面也有著廣闊的發展空間。

由於臺灣的阻撓，兩岸經貿關係一直處於間接、單向的狀態，臺灣對兩岸的漁業合作還有諸多限制：16項具有特別技術及高度競爭力的產業項目不允許到大陸投資；魚苗、蝦苗、孵化用魚卵、魷魚等87項專門技術及高度競爭項目列為項目審查類；有59項漁產品禁止從大陸間接進口，55項需經過項目審查才允許進口；專門訂定水產品質量與衛生檢疫較嚴格的標準，設置限制大陸產品進口的關卡。今年上半年兩岸經貿關係持續保持熱絡，但陳水扁推行「積極管理，有效開放」的所謂「大陸經貿政策新思維新作為」，限制台商來大陸投資，不顧廣大台商的要求，繼續維持臺灣企業在中國大陸投資不得超過其資產淨值40%的規定，臺灣的倒行逆施受到包括臺灣工商界人士在內的廣大臺灣同胞的質疑和反對。當前大陸與臺灣的漁業交流已經有了良好的基礎，我們期待真正

實現兩岸漁業領域穩定、有序、健康的的合作，希望臺灣方面也能夠從臺灣漁業界的現實利益出發，順應臺灣民意，不要人為地設置任何障礙，並為恢復和促進兩岸漁業合作做出努力。

（原載於《兩岸關係》）

臺灣漁業產能與兩岸整合

趙玉榕

（廈門大學　臺灣研究院，臺灣研究中心，福建　廈門361005）

漁業是臺灣農業的重要組成部分，近年來在生產成本增加，勞動力和漁業資源缺乏等因素的共同影響下，漁業產能減退。開展漁業交流是兩岸漁業發展的共同需要，市場需求的預期為拓展臺灣漁業在大陸的市場空間創造了條件，大陸對推動兩岸漁業合作表現出了極大的誠意，兩岸在遠洋捕撈、投資養殖業企業、休閒漁業和水產品加工企業等方面的合作有著廣闊的發展空間。

一、臺灣漁業發展現狀

臺灣四面環海，海岸線長達一千六百多公里，加上西部沿海為和緩平坦的大陸架，有大陸海流、黑潮等交匯，水產資源豐富，漁業歷來占有十分重要的地位。戰後，漁業發展迅速，80年代以來，其在農業產值中的比重基本維持在21%至28%之間。90年代末期以來，漁業生產繼續保持著比較高的增長率，是臺灣農業中僅次於種植業的重要部門，也是臺灣農業發展的重要支撐。

（一）近年臺灣漁業產能進入低潮期

2001年至2006年六年間，臺灣漁業經濟的起伏比較明顯，前三年漁

業生產表現出正增長，2002年和2003年增長率分別達到8.04%和7.07%，後三年漁業生產連年遞減，2006年增長率為-14%，創歷史新低（詳見表1）。從漁業生產指標來看，同期漁業年總產量約130萬噸左右，產值950億元（新臺幣，下同）左右（詳見表2），2006年水產品總產量128.4萬噸，產值858.8億元，分別比2001年減少8.7%和7.4%。漁業在農業產值中的比重基本保持在25%左右。從產值構成來看，以遠洋漁業為主，其餘依次為內陸漁業、近海漁業和沿岸漁業，2006年各類漁業產值構成依次為：遠洋漁業46.98%，內陸漁業29.40%，近海漁業13.61%，沿岸漁業5.71%；水產品是臺灣出口農產品中的重要組成部分，2001水產品出口值首次超過畜產品成為農產品第一大出口產品，2006漁產品出口值12.25億美元，占農產品總出口的37.1%。漁業也是農業各類出口產品唯一出口大於進口的產業，年貿易順差額都在8億美元上下，2004年曾經達到10億美元（詳見表3）。2006年在臺灣前十名出口農產品中，漁產品就占了五項，冷凍鮪魚、冷凍鰹魚、活鰻魚、冷凍吳郭魚和冷凍魷魚分別排名第一、第五、第六、第九和第十。相對於臺灣農產品貿易的持續逆差，水產品貿易的重要性可見一斑。

表1　臺灣農業生產增加率

單位：%

	1999	2000	2001	2002	2003	2004	2005	2006
農業總成長	2.08	2.20	-1.22	4.10	0.145	-4.23	-5.71	0.80
種植業	6.77	-4.67	-4.33	5.50	-2.64	-4.96	-9.48	9.62
林業	-	-1.35	-17.2	11.56	8.88	-0.17	-	11.37
漁業	15.95	9.33	1.69	8.14	7.07	-7.03	21.79	-
畜牧業	-2.07	5.70	0.31	-1.87	-1.20	-0.12	-2.05	14.00
	-						-2.28	2.42
	3.64							

資料來源：臺灣「行政院農委會」2006年農業統計年報

近年,水域汙染、近海漁業資源衰退、漁業勞動力不足、漁業現代化的發展衝擊傳統漁業生產結構等問題逐漸明朗化,臺灣漁業生產的波動經常發生,近五年漁業產量和產值幾乎連年遞減,2006年漁業總產量比前一年減少2.3%,產值減少7.7%,如果從更能體現產業實際效益的產值觀察,內陸漁撈產值減少幅度最大,為-43.1%,內陸養殖-10%,近海漁業和遠洋漁業則分別為-6.8%和-5%。漁業在農業總產值中占有22.72%的比重,比入世前的2000年減少了2.22個百分點。漁業總體產能下降的趨勢明顯。

表2　臺灣近年漁業生產量值

單位：噸、千元新台幣

	2002 年		2003 年		2004 年		2005 年		2006 年	
	產量	產值	產量	產值	產量	產值	產量	產值	產量	產值
總計	1406741	92808320	1500428	97649970	1258009	98700494	1312852	92811267	1282279	85658209
遠洋漁業	823534	45745524	877663	47201835	677703	46983079	752118	43602060	757896	41419202
近海漁業	185939	12539332	193482	12762399	196820	13397416	200730	12634600	154015	9679224
沿岸漁業	49669	4616573	63739	5987298	56070	6747529	72779	5295572	54226	5431433
海面養殖	29037	3636404	34701	4366849	28094	3326110	34764	39870526	34411	4063897
內陸漁撈	608	29929	475	29545	255	14960	207	13538	155	7709
內陸養殖	317954	26240557	330368	27302045	299066	28231400	272270	27284971	281575	2455673

資料來源：臺灣漁業年報（2006年）

（二）影響臺灣漁業產能下降的主要因素

1.資源不足和環境惡化制約養殖漁業發展

　　70年代，隨著單性羅非魚養殖、蝦類集約式養殖、深水式遮目魚養殖以及網箱養殖等養殖管理技術的確立、人工飼料的開發和水產種苗業的迅速發展，臺灣養殖漁業迅速擴張，成為臺灣沿海地區主要經濟產業之一，被稱為臺灣漁業的後起之秀。在80年代發展的全盛時期，年產量曾經達30萬噸以上，產值340億元新臺幣以上，在1982年至1989年的8年間，養殖漁業曾經是漁業第一大產業。但在快速成長的同時，也逐漸產生了環境惡化與產銷秩序失衡的問題。包括因為養殖面積擴大而增加了地區性排水灌溉的困難；過度使用水資源，引起地層下陷以及沿岸紅樹林等自然資源被破壞；鹹水魚𣿬的過度開發導致土壤鹼化。這些問題的存在影響了水產養殖業的持續經營，目前產量30.7萬噸，產值311.6億元新臺幣，占漁業產值33.5%，與全盛期的1988年相比，產量變動不大，產值減少了9.6%。

表3　臺灣水產品進出口情況

單位：噸、億美元

年份	進口 數量	進口 價值	出口 數量	出口 價值	順逆差
2001	422120	5.03	522722	11.43	6.43
2002	389673	5.00	593740	12.26	7.26
2003	378683	4.96	585273	13.16	8.20
2004	387378	5.26	577375	15.36	10.10
2005	381968	5.67	650477	15.42	9.75
2006	345430	5.93	637430.	12.25	6.32

資料來源：資料來源：臺灣農業統計月報。

2.過度捕撈導致資源日漸枯竭影響沿海和近海漁業

臺灣從事沿、近海漁業的漁戶約有8.5萬戶，從業人員約21.5萬人，在1980年代，臺灣近海和沿海每年漁獲量在35-39萬噸之間，年產值約200億元左右。海洋漁業資源具有屬共享資源和完全由市場配置的特性，由這一特性所決定，低效率和越捕越少、越少越捕的惡性循環是必然結果。過度捕撈是世界性的問題，臺灣海洋捕撈業的迅速發展也是以漁業資源衰退為代價的。沿、近海漁業生產的發展強調開發、生產為主，機動漁船的數量和總功率增長過快，1989年臺灣漁船總數15895艘，比1873年增加40%，其中500噸以上船隻增加54倍；1989年船隻總數減少了2509艘，但由於高噸位船隻不減反增，動力漁船總馬力從3335162馬力增加到4144726馬力。〔1〕若將舢板和漁筏一併統計在內，在沿、近海作業的船隻共有25,458艘。〔2〕近海漁業作業漁場已經延伸到東海、黃海海域，甚至到達北緯32度的海域。捕撈強度過量已經超過漁業資源再生能力，漁業資源受到嚴重破壞，導致漁獲種類的低齡化、小型化和低值

化，並且使資源衰退陷入惡性循環之中。為維護沿近海資源，臺灣曾經在70年代開始實施限制漁船增加數量，但由於外海漁場縮小加大了近海和沿海的捕撈強度，漁業資源受到過度捕撈的壓力並沒有因此而緩解，80年代中期以來沿、近海漁業年漁獲量與年產值逐年遞減，90年代開始產量減少至30萬噸以下，2006年沿岸和近海漁業產量合計20.8萬噸，產值151億元，與十年前的1996年相比，產量減少30%，產值減少27.4%。

3.外海漁場縮小影響遠洋漁業的支柱地位

遠洋漁業歷來是臺灣漁業的支柱產業，目前有1600多艘漁船從事遠洋漁業，遠洋漁場遍布太平洋、大西洋和印度洋，共設立有71個島外漁業基地，目前，雖然其從業人員不過1.8萬人，僅占漁業總從業人員的5.1%，但產量和產值卻分別占漁業的59.1%和48.3%，其在漁業中的重要性可見一斑。遠洋漁業主要包括鮪漁業、拖網漁業、及魷漁業（兼營秋刀魚漁業）等，其中尤以鮪漁業產量最高，平均年產量約50萬公噸，占整體遠洋漁業總產量約70%。當前海洋漁業資源因過度捕撈逐漸惡化，海洋捕撈強度與海洋漁業資源的矛盾不斷加劇，大西洋鮪類資源保育委員會（ICCAT）、美洲熱帶鮪類委員會（IATTC）、印度洋鮪類委員會（IOTC）及中西太平洋漁業委員會（WCPFC）等區域性的漁業管理組織應運而生。1999年「中西太平洋高度洄游魚種資源保育管理多國高層會議」（MHLC）決議，呼籲相關國家和地區採取合理措施防止漁撈能力擴張，臺灣一方面被迫在2001年至2004年間減少漁船數量，但另一方面又透過由臺灣人經營外籍漁船進行鮪魚捕撈，被大西洋鮪魚保育委員會（ICCAT）判定為屬於利用權宜船進行非法洗魚的行為，將臺灣2005年的大西洋大目鮪的配額從原來的16500噸刪減為14900噸；在隨後的「留洋查看一年」中，因為臺灣仍然存在違規超捕及洗魚行為，大西洋的大目鮪漁獲配額被再減少2/3，並被要求減少160艘延繩釣船；同時中西太平洋漁業委員會也於2005年12月16日決定削減臺灣大目鮪配額，每年定為15000公噸。臺灣大目鮪漁獲量減少，影響臺灣遠洋漁業的生產出口，

2006年臺灣冷凍鮪魚出口值5.47億美元,比2005年減少近3億美元,若將連鎖效應如其它業者停航的損失和增加失業人口的社會成本一同考慮進去,估計損失將達新臺幣百億元以上。當前世界上過度捕撈威脅海洋生物的狀況依然嚴重。聯合國糧農組織(FAO)在最近發表的報告中指出,世界漁業資源主要約有600種,其中,金槍魚、紐芬蘭鱈魚、銀鱈魚等四分之一的漁業資源處於枯竭狀態或者過度捕撈狀態,這一趨勢在過去的15年間並沒有得到改善。〔3〕公海漁業的管理和限制將更趨於嚴格,這是臺灣遠洋漁業發展必須面對的挑戰。

4.漁業勞動力供給缺口大

臺灣自60年代開始發展外向型經濟,漁工來源日漸減少,由於島內漁業工作的待遇和福利不高,加上工作時間長環境不佳及危險性高等因素,島內民眾從事漁業工作意願低落,漁業勞動力需求缺口大。目前持有船員手冊的船員計有13.4萬人,而實際從事漁撈作業船員的人數卻遠遠低於領有船員手冊的人數。

二、兩岸漁業合作的必要性與可行性分析

(一)開展漁業交流是兩岸漁業發展的共同需要

中國大陸是世界最大的漁業及水產養殖大國,也是世界水產的主要進出口和加工國,水產養殖產量約占世界總產量的70%。中國大陸發展漁業的優勢在於有一系列對海洋資源進行保護的措施,每年都有休漁期;有充足的勞動力;產業結構進一步優化,近海捕撈產量減少,養殖產品在水產品總產量中的比重提高;優勢品種區域布局成效明顯,對蝦、羅非魚、鰻鱺、河蟹等養殖品種優勢區域形成,帶動了中國水產品出口貿易的快速增長;水產品加工能力顯著增強,成為世界水產品來料加工貿易的主要基地,在國際市場分工中占據了重要地位。但漁業發展面臨著來自資源、環境、市場、科技、體制等諸方面的挑戰,這些因素不同程

度地制約著漁業的發展。例如，資源環境的剛性約束與漁業可持續發展之間的矛盾日益尖銳，漁業增長方式轉變的迫切要求與當前漁業科技發展水平不相適應。適於養殖的優良水產苗種遺傳改良率僅為16%，遠低於種植業和畜牧業；「十五」期間，中國大陸的水產品出口總量和總產值都超額完成計劃，但是漁民人均收入僅完成計劃的97.8%，科技貢獻率僅90.91%，水產加工率則更低，僅75%。大陸漁業整體效益不高，養殖生產方式粗放，品種單一，水產品加工層次較低的現狀表明漁業發展與國際先進水平仍有一定的距離。

臺灣漁業無論是技術還是管理，都處於世界領先地位，但是周圍海域資源已基本開發完成，漁業生產成本高，在勞動力上有缺口。可見兩岸具有很強的互補性。兩岸漁業合作將有助於大陸引進臺灣先進的生產技術和管理經驗，借台商的營銷渠道順利打開海外市場，推動本地漁業的快速發展；臺灣漁業也可利用大陸廉價的勞力、豐富的資源和廣闊的市場，擴大漁業發展空間。

（二）臺灣漁業發展具有較好的基礎

臺灣漁業產業發達，漁業技術居世界領先水平，水產品競爭力較強，水產養殖漁業在國際上具有較高的知名度，建立了多樣化種苗繁殖和量產技術，在石斑魚、吳郭魚、文蛤的養殖和水產種苗的培育上具有技術優勢，也是具有競爭優勢的出口產品；種苗業在世界上也處於技術領先的位置，是亞洲水產種苗主要供應來源，目前已有超過80種的種苗可進行商業化生產；水產加工業發達，已經形成海上、陸上相連接的冷凍加工鏈，有效地保證了水產品和加工品的質量。另外，臺灣漁業資源和生態環境保護體系正在逐步建立之中，例如，臺灣對沿岸漁場進行改造，透過投放人工魚礁；實施種苗放流來增加漁業資源；調整沿、近海漁業生產結構，淘汰低效率老舊漁船；規劃發展海洋養殖，減少陸上魚塭面積；透過選定優質水產種苗發展核心養殖產業增加養殖漁業生產

區,帶動養殖漁業的發展;引導漁業轉型,興辦休閒漁業。具備有成熟的室內超高密度自動化循環水養殖技術,養殖水體經過濾殺菌後循環利用,在增大養殖密度的同時還可節約用水量,例如生產1公斤鰻魚可節約用水95%,並可將水環境控制於適合的狀態,達到提高產品的存活率和品質的目的,還同時具有穩定水質、節約電和人力成本的功效。這些對中國漁業發展來說有一定的借鑑作用。

(三)大陸漁業發展進入轉型期為台商投資提供了機遇

目前中國大陸漁業在大農業中所占份額不斷擴大,已成為農業發展的新亮點和帶動農村經濟發展的新動力。中國大陸海域和內陸水域面積廣闊,有豐富的水生生物資源,漁業在近二十年來高速增長,傳統漁業向現代化漁業邁進的步伐很快,水產品產量由1985年的700萬噸增加到2005年的5000萬噸,年均增長超過220萬噸,同期,水產品產值從69億元增加到7584億元,年平均增加358億元。在大陸的一些省份,漁業已經成為農村經濟的重要支柱產業,例如,廣東、海南、福建、山東、遼寧,漁業產值均達到或者超過了農業產值。在擴大就業空間、增加農民收入方面發揮了重要的作用。目前,正值大陸進入社會主義新農村的建設階段,《中華人民共和國國民經濟和社會發展第十一個五年規劃綱要》指出,「積極發展水產業,保護和合理利用漁業資源」;加快漁業經濟增長方式轉變,實現漁業持續、健康發展是當前的一項重要任務。根據中國的漁業生產科學技術和漁業資源保護管理與發達國家相比還有一定的差距以及水產品市場存在供大於求的現實,大陸的漁業發展進入新的轉型期。漁業生產重點將由注重產品數量向注重產品質量的轉化,無公害、綠色產品、水產加工和休閒漁業是發展的重點;同時,為防止過度捕撈和保護海洋生態,鼓勵發展水產高效養殖及深加工,對優質種苗繁育、高效養殖設備、精深加工設備等有較大需求,水產品儲藏、保鮮、分級、包裝、運輸、加工等領域都鼓勵外商和台商投資經營,為台商投資大陸水產品加工和水產養殖提供了機遇。在一些工業化進程比較快的

城市，傳統農業包括漁業在內逐步讓位於城市建設，與城市建設相矛盾的海上養殖業逐漸退出漁業，在這些城市或地區，今後漁業發展的重點將放在種苗業、水產品加工業、休閒漁業以及水產物流業等方面，這將為兩岸在水產苗種引進和研發、擴大水產加工與流通以及休閒漁業等領域的交流和合作提供契機。

（四）市場需求的預期為拓展臺灣漁業在大陸的市場空間創造了條件

臺灣經濟價值較高的蝦、蟹類水產品及其商業化的育種、養殖技術和新興漁業經營方式在中國有著良好的市場前景。首先，隨著大陸經濟的快速發展和居民生活水平的提高，人民的食品消費正在由「追求數量」向「追求質量」轉變。水產品的消費結構也將趨於優質化、多樣化，對優質魚產品的需求增加，目前大陸本地水產品在結構上仍然是低檔、初級產品多，高檔品、精深加工品少，每年需進口近20億美元水產品來滿足市場需求。2005年有900萬美元的臺灣水產品進入大陸市場，僅占出口至大陸農產品總數的6.3%，占臺灣水產品出口的比例僅0.6%，〔4〕在大陸進口水產品總量中的比重則更小；其次，目前中國的耕地資源和畜牧資源已基本上得到了開發，今後能用於開發的，將主要是海洋和內陸水域資源；垂釣和觀賞漁業將成為城鎮居民休閒娛樂的重要方式；農村市場的開拓也將拉動常規水產品消費市場。中國大陸潛在的市場容量對臺灣有著很強的「磁石」效應。

（五）中國大陸為台商來大陸投資和貿易提供優惠和便利

漁業合作是兩岸農業合作的重要組成部分，多年來大陸對兩岸的漁業合作始終持積極的態度，為台商來大陸投資和貿易提供優惠和便利。近兩年大陸出臺了一系列促進兩岸農業交流的政策，針對漁業方面的有：對臺灣部分水產品實行零關稅和檢驗檢疫便利；對臺灣籍漁船打撈的部分遠洋、近海水產品和在臺灣養殖的部分水產品進口，實行零關稅

措施對來自臺灣漁船自捕水產品輸往福建、汕頭參照大陸自捕漁船做法，憑公海自捕漁許可證、貿易合約、發票等資料向檢驗檢疫部門報檢，不再要求提供臺灣主管部門出具的衛生證書；建立「臺灣水產品集散中心」，具備有專用碼頭作業、漁船維修補給、水產品冷藏、交易、加工、行政辦公、生活居住等主要功能區及相關配套設施，涉及臺灣水產品生產、銷售、加工等項目，在稅收、土地、金融、通關等方面，還將推出若干重大優惠政策；充分發揮大陸現有的出口加工區及保稅倉庫、出口監管倉庫的作用，鼓勵和支持台商投資農牧產品、水產品等深加工；對臺灣農漁產品進口商提出的「網上支付」申請，海關部門將優先受理、審批並安排相關設備；設立聯絡人和專線電話，提供臺灣農漁產品進口通關涉及相關業務的諮詢和答疑；提供臺灣鮮活農產品在大陸的運輸服務和通行保障，包括可以享受沿線省級人民政府制定的「綠色通道」優先通行；臺灣農產品生產商和經銷商在大陸註冊商標獲得《商標法》的保護，對侵犯臺灣農產品註冊商標專用權的，按照《商標法》的有關規定予以處罰等等。這些優惠和便利體現了中國政府對促進兩岸經貿交流更為務實的態度。

三、兩岸漁業投資貿易合作現狀及未來發展取向

經過十餘年的發展，兩岸漁業界的交流與合作已經朝著多方位、多層次的方向發展，在投資、水產品貿易、良種技術引進、勞務輸出等眾多方面關係日益密切。

（一）兩岸漁業投資貿易合作現狀

1.投資——多領域合作。大陸日益完善的投資環境，促進台商前來大陸投資漁業的發展，臺灣水產業在大陸的投資領域從單一的水產養殖，擴展到涵蓋苗種繁育、水產加工、飼料、遠洋漁業、休閒漁業等領域，其中水產品精深加工、休閒漁業、優良品種繁育是近幾年新增臺資的主

要投資領域。以福建為例，截至2006年底，台商在福建創辦水產企業422家，合約利用臺資5.51億美元，實際利用臺資3.8億美元。其中投資總額在500萬美元的水產品加工項目就有20多個。伴隨臺資企業的創辦和發展，吳郭魚、美國紅魚、甘脂魚、吳郭魚、虱目魚、九孔鮑、斑節對蝦、青石斑、龍膽石斑等優新品種，直接引進到大陸並成功推廣養殖；高科技含量的水產技術如良種繁育技術、魚類和淺海、灘塗養殖技術病害防治技術、生態健康養殖技術、工廠化養殖技術、水產品精深加工技術等提升了我省水產業的整體素質，促進了大陸漁業產業結構的優化和漁業產業化進程。

2.貿易——「正常貿易」與「民間貿易」並重。海峽兩岸水產品貿易往來歷史悠久，尤其是近十年，兩岸水產品貿易日益密切，進出口貿易量和貿易額均迅速增加。根據臺灣進出口統計資料，近十年臺灣從大陸進口水產品數量和金額增加了77.9%和52.8%，向大陸出口水產品數量和金額增加了753倍和244倍；2007年1至10月兩岸水產品貿易進出口額達81190噸，9558萬美元，其中從大陸進口30309噸，6230.8萬美元，向大陸出口50881噸，3327.2萬美元。（見表4）

兩岸水產品貿易的主要形式有間接（轉口）貿易、直接貿易和漁民海上「魚鈔交易」，其中以兩岸之間在沿岸進行的直接貿易為主，「魚鈔交易」是指大陸和臺灣漁民直接在臺灣海峽或沿海區域進行的民間水產品交易，其數量較難統計，兩岸所進行的水產品貿易統計一般都未將「魚鈔交易」計算在內，但據瞭解，目前海上「魚鈔交易」已有部分轉移到岸上，但此種交易方式的數量和金額仍然不小，例如目前福建寧德三沙2003年至2007年8月對臺「魚鈔交易」額累計達740多萬美元。〔5〕

表4　近十年臺灣對大陸水產品貿易統計

單位：噸、千美元

年份	水產品進口 總進口 數量	水產品進口 總進口 價值	水產品進口 從大陸進口 數量	水產品進口 從大陸進口 價值	水產品出口 總出口 數量	水產品出口 總出口 價值	水產品出口 向大陸出口 數量	水產品出口 向大陸出口 價值
1997	476739.2	731291.9	14855.1	29474.5	400305.1	1271095.7	45.0	129.0
1998	299051.4	541754.9	13791.7	25898.4	471430.4	1092014.5	1386.8	2602.2
1999	437255.3	595945.8	13995.0	27266.0	411958.0	1022555.2	235.9	211.3
2000	456214.4	596176.8	13835.7	23881.8	479442.8	1211132.3	1654.5	720.1
2001	424203.3	502683.1	12724.8	18858.6	510736.1	1142736.7	1814.6	1043.0
2002	388803.8	500747.8	14089.5	21793.0	580032.0	1225762.9	2663.2	1337.8
2003	377482.9	496030.3	15647.7	25975.9	570712.5	131599.2	1723.2	1967.4
2004	386560.7	526062.7	19659.5	35120.3	558293.0	1535946.4	2756.1	4193.2
2005	381406.8	567307.5	20237.7	42502.1	625679.3	1542091.6	5133.9	9481.5
2006	344623.1	593331.5	26423.5	45050.1	616250.9	1225311.2	33943.7	31650.3
2007[1-10]	260263.4	513832.5	30309.3	62307.7	518971.6	966335.7	50881.1	33272.4

資料來源：臺灣漁業年報（1997-2006）；海關進出口統計資料，臺灣「行政院農業委員會」，http://agrapp.coa.gov.tw.

兩岸水產品貿易的產品結構相對穩定，根據臺灣漁業部門統計，大陸對臺灣出口主要品種有干貝、魚翅、魚卵、蝦、蟹、魷魚、紫菜、珍珠、海帶、海蜇、魚漿等；臺灣輸往大陸的水產品包括墨魚、魷魚、魚翅、鮪魚、鰹魚、旗魚、秋刀魚、鯊魚、魚粉、魚飼料等。按類別分，大陸對臺灣出口的水產品，魚類及其製品占15.3%，甲殼類及其製品占10.7%，飼料用魚粉占10.1%，軟體類及其製品占8.7%，臺灣出口到大陸的水產品近90%是魚類及其製品和軟體類及其製品，分別占45.7%和43.5%。2006年大陸對臺灣出口的前五位水產品為紫菜和海苔、蟹、海帶、魚卵和蝦，其中紫菜海苔、蟹和海帶占68.6%，共3090.4萬美元；從臺灣進口的前五位水產品為魷魚、黃鰭鮪、大目鮪、鰹魚和魚翅，其中魷魚1364.1

萬美元，占43.18%。〔6〕

（二）兩岸漁業產業合作的未來發展方向探討

台商投資大陸的產業基本格局為，首先集中在第二產業中的製造業，其次為服務業，最少的則是農林漁牧業，事實上兩岸農業領域存在較強的互補性，但台商投資農業的金額始終不高且投入結構不合理，〔7〕農產品貿易往來在兩岸貿易中也僅占有很小的比重。根據臺灣「經濟部」投資審議委員會的統計，1991年至2007年7月，台商投資大陸製造業共17005件，總金額350.56億美元，占總投資的58.69%，而同期投資農林漁牧業540件，金額2.38億美元，占總投資金額的比重僅為0.39%；〔8〕而與兩岸農產品貿易相比較，兩岸水產品貿易的發展則更慢，規模也更小，2006年大陸已經成為臺灣農產品第三大出口國，出口金額4.3億美元，占9.92%，第五大農產品進口國，進口金額5.63億美元，占總進口5.53%，而兩岸水產品貿易在臺灣水產品進出口額中的比重僅為12.1%和3.5%。由海峽兩岸漁業資源、生態環境、科技水平、勞動力資源以及市場條件的方面的差異性所決定，兩岸漁業產業和貿易存在互補性和發展潛力。

未來兩岸漁業交流與合作可供探討的方式如下：

1.引導台商加大對產業領域的投資力度。水產品加工業、水產養殖業、遠洋漁業以及漁業關聯產業是未來兩岸漁業合作的重要領域。

大陸目前水產品精、深加工產業還為數不多，貝類和藻類、海洋藥物以及海洋功能食品的加工幾乎還是空白，與臺灣加工業合作的空間還很大。

水產養殖是海洋經濟的支柱產業，是陸地經濟增長的新動力。大陸雖具有發展水產養殖業的優越自然條件和規模經濟上的優勢，但技術含量低，養殖產品加工率低，其發展受到資源、環境、市場、科技等諸方

面因素的制約。臺灣水產養殖業發展空間受限，但在高經濟價值魚種和行銷貿易渠道上具有競爭優勢。未來應重點發展品質優良，市場接受度高的鮑魚、對蝦、羅非魚、石斑魚、軍曹魚等優勢品種養殖；分區域、有針對性的引進具有低生產成本，高經濟效益特點的外海網箱養殖、低能耗循環水養殖等關鍵技術，提升大陸水產養殖業的技術水平，提高其抵禦自然風險和市場風險的能力。

大陸與臺灣在遠洋漁業方面的合作目前還不多。當今遠洋漁業已經成為一個國家或地區漁業發展水平的重要標誌，大陸和臺灣同屬世界上為數不多的年產量超過10萬噸的國家和地區之一，當前臺灣遠洋漁業發展萎縮，正在謀求出路，是加強兩岸遠洋漁業合作的有利時機。大陸可借鑑和利用臺灣在遠洋漁業方面的高新技術，如衛星遙感和地理訊息系統等，改造傳統的海洋漁撈業；允許臺灣到大陸註冊遠洋漁業企業；准許臺灣的漁業船隊設立漁業公司；引進臺資改造、新建遠洋漁船；興辦遠洋漁業合資企業等。

在漁業關聯產業合作方面，可進行的合作有漁船製造維修、養殖飼料加工以及休閒漁業等。休閒漁業是近年來世界各地在海洋漁業面臨資源衰退，漁業效益下降的情況而採取的戰略措施。隨著大陸工業化和城市化的加快，集生態、生產、生活於一體的休閒漁業是今後漁業發展的重要方向。應該借鑑臺灣發展休閒漁業經驗，吸引臺資在沿海區域發展觀光碼頭、觀光漁業等休閒娛樂的漁港經濟，減輕海上捕撈壓力，促進漁村經濟發展。

2.完善專業化和規模化的對臺水產品交易平臺。目前兩岸水產業民間的交流越來越頻繁，臺灣進入大陸的魚苗、水產品等主要是在沿海的臺輪停泊點或碼頭等轉運上岸，部分民間的水產品交易還是在臺灣海峽以「魚鈔交易」是方式進行，交易地點分散，設施簡陋，不利於兩岸水產品交易的持續發展。應繼續選擇有交通便捷且有較完備的港口資源條件

的地方設立海峽兩岸水產品集散中心，集散中心應該配備有固定靠泊的專業碼頭，有冷藏、冷凍、活魚暫養、油料補給等保障設施，有發達的水產品加工基地和相對穩定的貿易渠道，並引入臺灣水產品批發市場拍賣交易、期貨交易等交易方式，確保貨源充足和交易公平。為充分發揮集散中心的功能，在條件具備的時候，增加臺灣水產品免關稅的品種，或進行關稅和增值稅的減免。

3.建立兩岸漁業資源開發、保護和管理合作機制。當前海峽兩岸共同依賴的東海、黃海、南海漁業資源，正在遭受過度捕撈的威脅；兩岸的漁業作業海域重疊，漁船事故以及人員糾紛難免發生，維繫中國海域漁業資源的永續利用，保證漁業可持續發展，維護兩岸漁民的合法權益是兩岸人民的共同期望。保護和管理漁業資源關鍵在於應該建立起有效的合作機制，包括對漁業資源進行調查、評估和共同開發；相互提供海難救急支援和漁船補給作業；協調兩岸漁事糾紛，建立事故仲裁處理機制；聯合進行漁業勞工技術技能培訓等。

4.共同開展漁業科學研究，建立長期的合作機制。目前大陸的臺灣水產種苗主要以對蝦苗種為主，其他魚、貝、藻類的苗種培育技術還不過關，數量很少，有待於建立專門的水產種苗繁育研發中心和生產基地，引進臺灣漁產名優品種進行試養、繁育和推廣，促進水產養殖品種的更新換代；雙方的高等院校和海洋科技研究機構聯合開展相關課題的學術研究，並透過舉辦學術研討會交流研究成果，建立長期的合作機制。

5.規範對臺漁工勞務輸出的管理。兩岸漁工勞務合作的重新恢復有望使兩岸漁工勞務合作朝向制度化方向發展，隨著雙方協調機制的逐步完善，對臺漁業勞務合作領域有望由捕撈業向水產養殖、加工等行業擴展。在對臺漁工勞務合作問題上，我們不僅對漁工的合法權益要據理力爭，同時也要規範對臺漁工勞務輸出的管理，包括嚴格漁工資格審查、進行安全技能培訓等，使兩岸漁工勞務合作真正成為連接兩岸人民感情

的紐帶。

四、結語

目前，兩岸經貿關係還處在間接、單向的狀態，臺灣對兩岸的漁業合作還有限制：16項具有特別技術及高度競爭力的產業項目尚為被允許到大陸投資；魚苗、蝦苗、孵化用魚卵、魷魚等87項專門技術及高度競爭項目列為項目審查類；有59項漁產品禁止從大陸間接進口，55項需經過項目審查才允許進口。目前以及今後一定的時期內，雙方都還不會成為對方水產品的主要貿易夥伴，但由漁業產業和貿易客觀存在的互補性所決定，兩岸漁業產業和貿易的合作勢必將帶動雙方漁業的可持續發展，我們期待兩岸漁業領域穩定、有序、健康的合作能夠早日實現。

（原載於《臺灣研究集刊》）

論臺灣農業科技創新及其啟示

趙玉榕

廈門大學臺灣研究院

戰後臺灣農業由落後走向先進，由傳統走向現代，農業科技的研究和創新在其中起了關鍵的作用。科技創新是推進農業現代化、提高農業綜合效益、增加農民收入的重要支撐。臺灣農業科技創新的做法和經驗值得我們借鑑。

一、農業科技創新的理論和內涵

一般認為，技術創新的理論是美籍奧地利經濟學家約瑟夫·熊彼得所開創的，最近有學者認為，馬克思才是技術創新理論積極性的鼻祖，

馬克思的技術創新理論包括技術創新類型論、主體論、動力論、規模論、演化論、創造性破壞論、技術創新與資本積累論等，相對於熊彼得，馬克思的技術創新理論更全面和深刻。

對於農業技術創新的內涵和特徵，不同學者有不同的見解。筆者認為，應該從廣義的角度來理解農業技術創新的內涵，其不僅指農業技術發明在農業經濟活動中的應用，即包括農業新技術的研究和開發、轉移和滲透，還應該包括商業化生產與擴散、市場銷售，甚至科技人才培養和服務，其應該是一個包含科技、社會和經濟在內的複雜系統，能提高社會、經濟和生態效益的技術都應該是農業科技創新的內容。

二、臺灣農業科技創新的特點

戰後，臺灣以「發展農業、建設農村和照顧農民」為施政的主要目標，推動了一系列的農業建設方案，經歷了戰後恢復，迅速發展，工農、城鄉協調發展的過程，綜合生產能力不斷提高，農業由落後走向先進，由傳統走向現代，主要得益於農業科技的研究和創新。21世紀，知識經濟與經濟全球化進程明顯加快，以農業生物技術和訊息技術為特徵的新的科技革命浪潮正在世界各國全面興起；而貿易自由化又對農業提高經營效率和競爭能力提出新的要求，農業的發展比任何時候都更加有賴於科技進步和科技知識的應用，技術創新成為提高農業競爭力的核心。在這樣的背景下，以「差異性和不可替代性的產品或服務來強化競爭優勢」，「以創新研發以及行銷服務」作為農業科技發展的重點，臺灣制定並實施了新的農業科技發展戰略。

臺灣農業技術創新具體表現在以下幾個方面：

（一）機構創新：具有層次分明的農業科技創新體系

臺灣有一套比較完整的科技體系，「國家科學委員會」負責研究和

協調科學發展工作,「行政院科技顧問組」是負責制定科技發展策略以及評估情況的最主要的資訊機構。農業科技發展問題通常由科技顧問組研究討論,提出建議後,由「農委會」制定具體計劃,頒布政策,並提供經費。農業科技研究系統具有層次分明、結構合理、力量集中的特點。「國科會」以資助農業基礎理論研究為主,「農委會」則側重資助農業科技應用研究和推廣;「中央研究院」主要從事學術及基礎研究,大專院校在培養農業科學研究、教育和管理的高級人才的同時也從事農業技術研究;「農委會」所屬試驗研究機構進行農業應用技術的開發和研究以及推廣試驗。農業科學的研究機構主要有:「中央研究院」下屬的生物農業科學研究所,「經濟部」下屬的兩個研究所(糖業、畜產);「教育部」下屬的各大學院校農業研究所以及「農委會」下屬的若干試驗所和農業改良場等,其中「農委會」下屬的各試驗所和農業改良場集中有全臺灣的主要農業科技研究力量。為了整合農業研究力量,提升農業研究水準,臺灣決定將「農委會」所屬的農業試驗所、林業試驗所、水產試驗所、畜產試驗所、家畜衛生試驗所、農業藥物毒物試驗所、特有生物研究保育中心、茶業改良場及種苗改良繁殖場等九個試驗研究合併成立「國家農業研究院」,「國家農業研究院設置條例(草案)」已經行政院組織改造推動委員會透過,第一階段的20項法規及措施已經制定完成。「國家農業研究院」將以財團法人化的組織形式運作,政府負責給予必要的經費支持,並具有監督權,主要任務為研發、成果管理和技術轉移,組織、人事及經營管理方面將更具「彈性」。

(二)管理創新:科技管理規範

臺灣不僅在農業科技研究發展、農業各產業技術發展政策、制度、法規、策略及重大方案、農業科學研究計劃資源分配的諮詢等都有相關的機構負責,並且有一套完整、有效的,並且根據科技發展和應用的需要不斷改進和創新的科技計劃和成果管理辦法。

1.農業科技計劃績效評估制度。為協助確保科技計劃經費更有效運用，以提升科技計劃執行績效，以往相關部門較少對下達的科技計劃執行過程和研發成果進行追蹤和監督，對科學研究過程疏於管理，影響了科學研究成果的實際運用。農業科技計劃績效評估制度，對評估、績效衡量標準以及評審流程進行規範，建立起合理完整且具體可行績效評估和回饋制度，不僅有助於保證科學研究成果的實際效益，且也為政策制定以及科學研究規劃提供參考依據。

2.科技成果管理。在1999年1月頒布的「科學技術基本法」的基礎上，「行政院農業委員會」2001年9月發布了「行政院農業委員會科學技術研究發展成果歸屬及運用辦法」對研究成果的管理與運用進行規範，為農業科學研究成果的管理和運用取得了有效的法律保證。2004年3月上述「運用辦法」進行了修正，對農業研發成果管理制度評鑑、產學合作以及研究成果收入分配等方面做了更明確的規定。

3.研究成果評鑑制度。針對接受「農委會」補助或委託的科技計劃執行單位所實行的研發成果管理制度。由「農委會」委託財團法人臺灣管理科學學會執行，評鑑項目包含研發成果管理制度、技術移轉制度、研發成果之會計及稽核制度與敏感科技安全管制制度等四大項目。

4.建立標準作業及與世界接軌的質量認證體系。2007年1月頒布了「農產品生產及驗證管理法」，對優良農產品認（驗）證、有機農產品與農產加工品管理、農產品產銷履歷管理進行規範，農產品生產及驗證管理法施行細則、進口有機農產品管理辦法、農產品產銷履歷管理辦法、優良農產品驗證管理辦法、農產品檢查及檢驗辦法、檢舉違反農產品生產及驗證管理法案件獎勵辦法等10個相關子法也在制定之中。健全、法制化的農產品產銷履歷制度，維護了消費者健康與權益。

5.強化對知識產權的保護。過去臺灣的研究成果大都直接向農民推廣，在農業科技成果知識產權保護方面相對薄弱。近幾年臺灣開始重視

科技成果知識產權的保護，成立「農業智慧財產審議委員會」，透過「智審會」的有效運作，不僅農業科技成果知識產權得到了保護，技術轉讓收入也迅速增長，2002年至2006年累計取得專利154件，技術轉讓175件，技轉收入6461萬元（新臺幣，下同），比1989年到2001年13年的計轉收入總和還多。

（三）技術創新：加強基礎及高新技術研究

臺灣重視農業基礎和高新技術研究，科學研究投入維持在較高的水平，根據統計，2004年臺灣農業基礎研究科學研究經費為6.45億元，共729個研究課題，涵蓋生物多樣性、農藝學、園藝學、農械、土壤、植物保護、畜牧獸醫、森林及水土保持、漁業等多領域；參加研究人員1997人；應用研究與技術發展（含農作物科技、林業科技、漁業科技、畜牧科技、食品科技等）的經費投入為12.15億元。

研究成果豐碩：2005年和2006年臺灣農業科技研發成果共1814項，其中「農委會」所屬研究單位1293項，委託財團法人研究機構或大學院校研究537項；研究範圍廣泛，涉及農業政策、生產、生態、加工、訊息等領域，其中農業領域有498項、農業政策58項、農業推廣100項、防疫檢疫262項、林業103項、林業防災2項、漁業110項、牧業26項、訊息化技術76項、生物技術168項、生態及生物多樣性195項、自動化33項、食品101項、資源3項及環保63項。

由於農業科技研究針對性和實用性強，與市場和生產緊密聯繫，不僅科學研究成果豐碩，且研究成果易於為農戶所接受，推廣效果好，增加了科學研究部門的直接收益。1999年-2004年，農委會所屬16個試驗改良場共新育成148個農林牧漁新品種，累計產值963.41億元；開發新技術370項，累計增加收益467.24億元；開發新產品73件，直接效益達到81.78億元；專業資訊、現場指導和品質評鑑等技術服務441項，估計增加收益248.21億元；專利及技術授權149件，累計技術轉讓收入1715萬元。可量

化產值總計為1760.8億元,同期,農業科技投入為189.96億元,投入產出比高達1:9.26。

(四)成果實現方式創新:科學研究與推廣互為依託

科技成果轉化、示範與推廣應用是農業科技轉變為現實生產力的關鍵環節,科學研究創新是推廣的前提,科技推廣是科學研究價值的具體實現。高新農業技術能否轉化為生產力,關鍵至於把高新、適用的農業技術及時送到農民手中。科學研究和完善的農業科技推廣服務體系緊密結合,教育、科學研究和推廣互為依託,教育為科學研究和推廣服務,科學研究成果透過教育和推廣及時轉化為生產力。臺灣農業技術的推廣和普及透過三大體系進行,一是農業改良場,二是大專院校,三是農會等農業合作組織,三大推廣體系職能各有所側重,相互配合。農業改良場是區域性的農業技術研究和推廣單位,負責本轄區內的農業技術指導、規劃及推廣人員的教育培訓等工作;中興大學、屏東科技大學、臺灣大學和宜蘭大學等院校設置有農業推廣委員會或推廣中心,並配備有農業推廣教授,兼任相關區域農業改良場農業技術諮詢委員,定期或不定期召開農業研究教育推廣聯繫會議及農業技術諮詢會議,協助解決農業經營及鄉村發展相關問題;農會將農業推廣、家事輔導和農民教育形成一個有機的整體,將科學研究和教育單位的技術轉移給農戶,透過示範、培訓班、研討會等形式,讓農民理解新品種和新技術。教育、科學研究和推廣三方面緊密配合的農業科學研究成果實現方式創新,保證了科學研究成果及時轉化為生產力,取得效益。

(五)經營模式創新:中心衛星體系

在發達國家,不論農業經營規模大小,家庭農場作為農業的基本單位,都是透過社會化服務,實現了小生產與大市場的連接,在市場經濟迅速發展,市場競爭十分激烈的情況下,家庭經營透過多種形式聯合起來,實現產業化生產,一體化經營,使農業生產呈現專業化、規模化、

科學化和商品化趨勢，已成為現代農業發展的基本途徑。縱觀世界各國的農業產業化過程，農業科技進步的推動具有重要的作用。臺灣農業現代化的實現在於採用了將傳統農業的優勢與現代科技相結合的辦法，透過加大對農業科技的投入，發展農業科技來帶動小規模農業產業化的實現。

21世紀是全球化、自由化的知識經濟時代，臺灣農業資源配置不合理，農產品產銷失衡的問題依舊突出，有效的企業化經營是提升農業競爭力的必要保證，最近臺灣在「新農業運動」提出的「中心衛星體系」就可以看作是經營模式的一個創新。「中心衛星體系」的推動策略包括農業經營企業化、創新研發產業化、農業人才優質化、物流運籌效率化、產銷分工專業化、產銷履歷透通化等六大方面。但其實質在於農業經營企業化，即發揮「群聚規模經濟效益」，「以農會、合作社等農民團體或農企業為中心經營體，其外圍之農民團體或產銷班為衛星農場，運用垂直整合、水平擴張、同業與異業結盟等方式，將小農結合成為大農，以降低經營成本、改進產品質量、穩定產品供需、提高產銷效率及精準掌握市場需求，共同塑造競爭優勢」。「中心衛星體系」是臺灣以往農業經營方式變革的延續，其對農業發展將產生怎樣的效益，值得關注。

（六）服務方式創新：訊息化

當今時代訊息作為一種新的生產要素正在發揮越來越重要的作用。農業訊息化就是把現代訊息技術應用於農業生產、交換、分配和消費的全過程，其可降低農業生產的投入，增加農產品的數量，提高質量，加速農產品的流通，是提高農業經營效率，實現資源高效配置的手段。臺灣農業訊息化體系包含了生產調查、市場交易、營銷服務、農產貿易、產銷分析、經營輔導及農業環境訊息等七個方面，以各項利用因特網技術與行動通訊的整合產銷訊息系統為核心，從農產品的產銷數據調查、

蒐集及訊息服務的提供，到輔導農民、產銷班、農會及通路業者發展農產品電子商務應用均涵蓋其中。

臺灣農業的訊息化已經達到了一定的水平，電子訊息技術已經廣泛應用於農業經營的全過程。透過網絡提供市場行情、生產與銷售資料、農業資材與農產貿易等產銷情報訊息，例如「市場情報服務查詢系統及數據庫」、「農產品交易行情系統及數據庫」、「農產品貿易查詢系統及貿易情報數據庫」、「農情報告操作系統」、「農產品物價查報系統」、「農產品生產成本調查系統」、「稻米生產量及面積調查」與「稻米糧價及小包裝價格調查系統」等；全臺灣344個農漁會全部建立了「農業資訊社群網絡」，使農漁會的推廣、供銷、保險、會務等都實現了電子化；幾乎所有的批發市場已經實現了拍賣過程電子化。

（七）科技領域創新：生物技術產業

生物技術是20世紀的新興科技，其發展已經廣泛的被應用在包括農業、食品、醫療等各項領域中。90年代末以來，臺灣開始加快生物技術的研究創新及其應用技術的發展。1997年透過「加強生物技術產業推動方案」，生物技術產業產值逐年增長，從1999年的180億元增加到2004年的343億元，在「挑戰2008：國家發展重點計劃」中，生物科技被列為「明星產業」之一。農業是生物技術應用最廣泛的領域，從1999年開始施行農業生物技術「國家型」科技計劃，花卉及觀賞植物、植物保護、水產養殖、動物用疫苗、農產品保鮮利用、農業環境保護以及保健及藥用植物等列為重點領域，目前正在施行中的第三期計劃（2005—2008年）投入經費28億元，預計相關產業產值可超過1000億元。農業生物技術穩定成長，1997年僅生物技術產業的產值就達102億元臺幣。為推進農業生物技術的研究及生物技術產業的更深入的發展，2003年設立了「農業生物技術園區」，由屏東縣農業生物科技園區（「中央主導型」園區）和彰化縣花卉園區、臺南縣蘭花生物科技園區、嘉義縣香草藥草生

物科技園區以及宜蘭縣海洋生物科技園區（「地方政府主導型」園區）等五個園區構成，總規劃面積901公頃，經費投入151億元新臺幣。農業生物技術園區兼具研發、產銷、加工及運轉功能，形成農業科技產業的規模效應，是生物科技產業化的重要舉措。截至目前，屏東農業生物科技園區已完成233公頃基礎工程，51家廠商獲准進駐，總投資額達26.46億元，其中14家廠商已於2007年7月入駐；臺南縣蘭花生物科技園區完成營運服務中心、國際花卉展覽中心、蘭花公園等23公頃公共設施1期工程建設，核准29家業者進駐，可租用地出租率100%，10家進駐業者已投產；彰化縣「國家花卉園區」、嘉義縣「香草藥草生物科技園區」、宜蘭縣「海洋生物科技園區」各項規劃或建設均積極進行。園區營運後，將帶動成為衛星農場生產區的周邊相關農業生產的發展，增加農民收益。園區共可容納120家企業，預計2012年臺灣農業生物科技產業年產值可由目前之40億元達到290億元，並增加1.7萬名就業機會。

「農業轉型科技化，科技成果產業化」是當前臺灣農業發展的主流方向，農業科技創新能夠增加農產品高科技含量和高附加價值，是減少入世給農業帶來的衝擊，提高農業國際競爭力的根本措施。

三、幾點啟示

綜上所述，臺灣建立有門類齊全、分工明確的研究開發體系，規範的管理辦法，健全的農業推廣服務組織，完善的農業資訊體系，農民具有使用科技成果的積極性，這些因素是臺灣農業科技得以發展，並且不斷創新的基礎和條件。

當前，中國農產品供給結構性剩餘，農民增產不增收的狀況十分突出，大力推進科技創新，推進農業科技成果產業化，加快農業和農村經濟結構調整，是解決目前農業問題的關鍵。

中國的農業科技發展存在著重研究輕推廣、重成果輕應用、科技成

果整體水平低、科技投資總體偏少、科學研究與市場脫節、科學研究、教育和推廣聯繫鬆散、科學研究成果無法轉化或不能及時轉化以及農業科學研究高級人才不足等問題。影響了農業科技對農業和農村經濟支撐能力的充分發揮。如何盡快建立和完善農業科技創新與轉化體系，使農業科技為現代農業和農村經濟發展，造成真正的促進作用，是一個值得高度重視並急需解決的問題。

從臺灣農業科技創新的經驗，我們得出以下幾點啟示：

1.構建新型的農業科學研究體系。為有效避免科學研究成果與實際需要脫節的現象，大部分農業研究機構（部分提供公共服務的科學研究機構出除外）應該轉為企業，直接面向農民和市場，參與競爭；

2.建立和健全科學研究、開發和推廣三位一體的體制，促進三者的有機結合，提高科技成果轉化率；

3.增加實用性強的農業技術成果數量，將農業生產急需的，適合中國生產要素發展水平和市場需求變化的技術，作為農業科學研究的突破方向，儘可能多的提供既經濟實用且操作簡易的技術，便於科技成果和技術的推廣；

4.建立具有較強國際競爭能力的農業科技人才隊伍，農業院校在培養農業技術專業人才的同時，更要注重培養兼具科技和經營管理的複合型人才；

5.加大農業科技創新的資金投入力度。除了加大政府的投入力度外，要調動民間資金的參與，形成多元化的科技資金投入機制，並且要撥出專項經費專門用於農業技術推廣工作；

6.提高農民素質，採取有效措施，激勵農民主動採取新技術，並提高農民獲取和接受新技術以及利用訊息的能力。

(原載於《海峽科技與產業》)

論海峽兩岸科技產業的分工與合作

李非　熊俊莉

一、引言

關於兩岸產業分工與合作的研究，依其貿易受限、投資單向等特性，一般集中於臺灣對大陸直接投資所產生的生產分工與合作方式，以及對區際資源配置及跨區商品、勞務交換的影響等領域。近年來隨著兩岸產業結構不斷調整，科技產業的分工與合作已成為兩岸產業分工合作體系中最重要的組成部分，各種探討兩岸科技產業分工方式、合作策略和成效評測等層面的研究有如泉湧，其中部分是基於對外投資理論中早期的產業組織理論（industrial organization theory）、區位理論（location theory）等解釋兩岸產業分工的形成機制，也有利用產品生命週期理論或價值鏈（value-chain）與產業附加價值結構的角度來分析臺灣科技產業西移大陸的趨勢。

大陸地區對兩岸科技產業分工合作的研究多集中於產業互補性分析和分工合作趨勢評測。韓清海（1994）利用分工理論中經典的「比較利益」原理，研究兩岸產業分工合作的架構，指出兩岸高科技產業分工合作的必然趨勢。郭國慶等（2001）借助國家或地區科技產業發展四步驟（概念科技化、科技商品化、商品產業化、產業國際化）及科技產業價值鏈（研究、設計開發、物流網絡、生產製造、市場營銷）的分析模式，考察兩岸在科技產業合作方面的機會和可能。

近年來臺灣對兩岸科技產業競爭與合作關係的研究也不斷升溫。王鳳生等（2003）以徐作聖（1999）高科技產業生命週期四階段的研究為基礎，分析了兩岸高科技產業的動態發展歷程和差異性，並提出兩岸高

科技產業發展的三個原則（核心——差異化、速度——相對化、合作——全球化）和三種競合模式（合作生產模式、良性競爭模式、資源整合模式）。陳麗瑛等（1997）受臺灣「經濟部工業局」委託研究，由貿易、投資效益、技術移轉、企業營運面等多角度，評估臺灣1993年底「產官學」共同研擬的「兩岸產業分工政策及12項產業的分工體系」執行成效，認為電子業、通信業等產業應適當調整改變其「投資從嚴、貿易從寬」的一般性分工原則。

本文試圖在前人研究的基礎上，利用區域分工與合作的理論框架，深入分析兩岸科技產業的分工形式與分工機制，探討未來兩岸促進分工、加強合作的發展策略。

二、海峽兩岸科技產業的分工形式

就產業分工內容而言，物資交換、商品貿易屬低層次的分工形式，而區別於貿易所引致的資本、技術和人才等生產要素的直接流動是區域經濟分工加深的表現，屬高層次的分工形式。隨著區域性分工和產業性分工的深化，兩岸科技產業分工以前所未有的速度發展，並表現為三種主要形式：以進出口產品為表現形式的貿易分工體系、以台商投資大陸所帶動的製造生產分工體系、以技術和人才流動所產生的研發分工體系。

（一）兩岸科技產業的貿易分工體系

近年來，儘管臺灣仍然限制近兩成的商品，但總體而言，貿易開放的步伐緩慢而持續地進行著，兩岸經貿往來漸趨頻繁，科技產業的貿易關係也逐漸深化。臺灣國貿局進出口貿易統計數據顯示，電機設備及零件（85）、光學照相精密儀器（90）與機器機械用具（84）等科技產品的進出口已成為兩岸貿易的主力（Top5）。

首先,可以用產業進出口依存度來測度兩岸科技產業貿易聯繫的緊密程度。作者對1997年以來上述三類科技產業的統計結果(表1)顯示,兩岸間科技產業的貿易關係發展十分迅速。以電機設備及零件(85)類為例,2006年臺灣對大陸出口153.9億美元,進口86.2億美元,與1997年比較提高了近10倍;進出口依存度也分別上升至17.60%和18.68%。同時,儘管該產業臺灣對大陸存在67.7億美元的順差,但產業進出口依存度卻十分接近,而相比而言,光學照相精密儀器(90)產業隨著兩岸貿易關係的加深,出現嚴重失衡的現象,臺灣對大陸出口依存度高達54.58%,遠大於進口依存度11.85%。

表1　兩岸科技產業進出口依存度變化趨勢

年份	電機設備及零件		光學照相精密儀器(90)		核子、機器機械用具(84)	
	進口依存度	出口依存度	進口依存度	出口依存度	進口依存度	出口依存度
1997	3.56	0.77	0.70	0.33	2.03	0.30
1998	4.60	1.37	1.14	0.75	2.14	0.28
1999	5.00	2.57	1.08	0.65	1.83	1.00
2000	5.23	2.57	0.93	0.94	2.61	1.36
2001	6.47	3.40	1.65	3.77	5.18	2.30
2002	7.96	9.13	2.32	11.88	9.26	5.16
2003	9.81	13.47	5.60	43.58	13.70	11.10
2004	11.28	16.18	8.28	58.54	13.77	14.65
2005	14.47	17.79	10.12	57.85	14.84	16.72
2006	17.60	18.68	11.85	54.58	15.27	19.13

註：（1）表中產業進（出）口依存度均指臺灣該產業對大陸的進（出）口依存度（％）。（2）進出口數據取自臺灣國貿局對大陸（未包括香港）貿易統計。

資料來源：作者根據臺灣國貿局兩岸貿易數據整理計算，http://cweb.trade.gov.tw。

其次，透過計算基於產業的貿易專業化係數（進出口差額占進出口總額的比例），也可以瞭解兩岸在科技產業分工的角色。貿易專業化係數（TSC）的計算公式如下所示：

$$TSC_i = \frac{(X_i - M_i)}{(X_i + M_i)}, \quad -1 \leq TSC_i \leq 1$$

其中，代表不同的產業，代表臺灣產業出口到大陸的出口值，代表進口值。當產業臺灣對大陸順差時，為正數，逆差時為負數。當指標值愈接近-1或1時，則表示兩岸間該產業的垂直分工程度較高，臺灣對大陸的貿易專業化程度較高，即上下游的分工關係程度較高；反之，若趨近於0，則表示該產業的水平分工程度較高，屬於產業內貿易形態，即兩岸貿易的產品同質性高。作者計算上述三類科技產品的貿易專業化係數繪得圖1，可以看出2000年以後隨著兩岸貿易逐漸開放和產業分工日益深化，臺灣對大陸各類科技產業的進出口貿易均由逆差轉為順差，各產業的貿易垂直分工程度不斷提升，直到2003年以後相對穩定下來。2006年，光學照相精密儀器（90）的TSC高達0.75，顯示兩岸該產業高度垂直分工；而電機設備及零件（85）與機器機械用具（84）的TSC就相對較低，分別為0.28和0.21，呈高度水平分工形態。這樣的貿易分工形態可能和產品的生命週期有聯繫，處於產品生命週期成熟階段的科技產品兩岸水平分工的程度相對較高，而萌芽期和成長期的科技產品垂直分工的程度相對較高。

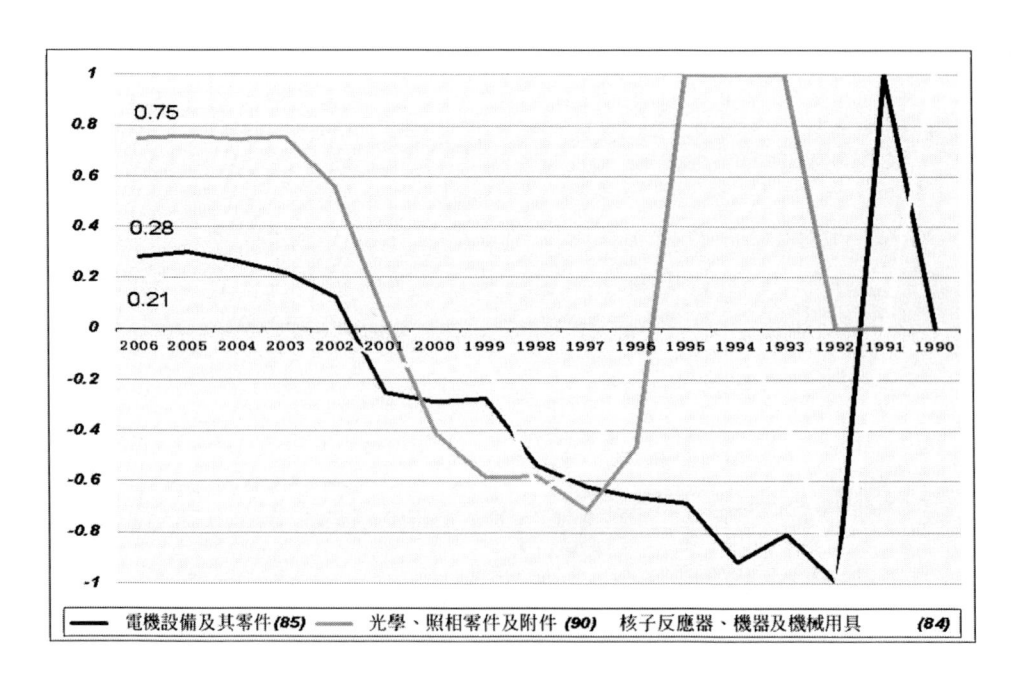

圖1　兩岸科技產業貿易專業化係數（TSC）變化趨勢

資料來源：作者根據臺灣國貿局兩岸貿易數據計算繪製，http://cweb.trade.gov.tw。

（二）兩岸科技產業的製造分工體系

區域產業分工的深化，與區域內國家或地區直接投資的發展密切相關。產品生命週期理論說明，產品的成長過程歷經新產品時期、成熟產品時期和標準化產品時期三個階段。一旦進入標準化產品時期後，該產品便進入海外直接投資階段，以直接供應當地市場或利用當地廉價生產要素降低生產成本。早期台商投資大陸形成的兩岸製造業分工體系，多偏向於將臺灣已處於標準化階段的勞力密集型產業移往大陸生產（加工）。隨著兩岸經濟社會環境的變化，臺灣的科技產業加快大陸布局的步伐，逐漸成為台商投資大陸的主力。

表2　台商投資大陸科技產業規模和比重變化趨勢

單位：千美元/件；%

年份		2001	2002	2003	2004	2005	2006
電子零組件業	投資規模	3144.29	5203.46	4058.81	12249.79	13711.39	17218.78
	金額比重	32.53	81.85	85.82	59.34	80.32	63.59
電腦、通信及視聽電子產品業	投資規模	3671.67	3453.94	3313.88	6414.15	10156.25	15619.37
	金額比重	66.68	77.88	88.73	89.37	90.83	96.45
機械設備業	投資規模	1738.26	1519.66	1456.11	1714.50	3568.71	4134.08
	金額比重	96.66	99.02	97.54	92.92	93.86	96.40
運輸工具業	投資規模	1979.76	2141.65	2031.35	4052.48	4421.56	5641.52
	金額比重	41.00	87.66	96.93	68.62	88.33	84.38
電子機械器材設備業	投資規模	3082.30	1973.93	2055.61	3731.16	4485.65	6330.72
	金額比重	95.98	94.34	94.04	97.41	88.68	92.80
精密器械業	投資規模	4853.38	2105.64	2274.40	3602.64	5611.87	8639.01
	金額比重	87.05	85.13	84.85	84.02	94.45	98.22
化學製品和材料業	投資規模	3781.26	2392.70	2830.75	5327.99	6251.71	11176.63
	金額比重	56.51	80.59	85.16	81.83	90.83	65.82

註：投資規模＝投資金額／投資件數；金額比重＝對大陸投資金額／對外投資總金額。

資料來源：根據臺灣「投審會」統計資料「核准華僑及外國人、對外投資、對中國大陸投資統計年報」計算繪製。

如表2統計結果顯示，臺灣對大陸科技產業投資增長迅速，2006年臺灣對大陸高科技產業的投資額，在大陸吸引全部臺資中的比重已高達64.47%，而2000年以前該比重僅為44.92%。實際上，台商投資大陸各類科技產業的平均規模不斷擴大（表2），也是投資驅動下兩岸科技產業分工日益緊密的體現。在臺灣科技產業參與全球分工的對外投資活動中，各產業投資大陸的比重均超過60%（表2），其中精密器械業的對外投資高

達98.22%集中於大陸。種種跡象表明,儘管目前兩岸投資關係仍是單向進行,但臺灣科技產業對外投資在大陸的高度集中已經為兩岸建立起緊密的分工與合作關係。

(三)兩岸科技產業的研發分工體系

研發是科技產業高值化的核心。儘管臺灣提出所謂「根留臺灣」政策導向,意即面對產業的生產和製造端在利益驅動下不斷轉移到大陸的現實,力圖引導企業,尤其是科技產業各廠商將營運總部和研發總部留在臺灣,然而,隨著兩岸經貿關係的加深,台商已經表現出對在大陸設立研發機構的極大興趣和初步動向,在大陸的布局已經從生產逐漸擴及到研發活動。因此,在探討兩岸產業分工時,應超越過去所強調的製造生產分工,而逐漸重視研發創新分工。

兩岸的研發資源各具優勢。在「累積豐富生產經驗與管理技能」、「互動良好的產研(產學)合作關係」、「市場訊息」、「科技管理人才」等方面,臺灣表現較優;而大陸在「基礎研究能力」、「優秀與相對低成本研發人才」等方面較具優勢。臺灣「經濟部」一項委託研究指出,台商在兩岸的研發布局,就產品而言,在臺灣的研發活動大多比較傾向於外圍產品、針對國際市場產品和屬於發展階段產品,在大陸的研發活動可能比較偏向於系統級產品、針對大陸內需市場產品和成熟階段產品;就研發或技術屬性而言,在臺灣的研發重心比較偏向於「硬件」、產品開發和製程開發;在大陸的研發則傾向於「軟體」、基礎研究、製程調整、製程認證與工程支持。類似這樣的布局相當程度反映出臺灣與大陸在研發方面各有其區位優勢,兩岸正逐漸建立起新的研發分工關係。

表3 部分台商在大陸設立研發中心的地理分布

設立地點	廠商名稱
上海	金寶電子、大霸電子、神達電腦、大宇資訊、盛群、揚智、英業達、智邦、大眾、廣達、漢康科技
北京	金寶電子、研華科技、寶成集團、威盛、凌陽、英業達、宏碁、微星科技、德金科技、鴻海(富士康)、藍點軟件、華茂、蒙恬、智冠科技、冶天
蘇州	華碩、明基、華鼎科技、華邦光美電子
南京	明基
昆山	微星科技、統一企業、恩克斯、神達電腦、漢鐘精密機械
深圳	鴻海（富士康）、義隆電、藍點軟件
杭州	鴻海（富士康）、豐騰
廈門	士林電機
天津	頂新集團、英業達
珠海	第三波、瑞昱

資料來源：劉孟俊，《1986年以來兩岸研發的合作與發展》，《兩岸經驗20年》，臺灣天下遠見出版公司，2006年，第249頁。

三、海峽兩岸科技產業的分工機制

　　區域產業分工是在市場與政府干預的綜合作用下形成的。近年來，區域分工機制發生了較大變化，出現了有組織的「協議式」的分工機制。除了市場機制的基礎性作用外，政府的政策干預機制所產生的效用也愈來愈大。兩岸科技產業的分工與合作，就台商投資大陸的動機而言，多是為了尋求市場和追求效率；就兩岸政策而言，則大陸多開放性，而臺灣多限制性。

　　（一）兩岸科技產業分工的市場機制

　　工業化地區對外投資的動機一般可分為三種：尋求市場型、尋求資源型與尋求效率型。第一種尋求市場型，通常在企業出口某一地區達到

相當規模後,以投資當地生產代替出口,也有不少企業一開始就以市場的需求潛力為考慮前往投資(各跨國企業赴大陸投資的主要動機);第二種尋求資源型,多數因本地缺乏天然資源或礦產,赴他地投資取得稀缺資源,以降低生產供給成本,也稱為供給推動型;第三種尋求效率型,又稱為合理化投資,經比較本地與它地的生產成本或技術組合或運輸成本等各方面的成本考慮後所作的區際生產分工,充分發揮了產業分工的比較優勢。

就臺灣科技產業投資大陸的動因分析,多以尋求市場和追求效率為主。機械和運輸工具產業的投資多著眼於大陸內銷市場,兩岸之間多水平分工,產品差異性大;電子零組件業和資訊業是臺灣外銷導向型產業,投資大陸更多是為了降低生產成本,提高獲益率;電機產業赴大陸投資一般是為了配合中心工廠轉移大陸的投資策略;通訊產業在大陸的投資更有利用兩岸科技人材合作研發,尋求技術突破的動機。如臺灣通訊行業的大霸電子自行分析其赴大陸投資的動機有:(1)利用當地便宜勞力開拓外銷市場;(2)儘早進入以便占領大陸市場;(3)利用或開發當地資源;(4)有競爭力的同行已前去,不得不跟進。可見,因在大陸投資而形成的兩岸生產分工模式,有利於改善臺資企業的經營情況,促進臺灣產業升級。

表4 台商對外投資和對大陸投資的動機(複選)

單位：%

台商投資動機	全球	大陸地區	資訊電子工業
當地市場發展潛力大	61.25	62.45	60.91
利用當地價廉充沛勞工	53.75	60.48	53.82
配合海外客戶要求	35.75	35.99	38.95
隨台灣客戶赴當地投資	29.09	35.41	25.92
原料供應方便,價格便宜	17.10	18.98	16.01
本業利潤率下降	15.96	18.24	13.60
當地土地取得容易	13.92	15.78	10.34
當地政府獎勵外商投資	9.06	9.29	7.37
有效利用公司資本技術	8.64	8.30	7.37
利用當地最惠國待遇及優惠關稅	7.38	6.57	6.66
利用當地天然資源	6.96	7.48	4.67
加強與國際企業策略聯盟	5.10	3.70	5.52
便利技術及技能取得	3.54	1.64	5.38
降低匯率變動風險	1.14	0.99	1.42

資料來源：《製造業對外投資實況調查報告》，臺灣「經濟部統計處」，2006年10月。

（二）兩岸科技產業分工的政策機制

區域產業分工與合作政策是指區域內各經濟體根據本國或本地區社會經濟發展特徵而制定產業政策，規範區際貿易和勞動力、資本、技術等生產要素流動。自1979年兩岸經貿關係恢復以來，雙方均制定了一系列政策、法規來規範兩岸產業分工與合作。隨著兩岸產業分工日益深化，有關兩岸科技產業交流、分工與合作層面的政策在管制與開放中相

互博弈。

1.大陸鼓勵兩岸科技產業分工的政策機制

大陸吸引外（臺）商投資，早期多以區域優惠政策為主，相對較少以產業別的角度規劃區域生產分工體系。1988年7月公布的《關於鼓勵臺灣同胞投資的規定》，主要是從投資方式、經營範圍、經營期限和稅收減免等方面制定優惠政策鼓勵台商投資。1994年3月5日通過的《臺灣同胞投資保護法》和1999年12月5日通過的《臺灣同胞投資保護法實施細則》，相應增加了繼承與轉讓以及臺資企業協會等條文。這樣就形成了以《臺灣同胞投資保護法》為主，以現行利用外資的法律法規（臺資適用）為補充的鼓勵台商投資的法律體系。但這些並非以產業政策為導向的兩岸經貿法規。

1995年6月，在國務院的批准下，國家計委、經貿委、外經貿部聯合發布的《指導外商投資方向暫行規定》和《外商投資產業指導目錄》開始有規劃地規範吸引外資（臺資適用）的產業指導原則及目錄。幾經修訂，現行的《外商投資項目核准暫行管理辦法》（2004年10月9日）和《外商投資產業指導目錄》（2005年1月1日施行）將外商投資領域分為鼓勵類、允許類、限制類和禁止類，另有《外商投資產業指導目錄》的主要依據之一《產業結構調整指導目錄》（2005年12月2日發布）所規定的淘汰類也適用於外商（台商）投資企業。根據《產業結構調整指導目錄》，大陸鼓勵外商（包括台商）投資現代農業、電子訊息、生物工程、新材料和航空航天等高新技術產業，鼓勵外商在華設立研發中心。目錄中鼓勵類的科技產業條目共計152項，約占全部條目的60%。

表5 大陸《外商投資產業指導目錄》科技產業分類統計

產業類別	鼓勵類	限制類	禁止類
化學原料及化學製造業	25	7	-
醫藥製造業	16	6	2
化學纖維製造業	3	3	-
普通機械製造業	7	3	-
專用設備製造業	42	3	-
交通運輸設備製造業	17	-	-
電氣機械及器材製造業	4	-	-
電子及通信設備製造業	30	1	-
儀器儀表等機械製造業	8	-	-
科技產業合計	152	23	2
全部產業合計	256	77	32

資料來源：作者依據《外商投資產業指導目錄》統計繪製，商務部，2005年1月1日。

2.臺灣管制兩岸科技產業分工的政策機制

自1992年9月17日臺灣公布《臺灣地區與大陸地區人民關係條例》起，以該條例為準則，一系列規範兩岸經貿的政策法規陸續出臺，其中有關兩岸科技產業分工的可分為貿易與投資兩大類。總體而言，臺灣「經濟部」利用國貿局、「工業局」、「投審會」等行政體系審查對大陸投資和貿易，「產官學」共同商定的兩岸科技產業分工體系，也秉承了「投資從嚴，貿易從寬」的大陸經貿政策。

在貿易方面，臺灣採取「寬出嚴進」的政策，配合產業需要逐步開放。目前，根據「臺灣地區與大陸地區貿易許可辦法」，臺灣對大陸進口許可制度雖已由「正面表列」改為「負面表列」，但至2006年2月10

日，臺灣對大陸開放貨品總數為8665項，即仍然對大陸禁止高達2256項農工產品進口，占全部貨品總數10921項的20.7%。

表6　臺灣對大陸科技產業的貿易限制

單位：項；%

限制自大陸輸入				限制對大陸輸出			
產品	禁止進口項數	總項數	比重	產品	禁止出口項	總項數	比重
船舶等零件與附件	16	32	50.00	武器零件與附件	26	28	92.86
車輛及其零件與附件	78	181	43.09	炸藥等可燃製品	10	22	45.45
醫藥品	70	172	40.70	有機化學品	201	680	29.56
電機設備及其零件	132	674	19.58	感光或電影用品	23	82	28.05
武器零件與附件	5	28	17.86	醫藥品	45	172	26.16
光學、照相零件及附件	26	325	8.00	無機化學品	35	310	11.29

註：禁止進口項數僅統計《「中華民國」輸出入貨品分類表》中「MW0」代號的管制輸入大陸物品項數，有條件輸入和委託核查輸入的大陸貨品並未計算在內。

資料來源：根據臺灣國貿局的《「中華民國」輸出入貨品分類表》（2006年2月10日）統計繪製。

除了農產品是臺灣限制從大陸進口的重點外，工業產品中技術密集型產品也是主要的限制類別（表6）。與此同時，臺灣也對大陸施行科技產業的出口管制制度。2002年4月30日，臺灣「經濟部」公告高科技貨品管制清單，增列「大陸地區」為「戰略性高科技設備及技術輸出管制區」，限制23項半導體製造設備輸往大陸。目前，大陸地區是臺灣國貿局公告的戰略性高科技貨品輸出管制地區之一。

在投資方面，根據臺灣「經濟部」最新修正發布（2006年12月25日）的「在大陸地區從事投資或技術合作審查原則」，規範臺灣對大陸地區投資要遵循兩個原則：一是投資人對大陸投資累計金額不得超過「主管機關」所定投資金額或比例上限（表7）；二是投資或技術合作的經營項目分為禁止類和一般類，其中製造業禁止類共102項（表8），大多數禁止項都屬於高科技產業（前述臺灣「財政部」高科技產業的產品範疇），准許投資的一般類累計投資金額超過2000萬美元需列為專案審查案件，超過1億美元列為重大投資案件審查。

表7　臺資企業對大陸投資金額或比例上限

單位：新台幣

類別	淨值	對大陸投資累計金額或比例上限
(一)個人及中小企業	—	8000萬元
(二)實收資本額超過8000萬元的企業	50億元以下者	淨值之40%或8000萬元(較高者)
	50億元以上100億元以下者	50億元部分40%,超過50億元部分30%
	超過100億元者	50億元部分40%,50億元以上100億元以下部分30%,超過100億元部分20%

資料來源：「在大陸地區從事投資或技術合作審查原則」，臺灣「經濟部」2006年12月25日修正發布。

表8　臺灣對大陸投資禁止類產業別統計

產品類型	禁止類項數	比重
礦物燃料(27)	1	0.98
有機化學品(28)	2	1.96
醫約品(30)	12	11.76
雜項化學產品(38)	1	0.98
塑膠及其製品(39)	6	0.98
核子、機械用具(84)	6	5.88
電機設備及零件(85)	9	8.82
航空器及零件(88)	15	14.71
光學照相及零件(90)	1	0.98
合　　計	102	100.00

資料來源：臺灣「經濟部」：「大陸投資負面表列—農業、製造業及服務業等禁止赴大陸投資產品項目」。

　　無論是貿易政策，還是投資政策，臺灣有關兩岸經貿往來的規定，其宗旨就是要建立臺灣高階、大陸低階的產業垂直分工體系，尤其表現在晶圓測試封裝、LCD面板等高科技產業的開放投資上，臺灣甚至提出廠商在大陸的投資或併購必須擁有主控權、擴大全球市占率、產品高低階區隔等具體的審核原則，嚴格管控臺灣企業對大陸的技術輸出和產業轉移。

四、海峽兩岸科技產業的合作策略

　　隨著兩岸經貿交流的深化，兩岸科技產業合作從垂直分工至水平分工、從貿易分工至生產分工再至研發分工，都得到迅速發展。然而，近年來以台商投資大陸所表現的兩岸產業分工也存在一些問題，正如臺灣「經濟部」2006年「製造業對外投資實況調查報告」中所呈現的，在抽樣調查的投資大陸台商企業中，57.68%表示有「市場競爭激烈」的困難，

31.06%表示「資金調度或周轉困難」，其它反映較多的還有「勞力成本上升」、「當地行政效率不足」等。要促進兩岸科技產業分工合作的深化和區域經濟的共同繁榮，必須進一步採取適宜、有效的合作策略，克服現存的障礙和困難。

第一，促進兩岸科技資源交流正常化。

科技的發展是連續性和多變性的全球活動，成功地應用科技發展產業，必然要求商品、勞務、資金、訊息和服務等跨區域自由流通。然而，兩岸科技產業合作遇到的最大障礙就是科技資源受政策限制無法自由流通。現階段，大陸地區與臺灣針對兩岸科技產業分工與合作的政策規定基本上是背道而馳的，前者多開放而後者多限制。兩岸產業政策分歧最直接的影響，就是造成科技資源交流的非正常化，進而影響兩岸科技產業合作的正常發展。在貿易上，臺灣的限制政策使臺灣長期處於順差地位，而且不平衡持續擴大。科技產業也不例外，132項電機設備類、26項光學零件類以及其它各類產品禁止從大陸進口，對臺灣而言，有效地防止了台商投資大陸生產的科技產品回銷臺灣，以保證臺灣對大陸持續順差地位（表9）。在投資上，台商赴大陸投資是基於兩岸區位優勢的考慮，兩岸產業分工是全球分工合作的一環，臺灣以擔憂島內產業「空洞化」為由，限制企業登陸是捨本逐末的做法。企業登陸是臺灣投資環境惡化的現實反映，不僅台商，外商對臺灣經濟環境也非常失望。2006年11月，臺北歐洲商會公布的白皮書指出，2005年17家、2006年33家，2年合計已有50家歐商撤出在臺灣的投資，如果臺灣投資環境再不加以改善，很可能2007年還會有15家左右集體撤資。除了臺灣島內政治混亂等因素外，「三通」仍然不能直通、資金不能直接往來、兩岸人民不能自由往來等障礙也是外商撤出臺灣的重要原因。可見，在推動兩岸科技資源的自由流通方面，尚有不少改進的空間，擴大開放促進兩岸科技資源交流正常化是兩岸科技產業分工合作深化的迫切任務。

表9 臺灣對大陸貿易順差的主要科技產品統計

年份	電機設備及零件（85）	光學照相精密儀器（90）	核子、機器機械用具（84）
1997	-6.80	-0.35	-2.30
1998	-8.11	-0.41	-2.96
1999	-6.04	-0.47	-0.83
2000	-8.91	-0.47	-1.90
2001	-7.14	0.22	-1.60
2002	11.18	3.96	0.0
2003	30.69	28.54	10.69
2004	51.76	59.23	15.04
2005	56.75	69.87	14.45
2006	67.75	84.06	19.80

資料來源：作者根據臺灣國貿局兩岸貿易數據整理計算，http://cweb.trade.gov.tw。

第二，推動兩岸學術與技術的合作研究。

隨著大陸地區的研發資源逐漸被開發，兩岸間擴大學術與生產研發合作也是科技產業合作與發展的重要趨勢和策略。區域科技產業的合作與發展，不僅以企業為基礎，區域內各國或地區的大學或政府研究機構間的合作，也是一個重要的推動力量。兩岸的大學或研究機構可邀請對方的研究人員進行特定課題的研究，共同發表論文，或推動「政府」間的合作研究，或直接由企業「委託研究」，研究人員交流和合作研究活動的增加都將促進兩岸科技的合作與交流。在經濟全球化趨勢下，廠商對外投資與技術合作，已不限於傳統的單方技術授權和委託生產方式，企業的合作策略，更加傾向於以商品化（Pre-commercial）技術為主，配合其國際市場行銷目標，加強研究發展、相互技術授權、技術資訊提供、持股或併購等方式。很多國際型企業，為擴展研究發展資源，也結合投

資地區的科技人力與技術能力，建立海外研究發展或人力中心，形成其全球性研究發展網絡。就臺灣而言，許多基礎性的研究，如生物科技、高能物理等，既缺乏大陸豐富的研發人才，也無法負擔龐大研究設備所需的資金，完全有需要與大陸合作共同研究。對於大陸，當台商在大陸投資或擴大投資時，常常自動將先進的生產技術和管理經驗帶來，即實現了技術轉讓。鼓勵台商投資高科技產業，或直接在大陸設立研究與開發機構，將適用的技術轉移到大陸是大陸科技產業發展的重要手段。

第三，促使兩岸科技人才交流互補。

隨著知識經濟時代的到來，世界範圍內的產業結構調整步伐日益加快，知識創新在社會發展中的作用日顯重要，人力資本已成為最重要的戰略性資本。作為人力資本的主要載體和主要擁有者，人才將成為決定某一地區和企業競爭力的關鍵性資源。兩岸科技人才表現為一種互補性結構。一方面，大陸近年來經濟成長尤其是科技製造業成長快速，許多地方出現製造業產業的「人才荒」，臺灣在製造業外移後形成的製造業過剩人才如果能轉移到大陸，將有利於解決大陸經濟快速發展過程中出現管理階層人員和專業技術人才斷層的問題；另一方面，開放語言溝通無隔閡、文化背景相近的大陸人才到臺灣，也可以解決臺灣近年來一直存在的產業轉型中人才短缺的問題。臺灣島內高科技人才嚴重不足、人力資源缺口急劇擴大，是未來臺灣經濟成長的瓶頸。根據臺灣「行政院科技人才培訓與運用方案」所進行的六項產業科技人才供需調查發現，臺灣在重點高科技領域，包括半導體、平面顯示器、數位內容等產業所需的科技人才缺口逐年增長，若僅由島內正規教育系統培養人才，根本無法在短期內補足。此外，兩岸還可以定期舉辦產業技術論壇，進行科技人才交流及訊息交換，加強科技研發的深度和廣度。

五、結論

隨著兩岸區域性分工和產業性分工的深化，科技產業分工表現出三種主要形式：以進出口產業為表現形式的貿易分工體系、以台商投資大陸所帶動的製造生產分工體系和以技術和人才流動所產生的研發分工體系。臺資企業在大陸投資科技產業是基於尋求市場和尋求效率的動機，儘管得到大陸產業政策的引導和鼓勵，卻受到臺灣方面管制貿易、限制投資等一系列政策的阻礙。目前，兩岸在科技產業上合作已具有一定基礎，若能進一步採取促進兩岸科技資源交流正常化、推動兩岸學術與技術的合作研究、促使兩岸科技人才交流互補等策略，克服存在的障礙和困難，將有利於兩岸科技產業分工合作的深化和區域經濟的共同繁榮。

臺灣現代服務業發展及大陸引資策略研究

王華　陳茜

（廈門大學　臺灣研究院經濟所，福建　廈門　361005）

1.現代服務業的理論認識與界定

　　所謂「現代服務業」，顧名思義是相對於傳統服務業而言，在工業化比較發達的階段產生的、主要依託現代科學技術（尤其是訊息技術）和現代化管理理念發展起來的、訊息和知識相對密集的服務業，既體現為新型的服務模式，也包括由新型經營形態對傳統服務業進行改造的服務業。現代服務業發展水平是衡量一個國家經濟社會發展現代化程度的重要標誌。

　　與傳統服務業相比，現代服務業具有高技術含量、高知識密集度、高增值度等特點。例如傳統的銀行業、商業與運輸業，在採用高科技的電腦網路技術等提高其技術含量之後，就逐漸演變為現代銀行業、電子商務與現代物流配送業。專業技術服務業、軟體業、教育服務等則都以為消費者提供知識的生產、傳播和使用作為主要服務內容，屬於知識密

集性行業。現代服務業尤其是其中的生產性服務業，為製造業企業提供研發設計、技術與管理資訊、資金融通、品牌行銷、物流配送等廣泛的上下游服務支持，具有很高的產業關聯度，因此不僅可以使服務過程本身產生知識的增值，更能透過製造業企業的技術提升與品牌拓展而形成乘數效應、產生更大增值。

現代服務業是一個動態概念，並無明確的行業劃分標準；而根據上述有關現代服務業的特徵分析，結合臺灣的行業標準分類，本文將現代服務業的研究範圍限定於運輸倉儲及通信業、金融及保險業、專業科學及技術服務業、教育服務業、醫療保健服務業、文化運動及休閒服務業等行業，既包含生產性服務業，也包含消費性服務業，尤以前者最為重要。生產性服務業為製造業企業的生產過程提供直接或間接的、以人力資本和知識資本為主的中間投入，具有較高的產業關聯度，研究臺灣現代服務業中相關生產性服務業的發展及對外投資趨勢，在當前背景下更具緊迫性和現實意義。消費性服務業對於活絡內需經濟、促進勞務出口（主要是旅遊觀光行業）同樣具有重要作用。

2.臺灣現代服務業發展現狀考察：從結構面到政策面

1980年代以來，服務業逐漸成為臺灣經濟的支柱。服務業增加值從1981年的新臺幣（下同）9065億元增加到2007年的89448億元，實質年均增長率7.48%，占GDP的比重也由1981年的49.99%上升到2007年的71.06%，占比超過七成；近年來服務業年增長率有所下降，僅維持在4%上下，但對於GDP增長的貢獻率都超過50%。在吸納就業方面，2000年以來服務業就業人數基本都在550萬人以上，就業比重達58%，且有年均1.06%的增長；勞動生產率超過農業與工業部門。顯示臺灣已逐步完成工業化過程而進入後工業化階段。具體來說，對臺灣現代服務業的發展現狀可以透過內部產業結構、就業結構、對外貿易、政策整合等角度加以分析。

2.1 產業結構分析

　　各類現代服務業的增加值及所占GDP比重如表1所示，各行業增長率及對經濟增長率的貢獻率如表2所示。近年來運輸倉儲及通信業、金融及保險業、專業科學及技術服務業、教育服務業、醫療保健業占GDP比重較為穩定，分別維持在6%、10%、2.5%、1.8%和3%上下，其中運輸倉儲及通信業與金融及保險業的比重略有下降，專業科學及技術服務業、醫療保健業的比重則略有上升。與此相比，批發及零售業（18%）、不動產及租賃業（8%以上）、政府服務（10%以上）等傳統服務業占有更大比重。2000年—2007年，各類行業的年均增長率分別為4.26%、3.8%、5.2%、3.11%和3.24%，與GDP及服務業增加值的年均增長率3.8%和3.4%相比，幾類生產性服務業的增長較快。

表1　臺灣現代服務業產出及結構比重

單位：（2001年價）億元新台幣，%

年份	服務業總計		運輸、倉儲及通信業		金融及保險業		專業、科學及技術服務業		教育服務業		醫療保健及社會福利服務業	
	增加值	比重	增加值	比重	增加值	比重	增加值	比重	增加值	比重	增加值	比重
2000	69502.37	68.93	6218.70	6.32	10069.26	10.04	2227.87	2.20	1701.50	1.63	2746.12	2.66
2001	69557.98	70.53	6361.11	6.45	10118.60	10.26	2288.03	2.32	1794.92	1.82	2840.31	2.88
2002	72055.11	69.98	6710.33	6.39	10711.55	10.45	2321.66	2.27	1838.17	1.83	2987.15	2.94
2003	74497.78	70.38	6975.39	6.22	11259.98	10.56	2354.16	2.25	1895.34	1.85	3042.71	2.94
2004	78431.26	70.79	7497.15	6.30	11792.58	10.52	2538.02	2.34	1946.52	1.82	3137.95	2.91
2005	81196.36	71.29	7810.90	6.15	11970.57	10.43	2597.62	2.35	1994.84	1.83	3215.15	2.98
2006	84200.62	71.54	8123.33	6.03	12116.49	9.98	2835.24	2.51	2056.55	1.84	3313.08	3.05
2007	87847.15	71.06	8325.93	5.93	13075.16	10.04	3176.79	2.70	2109.05	1.80	3433.53	3.01

資料來源：臺灣「行政院主計處」，國民所得統計。

表2　臺灣現代服務業產出增長率及經濟增長貢獻率

單位：%

年份	服務業總計		運輸、倉儲及通信業		金融及保險業		專業、科學及技術服務業		教育服務業		醫療保健及社會福利服務業	
	增加值	比重	增加值	比重	增加值	比重	增加值	比重	增加值	比重	增加值	比重
2000	5.89	70.36	11.50	11.61	2.58	4.68	10.66	3.99	7.00	2.08	4.28	2.08
2001	0.08	-	2.29	-	0.49	-	2.70	-	5.49	-	3.43	-
2002	3.59	54.74	5.49	7.54	5.86	12.93	1.47	0.65	2.41	0.86	5.17	3.23

續表

年份	服務業總計		運輸、倉儲及通信業		金融及保險業		專業、科學及技術服務業		教育服務業		醫療保健及社會福利服務業	
	增加值	比重	增加值	比重	增加值	比重	增加值	比重	增加值	比重	增加值	比重
2003	3.39	67.71	3.95	7.43	5.12	15.14	1.40	0.86	3.11	1.71	1.86	1.43
2004	5.28	59.84	7.48	7.97	4.73	8.13	7.81	2.76	2.70	0.81	3.13	1.46
2005	3.53	58.65	4.18	6.73	1.51	3.85	2.35	1.20	2.48	0.96	2.46	1.68
2006	3.70	55.21	4.00	5.73	1.22	2.45	9.15	4.09	3.09	1.02	3.05	1.64
2007	4.33	51.80	2.49	2.88	7.91	13.58	12.05	4.85	2.55	0.75	3.64	1.71

資料來源：同上.

2.2 就業結構分析

各類現代服務業的就業人數及所占就業總人數比重如表3所示，其中運輸倉儲及通信業的就業人數比重近年來超過6%，其後依次是教育服務業（5.5%以上）、金融及保險業（4%上下）、醫療保健服務業（約3.3%）、專業科學技術服務業（3%上下）和文化運動及休閒服務業（1%以上），上述六類行業的就業人數約占到服務業就業總人數的一半。

表3 臺灣現代服務業就業人數及比重

單位：千人%

年份	服務業總計 增加值	比重	運輸、倉儲及通信業 增加值	比重	金融及保險業 增加值	比重	專業、科學及技術服務業 增加值	比重	教育服務業 增加值	比重	醫療保健服務業 增加值	比重	文化運動及休閒服務業 人數	比重
2000	5,520	58.16	481	5.07	367	3.87	250	2.63	479	5.05	252	2.66	165	1.74
2001	5,299	56.47	487	5.19	371	3.95	267	2.85	483	5.15	266	2.83	169	1.80
2002	5,413	57.26	477	5.05	378	4.00	285	3.01	487	5.15	279	2.95	184	1.95
2003	5,543	57.90	484	5.06	376	3.93	285	2.98	512	5.35	289	3.02	187	1.95
2004	5,698	58.23	489	5.00	386	3.94	302	3.09	533	5.45	305	3.12	192	1.96
2005	5,733	57.66	611	6.15	406	4.08	258	2.60	556	5.59	323	3.25	116	1.17
2006	5,857	57.93	626	6.19	407	4.03	264	2.61	563	5.57	334	3.30	111	1.10
2007	5,943	58.00	620	6.05	404	3.94	292	2.85	580	5.66	337	3.29	102	1.00

資料來源：臺灣「行政院主計處」，人力資源調查提要分析。

進一步，透過計算各行業的就業人口吸納率，可以衡量各行業在吸納新增就業人口方面的作用和地位。所謂就業人口吸納率，是指某行業新增就業人口占新增就業總人口的比重。2002與2003年服務業整體的新增就業人口吸納率高達100%以上，顯示在經濟總體蕭條、製造業失業率上升時期，對於緩解社會就業壓力所造成的顯著作用；2004—2007年間服務業的吸納率基本也都在60%以上（僅2005年略低為22.4%）。上述六類行業的吸納率並不穩定，其中運輸倉儲及通信業在2005年的吸納率高達78%，其餘年份則保持在一位數；金融及保險業在2002和2005年的吸納率較高為9.9%和12.8%；專業科學及技術服務業在2002和2007年的吸納率較高為25.4%和20.7%；教育與醫療保健服務業在新增就業人口吸納方面表現較為突出，2001—2007年二者的平均吸納率分別為11.3%和9.1%，遠高於二者的就業比重；而文化休閒服務業則呈現就業人數不斷減少的趨勢。

2.3 對外服務貿易

雖然受制於生產與消費同時發生的特性，服務多無法採取商品所常用的國際貿易形式，但現代服務業的發展要求實現全球布局，因此逐漸

衍生出若干種國際服務貿易形式。由於缺乏相關統計訊息，目前可用的服務貿易資料只能取自國際收支平衡表中的有關勞務收支部分。雖然沒有行業分類訊息，但考慮現代服務業相對於傳統服務業具有更強的跨境交付可能性，可以將勞務收支簡單視同現代服務業的對外貿易加以分析。

由圖1可見，1991年以來臺灣勞務進出口額呈不斷上升趨勢，勞務出口收入額由1991年的84.7億美元增加到2006年的292.7億美元，年均增長率達8.62%；勞務進口支出額由1991年的169億美元增加到2006年的336.6億美元，年均增長率達4.70%。雖然一直處於勞務收支逆差狀態，但逆差額則在不斷減少，顯示現代服務業的對外貿易競爭力在逐漸增強。

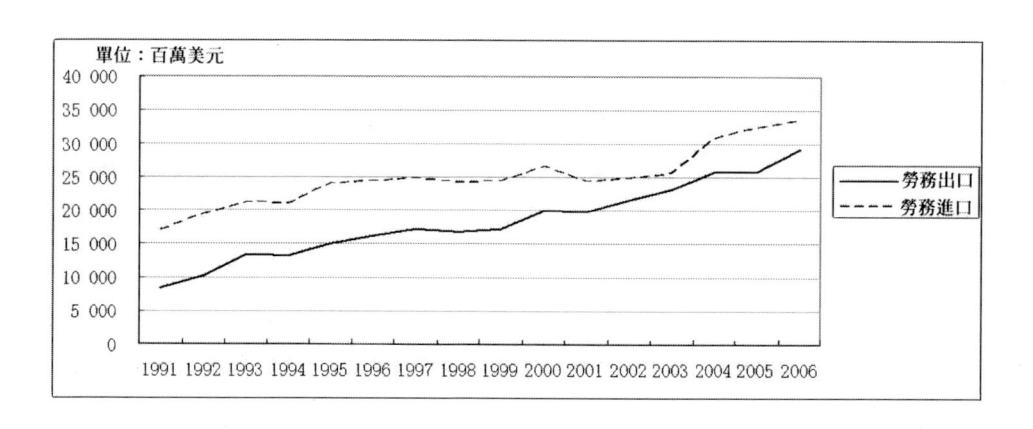

圖1　臺灣對外服務貿易

2.4　政策整合

為了因應現代服務業發展需要及履行加入WTO之後服務業對外開放的承諾，近年來臺灣有關部門陸續出臺了一系列法規條例，用以推進島內現代服務業發展與國際環境接軌並增強國際競爭力。

島內金融業在施行混業經營與監管之後，「行政院金融監督管理委員會」相繼對銀行、保險、證券期貨、信託等各業法規予以修訂，放寬

經營彈性、降低市場准入條件、強化問題金融機構退出機制、給予併購租稅優惠；並制定《金融服務法草案》，整合金融各業管理規範。旨在建構金融安全網、強化金融體系健全穩定、促進市場公平競爭、降低金融市場運營風險，吸引國際金融機構來臺開發業務，並推動島內金融機構參與國際金融業務的經營。「財政部」亦透過對相關稅法的修訂，檢討金融商品業務稅制，促進稅負合理化，建立與國際接軌的金融租稅環境，增強金融業國際競爭力。

在運輸、倉儲及通信業，「行政院經濟建設委員會」、「新聞局」、「國家通訊傳播委員會」等部門，針對自由貿易港區設置管理、電信和廣播電視通訊傳播管理等事項，制定或修訂相關法規，推動相關事業發展及新興科技的引入，保障消費者權益與市場公平有效競爭，促進多元文化均衡發展，提升產業競爭力。

在專業、科學及技術服務業，「金管會」、「內政部」等部門對於《會計師法》、《技師法》、《建築師法》等法規予以修訂，進一步規範專業技術人員的執業資格、提升其專業水準，完善執業方式與制度，保障相關利害人權益，強化國際競爭能力，推動永續經營。

針對教育、醫療保健、文化娛樂等消費性服務行業，教育、衛生、內政相關部門亦籍由對相關法規的修訂，建立服務機構彈性調整機制、提升資源整合運用效率，規範從業資格、提升從業人員素質，營造各類機構（如公、私立大學）公平競爭環境，以期提升服務品質、促進各業良好發展。

3.臺灣現代服務業發展特點與趨勢

第一，專業化程度不斷提高，與製造業的產業關聯度不斷增強。隨著臺灣產業結構的轉型升級，島內現代服務業的發展漸趨成熟，而包括運輸倉儲及通信業、金融及保險業、專業科學及技術服務業在內的生產

性服務業則是現代服務業的重中之重。面臨全球競爭壓力升高,以及因應知識經濟時代的來臨,產業傾向於採取專業分工的經營策略,所需服務向外購發展,亟需外部服務業的支持,以取得更專業、有效率與精緻化的服務,與產業內專注於核心競爭力的發展進行分工,進而提升整體競爭力。各類服務活動與功能的區隔卻越來越精密,由此推動臺灣服務業向專業性、整合性方向發展,並不斷創新服務形式、提高服務品質,目前涉及到的範圍包括倉儲、物流、中介、廣告和市場研究、訊息諮詢、法律、會展、稅務、審計、房地產業、科學研究與綜合技術服務、勞動力培訓、工程和產品維修及售後服務等眾多形式。作為中間投入型的支援產業,臺灣現代服務業與製造業的產業關聯度不斷增強。

　　第二,空間集聚現象明顯。臺灣現代服務業以城市或科學園區為中心的空間集聚現象日益明顯。城市區域在相關軟硬件設施建設方面相對完善,資金、訊息、人才較為聚集,加之訊息技術的突飛猛進推動訊息傳遞突破了空間限制,使得城市的許多主要機能如財務控管、生產管理、研發、設計、行銷策略等指揮控制中心的功能得以充分發揮。而擁有完善發達的現代服務業設施的城市,利用所掌握的先進創新技術,大力發展訊息資訊產業,也易於成為國際化城市以及全球資訊匯聚的中心。臺灣現代服務業的集聚以臺北都會區為最,臺北已成為金融、網路服務、專業諮詢、市場中介、教育培訓等行業的匯聚中心,各類服務業在此可以充分利用訊息暢通、人力資源豐富、行業之間相互支持的優勢,從而實現提升經營績效、進行全球化布局的目標;其次如新竹、臺中、臺南、高雄等都會區域也都聚集了一定規模的現代服務業企業,但專業化的重心略有不同。

　　第三,全球化布局逐漸拓展。受臺灣製造業代工經營模式的影響,一直以來臺灣缺乏自有品牌及行銷渠道;其對亞太(包括中國大陸)地區的跨境投資,多為運用當地低廉勞動力與土地,與當地的生產網絡關係薄弱,所生產的產品也未必以當地市場銷售為主,因此對於因研發生

產及開拓投資地消費市場所需的生產性服務並無旺盛需求。臺灣代工廠商的國際市場占有率雖高，但卻未能同步帶動島內其他相關服務業如行銷企劃、廣告、市場調查、全球通路物流、顧客服務、公關、專利權法律服務等的同步成長。隨著臺灣製造業幾波次的大規模外移，以滿足內需為主的臺灣服務業市場規模不斷萎縮，要求現代服務業提升其國際化水平，跟隨製造業步伐而實現全球化布局。截至2006年底，臺灣對海外服務業投資5450項，占對海外投資總項數的47.39%，服務業投資總額292.7億美元，占對海外投資總額的59.94%；而2000年至今服務業投資總額即達185.54億美元，占比68.84%。可見服務業投資已經成為臺灣對海外投資的主力軍。在服務業當中，金融投資及其輔助業對海外投資規模高居榜首，投資金額202億美元，占海外投資比重41.37%，而運輸倉儲及通信業與專業科學及技術服務業的投資比重都在4%左右。

4.吸引臺灣現代服務業投資的相關策略

吸引臺灣現代服務業對大陸投資，既可以促成已在大陸投資的台商製造業企業與其上游的生產性服務業，二者在融資、研發、管理和行銷等各個方面形成專業化分工，有效降低製造業企業的交易成本與市場風險，不斷提高生產經營效率和產業競爭力；更能透過知識外溢效應的發揮，為當地的服務企業提供在經營、管理及品牌行銷等方面學習和模仿的範本，推動本土企業經營的規範化與國際化；同時也為完善大陸各地區的商務服務環境、培育市場消費潛力、增進地方就業等發揮作用。

按照WTO《服務貿易總協定》的分類，服務貿易的開展包括跨境交付、境外消費、商業存在與自然人流動四種方式，而上述積極影響的實現，以服務提供者在境外設立商業機構、為當地服務消費者提供服務的商業存在方式最為明顯。這一點與製造業領域注重吸引外商直接投資、而非單純從國外進口貨物的策略是一致的。而要吸引臺資現代服務業將資金、人力等關鍵生產要素轉移到大陸地區發展，又必須明確臺資現代

服務業在區位選擇中的考量因素，並對地方投資環境予以自我診斷和系統完善。

綜合而言，臺灣現代服務業對大陸投資，既有利於大陸地區產業結構的升級與競爭力的提高，同時又依賴於區域投資環境的改善與產業鏈的完備，這相當於一個良性循環的閉合回路；而要啟動這一良性循環回路，大陸各地區應在管理體制、產業政策與產業環境、製造業（尤其是其中臺資成份）發展與集聚、區域合作、人才培養等基礎方面尋找切入點，採取一系列相互配合、切實有效的戰略措施。

第一，改革政府管理體制，優化區域行政環境。包括政府管理體制在內的區域行政環境是影響台商投資經營的重要乃至首要因素。為了改善區域政策與行政環境，應及時改革管理體制、轉變政府職能，逐步放棄政府機構「條塊分管」的管理模式，確定統一管理現代服務業的政府協調政策、制度和監管機構，減化行政審批程序，取消不合理的規定，強化對臺資服務業項目投資的引導、支持與監管，維護良好的市場競爭秩序；確立服務型政府的工作導向，不斷提高工作效率，切實保障地方政策法令的合理性、穩定性和透明性。

第二，推進服務業市場化進程，合理引導臺資流向。不斷推進各地區服務業的所有制結構調整與市場化進程，同時根據現代服務業中不同行業門類的性質，採取不同的產業政策，引導臺資流向各地區重點發展的服務行業。打破現有的行業壟斷與所有制壟斷，推動服務業市場化進程，對於營造公平的市場競爭環境、吸引台商投資以及提升服務業整體水平具有重要作用。對於服務業中不同性質的行業領域，應採取不同的產業引資政策。鼓勵臺資流向產業關聯度高、知識密集度高的物流、通信、金融保險、商務服務、專業技術服務等生產性服務行業，充分發揮其先進模式的作用以及對於製造業的支持，並有效利用其知識和技術外溢所帶來的外部效應；引導本土企業與台商在會展、旅遊、教育、醫療

等領域的合作，並加強政府指導與協調；防止臺資向投機性質較強的領域集中。

第三，進一步培育製造業企業集聚，推動產業升級。生產性服務業作為製造業的上游產業，對於製造業有較高的依賴性。生產性服務業對外投資的重要動力即在於追隨臺灣島內製造業客戶企業的外移步伐，鞏固客戶群體並拓展市場份額，從而保持並提升在同行業中的競爭優勢。作為「一對多」性質的服務提供商，加之服務產品的可複製性，只有面對較多的客戶群體，才能確保服務效率和贏利水平，因此（臺資）製造業的集聚程度成為臺資服務業流向的重要指針。可以預期，一個地區吸引臺資製造業的比重，很大程度上就決定了其未來吸引臺資服務業的比重。同時，推動現有製造業企業實現技術升級與產業升級，引導製造業企業向服務領域拓展或轉型，也是發展現代服務業的可行思路。

第四，創新人力資源的開發與儲備機制。現代服務業屬於知識密集型產業，並且在跨境流動中，不能像製造業那樣可以把技術、銷售、生產環節按照比較優勢原則和成本最低原則異地分設，而必須是集技術核心、管理經營、服務內涵為一體的整體引進，同時還要根據消費環境的不同而有所創新，因此對於高素質、專業化服務人才有著大量的需求。較熟練的人力資源的空間聚集是影響現代服務業發展與外商服務業投資的關鍵所在。因此，目前應重新對地方人才工作的目標加以定位，推進人力資源配置、保障與激勵機制的全面革新。根據現代服務業的特點，重視教育培訓事業尤其是企業崗位培訓事業，力求培養大批能在現代服務業領域勝任一般工作的從業人員，以及培養一批熟悉世貿組織規則的、適應國際競爭需要的高級經營管理人才和專業化技術人才。重視人力資源的保有與引進機制的不斷優化創新，規範現代服務業的從業資格認定，努力提高現代服務業從業人員的知識化和智慧化水平。

第五，加強區域現代服務業合作。訊息技術的發展推動現代服務業

的運營突破了空間地域的侷限，使現代服務業的運營網絡、產業關聯及其乘數效應得以在更寬廣的區域內發生。大陸各地區在吸引臺灣現代服務業投資過程中，應認識到現代服務業的上述低地域依賴特徵，重視區域間的合作聯動；不僅要考慮自身的需求與優勢，更應對跨區域的生產布局與地域相對優勢有系統性的把握，科學研判臺資現代服務業未來在大陸地區的網絡格局與關聯模式，由此儘早制定出與周邊區域在現代服務業發展與引資過程中的有效合作戰略與實現途徑。

第六，建立和完善風險防範機制，確保現代服務業有序發展。外資的基本特徵是流動性和逐利性，臺資也不例外，由此可能產生一系列的負面影響。例如臺資服務業的進入，會加速地方臺資企業獨立生態系統的形成，進一步降低其根植性以及與本地企業的關聯，減少臺資企業正向外部性的發揮；透過競爭搶奪當地市場份額，形成對當地服務產業的擠出效應；臺資服務業企業與製造業企業透過企業聯盟乃至企業購併，在融資、貿易等方面變外部交易為內部交易，繞開政府在相關方面的限制規定，導致政府的調控意圖難以實現，不利於市場秩序的維持和掌控；等等。因此必須對臺資現代服務業進入所帶來的影響和風險以及當地服務業的承受能力加以全面評估和衡量，加強對臺資投向的引導和規範；建立和完善對現代服務業的經常調研製度及其訊息的檢測、預測和發布制度，在此基礎上，建立現代服務業利用臺外資風險的監控與預警系統，及早化解可能的市場風險與負面社會影響。維護好發展現代服務業的市場競爭秩序，確保現代服務業有序發展。

（原載於《開發研究》）

論海峽兩岸物流產業的合作發展

李非　劉嚴毅

物流是指物品從供應地向需求地的實體流動過程，通俗地說，就是商品貨物、物資等實體的流動過程及商品在運輸、裝卸、儲存等方面的活動過程。傳統的物流概念僅是指物質實體在空間和時間上的流動，現代物流是指利用現代科學技術和現代設備在商品的生產、流通、服務過程中所發生的時間變動和空間變化，透過現代儲存與現代運輸活動，可以創造物質資料的時間和空間價值，最有效地完成資源配置的貨物流通服務過程。海峽兩岸物流產業的合作發展，不僅是物流產業自身發展的客觀規律，也是兩岸經濟關係從正常化走向制度化的內在要求。

一、海峽兩岸物流產業的優勢比較

兩岸物流產業發展處於不同階段。臺灣現代物流業發展達到較高水平，而大陸地區才剛剛開始起步。從整體上看，臺灣經濟發展水平高於大陸地區，且由於臺灣有高科技主導產業作為現代物流發展的技術支撐，加上當局推動物流產業發展的一系列政策法規的支持，臺灣物流產業的技術化水平和與國際接軌的物流標準化水平仍優於大陸。但是，臺灣島內市場狹小，內部需求無法支撐物流產業的發展，同時也面臨經營成本增長、物流領域的國際地位逐漸下降等問題。

就海峽兩岸物流產業優勢比較來看，大陸地區物流業在市場資源、人力等方面占有優勢，而臺灣物流業則在資金、技術、市場管理等現代物流要素方面占據優勢。兩岸物流產業優勢存在差異，且有較強的互補性。大陸物流產業可以借助合作來提升自身的物流管理和技術水平，臺灣也可以透過合作來進一步拓展物流腹地和繼續提升自身的現代物流產業層次，朝著精益物流、國際物流和綠色物流的方向發展。

表1　海峽兩岸物流產業發展比較

項目	大陸物流業	台灣物流業
自然資源	土地資源較台灣豐富，土地成本相對較低，海岸線長、港灣多，港口資源優勢明顯，但港口分布分散。	土地資源缺乏，土地成本高，港口設施完備。
政策支持	沒有統一有效的物流監管部門，物流市場進入門檻低，多為地區性而非全局性的物流產業政策支持，物流標準化建設程度低。	有效的產業配套支持政策，綜合且全面，物流基礎設施建設有明的規劃和功能要求，標準化程度高。
勞動力	勞動力資源充足，物流業勞動力價格較低，且具有高素質勞動力參與。	勞動者素質較高，但勞動力價格較高，高出大陸地區物流業勞動力價格甚多。
物流技術	技術水平和資訊化水平相對較低，具有先進技術的應用能力，但是物流能力與風險承受能力較低，有現成網路及物流單項業務操作經驗。	物流技術先進，管理經驗豐富，能為客戶提供一體化服務，具有較完備的現代化物流營銷體系和與世界接軌的經營網路及經驗。
市場化程度	缺乏發展市場物流的經營和管理經驗，市場資訊與物流渠道不暢，滿足市場需求能力差，物流成本高，但市場廣闊，物流需求大，有發展潛力。	發展開放型物流，市場物流經驗豐富，但物流內需相對低迷，國內市場狹小，物流貨源急速下降，市場競爭激烈。

　　海峽兩岸物流產業發展的差異性，可吸引兩岸物流企業在各個物流層次和領域展開合作。受全球金融危機的影響，兩岸經濟發展都有所放緩，但大陸擁有廣闊的內需市場，市場腹地有限的臺灣物流產業進一步融入大陸物流市場、共同開拓國際市場的要求也更加迫切。隨著兩岸各項交流政策的放寬，加上臺灣「世界聯結」和加強「亞太區域營運中心」建設的政策導向，兩岸服務業市場也將進一步開放和整合，金融、培訓等先進服務業的廣泛合作，對兩岸物流合作來說，也有著積極的推動作用。

二、海峽兩岸物流產業合作的發展形勢

從1980年代初起，兩岸經貿往來開始逐步恢復，但兩岸物流產業合作由於受制於兩岸形勢的影響和政策的制約，遲遲不能實現直接交流，聯繫形式主要以海上間接運輸為主，空中間接運輸為輔。隨著兩岸經貿交流日益發展，對物流領域深化合作的要求越來越迫切，特別是2008年兩岸逐步實現直接「三通」後，物流產業合作的政策障礙基本得到消除，兩岸物流產業的交流與合作呈現良好的發展勢頭。

（一）兩岸物流形式以海上集裝箱運輸為主

兩岸物流主要屬於生產性服務業，與兩岸間的生產活動聯繫緊密。在物流領域中，運輸是實現物品時空效用的主要手段，對傳統物流或是現代物流來說，都是一個主要的功能要素。大陸與臺灣僅一水之隔，兩岸之間的貨物運輸主要以海運為主。從2008年兩岸貿易貨品類別來看，臺灣向大陸地區出口金額排名前三位的分別是電機設備及其零件、光學照相等儀器及其零附件和塑料及其製品；從大陸地區進口前三位的分別是電機設備及其零件、機械用具及其零件和鋼鐵。其中電機設備及其零件和光學照相等儀器及其零附件貨物價值較高，對物流價格相對不敏感；且因為這類產品更新速度快，對物流時間要求相對較高。同時，主要貿易貨物的性質也決定了兩岸物流是以集裝箱運輸方式為主。

（二）兩岸物流市場需求的發展潛力巨大

從1980年代兩岸經貿交流恢復以來，兩岸貿易主要是以間接形式存在，海上運輸不能直接往來於兩岸港口，而必須透過香港地區或是日本石垣島等第三地轉口運輸。隨著90年代臺灣產業開始向大陸大規模轉移，兩岸經貿關係迅速發展，貿易總額從1990年的40億美元上升至2008年的1293億美元，特別是進入21世紀以後，貿易水平顯著提升，物流市場需求迅速增加。

為了避開兩岸政策的阻礙，兩岸之間的海上通航程序不斷簡化，運

輸形式從轉口到轉運，再從轉運到過境，以至「飛單」。臺灣迫於廠商的壓力，也逐步開放相關限制政策，准許外籍和權宜籍貨船以過境（即彎靠）的方式直接行駛於兩岸，大大減少了兩岸間的物流運輸時間和成本。此後，兩岸海上物流運輸迅速發展。經過兩岸航運界的共同努力，目前雙方船公司、聯檢、船代、裝卸等部門配合默契，參與經營的船舶航行安全、順利，並從初期虧損到保本，再至微利，逐步朝良性循環的軌道發展。至2008年底，兩岸投入「試點直航」的十艘船舶共營運約2萬多航次，承運中轉集裝箱500多萬標準箱。

2008年11月，「兩會」簽署《海峽兩岸海運協議》簽署後，兩岸海運直航迎來了一個全新的發展時代。這對於兩岸物流產業合作，尤其是對貿易貨物占其業務總量6—7成的臺灣航運公司來說，無疑是一大利好消息。海運成本下降，物流公司獲利空間增長。此外，開放兩岸航運公司互設辦事機構及營業性機構，兩岸物流廠商將在各個港口積極布局，兩岸運輸模式發生變化，物流合作態勢將轉趨積極。

（三）兩岸物流市場需求呈區域性分布

從兩岸物流市場腹地的空間分布看，臺灣與大陸之間的貨物貿易主要集中在長三角區域、珠三角區域和海峽西岸經濟區。以2006年為例，這三個區域與臺灣間運輸的貨物占到當年兩岸運輸貨物總額的90%，其中，長三角的江蘇、上海、浙江和珠三角的廣東，共占兩岸運輸貨物總額的85%。長三角和珠三角兩個區域所占比例相當高，而海峽西岸經濟區所占比例相對較小，並且有下降趨勢，如福建省所占比例從2000年的9%下降為2006年的5%。

臺資企業在長三角和珠三角地區的迅速發展和本地化的趨勢，進一步促進了當地物流網絡化、系統化的發展。例如，長三角地區是全國最早批准試點的三家直通式陸路口岸之一，吸引各類物流企業集約經營。得益於1990年代台商投資向長三角地區轉移，蘇州物流中心以台商聚集

的蘇州工業園區為基礎，發展現代物流業，率先實現「海關保稅物流中心（B型）」（使園區成為內陸型保稅港區）、「虛擬空港」（即SZV業務，「蘇州虛擬空港」的英文縮寫，與上海、南京、杭州和香港等機場合作的陸空聯運）、「虛擬海港」（蘇州與太倉港「區港聯動」，以及衍生的太倉港與上海洋山港「水水中轉」模式）等物流服務，使得園區內高新技術產業可以進行「零庫存」、低成本的加工生產。目前，蘇州物流中心已成為長三角區域性的多功能、多元化物流中心。此外，江蘇太倉港也逐步發展為內貿樞紐港和江海中轉港，2003年集裝箱吞吐量僅為4.8萬標箱，至2008年增至100多萬標箱，大大促進了當地區域物流的發展。

（四）兩岸物流合作出現加速發展趨勢

初期兩岸物流渠道有限，物流領域合作進展緩慢。隨著臺灣科技產業向大陸轉移，包括物流在內的服務業也開始積極跟進。雖然因前期無法直航的政策限制，兩岸物流產業合作優勢未能充分發揮，但臺灣物流產業的資金和技術仍努力開拓大陸市場。例如，臺灣第三方物流巨頭——大榮物流有限公司先後在大陸成立12家子公司，進入大陸純第三方商超物流配送市場；臺灣誠品開發物流股份有限公司以諮詢顧問的模式，透過零售理念延伸出物流管理的戰略，進入內地出版業物流市場等。

2008年12月15日，兩岸海運直航、空運直航、直接通郵開始全面啟動。根據《海峽兩岸海運協議》，雙方同意兩岸資本並在兩岸登記的船舶，經許可得從事兩岸間客貨直接運輸。大陸開放包括48個海港、15個河港在內的63個港口（含港區），臺灣開放6個本島港口和5個「小三通」港口。這宣告了兩岸直接「三通」時代的來臨，也標誌著兩岸物流合作的運輸障礙基本解除，兩岸物流合作開始走向正常化。

2008年底，臺灣長榮集團等大中型物流企業在上海建立大陸營運總

部，正式扎根大陸物流市場，涉及海運、航空、物流等多項合作領域。大陸各地政府也根據當地的產業優勢，建立農產品、小額對台商品等兩岸貨物運輸、倉儲、加工等專業物流方案，並在一些發展較好的地區展開第三方物流、甚至是第四方物流等高層次物流合作嘗試。例如，2009年3月，寧波四方物流市場開始運營，建立了第四方物流平臺訊息標準體系，提供訊息發布、交易匹配、合約簽訂、支付結算、信用評價、整體物流等六大解決方案，希望借助當地港口和區域經濟的優勢，推動兩岸物流業發展。

三、海峽兩岸物流產業合作的發展方向

透過對兩岸物流產業發展特點和合作形勢的分析可知，兩岸物流產業合作是兩岸經貿逐漸深化過程中的必然趨勢。隨著兩岸經貿合作日益緊密，兩岸物流企業將按照生產和產業布局以及本地化發展方向而自發形成合理化的區域分布。

從目前兩岸物流產業合作的態勢來看，主要是以區域海運物流為主，長三角、珠三角、海峽西岸經濟區等地區的港口為兩岸物流往來和企業供應鏈上的基礎聯結點。所以，海峽兩岸物流產業合作的正常化，重點是海運物流的緊密合作，關鍵是兩岸港口物流的合作發展。同時，透過兩岸物流企業的縱深合作，以物流外包、戰略聯盟、聯運等方式，共同拓展和深化兩岸物流市場腹地。

現代物流產業是以提供集成化、系統化、網絡化、綜合一體化服務為特徵，而目前大陸物流產業訊息化並不完全，在技術標準和技術化水平上也沒有達成一致，需要逐步改進與完善。從長遠看，兩岸物流產業的合作方嚮應朝著技術標準一致化和網絡化的制度性合作發展。在此過程中，要充分發揮海峽西岸經濟區的特殊優勢，加強兩岸區域物流聯結和整合。

（一）開展多種形式的兩岸物流產業合作

在商品經濟條件下，物流的基本特徵是實物的流通，即商品使用價值的流轉。現代物流發展是商品市場供求運行的結果。兩岸物流產業內在的合作動力和發展源泉也在於兩岸市場供求運行主體的利益需求。另一方面，商流是物流的前提，在完善物流的過程中，有必要健全兩岸商流市場，促進兩岸市場的進一步整合，加深兩岸經貿一體化進程。因此，除了加強兩岸港口的主要連接點之外，還要求兩岸物流企業以商流為前提，展開多形式、多領域的合作。

1.兩岸物流產業合作的區域性

大陸生產市場的不平衡區域分布和兩岸物流產業優勢差異，決定了兩岸物流合作的區域分布性和層次差異性。從合作地域來看，主要是從大陸沿海港口城市和台商聚集城市，擴散到其它內陸主要省會城市，從東部到中部再到西部，從大陸四大經濟區到周邊區域。首先出現合作的地區有著較好的政策環境、經濟條件和物流基礎設施，可以在較高物流層次水平上，以多種形式開展兩岸物流合作，打造區域物流中心；在內陸地區或是經濟欠發達地區，可以以共同打造農業或礦業等當地特色產業物流供應鏈或進行物流基礎設施建設等方式，帶動這些地區與區域物流中心的聯結，共同開發兩岸物流腹地。在一些條件較好的地區，除了在運輸配送、物流設施建設等傳統物流領域進行合作外，已在物流訊息技術交流、人才培養、企業合作、產業間聯盟以及打造國際供應鏈等各個層次與不同領域開始合作，合作的形式日益多樣化。

2.兩岸物流產業合作的多樣性

大陸物流產業擁有本土市場訊息和設備資源，臺灣物流產業有著資金和技術管理方面的優勢，可以透過吸引臺灣物流企業以投資入股、兩岸物流企業共建新公司等形式，來培育和整合這些區域內符合現代物流

標準的企業主體，引進和發展一批提供物流科技支持的臺灣公司，為市場發展提供助力，來改變大陸物流市場中小物流企業眾多但管理水平和訊息化不高的現狀，從而降低企業物流成本，增強區域物流中心的競爭力。

透過兩岸企業物流外包，建立物流企業聯盟等多種形式，開展物流產業內合作。特別是港口城市，在借鑑臺灣港口物流先進經驗的同時，發展兩岸物流的多式聯運。

透過建立兩地民間物流組織、相關學術機構和企業等的定期交流溝通，在物流設施建設、物流管理經驗，物流相關電子技術和設備供應等方面展開合作，增加區域物流中心的整體實力。

推動兩地物流人才的合作培養。物流業涉及產業領域廣，需要物流、電子技術、管理等多學科的背景人才。兩地可透過合作建立現代物流人才培訓中心、開展現代物流專業與企業實踐相結合等形式，為兩岸培養一批不僅懂物流基本理論，而且掌握先進物流技術的現代物流人才，作為兩岸物流業合作長期發展的智力支持，同時也為兩岸區域物流中心增加對周邊地區的輻射能力、加強兩岸物流產業縱向合作打下基礎。

（二）以港口物流為起點，優先開展海運物流合作

海上運輸是兩岸貨物往來的主要形式，客觀上要求兩岸港口物流的緊密合作。兩岸直航後，臺灣本島開放6個港口，加上金門料羅、水頭、馬祖福澳、白沙、澎湖馬公等5個「小三通」港口，共11個港口；大陸先期開放48個海港以及15個河港，2009年5月又新開放5個港口，共68個港口。

為了使兩岸港口物流合作良性發展，在以港口為結點的物流合作布局中，應站在港口群的角度，對各個港口的物流功能分工和定位有一個

統籌的規劃，以便展開具體港口間物流業務的水平和垂直分工合作。如表3所示，在兩岸6個港口群中，每個港口群內部都形成一個港口系統，同一個港口系統內的市場腹地相同，但運輸市場和港口功能卻不一樣，而且是相互補充，分工明確。如臺灣港口群，臺中港偏重於大宗散、雜貨運輸，高雄港偏重於集裝箱運輸，基隆港則兼有簡易加工和轉運業務。實際上，大陸地區港口群之間以及各港口群內部的分工合作水平也具有差異性。有些港口間雖然地域相近，但因為業務關係上的競爭而阻礙了港口群總體實力的提升。兩岸港口群合作過程中，大陸地區也應該同時加強各個港口群自身以及群際港口之間的合作，形成大陸沿海一線的兩岸港口物流群落。

對於兩岸不同港口群之間的港口物流往來，功能上的相似會導致相互競爭，但直航之後更多的是機遇。如同是集裝箱運輸港的長三角地區中心港——上海和臺灣國際中轉港——高雄，都是洲際集裝箱中轉大港，在對北方的中轉集裝箱運輸方面，上海港具有地理和價格上的優勢，但其港口軟硬件、幹線航班密度、轉運效率和服務質量等方面略遜於高雄港。如在發展自身軟、硬件的基礎上，進一步推動港口物流合作，在口岸管理、船舶運輸和訊息交流等方面開展合作，則能充分發揮兩岸港口群之間的整合效益，提升兩岸市場之間的物流往來，還可共同開拓國際市場。

表2　兩岸直航後開放的港口

港口群	港口名稱
台灣地區	基隆(含台北)、高雄(含安平)、台中、花蓮、麥寮、布袋(先採專案方式辦理)
長江三角地區	上海、寧波、舟山、台州、嘉興、溫州、大豐、台州港、大麥嶼港區、寧波-舟山港沈家門港區、銅陵港
環渤海地區	丹東、大連、營口、唐山、錦州、秦皇島、天津、黃驊、威海、煙台、龍口、嵐山、日照、青島、連雲港、萊州港、石島港
海西經濟區	福州、松下、寧德、泉州、肖厝、秀嶼、漳州、廈門
珠三角地區	汕頭、潮州、惠州、蛇口、鹽田、赤灣、媽灣、虎門、廣州、珠海、茂名、湛江
西南沿海地區	北海、防城、欽州、海口、三亞、洋浦

資料來源：《海峽兩岸海運協議》等，國務院臺灣事務辦公室網站。

在具體港口物流合作方面，首先要在業務往來的基礎上，在電子口岸建設、港口管理體制等方面進行溝通，提高港口物流通關流程；大力發展條碼技術、數據庫技術、電子訂貨系統（EOS）、電子數據交換（EDI）、快速反應（QR）及有效的客戶反饋（ECR）、資源管理系統（ERP）等訊息技術，建立覆蓋港區生產流通和倉儲運輸企業的網絡平臺，使港口具備物流訊息港的功能，實現兩地企業、客戶和有關管理機構的訊息充分互聯，形成港口與港口、港口與海關、港口與貨主、港口與承運商連接的有機整體。

在整合港口自身裝卸、倉儲和運輸等物流環節過程中，依靠港口臨港工業和港城經濟的不同特點，建設有特色的港口物流設施，實現港區連動；完善兩岸港口合作的溝通機制，建立兩岸合作港口間統一的港口物流標準體系，整合雙方港口物流資源，發展以港口物流為中心的多式聯運，打造港口物流的輻射網絡。

（三）促進兩岸物流產業標準化和網絡化建設

兩岸現代物流的合作發展方向最終是順應全球物流發展趨勢，實現系統化、網絡化和一體化的兩岸物流系統，從而降低兩岸經貿往來的總成本，提升國際物流市場競爭力，促進兩岸經濟可持續、健康發展。現代物流技術和管理水平在訊息電子化的基礎上迅速發展，在當今經濟全球化與區域一體化的進程中，物流規模和活動範圍也越來越大。隨著第三方物流的快速發展與第四方物流的興起，物流行業分工更加明晰，物流行業內部協作更加緊密。全球物流整體呈現出規範化、規模化與網絡化的發展趨勢。這就要求兩岸物流產業合作在起步階段就要在建立物流電子技術化的基礎上，在推動物流標準化和實現物流網絡化方面做出努力。

1.打造兩岸物流的標準化基礎

物流產業在發展過程中的標準化，可以大大加快兩岸企業在供應鏈的運輸、倉儲、裝卸、加工、整理、配送等環節中的物流速度，降低整合成本，使兩岸物流產業總體產生規模效應，朝著符合全球物流規範的趨勢發展。

從微觀角度看，兩岸企業間物流合作要在供應鏈物流分工的基礎之上，對企業內部供應鏈中的各個環節的管理和技術標準進行標準化改造，透過互聯網、電子技術等工具，加強企業內部以及兩岸各行業內的物流標準化建設。

從中觀角度看，各區域內地方政府部門應在規劃區域主導產業發展的同時，重視和鼓勵對相關物流的標準化設施建設和研究，以產學研共同商討、會展等形式，促進兩岸物流標準化建設發展，向國際接軌。

從宏觀角度看，大陸方面應借鑑臺灣或其它國家和地區的物流監管經驗，結合本地實際情況，整合工商、稅務、海關、交通等物流產業監

管部門的物流監管政策、法規以及行業標準,儘早完善一套符合國際標準的物流軟體和硬件標準化體系架構,為兩岸現代物流產業合作以至規模化發展提供政策法規層面上的依據。

2.以兩岸物流的網絡化建設為最終目的

物流網絡化的建設,是對兩岸物流產業更高水平上的要求,包括了國際物流網絡、區域物流、城市物流、企業物流等眾多子系統的建設。在這一方面,路徑主要是透過加強兩岸沿海港口、機場等物流節點合作為起點,打造區域物流中心,加強東西部城市間物流聯繫,進而向周邊地區輻射,最終實現兩岸物流有層次、有分工的物流網絡體系。兩岸物流產業網絡體系的建設,不僅要加強物流基礎設施建設,更關鍵是如何實現兩岸現有物流網絡的重組與物流網絡資源的共享。這不僅涉及物流產業本身,而且還涉及相應的金融市場物流融資、地方政策和市場環境諸多因素。這是兩岸物流產業從功能性合作到制度性整合的發展過程,具有長期性和漸進性的特徵。

(四)發揮海西區位優勢,推動區域物流整合

雖然從兩岸貨物貿易量考察,海峽西岸經濟區的物流市場腹地相對較小,遠不及長三角和珠三角經濟區,但以福建省為主體的海峽西岸經濟區具有獨特的對臺區位優勢和重要的戰略地位。福建省具有與臺灣地緣近、血緣親、文緣同、商緣廣、法緣久的獨特優勢,而且享有中央的對臺特殊政策,對臺交流先行先試。從經濟上來看,福建省中小型民營企業發達,與臺灣有相似之處,便於物流管理經驗的承接。兩地不僅經貿往來緊密,而且社會文化、人員往來等交流的密切程度都位於全國前列,具有「小三通」、對臺小額商品貿易市場等其它地區所沒有的合作試點,這些都為福建與臺灣之間物流合作提供了便利的條件。兩地區域物流產業合作的先行先試,一方面可以推動海峽西岸經濟區包括物流等產業在內的發展,另一方面能夠拓展臺灣港口的經濟腹地,而且兩地物

流產業合作的經驗，還可以推廣至大陸其它地區，從而有助於兩岸物流產業的深化合作。

1.推動兩地港口物流的功能性整合

海西地區加快引進臺資物流企業、先進技術和管理經驗，加速兩地港口群訊息化和規範化技術的整合，使臺灣海峽成為兩岸海上貨運的集散地，將創造兩地港口物流合作的雙贏局面。

從海峽西岸港口群的情況看，其與臺灣港口群的地理距離最近，且福建港灣眾多，港口資源豐富。近幾年來，福建港口群發展十分迅速，2008年福建省港口貨物吞吐量為2.7億噸，集裝箱達740萬標箱，分別比上年增長14.4%和7.9%。其中廈門港集裝箱吞吐量超500萬標箱，居全國第5位，有著較好的兩岸港口物流合作基礎。

但與長三角和珠三角地區相比，福建港口群存在港口訊息系統不能共享、各港口之間物流標準化水平較低、各類運輸方式間裝備標準不一致、物流器具標準不配套、訊息技術不能實現自動無縫銜接與處理、物流標準的應用推廣難等問題，從而限制了福建港口群的整合和提升，也降低了港口物流效率。受福建內陸地理交通狀況的影響，海西區港口腹地深度和廣度有限，加上缺少與其它經濟區可抗衡的中心大港，海西區港口物流面臨著長三角和珠三角地區的競爭壓力。

實際上，在2009年2月出臺的《福建省沿海港口布局規劃（2008—2020年）》中，福建省將沿海港口定位為海峽西岸港口群，要求與臺灣各港口共同形成海峽港口群。規劃定位福、廈兩港為兩岸「三通」的重要口岸，要求發展福州港、廈門港為主要港口，泉州港、莆田港、漳州港、寧德港為地區性重要港口，形成海西區集裝箱等五個運輸系統。其中，福州港作為集裝箱支線港，側重發展內貿和近洋航線，打造東南沿海主要煤炭接卸港，未來定位集裝箱幹線運輸綜合港；廈門港側重於成

為集裝箱幹線港，發展成為海峽西岸的物流中心，主要為腹地外向型經濟發展服務，未來發展成多功能綜合性港口。海峽西岸港口群若能借助「大三通」後兩地港口群之間物流合作機遇整合分工，則有助於海峽西岸港口群實力的整體提升。

另一方面，臺灣方面想要打造「亞太營運中心」，離不開與大陸地區的港口物流合作。大陸地區長江以南沿海地區缺乏可供長程船停靠的深水港，香港雖是大陸最主要的外貿進出口貨物轉運港口，但港口裝運能力有限，且地理位置（華南地區除外）、港口費用相對於臺灣港口費用較高。因為閩臺兩地港口定位層次不同，臺灣港口群側重於遠洋運輸，海西港口群則側重於內陸與近洋運輸，兩岸競爭性較小，臺灣港口群可以透過發展兩地港口物流功能性垂直分工使得其功能得到提升，有助於高雄轉型為自由貿易港，推進高雄港洲際貨櫃中心建設，從而實現兩地港口物流合作的雙贏。

2.發揮區域物流角色的分工作用

從打造區域物流合作的層面看，海峽西岸經濟區擁有良好的對臺政策優勢，已有福州保稅區、廈門象嶼保稅區、福州保稅物流中心和福州、廈門、泉州出口加工區等優惠政策條件，位於福州和廈門的四個台商投資區發展良好。從現有物流基礎設施建設看，海西區正加緊做好福州、廈門、泉州等沿海城市規劃，努力建設海峽兩岸農產品物流中心、泉州閩臺五金機電物流中心、漳州國際糧食物流園區、廈門對外圖書交流中心與臺灣合作打造的大陸簡體圖書物流中心、閩臺產業界合作投資的專業物流集散中心等基礎設施。

閩臺均多以中小民營企業為主體，對經營成本都十分敏感，為兩地企業在物流合作領域複製臺灣經驗提供了一個很好的市場對接需求。兩地社會文化的相似性，已有的商業和金融服務業合作基礎，以及「小三通」積累的豐富短程配送經驗，為消費者物流領域的多樣性合作打下基

礎。此外，兩地區位相臨的優勢，使得包括滾裝運輸在內的高效便捷的陸海空聯運成為可能。

海西區要成為大陸產品銷往臺灣的中轉基地，區域物流定位要與臺灣緊密聯繫，可以引入臺資物流集團共同參與開拓海西地區的物流市場，借助兩地緊密的產業聯繫，開展包括物流企業聯盟在內的物流企業合作，培育海西區現代化的物流企業主體。海西區可利用「大三通」後兩地「一日生活圈」的優勢，在綜合條件較好的城市建立兩岸物流運籌管理中心，兩岸物流人才培訓基地等，還可借助兩地區位相臨、運輸聯繫方式便利等優勢，發展有特色的兩岸郵包轉運中心等項目。

3.擴大兩地物流市場的縱深腹地

海西區要成為大陸產品銷往臺灣的中轉基地，區域物流定位除了要與臺灣緊密聯繫外，還應拓展與內陸地區的相互聯繫，才能真正成為聯結海峽兩岸的「物流導體」。從更大地域範圍看，海峽西岸經濟區透過完善以閩北、閩西高速公路網絡建設為重點的福建「三縱四橫」高速公路網、建設沿海城際鐵路幹線和港口支線專線建設等措施，逐步改善以福建港口物流為核心的區域物流系統向內陸地區輻射的能力。從長遠看，還應在借助建設高效、便捷的交通運輸線基礎上，在內陸加工區等生產城市建立相關產業的物流集散設施，加深和完善物流服務能力。這對整合臺灣海峽區域物流與長三角、珠三角區域物流之間的內陸聯繫，增強兩岸物流網絡向內陸地區的縱深發展，實現兩岸物流一體化建設等方面，都有著重要的戰略意義。

（原載於《臺灣研究》）

閩臺農民經濟合作組織對接途徑與模式研究

趙玉榕

（廈門大學　臺灣研究中心　福建　廈門　361005）

　　農民經濟合作組織，是農村經濟體制轉型的基本方向，是現代農業發展的必然趨勢。福建省農民經濟合作組織發展從總體上看尚在起步階段，對農戶的帶動作用有限，遠不能滿足農村建設發展的需要。臺灣農民經濟合作組織已形成了市場專業化、管理企業化、布局區域化、服務社會化的產銷經營格局，有許多成功的做法和經驗值得借鑑和學習。當前和平發展成為兩岸關係最重要的主題，兩岸協商邁上制度化軌道，「海峽西岸經濟區」的定位給閩臺農業合作提供發展空間和政策保障，在此背景下，探討閩臺農民經濟合作組織對接的途徑與模式，對於提升福建農民經濟合作組織的總體水平，縮小兩岸合作組織之間組織化程度、經營理念、經營方式等方面的落差，建構兩岸較為理想的合作贏利模式，深化兩岸農業合作都具有重要的意義。

一、閩臺農民經濟合作組織發展及評價

　　農民經濟合作組織是市場經濟和現代農業發展到一定階段的產物，指由從事同類農產品生產或經營的農民、組織和其他人員，自願組織起來，以某一產業或產品為紐帶，在技術、資金、訊息、購銷、加工、儲運等環節，進行互助合作，實行專業化生產或經營，以提高農戶進入市場的組織化程度，提高市場競爭能力，增加成員收入為目的的一種產業組織形式。農民經濟合作組織是建立在家庭經營基礎上的一種協作經營形式，其基本特徵為專業、自願，以農民為主體，講究民辦、民管、民受益，並且承認個人產權，具有既能保持農業家庭經營的效率，又能克服農業家庭經營侷限的特點。在經濟較發達，市場經濟體系比較健全的國家和地區，都有著規模龐大、體系完整、職能明確、直接為農民服務的農民經濟合作組織。

（一）福建農民經濟合作組織的發展現狀

1980年代中後期，伴隨著中國市場經濟轉型的深入，單家獨戶的傳統生產方式影響和制約了農業和農村經濟的進一步發展，農民迫切需要一個能夠表達和維護自己經濟利益的組織。與此同時，隨著農村經濟體制改革的深入發展，中國農村初步具備了按照真正的合作制原則發展合作經濟的環境條件，農民經濟合作組織應運而生。中國農民在市場經濟條件下開展互助合作還剛剛起步，目前以農民為主體的，由農民自發興辦的農民經濟合作組織，雖然與國際上公認的真正的合作經濟組織還存在差距，但在一定程度上具備了合作經濟組織的本質屬性，根據組建的層次、性質和利益聯結程度的不同，主要分為以下幾種類型：〔1〕

其一，農產品行業協會。它屬於農業中介組織的範疇，是生產、加工、銷售農產品的市場主體為了維護和增進共同利益而在自願的基礎上組建的不以盈利為目的的一種制度安排或行動集團，是聯繫農民、農業企業、市場和政府的橋樑和紐帶。因此，它既不同政府機關，又不同於一般的社會團體，具有民間性、服務性、權威性、準企業性和準政府性等特徵。其二，農民專業協會。它是以種植和養殖產品為紐帶，由農民自願組織起來，生產技術服務部門牽頭，以開展技術服務為主，實行產加銷的廣泛協作，起溝通農民與政府之間的橋樑作用的社團組織。其主要特點是強調行業專業技術特性，完全由農民自發、自願組成，會員必須繳納會費。其三，農民專業合作社。傳統意義上的農民專業合作社，是一種在不改變現有生產方式和生產資料所有制關係的前提下，同類農產品的生產者或經營者，為了適應市場的需要，以向農戶提供某一環節或一體化服務為宗旨，主要在流通領域按合作社原則組織起來的專業性經濟組織。現代農民專業合作社，為了提高農產品市場競爭力，已經不侷限於流通領域的合作，生產領域合作的程度已經大大提高。其突出的特點是：社員必須以某種生產要素入股、實行民主決策、資本報酬有限、盈餘按社員與合作社之間的交易額大小進行分配、專業合作社從中

提取一部分公積金等。

根據福建省農業廳提供的統計數據，截至2007年底，福建省共有各類農民經濟合作組織約為1700個，相對比較規範的1419個（其中農民專業合作社612個），成員24.6萬戶，帶動農戶數68.2萬戶，占全省農戶總數的9.7%。按創辦主體的性質與組建的途徑劃分，福建農民經濟合作組織可劃分為專業大戶能人帶動型、政府職能部門帶動型、供銷社帶動型和龍頭企業帶動型等四大類。2〕

1.專業大戶能人帶動型。主要由農民專業大戶與技術經營能手牽頭，圍繞當地主導產業和產銷兩大中心環節，創辦農業合作社或建立專業（行業）協會，培訓指導農民生產技術，重點為農戶提供產前、產中、產後系列服務。這類合作組織在實際運作中主要採取「專業協會＋農戶」和「農業合作社＋農戶」以及「股份合作社」等3種形式，是目前福建農民經濟合作組織最主要的類型，占有59.2%的比重。

2.政府職能部門帶動型。主要由地方政府、農業或科技有關部門，依託行政力量，在其所轄區域內牽頭辦起專業協會（或合作社），吸收一些專業大戶作為理事。採取的主要形式有：「支部＋協會＋農戶」、「農技部門＋協會＋農戶」。此類模式中，政府領導或部門領導一般都兼任理事長或總經理職位。目前福建農民經濟合作組織中有15.8%屬於這一類型。

3.供銷社帶動型。依託原有供銷社在人才、資金、營銷技術等方面的優勢，以社有資產出資或以技術、管理、人才、訊息等無形資產參與，把分散的農戶組織起來，組成專業協會或領辦或聯合興辦農業合作社，採取「基層供銷社＋合作社＋農戶」、「基層供銷社＋協會＋農戶」的組織模式。這類合作組織在全省農民經濟合作組織中占4.4%。

4.龍頭企業（公司）帶動型，這種類型的核心是用合約聯結農戶，將

生產者、加工者、銷售者、經營者結成風險共擔，利益均霑的共同體。此種類型的組織根據加入的農戶類型的不同大致可分為以下幾類：分散、獨立的農戶，與企業（公司）簽訂合約，採取「公司＋農戶」方式合作；透過鄉、村行政領導部門組織起來的農戶，採取「公司＋基地＋農戶」方式；透過各種專業技術協會組織起來的農戶，採取的是「公司＋協會＋農戶」的方式；透過專業合作社組織起來的農戶採取的是「公司＋合作社＋農戶」的組織形式。這一類型所占的比重最少，僅為3.9%。

福建省農民經濟合作組織在推動農業結構調整、推進農業產業化進程、提高農民組織化程度、促進先進科學技術的推廣應用、增強農民的質量和品牌意識、提高農產品競爭力以及增加農民收入、保障農民權益、加快城鄉建設、增強農業抵禦市場和自然雙重風險的能力等方面都顯示了旺盛的生命力。但從總體上看福建省農民經濟合作組織的發展尚在起步階段，一是涵蓋面低。福建農民經濟合作組織數量僅占全國的0.1%，所帶動的農戶不足全省農戶總數的9%；在福建各類經濟合作組織中比較規範的約有400多個，在全國較規範的農民經濟合作組織數中僅占0.28%。二是發展速度慢。從2002年至2007年數量僅增加100多個，真正成規模、具有較強影響力和競爭力的不多，帶動能力相對較弱。三是區域分布和產業不平衡。山區發展速度明顯慢於沿海地區；有50.4%集中在種養業，與全國的農民經濟合作組織產業分布一致。〔3〕四是組織機構和制度不健全。一些合作組織沒有規範的章程，職責不明確，機構設置不合理，管理制度不完善，還有行政干預過多等問題。總之，福建省農民經濟合作組織在促進福建農業規模化生產、專業化分工和區域化布局以及商品化發展方面的作用還很有限。

（二）臺灣農民經濟合作組織的發展及其評價

臺灣農民經濟合作組織始於1899年成立的臺灣農會，目前已經在農村中形成了一個較為龐大、完整的組織體系，分為會、社、班等不同類

型,其中「會」包括農會、漁會、農田水利會;「社」為農業合作社;「場」為合作農場;「班」主要是以水果、蔬菜、糧食作物、花卉、畜牧、特種作物、養殖水產和休閒農業等8類產品為主的農業產銷班。

臺灣農民經濟合作組織具有以下特點:

1.涉及領域廣,農民參與面大。臺灣農民經濟合作組織經過百餘年的發展,已經涉及到農業生產和農民生活的方方面面。目前,臺灣農會的數量已經達300多個,有99%的農戶參加了農會;有30%的農戶參加合作社(場);參加農業產銷班的人數在2004年鼎盛期達13萬人,約占臺灣總農戶數的46%。〔4〕

2.形式多樣,既有綜合性也有專業性。臺灣農民經濟合作組織有農會、漁會、農業合作社、農業產銷班以及農業策略聯盟等形式,且綜合性和專業性兼顧。農會和農業合作社是綜合性的組織,農會設有供銷部、信用部、保險部和推廣部,分別辦理相關的業務;合作農場即綜合性的農業合作社,其業務項目除農業生產及運銷外,還兼營農產品加工、銷售、公用事業及其它地方政府交辦的各項事宜,也具有綜合性。專營性合作社包括農業生產、運銷、供給、信用、保險等,專門從事某一種產品生產或某一項業務,具有專業性的組織特徵,而名稱冠以地名與產品種類的產銷班,其專業性則更為突出。綜合性的組織為農戶提供資金、保險、技術指導等全面的服務,專業性的組織則滿足農戶生產、運輸、銷售等具體的服務需要。

3.以服務為主,盈利為輔。臺灣農民合作組織不以盈利為目的,而以服務農民為宗旨。

農會章程規定,農會必須以其利潤來服務於農業和農民,每年要將總利潤中一定比例的利潤用於推廣農業新技術以及補貼農業合作社和產銷班;各種類型的農業合作社均規定,其盈餘的很大比例必須用於合作

社成員的培訓。

4.組織機構健全，經營企業化，管理專業化。臺灣農民經濟合作組織根據業務和功能的不同設有相應的機構，各類機構分工明確。如農會實行議行分離制，設議事機構和執行機構；農業合作社的社員大會為最高權利機構，設有理事會、監事會；農業產銷班設有班長、會計、總務等職務。臺灣農民經濟合作組織無論大小，基本都遵循嚴格的規章制度運行，機構的管理人員均經過民主選舉產生，或經過考核才能予以聘用；依靠現代的辦公設備和手段，按企業化流程運作，保證了其工作效率和服務質量的提高。

5.具有相關的法律保障和政策引導。臺灣農民經濟合作組織的建立和發展有《農會法》、《漁會法》、《水利法》、《合作社法》等相關的法律作為保障，並且在不同的發展時期分別制定相關的政策予以指導和扶助，使各類農民合作組織得以較規範地發展，農民的利益得到保障。

臺灣農民經濟合作組織在農業發展、提供農民生產服務以及農村的現代化建設等方面，在組織分散的農戶、使生產經營與社會經濟條件的變化相適應、與市場運作相結合等過程中發揮了重要作用。透過產銷班、合作社等農民經濟合作組織的發展和高效運作，小規模分散經營農戶，實行有規模的企業化經營，克服以家庭為單位農業生產經營活動的弊端和缺陷，使「小農變大農」；透過專業化的生產和一定規模的經營，農產品實施離消費者最接近的運銷方式，減少中間環節，有效的降低生產成本、運銷成本，保證農民獲取最佳收益；較好地實現了小生產與大市場的對接，提高農民進入市場組織化程度和專業化的協作程度，將農民聯合在同一個利益共同體內，避免農業生產的盲目性、波動性和趨同性，還能有效避免分散經營的低效率和相互競爭，降低農民在市場競爭中的風險，提高農民抵禦來自各方面盤剝的能力；透過產前、產中、產後各個環節的縱向聯合，使農民分享到加工和銷售環節的利潤，

有效地保證農民收入穩定增加。

越是市場經濟發達的國家和地區，各類農民合作組織普及程度越高，生命力越強。建立完善的農民合作組織體系，提高農民在市場中的經營地位和競爭能力，是實現農業產業化的根本保證。臺灣農民經濟合作組織發展的經驗，對大陸發展農業，建設農村也帶來許多有益的啟示。

二、新形勢下拓展閩臺農民經濟合作組織對接的重要意義與可行性

閩臺農業合作是閩臺經貿合作的主要組成部分，自1980年代起，經歷了試探起步、興起發展和全面拓展階段，伴隨著在資源要素的整合和優化配置、資本、技術、農業經營方式和營銷手段等方面的交流與合作的不斷深入，閩臺農業合作的模式也隨之演進，從最初的資源和技術合作模式逐漸向多領域和多層次發展，形成了農業技術合作、農業資源開發合作、產業化經營合作、農業園區合作和農民專業經濟組織合作等幾個方面的模式。其中農民經濟組織合作模式是閩臺農業合作的創新模式，正在以其獨特的優勢，發揮著重要的作用。

在當前兩岸關係發展和福建海西區建設的新形勢下，拓展閩臺農民經濟合作組織對接，具有重要意義和現實的基礎。

新形勢下拓展閩臺農民經濟合作組織對接的重要意義在於有助於加快福建農業現代化進程，提升福建農民組織化水平和深化兩岸農業交流與合作。當前福建農村經濟發展已進入新的歷史階段，在農業現代化進程中，所面對自然條件與背景同臺灣農民合作組織產生發展所面對情形有極強的類似性，同樣面臨經營土地的零碎細化、小農產權結構與農業專業化規模化經營的矛盾；勞動力外移加快，農業機會成本提高，農業收益水平增長緩慢；市場開放，迫切需要提高農民的組織化程度等問

題。加強現代要素投入以提高勞動生產力和土地生產力；致力於增加農民收入，謀求民生福祉的改善，是兩岸農業發展的主要方向和目的。臺灣農民經濟合作組織發展歷史較之大陸早了很多年，現已形成了市場化、專業化、管理企業化、布局區域化、服務社會化的產銷經營格局，有許多成功的做法和經驗。加強閩臺兩地農民合作組織的對接，對提升福建農民經濟合作組織發展水平具有現實意義，有助於形成構建社會主義農村和諧社會的助力，有效避免農村經濟市場化過程中的兩極分化和「市場失靈」，改變中國農村社會的「二元結構」，使農村社會朝著「國家——市場——農村合作組織」的三元結構發展，而且有利於兩岸農民在農業生產和經營中整合資源，提高農業科技水平，獲得規模效益；而且也有利於維護和增加台商、臺農在閩利益，進一步促進兩地農業產業發展。

當前兩岸關係出現重大轉折和進展，而國務院《關於支持福建省加快建設海峽西岸經濟區的若干意見》把海西明確定位為「兩岸人民交流合作先行先試區域」，福建正在抓住難得的歷史機遇有步驟、分階段地推進海峽西岸經濟區的建設，開展對臺交流合作。當前福建經濟社會發展進入了一個受資源環境多種條件約束的新時期，要使閩臺農業合作進一步深化，需要進一步發揮福建農業的資源潛力和對臺獨特優勢，積極探索、深入研究並推出若干對臺先行先試的政策舉措，繼續扮演好先行的角色。在閩臺農業合作方面，福建提出「五項先行」的目標，在兩岸農業經營管理制度合作上先行探索，是其中重點之一。兩岸農民經濟組織合作是產業對接的一種延伸，是閩臺農業合作的創新模式，是深化閩臺農業交流與合作的重要環節，同時也是國家賦予海峽兩岸（福建）農業合作實驗區的責任。當前兩地農民合作組織的交流的程度還比較粗淺，對接方式也處於探索階段，這一定程度上影響了閩臺農業合作的擴大和深化。因此，借鑑臺灣的經驗，加快福建農村經濟組織的創新發展，開展與臺灣農民經濟合作組織多層次的對接，可縮小兩岸農村經濟組織的組織化程度差距，形成對臺農業組織有吸引力的合作架構，從而

為與臺灣集約經營的農村合作組織之間進行交流與合作打下堅實的基礎。

閩臺農業發展的自然環境與背景相似，資源、發展水平與結構具有互補性，閩臺農業合作在促進福建農業規模化生產、專業化分工和區域化布局以及商品化發展方面的重要貢獻以及兩岸關係新形勢給閩臺經貿合作的發展帶來新的契機，為閩臺農民經濟合作組織的有效對接創造了良好的條件，此外臺灣農民產銷班經營模式在福建的嘗試，展示了良好的示範效應。福建農民產銷班是臺灣1990年代開始創辦的農業合作形式，將大部分農戶組織起來，有效地克服了小農經營的弊端，形成了較為完整的組織體系和穩定的運行機制，已經成為臺灣重要的農業經營方式。臺灣的農民合作產銷班經營模式已在福建許多基層農村試點，成效明顯且具有代表性的有漳州長泰錦信青果合作社、萬桂香蕉專業合作社、漳州市龍文區育綠農業合作社、福安市松羅鄉茶業產銷合作社、明溪紫雲村茶葉和蔬菜專業合作社、三明林業實驗區精緻農林產銷一體化組織等十多個產銷組織，其中漳州長泰錦信青果產銷合作社，被農業部列入全國「百家農民專業合作經濟組織」試點單位，並被評為全國50家農民專業合作組織先進單位之一。這種依託臺農、台商，借鑑臺灣農業產銷班經驗創辦的新型農民合作組織，其制度安排與臺灣產銷班運作模式相似，即都是由從事同一農產品生產經營的農戶組成，採取統一經營規劃、統一採購生產資料、統一良種種植、統一生產技術標準、統一農產品分級包裝、以及統一品牌運銷等合作運行機制；實行一人一票民主管理原則，收益分配主要按與農戶交易量返還，從而有效地解決農產品產前、產後突出的「統分失衡」，大大降低農戶市場風險和交易成本，較好地維護和提高農戶經營收入，顯示出產銷合作組織的優越性。這一有效的嘗試，為兩地的農民經濟組織合作的進一步合作奠定了良好的基礎。

三、閩臺農民經濟合作組織對接的主要途徑和模式

(一)閩臺農民經濟合作組織對接的基本內涵和目標

加強閩臺農民經濟合作組織對接旨在結合貫徹《農民專業合作社法》，重視學習和引進臺灣農民合作組織的制度資源，以農業經濟合作組織為載體，有針對性的借鑑臺灣農村組織行之有效的發展機制、經營模式和管理經驗，開展與臺灣中南部農會、農協、產銷班等農村經濟組織全方位的交流與合作，扶持一批農民合作經濟組織開展試點，探索有效的組織運作機制，總結推廣好的做法和經驗。透過兩岸農民經濟合作組織的對接，提升福建農民合作經濟組織的總體水平，使農民合作組織在維護農民權益、促進農民增收、承接農村經濟事務、擔保金融貸款、化解市場風險、提高農民素質等方面獨有的功能和作用得到更充分的發揮，縮小大陸的農業生產主體和農村經濟組織與臺灣集約經營的農村合作組織之間組織化程度、經營理念、經營方式等方面的落差，建構較為理想的合作贏利模式，對深化兩岸農業合作發揮積極的效應；借助農民經濟合作組織對接這一平臺，還可密切兩岸基層組織和農民的聯繫和交往，加強兩岸農業、農村和農民的更加全面的融合，為實現雙方經濟和社會的進一步融合奠定基礎。

(二)閩臺農民經濟合作組織對接的可行途徑和模式

1.主要途經

(1)借鑑臺灣經驗推動福建農民經濟合作組織有序發展

臺灣農民合作經濟組織組織機構健全、運作規範、功能完善，有會、社、場、班等不同類型，如農會、漁會、合作社、合作農場以及產銷班等，幾乎涵蓋了農村、農民、農業發展的所有方面，呈現出較強的專業性或綜合性，在引導農民生產、降低農民在市場競爭中的風險、促進規模經濟發展、提高農產品營銷效率、保護小農利益、增加農民收入發揮了重大的作用。發達的農民合作組織成為臺灣實現農業現代化過程

中的重要環節。福建應該借鑑臺灣的經驗，將農民專業合作經濟組織定位為經濟、教育和社會組織；從實際出發循序漸進，尊重農民的意願和選擇；因地制宜地開展多種形式的專業合作，拓展合作組織的功能；遵循農民為主，政府為輔的原則等經驗和做法，抓好農民合作組織的規範發展，提升合作經濟組織的總體水平，增強組織輻射能力和經濟效益，加速農民合作組織從鬆散型向緊密型，從本土型向外向型，從種養型向綜合型的轉變，發揮農民合作組織應有的作用。

（2）注視理念交流，提高合作意識

如前所述，福建在借鑑臺灣產銷班運作方面，已經有了成功的範例，臺農在福建興辦產銷班也收到了明顯的效果，但推廣的速度不盡人意，其中的原因除了農民的合作意識普遍還比較淡薄，缺乏組織起來的積極性以外，對農業經濟合作組織發展理念的瞭解欠缺也是主要原因之一。要開展兩岸農民合作經濟組織交流與合作，增加對臺灣農業經濟合作組織發展理念的瞭解是必要的前提條件。可採取每年定期或不定期地進行農民合作組織代表之間的互訪、考察；邀請臺灣專家農民來進行指導、創建農民合作經濟組織，對農民進行培訓；選派或組織村鎮幹部、種植大戶或經營能手赴臺學習臺灣的相關制度與經驗；兩岸的學者針對相關問題開展學術探討和研究等方式，增強對臺灣農民合作經濟組織發展理念的瞭解，提高福建農民的合作意識。

（3）以主導農產品生產和農產品加工企業為依託

從目前看，福建農民自發組建的經濟合作組織以畜禽、筍竹、水產品、蔬菜、水果、食用菌、茶葉、花卉、烤煙等骨幹農產品居多，以重點特色農產品為依託，進行兩岸農民經濟合作組織的對接，符合福建農業產業的發展方向，有助於提升骨幹農產品整體生產水平和綜合效益，推動農業產業化經營由主導產業規模擴張向優勢區域集聚的轉變。在這一合作方式中，臺資農產品加工企業以企業法人的身份參與組建專業合

作社,形成「臺資企業+農民合作經濟組織+農戶」這一利益關係更為密切的產業化經營模式,既保證農產品加工企業有穩定的、質量有保障的農產品原料資源,保證臺資企業的經營效益,又能使分散的農戶推行農產品標準化生產,獲得穩定的銷售渠道,分享到加工和銷售環節的利潤,有利於理順農戶與臺資企業之間的利益關係。

(4)以臺灣農業產銷班的模式為重點

臺灣經過半個世紀探索逐漸形成的農業產銷班運作模式是在農村發展經濟合作組織中比較典型的模式之一,它是生產同類農產品的農民自願組織起來的最基層的農民合作組織,其職能主要是農產品的共同運輸、銷售和生產資料的共同採購。這一合作形式,擴大了營銷規模,增強了農民的議價能力,降低了運輸、銷售、採購的成本,提高了農業的競爭力,增加了經濟效益,已經成為臺灣農業重要的農業經營方式。目前全臺灣共有6253個產銷班,參加人數116195人,占臺灣農村勞動力的22%;其中水果和蔬菜類的產銷班數量和人數最多,約分別占69%和72%。〔8〕福建借鑑臺灣經驗進行創辦產銷班的嘗試成功,說明產銷班是適合福建目前農業發展階段的可以借鑑的模式。因此,福建應該借產銷班成功的運作模式顯示出產銷合作的優越性和示範效應,將產銷班模式作為福建農民經濟合作組織發展的主要模式,加大推廣創立產銷班的力度,並逐步規範和完善農產品市場體系,建立健全市場交易規則和運行機制,為福建農村經濟合作組織的發展創造良好的外部環境。

2.對接模式

一是跨地區合作。在雙方從事同類產品生產的農業行業協會或經濟組織之間展開跨地區合作,就是按產業類型進行橫向整合,把臺灣和福建兩地生產同樣產品的產銷班整合起來,例如蔬菜、肉豬、水果和水產品等,成立產業策略聯盟,加強資訊、產品標準、產期調節、批量生產的資源整合。由於同類產品生產需要的專業技術、專用生產資料基本相

同，產品的市場走向也較一致，不僅容易產生合作的需求，也容易形成服務的規模效益，能有效地降低農戶的產、銷成本。其形式可以有多種：（1）生產技術合作形式。引進臺灣新品種、邀請臺灣專家開展農業技術指導講座、對農民進行新技能、新技術、新方法和新理念方面的培訓。（2）組成跨區域的聯合社的形式，[9]帶動專業化生產，降低生產成本和運銷成本，創立品牌，依靠臺灣農民合作組織的渠道，共同開拓國際市場。類似的合作也可在不同類產品生產的農業行業協會或經濟組織之間開展。兩岸農民合作經濟組織的跨地區合作，是兩岸農民在農業生產和經營中整合資源，獲得規模效應的有效途徑，其不僅能夠讓大陸的農民合作經濟組織借鑑臺灣發展農民經濟合作組織的經驗，同時能夠透過組建閩臺農民經濟合作組織，更直接地讓兩岸農民充分享受到農民合作組織給兩岸農業發展、農民富裕和農村繁榮帶來的促進作用。

二是OEM或ODM合作模式。OEM（Original Equipment manufacture，即原始設備製造商）或ODM（Original Design Manufactuce，即原始設計製造商）是企業間合作經營的生產方式，分別指「代工生產」方式和「貼牌生產」方式。兩地農民經濟合作組織之間的交流與合作也可採取類似OEM或ODM方式進行。這類合作方式可以在閩臺農民合作組織之間開展，也可以在福建本地的農產品加工企業與臺灣農民組織之間開展。例如，兩地生產同類產品的產銷班進行對接，產品由福建的產銷班進行生產，採取統一收購、包裝，統一商標和品牌、統一運輸、統一銷售的共同運銷方式，臺灣方面負責提供種苗，並對生產的全過程進行技術指導，制定統一的生產技術標準，進行標準化和規範化的管理，負責提供產品的銷售渠道，冠以臺灣的品牌進入市場；或者臺灣和大陸的農民組織以雙方認可的方式進行合作，最終產品以新的品牌名稱進入市場。福建本地的農產品加工企業與臺灣農民組織之間開展的合作方式可以有：（1）臺灣水果、蔬菜等產銷班或合作社在福建設立分社；（2）臺灣合作組織與福建本地農民經濟合作組織聯合進行原料生產，與農產品加工企業對接，分別進行產品的生產和加工；（3）福建農民經濟合作組織以

原料生產者身份參與臺灣農民經濟合作組織與福建農產品加工企業的合作。

三是臺灣農業合作組織設立分社（班）模式。臺灣水果、蔬菜、水產、花卉、畜牧等產銷班或合作社在福建設立分社，由臺灣農民或大陸的農民共同擔任產銷班的班長或副班長，運用臺灣農民組織的運作模式，組建類似聯合社的供應鏈聯盟，聯合從事農產品生產和運銷事業，共同拓展國內外市場。在這個共同體中形成一個相互捆綁的利益約束機制，進而能夠產生一種內在的良性循環：無公害生產——品牌農業——市場認可——訂單，將聯合生產的農產品透過農民組織的平臺與市場對接，借助合作組織穩固的農戶群體利益關係，保證市場和農戶間形成長期、穩定的共同利益或契約關係，建立農產品穩定的行銷通路。

（三）對促進閩臺農民合作經濟組織對接的若干建議

1.構建促進兩地農業合作組織對接的政治環境

兩岸關係和平發展是拓展兩岸經貿交流的前提條件，拓展互利雙贏的兩岸交流與合作是實現兩岸關係和平發展的主要途徑。當前兩岸在政治上已建立一定的互信，經濟關係也進一步密切，兩岸關係的改善和發展，為兩岸經濟交流與合作創造了較之以往更好的環境與條件，兩岸之間有望朝著排除影響兩岸經濟關係發展的各種制度性障礙，建立起深度整合的經濟合作關係方向發展，逐漸構築起長期穩定的、具有兩岸特色的互利雙贏的經濟合作機制，為兩岸農民經濟合作組織對接構建良好的政治環境。

2.建立閩臺農業經濟合作組織對接機制

（1）建立促進閩臺農業經濟合作組織對接的政府宏觀調控機制及協調機制

政府要把發展閩臺農民經濟合作組織對接作為推動農業結構調整、提高農業綜合效益、增加農民收入的重要途徑，切實加強對閩臺農民經濟合作組織合作的引導，結合實際，認真制定規劃，明確對接的目標、方向、重點及優惠政策，閩臺農民經濟合作組織的對接涉及對臺方針政策和相關職能部門的具體操作，需要在省委和省政府的指導下，發揮政府宏觀調控和行政部門的職能作用，加強對各部門執行閩臺農業合作條例、法規、政策的監管，提升政府指導、協調和服務的職能，建立政府和實際部門的協調機制，協調處理福建農民組織發展以及兩岸合作過程中遇到的具體問題，形成閩臺農民經濟合作組織對接的整體推進合力。

（2）建立促進閩臺農民經濟合作組織對接的政策機制

中央《關於支持福建省加快建設海峽西岸經濟區的若干意見》出臺，明確要求海峽西岸經濟區「建設兩岸經貿合作的緊密區域」，發揮海峽西岸經濟區獨特的對臺優勢和工作基礎，努力構築兩岸交流合作的前沿平臺，將福建定位於兩岸人民交流合作先行先試區域，採取更加靈活開放的政策，加強海峽西岸經濟區與臺灣經濟的全面對接，推動兩岸交流合作向更廣範圍、更大規模、更高層次邁進。福建應該抓住這一有利時機，積極爭取國家賦予對臺農業制度性合作與交流的特殊政策支持，促進閩臺農民經濟合作組織的順利對接，為福建成為兩岸農業合作創新模式的「試驗田」創造條件。

（3）建立閩臺農民經濟合作組織溝通協商機制

區域經濟合作原本是市場化的行為，由於兩岸關係的特殊性，目前建立閩臺農業合作協商機制尚不現實，可以發揮兩岸民間組織的作用，進行協商和規劃，達成共識、做出安排。與臺灣農會等農民組織保持經常性的溝通和交流，確立閩臺農業制度性合作的主要形式、具體項目和協調機制；邀請臺灣專家教授、產銷班班長、合作社經理等農民合作組織的人員系統介紹臺灣農民專業合作組織高效管理的理念與運作模式和

典型實例，尤其是有針對性地就合作社資金資源合理分配、營銷服務體系建設及健全完善財務制度等諸多方面給予有益的啟發；以舉辦閩臺農業組織合作論壇、海峽兩岸農民經濟合作組織懇談會等方式，就共同關心的議題進行探討。

2.創建有利於農民經濟合作組織對接的市場環境

兩岸農民合作組織的交流與合作不僅取決於自身內部制度的安排，同時也取決於外部制度環境的影響。臺灣具有相對完善的農產品市場體系，具有實行市場化運作的農產品批發市場，農產品銷售實行的是委託代理和拍賣制，這種制度減少了市場的不確定性和與此相關的交易費用，節約了農民和合作經濟組織的交易成本。可見農產品市場體系是否完善，直接影響兩岸農民合作組織的交流與合作的效果。應加快福建農產品市場化制度改革與創新，逐步完善農產品市場體系，健全市場機制，農產品批發市場應實行市場化運作，建立健全市場交易規則和運行機制，加強對農產品市場的規範管理，將建立農產品批發拍賣制度作為努力的方向，為兩地農民經濟合作組織的對接創造規範、高效的市場環境，保證兩岸農民合作組織的交流與合作的效果。

3.建立農民經濟合作組織對接試點

閩臺農民合作組織的對接目前尚處於探索之中，適宜採取由少至多，循序漸進的步驟，以經濟發展水平以及農民合作組織發育的程度為條件，在福建選取幾個農業合作組織與臺灣有合作意願的、較為典型的合作組織，建立對接試驗點進行不同對接模式的嘗試，取得經驗後進行推廣。

4.提供促進閩臺農民經濟合作組織對接的專項扶持資金

設立專項資金，採取以獎代投、專項扶持、分檔分級扶持等辦法，激勵農民經濟合作組織的發展，尤其對運作規範、帶動力大、作用突

出、效果明顯的農民經濟合作組織以及台商建立的產銷班等合作組織在扶持政策上有所傾斜，激發農民辦經濟合作組織的積極性，扶持台商在福建建立的產銷班更好地發揮示範的作用。

（原載於《臺灣研究集刊》）

第四篇 兩岸經濟一體化與區域整合

當前兩岸制度性經濟一體化的經濟可行性考察

唐永紅

一、引言

隨著經濟全球化與區域一體化以及兩岸經濟關係的深化發展，兩岸制度性經濟一體化成為兩岸經濟體自身發展的必然與要求。2005年4、5月連、宋大陸行時兩岸正式提出了「兩岸共同市場」及「兩岸自由貿易區」的制度性一體化議題。然而，誠如區域經濟一體化理論與實踐所表明的，一體化是一個艱難的漸進過程，需要一定的政治、經濟與社會條件；僅就經濟可行性而言，各種程度與形式的制度性經濟一體化，不僅需要各自特定的經濟條件，而且都必需其成員方在經濟相互依存性、經濟市場規模、經濟技術發展水平、經貿政策可協調性等方面具備一些基本經濟條件，以實現預期的經濟效應。因此，除了兩岸政治關係方面的考慮之外，深入探討當前兩岸制度性經濟一體化的經濟條件與可行性，無疑具有十分重要的現實意義。事實作者簡介：唐永紅，經濟學博士，廈門大學臺灣研究院經濟研究所副所長、副教授、碩士研究生導師。

上，近年來，一些學者在倡議「兩岸共同市場」或「兩岸自由貿易區」中已或多或少、或深或淺地論及這一問題，但未曾見以之為專門研究對象的深度分析。本文擬從區域經濟一體化獲得預期成效所必需的一般性經濟條件方面，全面深入地考察當前兩岸制度性經濟一體化的經濟

可行性，進而闡明各種一體化形式在當前的經濟可行性。

二、經濟相互依存性條件下的經濟可行性

理論與實踐表明，一般而言，成功的區域經濟一體化必須具備一定的經濟相互依存性條件。一體化區域各成員方之間在經濟上存在比較緊密的專業化分工關係，從而各成員方能成為彼此的主要經貿夥伴，而對區域外經貿夥伴的依賴性較小，以保證一體化的經貿轉向效應較小而經貿創造效應較大。

兩岸專業化分工方面。包括筆者在內的許多學者研究表明，近20餘年來，兩岸經濟體在潛在的互補性基礎上，在不斷深化發展的全球化進程與彼此交流交往過程中，在全球化力量與市場機制以及雙方兩岸經貿政策的作用下，逐漸自然地形成了垂直與水平交叉並存且動態發展的多元化分工關係。目前，兩岸產業合作層次不斷提高，分工協作日益深化，已由勞動密集型向資本、技術密集型產業轉變，由產業之間分工向產業內部分工推進，形成了「研發、生產、銷售」一體化和較為緊密的產業發展鏈。這種分工關係不僅本身就是全球經濟分工與生產鏈條的一個重要環節，而且使得兩岸經濟體在原來的互補性基礎上形成了競爭性與依存性並存的一體化發展態勢。

兩岸貿易相互依存性方面。臺灣「行政院陸委會」編制的《兩岸經濟統計月報》第157期有關統計顯示，2005年臺灣對大陸出口占臺灣總出口的比例、臺灣自大陸進口占臺灣總進口的比例、臺灣對大陸進出口貿易總額占臺灣進出口貿易總額的比例，分別達到27.34%、10.97%、19.33%；與此同時，2005年大陸對臺灣出口占大陸總出口的比例、大陸自臺灣進口占大陸總進口的比例、大陸對臺灣進出口貿易總額占大陸進出口貿易總額的比例分別為2.81%、8.01%、5.34%。可見，兩岸經濟體已互為重要貿易夥伴，但彼此間卻具有明顯的不對稱性依賴，臺灣貿易對大

陸商品市場的依賴，明顯高於大陸貿易對臺灣商品市場的依賴。事實上，兩岸貿易的這種相互依存性也體現在兩岸各自對外貿易的地區市場分布方面。2005年，大陸是臺灣最大的貿易夥伴、第一大出口市場、第三大進口來源地和最大貿易順差來源地；而臺灣是大陸的第五大貿易夥伴、第八大出口市場、第三大進口來源地和最大貿易逆差來源地。需要指出的是，大陸對臺灣出口占大陸總出口的比例較之於臺灣對大陸出口占臺灣總出口的比例、大陸自臺灣進口占大陸總進口的比例都明顯偏低，反映出臺灣對大陸商品進入臺灣市場的限制性政策的作用。

兩岸投資相互依存性方面。眾所周知，主要由於長期以來臺灣的限制性大陸經貿政策的作用，兩岸資本投資往來關係主要表現為一種台商投資大陸的單向資本流動現象。這意味著臺灣經濟體在利用資本層面對大陸資本沒有依賴關係。然而，從臺灣對外投資地區分布看，臺灣「行政院陸委會」編制的《兩岸經濟統計月報》第157期有關統計顯示，2005年臺灣核准對大陸投資占臺灣核准對境外總投資（含對大陸投資）的比例高達71%。從大陸實際利用外資方面看，據商務部臺港澳司統計，2005年大陸實際利用臺資金額（21.5億美元）占大陸實際利用外商直接投資（FDI）金額的比例為3.6%，臺灣是大陸第七大FDI來源地；如加上經第三地（維爾京群島、開曼群島、薩摩亞等自由港）的台商轉投資，2005年大陸實際利用臺資（約58.5億美元）占全年大陸實際利用外資總額的9.7%，臺灣是大陸第二大FDI來源地。可見，兩岸投資關係不僅呈現了單向投資往來格局，而且也具有明顯的不對稱依賴性質：臺灣雖然在利用外資層面與大陸資本基本上沒有關係，但臺灣的對外投資卻高度集中於大陸市場；而大陸在利用外資層面對臺資的依賴程度較小，在對外直接投資方面基本上無緣於臺灣市場。

兩岸經濟發展對兩岸經貿關係的依存性方面。若以兩岸貿易往來金額占各自國內生產總值（GDP）的比例指標，來衡量各經濟體對兩岸貿易往來關係的依存性；以兩岸投資往來金額占各自資本形成總額的比例指

標，來衡量各經濟體對兩岸投資往來關係的依存性，可以進一步揭示兩岸經濟體發展對兩岸經貿關係的依存性。根據有關統計數據計算表明：①兩岸經濟體對對方的出口依存度、進口依存度、貿易依存度都呈現為持續的正增長態勢，表明兩岸經濟體對兩岸貿易往來關係的依存性基本上都在不斷提高。臺灣經濟的對大陸出口依存度、自大陸進口依存度、對大陸貿易依存度分別從1995年的5.6%、1.2%、6.7%增至2004年的21.2%、4.4%、25.7%。相應地，大陸經濟的對臺出口依存度、自臺進口依存度、對臺貿易依存度分別從1995年的0.4%、2.1%、2.6%增至2004年的0.8%、3.9%、4.7%。②除了自大陸進口依存度較小之外，臺灣經濟的對大陸其他各項貿易依存度都較大，並遠高於大陸經濟的相應的各項對臺貿易依存度。而且，臺灣經濟的對大陸貿易依存度的增長速度，1997年以來明顯高於大陸經濟的對臺貿易依存度的增長速度。③由於臺灣長期禁止或高度限制大陸資本入臺，臺灣在資本形成層面與大陸資本基本上沒有關係。而大陸實際利用臺資金額占大陸資本形成總額的比例，先從1989年的0.1%增至1994年的1.5%，之後逐漸下降至2004年的0.4%，表明隨著大陸經濟的不斷發展、外資來源地的多元化、中國國內投資的不斷增長，大陸經濟的發展對臺資的依賴性自1994年以來在不斷減小。

綜上可見，兩岸經濟體在貿易、投資與發展層面形成了一定程度的相互依存性與功能性一體化態勢。雖然兩岸經濟關係在發展中呈現出單向、間接的不對稱與不平衡狀態，兩岸經濟體相互依存性呈現了不對稱特徵，但這很大程度上是由於臺灣方面的限制性大陸經貿政策作用扭曲的結果，並從反面表明兩岸經濟體進行制度性合作與一體化的經濟必要性與經濟可行性。可以預期，隨著兩岸經濟關係正常化，在兩岸經濟互補性基礎上，兩岸經濟分工與合作必將進一步深化發展，兩岸經濟的交流與合作水平以及相互依存程度必將進一步提升，彼此交流與相互依存的不對稱格局也必將得到改善，相應將進一步降低兩岸經濟體對其他經濟體的依賴程度，從而減小兩岸制度性經濟一體化的經貿轉向效應而提升其經貿創造效應。

三、經濟市場規模條件下的經濟可行性

理論與實踐表明，一般而言，成功的區域經濟一體化必須具備一定的經濟市場規模條件。一體化區域各成員方必須有著較高的人均收入和較發達的產業體系，從而有著旺盛的最終需求與派生需求以及廣闊的國內市場，能夠較多地吸納其他成員方的商品，進而一體化後可以產生較大的經貿創造效應與規模經濟效應。從這一方面看，兩岸制度性經濟一體化在當前和將來可預見的期間內顯然有著取得成功所需的市場規模條件。

就大陸經濟體而言，首先，大陸有著眾所周知的超過13億的龐大人口規模和縱深寬闊的經濟腹地；其次，經過近20多年的持續快速發展，大陸人均國內生產總值（GDP）自2002年起達到了1000美元以上的水平，並仍在以年均約9%的速度持續快速增長；再者，大陸還有著不斷發展中的龐大且完備的產業結構體系。根據國家統計局有關統計，2005年大陸第一、第二和第三產業增加值占GDP的比重分別為12.4%、47.3%和40.3%，其中，第二產業中的工業增加值占GDP的比重為41.8%。所有這些顯示大陸經濟體具有旺盛的最終需求與派生需求以及廣闊的國內市場空間，可為臺灣經濟體的產品外銷、資本輸出、技術與產業轉移提供廣闊的腹地和市場。事實上，當前臺灣經濟體正處於一個新的轉型期：一方面，在產業轉移中為避免製造業的外移造成「產業空洞化」，島內工業亟需擺脫既有的代工生產模式而向更高層次的創新、研發方向升級；另一方面，已占臺灣GDP比重七成以上的服務業，要能帶動總體經濟的持續增長，也須盡快擺脫內需導向為主的特徵，拓展外部服務市場。

就臺灣經濟體而言，雖然人口規模不到2300萬，但早在1980年代就成為了新興工業化地區和亞洲「四小龍」之一，人均國民生產總值（GNP）自1992年以來（人均GDP自1993年以來）保持在10000美元以上並在總體上保持了持續的增長態勢，2005年人均GNP高達15676美元（人

均GDP約15273美元）。臺灣經濟體不僅有著較高的現實消費能力，可以為大陸物美價廉的產品提供巨大的消費市場，而且也具有比較發達的產業結構體系，可以為大陸商品與要素提供較大的配置空間。2005年臺灣農業、工業和服務業增加值占臺灣生產總值（GDP）的比重分別為1.80%、24.64%、73.56%，其中，工業中的製造業、服務業中批發零售及餐飲業增加值占GDP的比重分別為21.73%、20.38%。

綜上可見，兩岸經濟市場規模從商品與要素的需求層面上為獲取一體化的經貿創造效應與規模經濟效應提供了可能。

四、經濟技術發展水平條件下的經濟可行性

理論與實踐表明，一般而言，成功的區域經濟一體化必須具備一定的經濟技術發展水平條件。一體化區域中至少部分成員方的經濟技術發展水平較高，在貿易商品上具有成本優勢，從而能最大限度地降低經貿轉向效應，並能保證相對落後的成員方透過區域經貿合作逐步提高技術水平、優化經濟結構，從而獲得一體化的動態收益。從這一方面看，兩岸制度性經濟一體化在當前和將來可預見的期間內顯然有著取得成功所需的經濟技術發展水平條件。

就大陸經濟體而言，眾所周知，當前，大陸作為「世界製造工廠」在勞動力密集型產品和部分資本技術密集型產品的國際競爭力方面有著一定的成本優勢，作為發展中國家具有廣闊的市場容量、較為雄厚的工業基礎、較高的研發能力。

從對外貿易方面看，有關統計顯示，「十五」期間大陸對外貿易年均增長24.6%，創下開放以來外貿發展最快紀錄，遠高於同期世界貿易和中國經濟增長水平；2004年大陸外貿進出口總額超過1萬億美元大關，成為僅次於美國和德國的「世界貿易第三強」，其中出口占世界總出口的6.5%，進口占世界總進口的5.9%；2005年大陸不僅進出口貿易總量達到

14221.2億美元,躋身世界貿易大國前三強,而且進出口商品結構得到進一步優化,工業製成品出口比重提高到93.6%,機電產品和高新技術產品成為出口主導產品,占出口總值的比重分別提高到56%、28.4%,顯示對外貿易增長方式在由「數量型」向「效益型」轉變。

從利用外資方面看,「十五」期間,外商對華直接投資超過2700億美元(2005年大陸實際使用外資603億美元),大陸吸收外商直接投資名列全球第三,並繼續居發展中國家首位;引進外資項目的質量也在不斷改善,以IT產業、先進製造業為代表的高科技含量、高附加值項目所占比例大幅增加,外商注資建立研發中心和地區總部的數量不斷上升;隨著銀行、保險、證券、分銷等服務業領域的市場准入限制的逐步放開,服務業成為外商投資熱點;世界最大的500家跨國公司中,已有450家在華投資。

再從「走出去」方面看,「十五」期間,大陸企業「走出去」步伐加快,全方位、寬領域的「走出去」格局逐漸形成。對外投資、承包工程、勞務合作等對外經濟合作業務遍及世界近200個國家和地區,基本形成「亞洲為主,發展非洲,拓展歐美、拉美和南太」的多元化市場格局。對外經濟合作拓展到以工業製造、建築、石油化工、資源開發、交通運輸、水利電力、電子通訊、商業服務、農業等為主,並廣泛涉及國民經濟諸多領域,如環境保護、航空航天、核能和平利用以及醫療衛生、旅遊餐飲、諮詢服務等。2002年至2005年,中國企業對外直接投資淨額(非金融類)累計達179億美元,年均增長36%,其中,2005年境外併購類投資占同期對外直接投資總額的54.7%,主要集中在電訊、汽車、資源開發等領域;對外承包工程累計完成營業額726億美元,比「九五」時期增長一倍;對外勞務合作累計完成營業額173億美元,比「九五」時期增長近五成;2005年末在外各類勞務人員達56萬人,比「九五」期末增加12.5萬人。

而臺灣經濟體方面，眾所周知，作為新興工業化地區有著現代化的經濟結構，在資金、技術、企業管理水平、市場營銷能力、高新技術產業化與市場化以及技術密集型產品方面具有一定的競爭優勢。

以對外貿易為例，2004年臺灣出口占世界總出口的1.9%，進口占世界總進口的1.8%；當前，臺灣出口產品以工業製成品為主，2004年臺灣工業製成品出口占臺灣總出口的98.6%（農產品、加工農產品出口分別僅占總出口的0.2%、1.2%），重化工業產品出口、高科技產品出口分別占臺灣總出口的77.9%、52.1%，工業製成品出口中又以電子產品、基本金屬及其製品、訊息與通訊產品、機器、紡織品、精密儀器、塑料及其製品、電器產品設備等技術密集型產品為主，而在技術密集型出口產品中高技術密集度產品占54%；當前，臺灣進口產品以農、工業原料與資本貨物為主，2004年臺灣農、工業原料進口占臺灣總進口的70.4%，資本貨物進口占臺灣總進口的21.4%（消費品進口僅占臺灣總進口的8.2%）。

再從對外直接投資方面看，當前臺灣是一個有著淨資本輸出的經濟體系，2001年臺灣對外直接投資占世界對外直接投資總額的1.2%，2004年臺灣經濟體對外直接投資總額達到10322.685百萬美元，吸引外來直接投資3952.788百萬美元，全年淨資本輸出6369.897百萬美元。此外，眾所周知，在大陸服務業不發達的同時，臺灣在財務、會計、金融、法律、電訊等服務業方面具有較大優勢。

臺灣經濟研究院利用顯示性比較利益指標（RCA）對兩岸經濟體各行業產品的出口競爭力進行了揭示和比較，其分析結論大致證實了上述判斷。RCA指標計算結果表明，在國際市場上，臺灣的紡織業和電子業有著極強的出口競爭力（RCA指標都在2.5以上），漁產、機器設備和其他製造具有較高出口競爭力（RCA指標都在1.0以上）；大陸的成衣、紡織品有著極強的出口競爭力（RCA指標分別為4.79、2.75），稻米、漁產、豬肉產品、電子、其他製造、商品買賣具有較高出口競爭力（RCA指標都在

1.0以上）。RCA指標同時表明了兩岸之間產品競爭力的相對強弱：臺灣在電子、機器設備、化學及橡塑膠、鋼鐵以及金融服務、保險、商業和其他服務等方面具有明顯的優於大陸的競爭力；大陸在農礦產品、其他製造業、商品買賣與水上運輸方面較臺灣有明顯的優勢。

綜上所述，可以預期，建立在兩岸現有經濟技術條件基礎上的兩岸制度性經濟一體化，不僅會因貿易轉向效應較小而獲得較高的靜態收益，而且，從長遠來看，兩岸經濟體都可能獲得一定的動態收益。大陸可透過兩岸經貿合作實現促進技術進步與提升產業結構的目的，臺灣經濟體可透過兩岸分工、貿易與合作實現提升研發能力與促進經濟結構轉型的目的。

五、經貿政策可協調性條件下的經濟可行性

某種程度與形式的經濟一體化安排需要成員方之間彼此開放相應的市場，需要成員方之間彼此經貿往來活動具有相應的自由化與便利化程度。理論與實踐表明，一般而言，成功的區域經濟一體化還需要成員方在經貿政策方面具備一定的可協調性。一體化區域各成員方之間的經濟發展水平差距不大，經濟與貿易政策乃至文化傳統與政治體制也基本相同，從而不僅有利於區域經貿活動往來，而且容易協調成員方之間的經貿政策，不會給任何一方造成較大衝擊，進而有助於一體化的啟動與深化發展。

就兩岸經貿政策的可協調性而言，一方面，海峽兩岸當前在經濟發展水平上的差距和在經貿政策的差別，雖然對當前兩岸經貿政策的可協調性有著一定的影響，但最主要的困難顯然是眾所周知的兩岸在政治關係上的僵持；另一方面，市場經濟體制與兩岸文化傳統的共性又為兩岸經貿政策的協調奠定了一個重要基礎與可能性，而WTO下的兩岸經濟體在當前及可預見的將來都以積極主動地姿態參與全球化與一體化進程，

以及為此已經採取和將進一步採取的經貿自由化措施，特別是在兩岸經貿政策上的不斷放鬆與開放，也將為兩岸經貿政策的協調提供契機。

從現狀上看，眾所周知，臺灣經濟體具有較完善的市場經濟體制，對外經貿體制與政策基本符合WTO要求和國際慣例，對外開放領域及程度都有著較高的水平；臺灣「經建會」編訂的《Taiwan Statistical Data Book 2005》顯示，隨著貿易自由化的推進，臺灣經濟體的關稅總水平、關稅對財政收入的重要性都在逐步下降，2004年臺灣經濟體的算術平均關稅總水平約為1.4%，而關稅收入僅占臺灣經濟體稅收總收入的5.7%。

而大陸方面也在加入WTO前後的「十五」期間全面履行加入WTO承諾，大幅降低關稅水平，取消非關稅措施，放寬服務業市場准入和外商對華投資限制，修訂大批法律法規，使得對外經貿體制與政策基本符合WTO要求，對外開放向更高層次更廣領域穩步推進。根據有關統計顯示，大陸關稅總水平已由加入WTO之前的15.3%降到2005年的9.9%，承諾的降稅義務基本完成，2003年的關稅收入僅占全年稅收收入總額的4.6%。大陸還按照承諾，取消了對424個稅號的產品實行進口配額和許可證管理；逐步放開了銀行、保險、證券、分銷等服務業領域的市場准入限制（電信、法律、會計、醫療、教育等服務部門的對外開放也在穩步推進）；大幅修訂了包括《外資法》《外貿法》在內的2000多個法律法規，國務院先後取消和調整行政審批項目1806項，31個省（區、市）共取消和調整審批項目22000多項，尤其取消了大量內部文件，實行了「陽光政務」，從而逐步形成了符合WTO要求的法律法規體系，推動了市場經濟法律體系的完善，對政府職能的轉變、提高透明度和依法行政也造成了促進作用。此外，「十五」期間，內地與香港、澳門簽署了《關於建立更緊密經貿關係的安排》（CEPA），對原產港澳地區的商品實行零關稅；大陸與文萊、印度尼西亞等東盟6個國家開始實施中國—東盟自由貿易區協定稅率。

綜上可見，在經濟層面上，兩岸經貿政策尤其是對外貿易政策已具有一定程度的可協調性。

六、當前各種經濟一體化形式的經濟可行性

對當前的兩岸經濟體應採取何種程度與形式的一體化安排？學者們有不同看法，主要有自由貿易區和共同市場兩種主張。大陸學者方面，遲福林（2002）認為，兩岸制度性經濟一體化採取自由貿易區模式是比較現實的選擇，在兩岸四地逐漸建立起一種要素無障礙流動的自由貿易關係，能具體體現「兩岸四地」之間一個國家幾個關稅區的特殊關係和客觀現實，並適應兩岸加入WTO後兩岸四地經貿關係發展的大趨勢。林凌（2002）提出建立多種層次的自由貿易區模式，即內地與港澳可以採取區域接壤地自由貿易區，兩岸四地也可以採取共同市場式自由貿易區，對某些產業實行新加坡—日本投資協議式自由貿易。林媛媛（2003）認為海峽兩岸自由貿易區是可行的模式。李非（2001，2005）、莊宗明和張啟宇（2005）、黃梅波和鄭瑩（2005）等主張兩岸制度性經濟一體化採取共同市場模式。臺灣人士方面，眾所周知，蕭萬長主張建立兩岸共同市場，而高長（2003）主張兩岸成立自由貿易區，高孔廉（2004）主張模仿歐洲聯盟建立兩岸經濟共同體。

筆者認為，應主要根據兩岸經濟體當前的基礎條件和應對內外環境發展形勢的需要來決定當前兩岸制度性經濟一體化的適宜程度與形式。區域經濟一體化理論與實踐表明，從自由貿易區到關稅同盟再到共同市場進而經濟聯盟等各種程度與形式的一體化，相應需要各成員方在經濟發展基礎層面與經貿政策可協調性層面具備一定的條件。如上所述，當前的兩岸經濟體已具備進行一定程度與形式的一體化安排所必需的一些基本經濟條件，然而，即便從如上所述的經濟層面看，並非一體化的各種程度與形式都適宜於當前的兩岸經濟狀態。

其一，如上所述，雖然兩岸經濟體當前的關稅收入在財政收入中的重要性已經相差不多，但兩岸經濟體當前的關稅水平尚有較大的差距，關稅工具在當前對兩岸經濟體的重要性還存在比較明顯的差異，特別是兩岸經濟體各行業當前的對外關稅水平尚存在較大差距，因此，為避免共同對外關稅與貿易政策對兩岸經濟體的不對稱性衝擊影響的出現，關稅同盟在當前就不宜作為兩岸制度性經濟一體化的實踐形式。

其二，如上所述，當前兩岸經濟體不僅在基本制度層面存在較大的差異，而且處於不同的發展階段水平上，大陸經濟體總體上處於工業化的中期階段，且發展不平衡，部分地區尚處於初期階段，而臺灣經濟體已基本完成工業化，並開始邁向後工業化階段，因此，近期內兩岸經濟體在財政、貨幣、收入分配、區域開發等宏觀政策層面基本上難以統一，經濟聯盟及其之上的一體化程度與形式對兩岸經濟體來說只能是未來的理想目標，而不能作為當前甚至近期的現實選擇。

其三，眾所周知，當前的經濟全球化早已超越貨物貿易自由化階段而進入包括服務貿易自由化、金融全球化、投資自由化、生產要素流動全球化的全方位發展階段，而作為全球化在全球層面的一種多邊組織與實現形式的WTO的管轄範圍也因此超越了貨物貿易自由化而擴展到了服務貿易自由化、與貿易有關的投資措施及知識產權等領域，因此，當前，兩岸經濟體單純在兩岸貨物貿易領域的自由化安排已經不能滿足形勢發展的需要，有必要同時在兩岸貨物貿易自由化、兩岸服務貿易開放、兩岸經貿活動便利化乃至兩岸生產要素流動自由化等方面進行適當程度與形式的一體化安排。

七、結論

綜上所述，當前，兩岸在經濟相互依存性、經濟市場規模、經濟技術發展水平、經貿政策可協調性等經濟層面，已初步具備進行一定程度

與形式的經濟一體化安排以實現預期經濟效應所需的一些基本條件；但是，當前不平衡的兩岸經濟基礎條件決定了兩岸制度性經濟一體化應循序漸進。為順應經濟全球化與WTO多邊貿易自由化發展形勢的需要，當前，如果政治條件許可（例如具備兩岸經貿關係正常化前提），兩岸經濟體宜從內容廣泛的新型自由貿易區形式著手，進而邁向關稅同盟、共同市場、經濟與貨幣聯盟等更為高級的一體化形式。

（原載於《臺灣研究集刊》）

政治關係僵局下兩岸制度性經濟一體化實現路徑探討？

唐永紅

一、引言

（一）當前兩岸制度性經濟一體化的客觀必要性

研究表明，近20多年來，海峽兩岸的經濟交流與合作，在經濟全球化力量的推動下，不斷突破兩岸政治關係的約束，在全球化進程中日益加強。當前，兩岸經濟體在貿易、投資、分工方面有著較為密切的聯繫，並在發展上形成了一定的相互依存性；兩岸經濟體功能性一體化正在自發形成和深化之中，為制度性一體化構成了一個內在需要及基礎條件。與此同時，20多年來的兩岸經濟交流與合作，又是在有限制的經貿政策環境空間的約束下，由市場機制主導進行的，呈現出單向、間接、民間的狀態，不僅本身未能實現其可能的發展規模，而且遠未充分發揮其對兩岸經濟發展的促進作用；兩岸經濟體在基於互補性的交流交往中呈現了競爭性態勢，在相作者簡介：唐永紅，經濟學博士，廈門大學臺灣研究院經濟研究所副所長、副教授、碩士研究生導師。

互依存性的發展中呈現了不對稱性特徵，需要制度性的協調與合作。而另一方面，同為世界貿易組織（WTO）成員的兩岸經濟體又都面臨著如何在WTO約束下進一步增強交流與合作，如何在經濟全球化與區域一體化深化發展中進一步謀求各自最大化利益，增強國際競爭力，防止邊緣化，並有效應對不確定性與風險的問題。

因此，變革與創新兩岸經濟交流與合作方式，進一步破除交流與合作的障礙與壁壘，增強交流與合作，成為當前兩岸經濟體進一步參與全球化進程和實現再發展的客觀要求。一個可以選擇的方式就是兩岸經濟體之間實行某種程度及形式的制度性一體化安排。事實上，作為經濟全球化在全球多邊層面上的一種組織實現形式和制度保障的WTO，已為當前兩岸制度性經濟一體化提供了法律依據、空間與平臺，兩岸經濟體可以在遵守WTO有關規定基礎上援引「WTO一體化例外」規定實行某種程度與形式的一體化安排，以便超越WTO最惠國待遇原則和關於經貿活動自由化和市場準入的最低水平要求，彼此實行更加自由化與便利化的經貿活動措施，相互提供更大範圍或更加優惠的市場準入條件。而且，兩岸制度性經濟一體化顯然也對密切兩岸聯繫、穩定兩岸關係、促進兩岸和平與發展有著重大的現實意義。正是在上述背景之下，2005年4、5月連、宋大陸行時兩岸正式提出了「兩岸共同市場」及「兩岸自由貿易區」的制度性一體化議題。

（二）當前兩岸制度性經濟一體化的困境與約束

儘管兩岸制度性經濟一體化是兩岸經濟體自身發展的客觀要求，WTO在多邊層面上也為其提供了法律依據與平臺，但是，WTO下兩岸經濟制度性合作與一體化依然受制於兩岸政治關係。近年來由於臺灣拒絕承認「一中原則」，堅持「臺獨」分裂立場，更使得這一約束極為突出。

一是當前兩岸經濟交流因兩岸政治關係僵局而扭曲，還處在高度受

限階段，遠未達到制度性一體化所要求的起碼狀態——全面、直接、雙向「三通」，從而構成兩岸經濟制度性一體化的一個約束。這是因為，一定的經濟一體化方式有賴於一定的經濟交流方式，某種程度與形式的經濟一體化安排需要成員方彼此開放相應的市場，實現雙方商品與要素的相應流動，以及彼此經貿往來活動的自由化與便利化。

二是在兩岸缺乏基本的政治共識與互信、經濟關係問題被高度政治化的背景下，WTO為兩岸經濟制度性合作與一體化所提供的良好平臺難以得到應有的尊重和應用。臺灣一方面擔心兩岸過於緊密的交流交往與經貿關係可能危及其所謂的「政治安全」，且不利於其「臺獨」目標的實現，因而儘量阻止或拖延兩岸經貿關係正常化進程；另一方面則不顧在WTO內的兩岸關係僅是大陸作為國家主體與臺灣作為單獨關稅區主體因同為WTO成員方而形成的平等經貿主體之間的關係的事實，極力企圖借助WTO這一經濟平臺來顯示所謂的兩岸「主權對等」，以圖將兩岸在WTO下的平等經貿主體關係上升到國際社會的平等政治主體關係、將兩岸關係納入實質的「兩個中國」或「一邊一國」框架內。而大陸對任何違反「兩岸一中」的做法顯然都是不可能同意的。

總之，雖然當前兩岸經濟體都有著實現制度性一體化的內在動力與外在壓力，WTO也為其提供了法律依據與平臺，但是，當前兩岸政治關係僵局構成了兩岸經濟制度性合作與一體化的一個瓶頸，迫切需要尋求突破，需要探索能為兩岸同時接受的、既符合WTO規範又能超越兩岸政治關係約束的兩岸經濟制度性合作形式，特別是能促進兩岸「三通」與制度性一體化進程的新形式與新途徑。

（三）「閩臺自由貿易區」、「閩臺共同市場」等路徑設想不可行

事實上，近年來，一些學者在倡議建立「兩岸共同市場」或「兩岸自由貿易區」中已注意到這一問題，並提出了一些初步的設想和建議。例如，在論及「兩岸自由貿易區」、「兩岸共同市場」在地理空間層面

上的實現路徑時，一些學者提出以正在建設中的「海峽西岸經濟區」或者「海峽經濟區」作為兩岸共同市場的先行試驗區，先行建立「臺灣與閩東南地區自由貿易區」或「閩臺共同市場」的想法。蕭萬長2006年4月在廈門大學主辦的「海峽兩岸論壇」上也發表了「從海峽西岸經濟區到兩岸共同市場」的演講，認為「海峽西岸經濟區」可作為兩岸共同市場的先行試驗區。

但筆者認為，這些路徑設想及建議不可行。這些設想及建議雖然可能對大陸方面有著一定的政治經濟意義，特別是對所涉及的地區經濟具有較大的實際意義，但是，在政府和規制層面上，海峽西岸經濟區建設只是大陸單方面的行為，本質上不屬於兩岸雙邊的合作機制範疇；政治層面上，當前的臺灣出於對等地位的考慮，是不太可能接受以整個臺灣和大陸的某個省市地區進行磋商建立自由貿易區或共同市場的；法律層面上，以一個經濟體（單獨關稅區）的局部地區（非單獨關稅區）與另一個經濟體（單獨關稅區）整體結成自由貿易區或共同市場進行制度性一體化安排，不符合WTO框架有關規定及要求；經濟層面上，即便兩岸可以而且兩岸當局同意進行此類安排，但對臺灣經濟的實際意義也是有限的，臺灣經濟需要更大的活動空間；實踐層面上，也沒有國際先例可言。

綜上可見，當前亟需探索兩岸制度性經濟一體化的實現路徑。筆者曾經撰文闡明了WTO框架下兩岸經濟合作機制創新的空間與原則，並指出次區域經濟合作應是當前兩岸政治關係約束下兩岸經濟合作機制創新的現實路徑。筆者這裡進一步提出，在兩岸政治經濟關係僵局與WTO多邊貿易體制規則約束下，在「小三通」與「試點直航」等現實基礎條件上，以開放性次區域自由經貿區導向全面性的兩岸經濟一體化，應是當前兩岸制度性經濟一體化的一個現實路徑。

一、當前兩岸制度性經濟一體化實現路徑：原則、思路

與構想

（一）當前兩岸制度性經濟一體化實現路徑應遵循的原則

面臨上述困境與約束，為了尋找有效突破口與切入點並提出當前可行的一體化實現路徑，首先必須明了當前兩岸制度性經濟一體化實現路徑選擇應遵循的基本原則。筆者認為，WTO下當前兩岸制度性經濟一體化的實現路徑，一方面應遵守WTO的有關規範，而另一方面還得基於兩岸政治經濟關係發展現狀及其互動特性，著眼於探索既符合WTO規範又能超越兩岸政治關係約束的、能為兩岸同時接受的制度性合作交流新形式與新途徑，促進兩岸「三通」與制度性一體化進程。具體而言，當前兩岸制度性經濟一體化實現路徑選擇應遵循以下基本原則：

一是循序漸進原則。在和平、發展與合作已成為主題的全球化時代，突破甚至消除政治關係障礙與約束的根本力量當然在於雙方經濟、社會層面的動力。然而，任何制度性經濟交流與合作方式的創新與採納，都首先依賴於雙方當局觀念與認識的變化。鑒於進一步發展兩岸經貿關係是客觀趨勢所致，而兩岸當局在當前缺乏起碼的政治互信基礎，難以就「兩岸一中」問題達成共識，兩岸經濟關係及交流方式都尚未正常化，兩岸經濟體間的全面性的制度性一體化因而在短期內難以實現，筆者認為，當前的兩岸制度性經濟一體化應以漸進方式進行，即應基於兩岸政治經濟關係發展的形勢、需要與可能，採取靈活簡便的方式，自解決緊迫問題著手，從易到難，從簡到繁，由民間到官方，由非正式到正式，從鬆散到緊密，從局部到整體，循序漸進地進行。兩岸經濟體在漸進的交流與合作中獲益的增進與功能性一體化程度的提高，將會有助於兩岸政治互信與共識的建立與累積，為兩岸全面性的「三通」和制度性經濟一體化構築必要的經濟、社會和政治基礎與動力。事實上，理論與實踐表明，制度性一體化本身就是一個在政府控制下的循序漸進的外溢過程，具有一定的路徑依賴性。

二是政經暫時分離原則。兩岸制度性經濟一體化本質上是同一主權國家內部不同關稅區之間的經濟一體化安排,是中國大陸經濟體與臺灣單獨關稅區之間的一體化安排,而不是通常意義中的主權國家之間的經濟一體化安排。因此,兩岸經濟一體化的機制與模式安排必須堅持兩岸同屬一個中國的原則,必須在兩岸同屬一個中國的國家主權架構下進行,避免陷入「兩個中國」或「一邊一國」的政治陷阱,防止被「臺獨」勢力濫用而成為臺灣取得獨立國體資格的證據。慮及政治效應與政治籌碼作用,實踐中,只有在「兩岸一中」成為兩岸當局的共識的前提下,才能透過恢復兩岸平等談判,啟動全面性的兩岸制度性經濟一體化。但這不應排除在當前推進兩岸經濟交流正常化與探索兩岸制度性經濟一體化實現路徑過程中,可以採取有彈性的靈活變通措施。雖然政治關係與經濟關係具有相互作用的互動關係,但經濟活動有著自身內在規律,並在長期上會對政治關係問題起著決定性作用。鑒於兩岸在短期內難以就「兩岸一中」問題達成共識,在不致破壞兩岸同屬一個中國的國家主權架構前提下,當前兩岸制度性經濟一體化實現路徑安排可以採用經濟合作和政治合作暫時分離的原則。隨著兩岸之間經濟交流與聯繫的不斷加強,經濟一體化程度的不斷提高,將為消減兩岸之間的政治分歧提供堅實的經濟基礎與動力。

三是符合WTO規則原則。兩岸經濟體都已是WTO成員方,WTO下兩岸經濟交流、合作與一體化方式自然應遵守WTO的法律原則和有關規定,特別是應嚴格遵守最惠國待遇原則和國民待遇原則。多年來,臺灣禁止或限制兩岸進行直接的貿易、投資與航運,並對與大陸交往設立種種限制,拒絕給予大陸最惠國待遇和國民待遇,從而造成對大陸公司和居民的歧視,並使兩岸經貿交流長期處於局部、間接、單向狀態,嚴重阻礙了兩岸經濟互補性優勢的充分發揮。WTO下兩岸制度性經濟一體化的實現與發展過程中,臺灣更有義務遵守WTO規則,調整其大陸經貿政策,按照對WTO的承諾開放市場,給予大陸最惠國待遇和國民待遇。當然,兩岸當局都至少應以漸進的方式開放其市場,以適應和滿足特定階

段、形式與程度的兩岸制度性交流、合作與一體化的需要。

（二）當前兩岸制度性經濟一體化實現路徑的思路與構想

基於上述認識，考慮到現實可行性，筆者認為，當前的兩岸制度性經濟合作與一體化實現路徑安排，可以在遵守WTO的法律原則和有關規定基礎上，堅持在不致破壞一個中國的國家主權架構下的政經暫時分離原則，在次區域層面上從局部突破開始，以漸進方式進行。即：兩岸可以借鑑近年來國際上以「增長三角」（Growth Triangles）為代表的次區域經濟合作方式的成功經驗，在有條件的局部臨近區域率先進行經濟合作與一體化安排，以開放性的次區域自由經貿區導向全面性的兩岸經濟一體化。事實上，當在各經濟體之間由於存在較大差異，在整個區域層面建立一體化組織較為困難時，次區域合作方式是一種現實的選擇。而且，兩岸經濟體在漸進的交往與合作中獲益的增進與功能性一體化程度的提高，將會有助於兩岸政治互信與共識的建立與累積，為兩岸全面性的制度性一體化構築必要的經濟、社會和政治基礎與動力。

考慮到兩岸制度性經濟合作與一體化的路徑依賴，鑒於廈門、金門、高雄在兩岸之間的獨特區位、政策優勢和既有條件，筆者進而認為，作為其突破口與切入點，一個現實可行的方式就是深入挖掘和發揮兩岸現有的「試點直航」和「小三通」的潛力，在具有「試點直航」和「小三通」現實基礎條件的兩岸次區域層面上先行一步，在遵守WTO有關特殊經濟區的規範要求的基礎上，建立可對接的單邊自由經貿區，進而共建開放性的廈—金、廈—高等次區域跨關境自由經貿區。兩岸共同在這些局部區域中率先以WTO非歧視原則消除經貿活動壁壘，實行商品與要素的自由流動，並率先以開放性方式實現這些小範圍的、低協調水平的制度性經濟一體化，從而超越WTO談判內容框架和當前兩岸政治關係約束，以局部、漸進的方式啟動兩岸制度性經濟一體化進程，為將來更大範圍、更高層次的制度性一體化探索經驗和奠定基礎。

首先，當前大陸方面的廈門經濟特區可在現有的發展基礎上轉型為一個遵循WTO無歧視原則的、境內關外的，集國際投資、研發製造、國際貿易、物流分撥、倉儲展示、過境轉運、國際金融、休閒旅遊等多項功能於一身的綜合型世界自由經貿區；臺灣方面可把金門地區規劃建設成為一個自由經貿區，並與目前實施中的高雄等自由貿易港區一起也遵循WTO無歧視原則，在特區內給予作為WTO成員的大陸方面應有的待遇。如此，兩岸各自的經濟特區可在WTO無歧視原則基礎上實現對接，實質性地啟動兩岸直接、雙向「三通」。

進而，兩岸可以在「試點直航」和「小三通」現實基礎上，共建開放性的多功能綜合型廈-金、廈-高等次區域跨關境自由貿易區，整合併充分發揮廈門、金門、高雄等地的海港、空港優勢以及其他經濟發展資源與條件，使之成為海峽兩岸的國際貿易中心、物流分撥中心和以高科技產品為主導的加工製造中心，成為海峽兩岸與國際物流鏈的重要環節，並在兩岸特區之間率先實質性地啟動兩岸制度性經濟合作與一體化進程。

在此基礎上，進一步建立開放性的廈—金、廈—高等次區域跨關境自由經濟區，實現生產要素的自由流動與優化配置，成為國際化的區域性資金流、物流和訊息流的匯集區，最終發展成為國際化區域經濟中心。

二、建立開放性次區域自由經貿區的意義與作用

顯然，上述次區域自由經貿區中所謂的開放性，意指兩岸在廈—金、廈—高等自由經貿區中實行的經貿活動自由化與便利化措施，不僅適用於廈、金、高等當地的經濟主體，也適用於在這些區域中開展經貿活動的兩岸其他地區的經濟主體，更以WTO無歧視原則適用於在這些區域中開展經貿活動的其他國家或地區的經濟主體。之所以強調這種開放

性，不僅是為了符合WTO的有關規範和要求，而且從進一步參與全球化、促進兩岸經濟一體化與兩岸政治經濟關係發展以及這些區域自身再發展角度看，當前，建立開放性的、無歧視性的、更加自由化與便利化的廈—金、廈—高等次區域跨關境自由經貿區，有著重大的現實意義和作用。

其一，可作為兩岸經貿關係再發展的突破口與切入點，以及制度性合作與一體化的一個先行區與試驗區。

WTO下的兩岸經濟體都有著走向全面性的「三通」與制度性一體化的內在動力與外在壓力，但嚴重受制於當前的政治關係僵局而舉步維艱，迫切需要探索能夠突破兩岸政治關係的約束從而促進兩岸經貿關係再發展特別是兩岸制度性經濟合作與一體化進程的新形式與新途徑。當前，兩岸若能借鑑國際上次區域經濟合作的典型形式——「增長三角」，在具有「試點直航」和「小三通」現實基礎條件的局部地區之間求同存異，先行一步，共同在這些局部區域中率先以WTO非歧視原則消除經貿活動壁壘，實行商品與要素的自由流動，並率先以自由經貿區對接方式實現這些小範圍的、低協調水平的兩岸制度性經濟合作與一體化，既可順應兩岸功能性經濟一體化深化發展趨勢與要求，在一定程度上舒緩國際區域經濟一體化帶來的競爭與邊緣化壓力，又有助於兩岸政治互信與共識的建立與累積，為兩岸全面性的「三通」、制度性合作與一體化探索經驗，並構築必要的經濟、社會和政治基礎與動力。

其二，可形成兩岸參與經濟全球化進程的一個新平臺，進一步發揮經貿自由化與便利化試驗田與先行區作用。

在「試點直航」和「小三通」現實基礎條件上，建立一個遵循WTO無歧視原則的、境內關外的、多功能綜合型的開放性次區域跨關境自由經貿區，可以整合併充分利用廈、金、高等地乃至兩岸四地的區位優勢與條件，在特區率先實現商品與要素的自由流動與優化配置，形成兩岸

參與經濟全球化進程的一個新起點與新平臺，在貿易自由化、金融全球化、投資全球化、生產要素流動全球化等方面進一步率先發展，從而可以順應全球化深化發展趨勢與要求，在更高層次上和更大範圍內參與全球化進程，進一步發揮經貿自由化與便利化試驗田與先行區作用。此外，廈-金、廈-高自由經貿區還可以作為兩岸經濟體對WTO承諾的對外開放義務（包括加入WTO時承諾的和今後參與WTO多邊談判承諾的義務）的率先試驗區，從而可在多邊的開放過程中優先推進兩岸經貿關係，更好地實現與保障兩岸經濟利益。

其三，可形成兩岸交流與合作的一個重要連接點乃至全面整合的一個先行試驗區，更好地發揮廈、金、高等地在兩岸交流、合作與整合中的優勢和作用。

眾所周知，廈、金、高等地在兩岸經貿、文化及其他各項交流與合作中具有毗鄰的地緣優勢、相通的人文優勢、經濟共榮的區位優勢、兩岸「三通」的先行政策優勢。事實上，近20餘年來，廈、金、高等地發揮這些獨特優勢，在促進兩岸經貿、文化及其他各項交流與合作中造成了獨特作用。顯然，當前如能共建開放性廈—金、廈—高等次區域跨關境自由經貿區，促進廈、金、高等地經濟、社會一體化，廈、金、高等地的上述獨特優勢與作用必將得以進一步整合與發揮，而這些次區域跨關境自由經貿區不僅將是兩岸交流與合作的一個重要連接點與接口，有利於兩岸的各種交流與合作，而且可能發展成為兩岸經濟、社會、乃至政治全面整合的先行試驗區。

其四，可促進海峽西岸經濟區內部、大陸各經濟區之間乃至海峽經濟區與中華經濟區內部的分工、合作與協調發展，更好地發揮區域經濟的增長極與輻射源作用。

隨著大陸開放發展的深化，大陸區域經濟競爭格局正在形成。隨之而來的一個問題是如何協調不同經濟區域之間的關係，特別是如何協調

它們與港澳臺等地區的發展關係。顯然，協調定位好作為海峽西岸經濟區的區域中心與龍頭的廈門、作為長三角區域中心與龍頭的上海、作為珠三角區域中心與龍頭的深圳、作為世界自由港的香港與澳門以及正在建立亞太營運中心的臺灣在發展上的承接與合作關係是關鍵之一。而開放性廈—金、廈—高等次區域自由經貿區的建立，不僅可以整合廈、金、高等地的港口區位優勢以及其他經濟發展資源與條件，而且有助於整合兩岸四地彼此的經濟互補性優勢特別是港口區位優勢與運輸能力，還可以吸引國際經濟資源與要素的流入。從而，不僅可以克服廈、金、高等地自身經濟發展面臨的各種瓶頸的約束，並促使廈、金、高等地成為兩岸人員往來、貨物中轉、經貿交流的重要樞紐，而且有助於促進海峽西岸經濟區內部、大陸各經濟區之間乃至海峽經濟區與中華經濟區內部的分工、合作與協調發展，在更大範圍、更高層次上發揮區域經濟的增長極與輻射源作用。

三、建立開放性次區域自由經貿區的可行性

上述先行在兩岸次區域層面建立可對接單邊自由經貿區進而邁向開放性跨關境自由經貿區的思路與構想，不僅現實意義突出，而且從自由經貿區一般經濟條件、WTO有關規範、兩岸關係發展態勢等層面看還具有較大的可行性。

（一）自由經貿區一般經濟條件上的可行性

從自由經貿區理論與國際實踐看，建立自由經貿區，一般除了要在法律制度、經濟政策與管理體制等方面營造適宜開展國際或地區間經濟活動的良好軟環境條件之外，還在地理區位與基礎條件等硬環境方面有著較高的要求，主要包括：有利於開展國際或地區間經濟活動與發揮集散功能的優越的地理區位特別是良好的位置接觸性與廣闊的服務區域、完善的基礎設施特別是優良的港口與便捷的國際國內通道、良好的發展

基礎與環境等等。實踐中，需要運用成本—效益分析法並綜合考慮與權衡各種因素，來判定特定地點建立自由經貿區的可行性。

　　廈門、金門、高雄地處東南亞國家與中國大陸、臺灣聯繫的中心位置，是東北亞和東南亞國際主航線的海上交通要沖，顯然具有建立廈—金、廈—高自由經貿區所需的區位與服務區域條件、港口與物流條件。從成本—效益角度看，以建立開放性廈—金自由經貿區為例。在成本方面，金門與廈門特區不僅遠離兩岸各自的政治中心，而且又都是海島地形，因而隔離成本較低；特殊的海島地形使金門與廈門特區內的現有企業和人口規模相對比較確定，加之經濟以外向型為主且國際競爭力較強，因而關稅減免損失與經貿轉向效應也不會過大。在效益方面，基於其區位優勢與港口條件，在兩岸當前的關稅水平條件下，自由經貿區經貿活動的自由化與便利化必將進一步吸引國際經貿活動的進入，產生較大的經貿創造與擴大效應；特別是鑒於兩岸目前在社會政治經濟制度與政策上存在較大的差異，在相互關係方面存在較大的對立與分歧，透過自由經貿區對接或共建開放性次區域自由經貿區的形式，不僅在兩岸次區域層面上實現了制度性合作與一體化，推進兩岸「三通」與經濟一體化進程，而且較大程度地便利了兩岸經濟交流與合作，可以在兩岸經貿方面產生較大的創造與擴大效應。

（二）WTO有關特殊經濟區規範上的可行性

　　WTO下兩岸經濟體的行為措施應遵循WTO的有關規範。從WTO對世界特殊經濟區的有關規範看，WTO以「原則中有例外，例外中有原則」的現實主義精神容許其成員方在其特殊經濟區實施特殊制度、優惠政策，但條件是不得有違透明度原則和非歧視原則，即這些特殊制度、優惠政策引致的特區的貿易自由化與市場准入水平不得低於其對WTO承諾的約束義務水平（即不得低於在其他地區實施的貿易自由化與市場准入水平），並且必須以透明的方式同時對所有的WTO成員提供。顯然，一

個開放性的、無歧視性的、更加自由化與便利化的可對接單邊自由經貿區或次區域性跨關境自由經貿區符合WTO有關要求。

事實上，特殊經濟區的存在與發展已有很長的歷史了，鑒於其獨特的地位和作用，不僅建立和發展特殊經濟區已是當今國際性的潮流，而且隨著世界經濟的發展，特殊經濟區的內涵與外延均發生了深刻的變化。特別地，近年來世界特殊經濟區出現了由單邊的一國內部型向雙邊或多邊的跨國（跨關境）型發展的新趨勢，即幾個主權國家或單獨關稅區把各自的彼此相鄰的部分領土結成一個一體化的經濟區域。世界上的各種「增長三角」就是這種次區域性的跨國（跨關境）特殊經濟區的典型形式。在各國或各地之間由於存較大差異，在整個區域層面建立經濟一體化組織較為困難時，次區域經濟合作方式是一種現實的選擇。

（三）兩岸關係發展態勢下的現實可能性

當前制約兩岸制度性經濟合作的關鍵性因素是兩岸政治關係的僵持，無法進行較高層次的協商合作。局部地區的可對接的單邊自由經貿區和次區域性的跨關境自由經貿區在經濟運作機制上主要是市場調節性的，一般只需要參與方的地方政府間的低水平低層次的鬆散性、隨機性協調。為順應兩岸功能性經濟一體化深化發展趨勢與要求，並在一定程度上舒緩兩岸全面直接雙向「三通」的壓力以及國際區域經濟一體化發展帶來的競爭與邊緣化壓力，預計臺灣將以局部漸進方式推進兩岸直接雙向「三通」以及制度性經濟合作，將有可能在其自由貿易港區和離島地區中率先遵循WTO非歧視原則，消除兩岸經貿活動壁壘，實行兩岸商品與要素的自由流動，從而使得兩岸有可能在相鄰局部地區間以自由經貿區對接方式率先實現直接雙向「三通」以及制度性經濟合作與一體化。這也符合從局部到整體、由量變到質變的發展規律，有利於以漸進方式推進更高層次的制度性合作與一體化。

事實上，臺灣目前正在推動以自由貿易港區為代表的經貿特區計

劃，這為兩岸單邊自由經貿區的對接和次區域跨關境自由經貿區的形成提供了可能。而且，高雄自由貿易港區經過一段時間籌備後已於2005年初正式營運，目前急需拓展發展空間，臺灣有可能在對大陸開放方面讓其先行一步；而金門作為一個離島，對臺灣的政治重要性及其影響有限，加之金門本身有著良好的港口和基礎實施，在金門地區的強烈要求下，臺灣也有可能將其作為向世界特別是大陸開放的一個前沿與窗口。事實上，2005年6月12日臺灣「立法院院長」王金平就提出將金門打造成「一網三區」的「新金門」構想：「兩岸客貨航線網」、「兩岸台商訊息交流區」、「金門和平觀光特區」、「金廈共榮經濟特區」。金門縣長李炷峰也曾多次倡議建立「金廈生活圈」、「金廈一國兩制試驗區」。

從大陸方面看，鑒於兩岸政治關係的僵持使得兩岸無法進行較高層次的協商合作，賈慶林在首屆國共兩岸經貿論壇開幕式上談及建立兩岸經濟合作機制時就指出，「應本著『雙向互惠、共同繁榮，先易後難、逐步推進』的原則進行。當前，可以考慮在互相尊重和保障對方經濟利益的前提下，以區域對區域、民間對民間、行業對行業、企業對企業的方式，靈活處理有關事宜，不斷深入探索，不斷積累經驗。」事實上，進一步發展廈門特區，進一步發揮其在開放與現代化建設中的帶動與示範作用，特別是進一步發揮其對臺獨特優勢和作用，促進兩岸的交流、合作、整合與發展，是既定的發展方略。在當前形勢下，建立可對接的單邊自由經貿區或共建廈-金、廈-高跨關境自由經貿區，可以進一步發揮廈門特區的獨特對臺優勢與試驗探索作用，可以在實現廈門特區自身再發展的同時實現兩岸經貿關係的再發展。因此，有可能獲得各級政府的大力支持。

再從兩岸經濟交流方式看，現階段廈門與高雄有「試點直航」，與金門有「小三通」，這為廈門與金門、高雄等地的交流與交往提供了通道。雖然目前這一通道尚不夠及時、便捷、順暢，並由於臺灣方面僅限

於開放金馬民眾、大陸台商及其貨物的直接往來而無法完全滿足兩岸交流交往的需要，但客觀上為建立可對接的單邊自由經貿區或共建廈—金、廈—高跨關境自由經貿區提供了的初步的直航條件。而且，在客觀形勢的壓力下，未來臺灣有可能進一步放鬆對「試點直航」與「小三通」等相關政策的限制，使廈、金、高等地成為兩岸貨物運輸與人員往來的中轉地之一，從而有助於上述自由經貿區及兩岸次區域經濟合作的發展。

四、結論

兩岸制度性經濟一體化是兩岸經濟體自身發展的客觀要求，但受到當前兩岸政治關係的嚴重約束，需要尋求突破約束的實現路徑。基於現實可行性的考慮，兩岸制度性經濟一體化可以在遵守WTO有關規定基礎上，堅持在不致破壞一個中國的國家主權架構下的政經暫時分離原則，在次區域層面上從局部突破開始，以漸進方式進行。即兩岸可以在具有「試點直航」和「小三通」現實基礎的有條件的局部臨近地區，共建更加自由化與便利化的開放性次區域跨關境自由經貿區，在次區域層面率先進行經濟合作與一體化安排，以開放性的次區域自由經貿區導向全面性的兩岸經濟一體化。這既可順應經濟全球化與一體化深化發展的趨勢與要求，更是當前兩岸制度性經濟一體化的一個現實路徑。它可以超越當前兩岸政治僵局的約束，整合廈、金、高等地乃至兩岸四地的區位優勢與條件，成為兩岸參與經濟全球化進程的一個新平臺、兩岸制度性經濟一體化的一個切入點、兩岸交流與合作的一個重要連接點乃至全面整合的一個先行試驗區；不僅有助於廈、金、高等地在進一步的發展中更好地發揮經貿自由化的試驗田與先行區作用，區域經濟的增長極與輻射源作用，以及在兩岸交流、合作與整合中的優勢和作用，而且有助於兩岸政治互信與共識的建立與累積，為兩岸全面性的「三通」和制度性經濟一體化構築必要的經濟、社會和政治基礎與動力；不僅有著自由經貿區一般經濟條件上的可行性，符合WTO對世界特殊經濟區的有關規範與

要求，而且也具有兩岸關係發展態勢下的現實可能性與可操作性。

（原載於《廈門大學學報》2007年第6期）

構建兩岸人民交流合作先行區進一步發揮海峽西岸對臺優勢與作用

唐永紅

引言

海峽西岸與臺灣地緣相近、血緣相親、文緣相承、商緣相連、法緣相循（「五緣」），在對臺工作中具有不可替代的獨特優勢。發揮海峽西岸對臺獨特優勢，加強對臺工作，促進兩岸關係發展，推動祖國統一大業進程，是中央的一貫要求與期待。中央為此也賦予了許多特殊政策與靈活措施，以支持海峽西岸在開放發展與對臺工作中先行一步。事實上，自開放以來，海峽西岸在大陸開放發展進程中發揮先行先試作用的同時，在促進對臺工作與兩岸關係發展中也發揮了獨特優勢和作用。近30年來，無論是大陸的開放發展進程、臺灣政治經濟局勢，還是兩岸關係發展態勢、國際政治經濟形勢都發生了深刻的變化。特別是隨著黨的十六大與十七大報告提出對臺工作與兩岸關係新思維與新戰略，隨著認同「九二共識」、主張兩岸交流合作與和平發展的中國國民黨在臺灣重新執政以及兩岸經貿關係正常化與兩岸全面直接「三通」的臨近，海峽西岸對臺優勢與作用必將發生較大變化。新形勢下如何進一步發揮海峽西岸對臺優勢與作用，這是一個迫切需要研究與解決的問題。本文在總結海峽西岸過去30年來發揮對臺優勢與作用所取得的主要成效、基本經驗及其所面臨的制約因素的基礎上，探討新形勢下海峽西岸進一步發揮對臺優勢與作用的必要性與機遇、思路與舉措。

一、海峽西岸發揮對臺優勢與作用的主要成效、基本經驗與制約因素

（一）海峽西岸發揮對臺優勢與作用的主要成效

眾所周知，海峽西岸在促進對臺工作與兩岸關係發展中具有如下獨特優勢：一是有助於海峽西成為大陸開放的前沿、對臺交流的前沿的毗鄰的地緣與經濟區位優勢。二是為海峽西岸拓展對臺直航、擴大兩岸經貿交流合作奠定了良好自然基礎的海空運輸能力與港口優勢。三是可以促進臺灣同胞對大陸的認同感的源遠流長的親緣、血緣、文緣關係與人文優勢。四是有利於做好對臺工作、擴大兩岸各項交流合作的中央賦予的「特殊政策、靈活措施」與各種特區優勢。

近30年來，海峽西岸在發揮上述獨特對臺優勢，拓展兩岸交流合作，促進對臺工作與兩岸關係中造成了一系列獨特作用。其一，在中央賦予的特殊政策與靈活措施的支持下，作為開放的前沿，海峽西岸形成了包括經濟特區、出口加工區、保稅區、保稅物流園區、保稅港區、高新技術開發區、台商投資區、兩岸農業合作試驗區、現代林業合作試驗區等在內的全方位多層次的對外開放格局，建立了大陸最重要的國際招商口岸和對臺貿易口岸，成為了國際資本和台商投資的一個重要聚集地，為兩岸交流合作的拓展提供了橋樑和平臺。其二，廈高、福高「試點直航」實現了兩岸船隻直接往來的新突破，廈金、兩馬、泉金、泉澎「小三通」開闢了兩岸人員、貨物直接往來新通道，並為兩岸全面直接「三通」的開展累積了經驗和互信。其三，率先實現了經由「小三通」渠道與臺灣離島地區的雙向旅遊，從而拓展了兩岸民眾互動平臺。其四，設立了兩岸農業（福建）合作試驗區、海峽兩岸（三明）現代林業合作試驗區、漳浦和漳平臺灣農民創業園，促進了閩臺及兩岸農業交流合作及其模式的創新。其五，圍繞閩南文化、客家文化對臺開展了多方位的文化交流活動，增進了兩岸文化同根同源的認同感，對反制「文化

臺獨」造成了獨特的積極作用。其六，有效地配合了兩岸重大事務商談，妥善解決了大量敏感的涉臺問題，作為對臺工作與兩岸交流合作試驗區、處理涉臺事務前沿基地的作用日益凸顯，對促進兩岸交流和兩岸關係穩健發展發揮了積極作用。

總之，近30年來，在中央賦予的特殊政策與靈活措施的支持下，海峽西岸在自身開放型經濟形成與發展基礎上，發揮其獨特「五緣」優勢，為緩和兩岸關係奠定了基礎，為發展兩岸關係創造了條件，積累了經驗。

（二）海峽西岸發揮對臺優勢與作用的基本經驗

如果說海峽西岸自開放以來在促進對臺工作與兩岸關係發展方面，一定程度上發揮了獨特優勢，造成了獨特作用，那麼，回顧這一歷程，我們發現，除了海峽西岸敢闖敢試、敢為天下先的勇氣和精神這一主觀方面的因素之外，以下兩個方面對於海峽西岸對臺優勢與作用的發揮，乃是至關重要的因素。亦可謂之基本經驗。

其一，大陸與海峽西岸開放型經濟在穩定的社會政治局勢下持續快速發展，是決定海峽西岸對臺優勢與作用得以發揮的根本性因素。30年來，正是大陸與海峽西岸開放型經濟在穩定的社會政治局勢下持續快速發展，為臺灣資本的盈利與經濟的發展提供的不容忽視的誘人機會，使兩岸「三通」不僅日益必要而且迫切，從而迫使臺灣不得不不斷調整其大陸政策，為1997年開設「試點直航」和2001年啟動「小三通」提供了契機；並使得海峽西岸可以發揮其獨特優勢，建成了大陸最重要的國際招商口岸和對臺貿易口岸，成為了國際資本和台商投資的重要聚集地，從而為兩岸交流合作的拓展提供了橋樑和平臺。正是大陸與海峽西岸開放型經濟的持續快速發展所提供的不斷增加的兩岸同胞交流機會，使得海峽西岸發揮其獨特優勢開展對臺文化交流活動、做好臺灣人民工作、反制「文化臺獨」成為可能，並卓有成效。也正是大陸與海峽西岸開放

型經濟的持續快速發展所帶來的兩岸各項交流合作的不斷增加及其健康發展的需要，使得處於對臺交流前沿的海峽西岸作為對臺工作與兩岸交流合作試驗區、處理涉臺事務前沿基地的作用日益凸顯。

其二，中央在開放與對臺工作方面對海峽西岸的定位以及相應賦予的特殊政策與靈活措施，是決定海峽西岸對臺優勢與作用得以發揮的關鍵性因素。如上所述，大陸與海峽西岸開放型經濟的持續快速發展，是決定海峽西岸對臺優勢與作用得以發揮的根本性因素。而眾所周知，大陸與海峽西岸開放型經濟的形成與發展的動力主要就源於體制改革與對外開放。因此，毫無疑問，中央在開放與對臺工作方面對海峽西岸的定位以及相應賦予的特殊政策與靈活措施，是決定海峽西岸對臺優勢和作用得以發揮的一個關鍵性因素。事實上，開放以來，中央賦予了福建及廈門特區改革試驗權、省級經濟管理權、地方立法權和對外資（臺資）的特殊優惠政策，並使海峽西岸形成了包括經濟特區、出口加工區、保稅區、保稅物流園區、保稅港區、高新技術開發區、台商投資區、兩岸農業合作試驗區、現代林業合作試驗區等在內的全方位多層次的對外開放格局。這些特殊政策與靈活措施促使海峽西岸始終處於大陸開放的前沿，在獲得持續快速的經濟發展的同時，擁有了大陸最重要的對臺貿易口岸、台商投資的重要聚集地、對臺工作與兩岸交流合作試驗區、處理涉臺事務前沿基地。此外，正是中央賦予廈門港等海峽西岸沿海對臺直航試點口岸的權力，使海峽西岸沿海地區得以發揮港口、區位優勢，開闢兩岸人員、貨物往來新通道，並為兩岸直航累積經驗和互信。也正是中央賦予福建兩岸農業合作試驗區與免稅進口部分臺灣農產品的權力，使得福建得以發揮對臺優勢，在兩岸農業合作方面取得了較大成績。

總之，海峽西岸對臺優勢與作用的發揮，與大陸及海峽西岸開放型經濟的持續快速發展有著高度的正向相關性，是和中央在開放與對臺工作方面對海峽西岸的定位以及相應賦予的特殊政策與靈活措施緊密相關的。

（三）海峽西岸發揮對臺優勢與作用的制約因素

雖然海峽西岸近30年來在促進對臺工作與兩岸關係方面，一定程度上發揮了獨特優勢，造成了獨特作用，但其優勢和潛力尚未得到充分發揮，與中央的期望尚有很大差距。事實上，基於上述基本經驗判斷，當前，在主觀及客觀方面都存在許多影響和制約海峽西岸對臺優勢與作用進一步發揮的因素。

其一，兩岸政治關係僵局在政策層面的制約和影響。多年來，由於眾所周知的因素，兩岸政治關係僵局一直存在。尤其是自民進黨執政以來，臺灣基於其「臺獨」目的，一方面堅持把兩岸航線當作「國家間航線」，企圖以「三通換兩國」；另一方面堅持消極的、有限開放的限制性大陸經貿政策取向，阻礙兩岸交流合作。兩岸政治經濟關係的非正常狀態，一方面催生了「試點直航」及「小三通」這種有限的兩岸局部地方間的較為直接的交流交往方式，從而凸顯了海峽西岸對臺地位與先行先試作用，另一方面也嚴重扭曲了兩岸資源與要素的流動與配置，抑制了海峽西岸對臺優勢的充分發揮，削弱了海峽西岸在兩岸交流合作中的應有地位。例如，由於沒有直接「三通」，台商大陸投資在區位選擇方面就不得不優先考慮那些臨近國際貿易、金融、航運、物流中心的地帶。這就是為什麼臨近香港的珠三角成為了台商投資的先行地和密集區，後來，隨著上海浦東新區的開放與開發，許多台商投資又選擇了長三角的一個重要原因。這也就是在海峽西岸的台商投資占在全大陸的台商投資的比重，除了在早年的基於人脈關係的試探性投資時期名列大陸各省市之首外，在之後基本上呈逐步下滑態勢的一個重要原因。當然，經濟網絡不暢與經濟腹地狹小也是造成此種現象的另外一個重要因素。

其二，經濟網絡不暢與經濟腹地狹小的弊端日益顯現。海峽西岸內部各地區之間以及海峽西岸連接內地各省市的交通、流通、通訊網絡與能力雖然一直在改善中，經濟總量與市場空間也隨著地區經濟的發展而

不斷在擴張中，但相對於作為經濟增長極與輻射源乃至經濟區的客觀需要而言，經濟網絡不暢與經濟腹地狹小的弊端日益顯現。經濟總量偏小，對外經濟網絡不暢，加之行政區域的分割，致使海峽西岸經濟的腹地與服務區域狹小、市場空間與規模不大，集散能力不強，使得產業集聚能力不足、產業鏈條延伸受限，削弱了對外資及臺資的吸引力，不僅嚴重制約了作為經濟增長極與輻射源的作用，影響到海峽西岸經濟發展，而且也影響到海峽西岸在大陸對外與對臺經貿交流合作中的地位和作用。

其三，開放先行先試的政策優勢逐步淡化和喪失。當前，隨著大陸漸進式開放發展戰略的深化實施，市場經濟體制在全國範圍已經初步確立，全國全方位對外開放格局也已初步形成，全國經濟運行格局與區域經濟發展格局也在發生變化。以加入世界貿易組織（WTO）為標誌，大陸開放發展進入了新的歷史階段。原先賦予海峽西岸及廈門特區的部分特殊優惠政策因不符合市場經濟要求和WTO規則等原因已無存在的必要，部分特殊優惠政策則因在全國範圍內推廣而事實上不再有其特殊優惠性。這必然在一定程度上相對削弱海峽西岸及廈門特區較之於中國國內其他地區的開放先行的優勢。與此同時，中央又沒有賦予海峽西岸及廈門特區新的發展定位與特殊政策。換言之，海峽西岸與廈門特區的發展在新形勢下正面臨著政策優勢喪失和淡化的挑戰。此外，為做好對臺工作、促進兩岸更緊密交流合作，先前大陸按照「適度開放、同等優先」原則對臺灣的照顧性做法，也面臨WTO無歧視原則的約束。這種挑戰與約束顯然會影響到海峽西岸與廈門特區對臺優勢和作用的進一步發揮，給海峽西岸與廈門特區尚未完成的部分歷史使命的完成帶來新的挑戰。

綜上可見，進一步發揮海峽西岸對臺優勢與作用，有賴於中央在開放與對臺工作方面對海峽西岸的新的定位和相應的政策支撐。

二、兩岸關係新形勢對海峽西岸對臺優勢與作用的影響

隨著認同「九二共識」、主張兩岸交流合作和平發展的國民黨重新在臺灣執政，大陸「反獨」壓力減弱，臺海局勢的總體氛圍大大改善，這是兩岸關係發展的重大歷史機遇，兩岸交流合作與和平發展將成為兩岸關係發展的趨勢與主題。在兩岸關係發展的新形勢下，海峽西岸對臺優勢與作用必將發生較大變化，海峽西岸對臺優勢與作用的發揮必將面臨新的機遇與挑戰。

（一）兩岸關係新形勢下海峽西岸面臨的機遇與挑戰

就機遇而言，其一，新形勢下海峽西岸在兩岸關係中的地位與角色也必將發生相應改變，有可能從兩岸對峙與鬥爭的前沿轉換為兩岸交流合作與融合的前沿，成為促進國家和平統一的前沿。海峽西岸的這種地位與角色的轉換，意味著長期以來阻礙海峽西岸發展及其對臺優勢發揮的潛在威脅得以消除，海峽西岸有可能迎來發展的春天。其二，新形勢下兩岸經貿關係正常化與兩岸直接「三通」迎來實現的可能，臺灣海峽將從兩岸往來的天塹變成兩岸往來的通道，成為連結海峽兩岸與國際航運的黃金水道，從而促進兩岸交流、合作、融合與發展的擴展與深化。這一方面意味著長期以來抑制海峽西岸對臺優勢與作用發揮的「三通」不通因素將得以解除，另一方面也意味著可以重新定位海峽西岸的對臺角色與作用。

新形勢下海峽西岸也面臨新的挑戰。隨著兩岸經貿關係正常化，臺灣與大陸的交流合作面臨更寬廣的空間與更多的機會，新形勢下臺灣的注意力可能集中於兩岸整體性的交流合作。因此，新形勢下與臺灣雖是近鄰並具「五緣」優勢，但卻處於大陸政治、經濟、文化中心之外的海峽西岸可能被置於兩岸交流合作的主潮流之外，可能會面臨進一步「邊緣化」的風險。此外，兩岸全面直接「三通」也將相對削弱「小三通」渠道在兩岸交流中的地位與作用的重要性。

（二）「三通」新形勢對海峽西岸對臺優勢與作用的影響

基於上述認識，筆者進一步認為，在兩岸全面直接「三通」與經貿關係正常化有望實現的新形勢下，總體上而言，海峽西岸的對臺優勢必將得以進一步發揮，對臺作用的潛力必將得以進一步開發。就兩岸全面直接「三通」對海峽西岸對臺地位與作用的影響而言，可以歸結為兩個效應：一個是替代效應，一個是增長效應。

所謂替代效應，就是指由於兩岸全面「三通」，大陸其他省市得以獲得兩岸直接交流的權力與機會，兩岸交流將有更多的直接管道，海峽西岸「試點直航」與「小三通」在兩岸交流中的地位與作用的重要性將相對下降。但這種基於「分流」而產生的替代效益是有限的，因為：在沒有全面直接「三通」的現況下，基於交流的需要與當地的綜合性競爭優勢，臺灣早已與大陸各地展開了廣泛的交流與合作，並非高度集中於海峽西岸地區；在人員、貿易、投資往來方面，基本上都是透過第三地間接實現的，也並非高度依賴於海峽西岸的「試點直航」與「小三通」直接管道。事實上，由於政策限制，海峽西岸的「試點直航」與「小三通」的潛力特別是人員、貨物往來方面遠未得到充分發揮。

所謂增長效應，是指海峽西岸在兩岸交流中的地位與作用將隨著兩岸直接「三通」而得到提升。首先，兩岸直接「三通」與經貿關係正常化意味著海峽西岸對臺優勢發揮的一個制約因素得以消除，對臺交流與合作有望迎來蓬勃發展的局面。其次，兩岸直接「三通」與經貿關係正常化意味著「試點直航」與「小三通」政策限制被解除，海峽西岸「試點直航」與「小三通」的潛力得以進一步發揮，規模水平必得以進一步提升。此外，兩岸直接「三通」與經貿關係正常化意味著海峽西岸與臺灣之間將開通更多的直接雙向交流管道，雙向交流的規模、廣度與深度也必將因直接交流管道的增加與經貿政策鬆綁而得到提升。

總之，隨著兩岸全面直接「三通」與經貿關係正常化的實現，福建

的「試點直航」與「小三通」這一直接交流的管道在兩岸交流中的地位與作用的重要性可能會相對下降，但「試點直航」與「小三通」的絕對規模水平必將進一步提升；與此同時，隨著海峽西岸經濟區發展戰略的推進以及經濟網絡不暢與經濟腹地狹小的弊端逐步克服，在制約海峽西岸對臺優勢發揮的諸因素逐步解除之後，海峽西岸對臺作用的潛力必將得以進一步發揮，對臺交流與合作必將在更大的規模與更高的層次上得以展開。

三、新形勢下進一步發揮海峽西岸對臺優勢與作用的必要性與可能性

（一）新形勢下進一步發揮海峽西岸對臺優勢與作用的必要性

新形勢下，一方面兩岸交流合作與和平發展有望成為兩岸關係的趨勢與主題，但與此同時，臺灣分離主義問題、兩岸政治關係上的結構性矛盾以及兩岸社會的各種差異依然存在，這仍然是兩岸和平發展與和平統一的重大挑戰，並可能在新形勢下更加突顯。因此，現階段必須牢牢把握兩岸關係和平發展的主題，以切實可行的實際行動推進兩岸社會在政治、經濟、文化等各方面的全面交流、合作與融合，為兩岸和平統一奠定基礎，確保和平發展導向和平統一。

事實上，推進兩岸交流、合作與融合，是實現兩岸和平統一的一個必然選擇與現實路徑，在當前有其客觀必要性。其一，近30年來的兩岸交流合作，是在有限制的政策環境空間的約束下，呈現出單向、間接、民間的狀態，不僅本身未能實現其可能的發展規模，而且遠未充分發揮其促進兩岸關係發展與兩岸自身發展的潛力。其二，兩岸近60年的分離發展，使得兩岸在政治、經濟、社會、文化、教育及法律諸多領域都存在著嚴重的差異性。其三，臺灣分離主義問題、兩岸政治關係上的結構性矛盾依然存在。其四，長期以來臺灣對大陸的負面宣傳以及兩岸在政治軍事上的對立氛圍，使島內民眾不瞭解大陸的真實情況，兩岸民眾之

間的猜忌與誤解多，互信與共識少。其五，隨著參與全球化進程的深化以及兩岸民間交流合作的發展，當前兩岸（特別是在經濟層面）都有著實現制度性交流、合作與一體化（融合）的內在動力與外在壓力，但兩岸不同的社會經濟發展水平、不同的社會政治制度與社會意識形態以及並不完全相似的社會文化、觀念與思維方式，必將對兩岸整體層面的制度性交流、合作與一體化的步伐形成相當程度的制約，並使其繼續呈現一個循序漸進的過程。因此，在兩岸最終實現和平統一目標之前，兩岸需要有一個彼此磨合與相互適應的過程，在這一過程中，需要利用有效的措施化解兩岸交流、合作與一體化過程中可能產生的摩擦與矛盾，從而增強兩岸的互信與共識，促進兩岸在各個層面的制度性交流、合作與一體化發展。換言之，當前有必要探索推進兩岸在政治、經濟、文化等各方面進行制度性交流、合作與一體化的可行途徑，以推進兩岸社會的全面融合與和平統一大業進程。顯然，這一方面繼續需要海峽西岸進一步發揮獨特優勢，做好先行先試的工作；另一方面也為海峽西岸進一步發揮對臺優勢與作用提供了更大的空間和機遇。

（二）新形勢下進一步發揮海峽西岸對臺優勢與作用的可能性

新形勢下進一步發揮海峽西岸對臺優勢與作用，不僅依然有其客觀必要性，而且還面臨新的戰略機遇與現實可能。

從大陸的對臺方略看。2007年，黨的「十七大」報告關於「推進『一國兩制』實踐和祖國和平統一大業」部分明確提出「牢牢把握兩岸關係和平發展的主題」，「在一個中國原則的基礎上，協商正式結束兩岸敵對狀態，達成和平協議，構建兩岸關係和平發展框架，開創兩岸關係和平發展新局面。」「將繼續實施和充實惠及廣大臺灣同胞的政策措施」，「支持海峽西岸和其他台商投資相對集中地區經濟發展」，「兩岸同胞要加強交往，加強經濟文化交流，繼續拓展領域、提高層次，推動直接『三通』，使彼此感情更融洽、合作更深化」。2008年4月，胡錦

濤在博鰲「胡蕭會」回應蕭萬長的呼籲時，強調今後將「繼續推動兩岸經濟文化等各領域交流合作、繼續推動兩岸週末包機和大陸居民赴臺旅遊的磋商、繼續關心臺灣同胞福祉並切實維護臺灣同胞的正當權益、繼續促進恢復兩岸協商談判」。2008年5月中共中央總書記胡錦濤在與中國國民黨主席吳伯雄會談時強調，「國共兩黨和兩岸雙方應該共同努力，建立互信、擱置爭議、求同存異、共創雙贏」。這些為海峽西岸進一步發揮對臺優勢與作用提供了機遇，指明了方向。

從臺灣島內局勢與兩岸關係態勢看。認同「九二共識」、主張兩岸交流合作、和平發展的「泛藍」陣營，繼「縣市長」、「立法委員」選舉大勝後又重新奪回執政權。這表明臺灣同胞求和平、安定與發展的意願日益增強，兩岸和平發展已成為現階段兩岸關係發展的趨勢和主題。事實上，對面臨著連任壓力的臺灣新當局而言，推動兩岸關係和平發展也是其必然的選擇：一是因為島內主流民意要求改善和發展兩岸關係；二是因為臺灣經濟越來越離不開大陸，全面直接「三通」是臺灣經濟發展的內在要求。臺灣島內局勢與兩岸關係態勢的這種演變為海峽西岸進一步發揮對臺優勢與作用提供了重要機遇與現實可能。

再從國際經濟發展形勢與格局看。隨著經濟全球化與區域一體化趨勢的不斷發展、大陸開放進程的不斷深化和經濟起飛後的持續快速發展，21世紀的世界經濟重心與國際經濟格局正在發生明顯的變化。圍繞大陸這一新的經濟增長點的國際產業分工體系的調整與國際經貿活動的開展，既加快了大陸經濟的全球化步伐，又為之提供了史無前例的發展機會。這顯然一方面對作為對外開放前沿的海峽西岸加快對外開放與全球化步伐提出了迫切要求，另一方面也為其進一步發展、對臺優勢與作用的進一步發揮提供了戰略契機。

四、新形勢下進一步發揮海峽西岸對臺優勢與作用的思路與構想

綜上所述，新形勢下進一步發揮海峽西岸對臺優勢與作用仍有其客觀必要性，但既面臨難得的戰略機遇，又面臨諸多因素制約。必須積極應對各種挑戰，抓住有利時機，採取切實有效措施，充分發揮海峽西岸的對臺優勢，開發其促進對臺工作與兩岸關係的潛力，推動祖國統一大業進程。

（一）思路、目標與功能

基於上述對海峽西岸發揮對臺優勢與作用的基本經驗、制約因素、必要性與機遇的認識與判斷，新形勢下進一步發揮海峽西岸對臺優勢和作用的基本思路應是：隨著經濟全球化與區域一體化趨勢的發展、大陸開放發展進程的深化，新形勢下海峽西岸對臺優勢與作用的進一步充分發揮，仍然有賴於海峽西岸開放型經濟的進一步發展，特別是有賴於其內各種特殊經濟區域發展模式的創新與轉型。當前，應立足海峽西岸自身的各種獨特優勢與條件，特別是其港口、區位和對臺優勢與條件，與時俱進地創新發展模式，將海峽西岸的發展與大陸開放的深化發展、區域經濟的協調發展、對臺工作的深入開展、兩岸關係的和平發展有機結合起來，以便在更好地發揮經貿自由化的試驗田與先行區作用、區域經濟的增長極與輻射源作用的同時，更好地發揮在兩岸交流、合作與整合中的優勢和作用，進一步為促進對臺工作、兩岸關係與國家統一大業做貢獻。

遵循上述基本思路，從進一步發揮海峽西岸對臺優勢與作用，開創兩岸關係和平發展新局面，推進國家和平統一需要角度看，新形勢下，除了海峽西岸自身可在現有條件、政策及對臺優勢基礎上勇於開拓和創新之外，中央應將開放、區域（兩岸）合作、國家統一三個目標任務統一起來，整合構建起一個有助於擴大對外開放、推動區域（兩岸）合作、促進國家統一的平臺。當前可參照20世紀香港、澳門回歸前將深圳、珠海特區建成開展對港澳工作先行區的做法，應當在兩岸臨近的有

條件的次區域層面建立一個遵循WTO無歧視原則的開放性的「兩岸人民交流合作先行區」，力爭在推動兩岸關係和平發展、構建兩岸共同家園、維繫兩岸同胞命運共同體中先行先試，有所創新、有所突破。

「兩岸人民交流合作先行區」作為開放、區域（兩岸）合作與對臺政策的試驗區，透過政治、經濟、科技、文化、教育和人員交流等全方位的區域合作與對臺政策以及相關開放政策的先行先試，努力在政治、經濟、文化（社會）等方面建成兩岸制度性交流、合作與一體化的試驗示範區，成為不同政治、經濟、社會制度相互適應相互融合的過渡區以及兩岸和平統一的前沿平臺與試驗區，從而在兩岸關係發展中繼續造成探索、試驗、先行、示範的作用。特別是，透過構建兩岸命運共同體的經濟利益紐帶、精神文化紐帶、和諧共處紐帶與通道連接紐帶，不僅成為兩岸實現和平發展的連接點、兩岸交流合作的核心區和海峽西岸經濟區經濟發展的增長極，而且促進兩岸交流合作朝著更加開放、更加靈活、更加密切、更加便捷的方向深化發展，加速兩岸政治、經濟、社會一體化，從而貫徹落實胡錦濤總書記的「以閩連臺」戰略決策，並造成面向東南亞、連結海峽兩岸、帶動海峽西岸、輻射華東華南、促進臺海和平、服務兩岸發展、推進和平統一的作用。

（二）內容框架

「兩岸人民交流合作先行區」在功能方面包括構建兩岸命運共同體的經濟利益紐帶、精神文化紐帶和諧共處紐帶與通道連接紐帶；在內容方面原則上可以包括兩岸經貿交流合作、兩岸文化交流融合、兩岸政治交流合作等廣泛領域。實踐中，可依據大陸的對外開放發展形勢、臺灣政治經濟發展局勢與兩岸政治經濟關係發展態勢的演變與需要，在中央統一部署和具體政策規定下，從易到難分階段實施上述總體目標功能。在空間演進方面，可首先確定在廈門、福州等對臺工作基礎較好的沿海地區先行先試，累積經驗後再擴大到整個福建省及海峽西岸經濟區與周

邊腹地。

從當前擴大對外開放、推動區域（兩岸）合作、促進和平發展需要看，在「三通」直航尚未完全實現的現階段，主要應從經貿、文教交流合作事務入手。首先應在建立兩岸直接往來的通道功能方面先行先試，以構築起「兩岸人民交流合作先行區」必要的輔助功能與基礎條件；其次，應以構建「兩岸經貿交流合作先行區」為中心和重點；此外，還應在兩岸社會文化交流融合、兩岸政治交流合作與兩岸共同家園建構等方面先行先試。

1.兩岸經貿交流合作先行先試，構建兩岸命運共同體的經濟利益紐帶

構建兩岸命運共同體的經濟利益紐帶，旨在透過兩岸經貿交流合作融合，使兩岸經濟形成「你中有我，我中有你」的相互依賴與一體化格局，形成休戚與共的兩岸經濟共同體，實現兩岸社會經濟一體化，為兩岸和平統一奠定堅實的經濟基礎。

現階段的兩岸經貿交流合作先行先試，可在海峽西岸設立「兩岸經貿交流合作先行區」，賦予特殊政策與靈活措施，在包括兩岸產業合作對接、兩岸金融合作試驗、兩岸旅遊合作對接、兩岸經貿自由化、兩岸經濟一體化等內容廣泛的領域先行先試。但從當前擴大對外開放、推動區域（兩岸）合作的需要看，特別是在開放與對臺工作方面最具條件與基礎的地方，應以構建「兩岸經貿自由化先行區」、「兩岸經濟一體化先行區」為中心和重點，並推進與此配套的其他方面的交流合作事宜與政策試驗，從而構建起「兩岸經貿交流合作先行區」內的中心（核心）區域，帶動其內的外圍區域的配套發展，以及其他方面交流合作的先行先試。

具體而言，廈門經濟特區應向一個遵循WTO無歧視原則的、境內關外的，集國際投資、國際貿易（含對外貿易、轉口貿易、加工貿易、對

臺貿易)、國際金融(含離岸金融、兩岸金融)、研發製造、商品加工、倉儲展會、物流分撥、過境轉運、國際旅遊(含兩岸旅遊)等多項功能於一身的集約化的綜合型自由經貿區轉型,進而跨關境發展,與臺灣的金門地區及自由經貿區結成開放性的次區域跨關境自由經貿區,整合兩岸毗鄰地區的海港、空港優勢以及其他經濟發展資源與條件,實現商品與要素率先在兩岸次區域層面的自由流動與優化配置,從而成為海峽兩岸的國際貿易中心、物流分撥中心和以高科技產品為主導的加工製造中心,成為海峽兩岸與國際物流鏈的重要環節,成為國際化的區域性資金流、物流和訊息流的匯集區,最終發展成為國際化區域經濟中心。

此外,當前至少還應在建立兩岸產業合作的集聚功能、兩岸區域性金融合作中心的服務功能等方面先行先試,有所作為。前者包括先行打造產業對接合作聚集基地,開展產業、園區、縣市對接,提升產業對接合作的技術含量,促進現代服務業對接合作,密切農業交流合作,深化旅遊對接合作,做大經貿交流合作平臺。後者包括先行建立人民幣新臺幣清算機制,構建兩岸區域性金融服務中心。這些方面本身也是兩岸經貿自由化與兩岸經濟一體化所需的輔助功能與配套措施。

2.兩岸文化交流融合先行先試,構建兩岸命運共同體的精神文化紐帶

構建兩岸命運共同體的精神文化紐帶,旨在透過兩岸社會文化教育交流合作與融合,在兩岸民眾中建立起擁有「我群」觀念的整合形態(認識論共同體),進而建構起兩岸社會文化共同體與對和平統一的認同感,實現兩岸社會文化一體化,為兩岸和平統一奠定堅實的思想基礎。

現階段的兩岸文交流合作先行先試,應圍繞閩南文化、客家文化的認知系統(學術、出版、新聞資訊等領域)、民俗信仰系統(媽祖文化、保生大帝、宗教等領域)、規範系統(教育、倫理、法律等領域)、表現系統(電影、電視、戲劇、音樂等領域),率先與臺灣深化

雙向交流合作。在文化交流融合方面，可基於「五緣」優勢，在海峽西岸設立「兩岸文化交流融合先行區」，實行更加開放靈活的涉臺文化交流合作政策與措施，構建兩岸文化交流合作與融合大平臺，使之成為反制「文化臺獨」的重要陣地和兩岸文化的重要連接帶和融合區，促進兩岸社會文化的全面融合。在教育交流合作方面，可在海峽西岸設立「兩岸教育交流合作先行區」，應在觀念、政策、體制、模式、運行機制等方面先行先試，跨越各種傳統地域、隸屬關係、意識形態的限制，實現教育「無邊界」的交流合作，以強化兩岸教育交流合作。

3.兩岸政治交流合作先行先試，構建兩岸命運共同體的和諧共處紐帶

構建兩岸命運共同體的和諧共處紐帶，旨在構建「兩岸同胞共同的家園」，在兩岸之間形成關於和平與安全的共識及其合作機制與組織，探索實踐「一國兩制」、融解兩岸政治關係結構性矛盾的可行路徑，實現兩岸社會政治一體化，為兩岸和平統一奠定堅實的政治基礎。

現階段兩岸政治交流合作先行先試，可在海峽西岸有條件的特定區域設立「兩岸政治交流合作先行區」。應率先放寬臺灣居民入出境限制，簡化辦證手續，設立臺灣同胞往來綠色通道，維護臺海航線安全運行，構建和諧安定的臺灣海峽；率先賦予臺灣同胞「國民待遇」，積極促成兩岸臺胞共同生活圈、共同經濟圈的形成與發展，在臺胞的投資、興業、生活、交流、甚至參政議政的各方面實踐中，全方位培養兩岸同胞一家人的意識，促進先行區率先成為「兩岸同胞共同家園」。此外，還應繼續開展兩岸基層政黨交流合作與兩岸民間組織交流合作，在加強兩岸基層黨際交流合作與民間組織交流合作並發揮對臺作用的同時，為中央部署的兩岸基層黨際交流合作與兩岸民間組織交流合作探索經驗，提供示範。

4.兩岸直接「三通」先行先試，構建兩岸命運共同體的通道連接紐帶

構建兩岸命運共同體通道連接紐帶，旨在透過建立兩岸直接往來的通道功能，為「兩岸人民交流合作先行區」及其上述功能的發揮構築起必要的輔助功能與基礎條件。這是在「三通」直航尚未完全實現的現階段，建立「兩岸人民交流合作先行區」的首要任務。

現階段兩岸直接「三通」先行先試，應讓先行區與臺灣（至少讓兩岸臨近的次區域）在海空直航、人員往來、郵電直通等方面先行先試，並應構建起臺海大通道與兩岸物流樞紐。特別是，在海空直航方面，應率先讓先行區所有有條件的港口都可以與臺灣所有有條件的港口直接通航；在人員往來方面，應率先准許所有大陸民眾和來大陸交流旅遊的境外民眾可經由先行區港口往返於兩岸。

五、海峽西岸構建兩岸人民交流合作先行區的意義與作用

基於海峽西岸對臺優勢和現有條件，建立「兩岸人民交流合作先行區」，是新形勢下確保兩岸和平穩定發展導向和平統一與進一步發揮海峽西岸對臺優勢和作用的需要與選擇。事實上，上述構建「兩岸人民交流合作先行區」的思路與構想有著重大的現實意義和作用。

（一）發揮經貿自由化與便利化試驗田與先行區作用

上述思路與構想有助於構建起大陸、海峽西岸及臺灣參與經濟全球化進程的一個新平臺，在貿易自由化、金融全球化、投資全球化、生產要素流動全球化等方面進一步率先發展，從而可以順應全球化深化發展趨勢與要求，積極穩妥地在更高層次上和更大範圍內參與全球化進程，發揮經貿自由化與便利化試驗田與先行區作用；也可作為兩岸經濟體對WTO承諾的對外開放義務（包括加入WTO時承諾的和今後參與WTO多邊談判承諾的義務）的率先試驗區，從而可在多邊開放過程中優先促進兩岸經貿交流與合作的進一步發展，更好地實現與保障兩岸經濟利益。

（二）發揮臺灣海峽區域經濟的增長極與輻射源作用

上述思路與構想不僅可以整合臺灣海峽東西兩岸的海港、空港優勢以及其他經濟發展資源與條件，吸引國際經濟資源與要素的流入，從而在克服臺灣海峽東西兩岸自身經濟發展面臨的各種瓶頸約束的同時，使經貿自由化先行區成為兩岸人員往來、貨物中轉、經貿交流的重要樞紐，促進海峽西岸經濟區與海峽經濟區內部的分工、合作與協調發展，而且有助於整合兩岸四地彼此的經濟互補性優勢特別是港口區位優勢與運輸能力，在促進海峽經濟區深化發展的同時，有利於加強兩岸四地中華經濟區內部的承接與合作，從而在更大範圍、更高層次上發揮區域經濟的增長極與輻射源作用。

（三）發揮對臺工作前沿平臺與兩岸全面整合先行試驗區作用

上述思路與構想首先可以作為兩岸經濟制度性交流、合作與一體化的一個先行區與試驗區。兩岸共同在這些局部區域中率先以WTO無歧視原則消除經貿活動壁壘，實行商品與要素的自由流動，並率先以自由經貿區對接方式實現這些小範圍的、低協調水平的兩岸制度性經濟合作與一體化，是基於兩岸經濟發展現實條件的一個現實選擇，可順應兩岸功能性經濟一體化深化發展趨勢與要求。此外，上述思路與構想還可以促進臺灣海峽東西兩岸經濟、社會一體化，形成兩岸交流合作的一個重要連接點與接口，大陸對臺工作的一個前沿平臺與抓手，乃至兩岸經濟、社會、政治全面整合的一個先行試驗區，為兩岸將來更大範圍、更高層次的制度性合作、一體化以及兩岸和平統一探索經驗，並構築必要的經濟、社會和政治基礎與動力，更好地發揮海峽西岸在兩岸交流、合作與整合中的優勢和作用。

六、結語

近30年來，海峽西岸在發揮獨特對臺優勢，拓展兩岸交流合作，促

進對臺工作與兩岸關係發展中造成了一系列獨特作用。海峽西岸對臺優勢與作用的發揮，與大陸及海峽西岸開放型經濟的持續快速發展有著高度的正向相關性，是和中央在開放與對臺工作方面對海峽西岸的定位以及相應賦予的特殊政策與靈活措施緊密相關的。兩岸直接「三通」與兩岸經貿關係正常化將有助於海峽西岸對臺優勢與作用的充分發揮。新形勢下進一步發揮海峽西岸對臺優勢與作用不僅依然有其客觀必要性，而且面臨重要機遇與現實可能，但有賴於中央在開放與對臺工作方面對海峽西岸的新的定位和相應的政策支撐。當前中央應在海峽西岸建立一個遵循WTO無歧視原則的開放性的「兩岸人民交流合作先行區」，整合構建起一個有助於擴大對外開放、推動區域（兩岸）合作、促進國家統一的平臺，從而有助於海峽西岸在兩岸關係發展中繼續造成探索、試驗、先行、示範的作用，加速兩岸政治、經濟、文化（社會）一體化，貫徹落實胡錦濤總書記的「以閩連臺」戰略決策，並繼續發揮經貿自由化與便利化試驗田與先行區作用，以及區域經濟的增長極與輻射源作用。

（原載於《海峽西岸經濟區發展研究》（鄧利娟、石正方主編）

關於構建廈金特區問題的探討

唐永紅

（廈門大學臺灣研究中心）

臺灣研究新跨越·經濟分析

引言

　　廈門與金門存在地緣經濟、地緣文化與地緣政治的關係，在兩岸關係中具有不可替代的獨特優勢與作用。但也正因為處於兩岸關係發展前沿，廈金兩地自身的發展環境與機會以及在兩岸關係中的優勢與作用也一定程度地受到兩岸關係發展態勢的影響。自2008年臺灣政黨輪替以來，基於「九二共識」的政治基礎，兩岸關係正邁上和平發展的軌道，兩岸全面直接「三通」基本實現，兩岸經貿關係正常化也即將實現，兩岸經貿活動自由化與便利化以及兩岸經濟一體化也將提上議事日程。而2009年5月大陸國務院又正式頒布了《關於支持福建省加快建設海峽西岸經濟區的若干意見》，明確賦予海峽西岸經濟區以「兩岸人民交流合作先行先試區域」的戰略定位以及相應的先行先試政策。新形勢下，廈金兩地的發展正面臨新的機遇與挑戰，在兩岸關係中的地位與作用也將發生較大變化，需要重新定位其角色與作用，並尋求新的發展思路與策略，特別是需要尋求有助於促進兩岸關係發展的發展路徑。本文擬就此做初步探討，從因應新形勢下廈金兩地面臨的機遇與挑戰以求得自身發展，以及進一步發揮廈金兩地促進兩岸關係發展的優勢與作用的角度，提出構建「廈金特區」的構想、內涵與措施，並闡明其功能與作用、可行性與可能性。

一、構建廈金特區的動因與必要性

　　在兩岸關係正邁上和平發展軌道的新形勢下，特別是在兩岸全面直接「三通」基本實現，兩岸經貿關係正常化正在實現的新形勢下，廈金兩地自身的發展正面臨新的機遇與挑戰，在兩岸關係中的地位與作用也將發生較大變化，需要並可以重新定位其角色與作用。

　　（一）兩岸關係發展新形勢帶給廈金兩地的機遇與挑戰

1.新形勢下廈金兩地面臨的機遇

其一,新形勢下兩岸正邁向和平發展的軌道,意味著長期以來阻礙廈金兩地發展的潛在威脅(兩岸衝突與戰爭)得以消除,也意味著長期以來制約廈金兩地充分發揮促進兩岸關係發展的潛在優勢與作用的主要因素得以解除,廈金兩地在兩岸關係中的地位與角色有望發生相應改變,有可能從兩岸對峙鬥爭的前沿轉換為兩岸交流合作與一體化的前沿。

其二,新形勢下「三通」直航得以實現,先前對「小三通」的政策限制也得以解除,臺灣海峽正從兩岸往來的天塹變成兩岸往來的通道,成為連結海峽兩岸與國際航運的黃金水道。這不僅意味著「小三通」管道的作用可以進一步發揮,而且意味著長期以來抑制廈金兩地發展及其促進兩岸關係發展的優勢與作用的充分發揮的「三通」不通因素得以解除,也意味著廈金兩地的投資環境、經濟發展環境得以顯著提升。

其三,兩岸關係和平發展,「三通」直航以及兩岸經貿關係正常化的實現,不僅將顯著提升廈金兩地的經濟發展環境與投資環境,而且使得廈金乃至閩臺之間潛在的地緣經濟優勢、地緣文化優勢、地緣政治優勢可以充分發揮,有助於廈金乃至閩臺各種交流、合作與一體化的擴展與深化,特別是有助於廈金乃至閩臺經貿交流、合作與一體化的發展。例如,有助於廈金兩地對外招商引資、閩廈金臺產業對接與合作、閩廈金臺貿易的進一步發展、閩廈金臺港口物流合作發展、閩廈金臺旅遊業合作發展。

2.新形勢下廈金兩地面臨的挑戰

其一,兩岸全面「三通」意味著大陸所有對外開放的港口都可以與臺灣所有對外開放的港口直接通航),意味著廈金兩地失去了先前獨享的「小三通」政策優勢,從而將相對削弱「小三通」渠道在兩岸交流渠

道中的地位與作用的重要性,意味著廈金兩地先前期望的兩岸交流往來的主要通道地位將難以達成(唐永紅,2009a)。但這並不意味著「小三通」管道的人流量、物流量會較先前下降,事實上隨著限制性政策的放鬆與解除以及兩岸兩地交流的推進,「小三通」管道的人流、物流規模都在顯著增長。

其二,隨著兩岸全面「三通」與兩岸經貿關係正常化,臺灣與大陸的交流合作面臨更寬廣的空間與更多的機會,新形勢下臺灣甚至兩岸當局的注意力可能集中於兩岸整體性的交流合作。因此,新形勢下雖具「五緣」優勢,但卻處於兩岸政治、經濟、文化中心之外的廈金兩地可能被置於兩岸交流合作的主潮流之外,可能會面臨進一步「邊緣化」的風險。

總之,兩岸關係新形勢下,廈金兩地將面臨新的機遇與挑戰,在兩岸關係中的地位與作用將發生較大變化,需要並可以重新定位其角色與作用。

(二)新形勢下廈金兩地在兩岸關係中的角色與作用定位

新形勢下,一方面兩岸交流合作與和平發展正在成為兩岸關係的趨勢與主題,特別是兩岸經濟體有制度性合作與一體化發展的內在動力與外在壓力(唐永紅,2005a;2007a),但與此同時,兩岸政治關係上的結構性矛盾以及兩岸在政治、經濟、文化(社會)等各個層面的差異依然存在,兩岸之間的猜忌與誤解多而互信與共識少。這些必將對兩岸整體層面的制度性交流、合作與一體化的步伐形成相當程度的制約(唐永紅,2006;2007a、b),並構成兩岸和平發展的重大挑戰,並可能在新形勢下更加突顯。

因此,兩岸需要有一個彼此磨合與相互適應的過程,在這一過程中,需要探索切實可行的途徑,利用有效的措施,逐步化解兩岸交流、

合作與一體化過程中可能產生的摩擦與矛盾，增強兩岸的互信與共識，從而促進兩岸在政治、經濟、文化（社會）等各個方面的制度性交流、合作與一體化發展，推進兩岸社會全面融合。一個可行途徑與方式，就是在有條件的兩岸次區域層面先行先試制度性合作與一體化（唐永紅，2005b；2007a、b），為兩岸將來更大範圍、更高層次的制度性合作與一體化探索經驗，累積互信，並構築必要的經濟、社會和政治基礎與動力。

顯然，這一方面繼續需要廈金兩地充分利用地緣政治、地緣經濟、地緣文化關係與優勢，做好先行先試的工作，以探索經驗，累積互信，奠定基礎；另一方面也為廈金兩地進一步發揮在兩岸關係中的作用提供了更大的空間和機遇。

當前，廈金兩地當前應積極抓住機遇，主動應對挑戰。由於發展受到兩岸政治關係、經濟資源與市場腹地等因素的高度約束，廈金兩地應立足於自身的優勢與條件，特別是港口、區位優勢與島嶼經濟條件以及在兩岸間的獨有的地緣優勢，分別結合大陸、臺灣各自參與全球化的需要和發展兩岸關係的需要，明確自身發展定位與發展模式。

應分別尋求兩岸當局在經濟、文化（社會）、政治（安全）層面的特殊政策與靈活措施支持，以經濟特區、文化（社會）特區、政治（安全）特區模式，在分別服務於兩岸各自參與全球化的需要和發展兩岸關係的需要的過程中，求得自身發展。而在這一過程中，為避免完全同構與過度競爭，並實現分工合作與一體化發展的效益，兩個單邊的特區宜結成跨關境的雙邊特區，即「廈金特區」。

「廈金特區」作為兩岸各自對外開放、兩岸相互開放以及兩岸合作政策的先行先試區，透過政治、經濟、文化（社會）等全方位的區域合作政策以及相關開放政策的先行先試，努力在政治、經濟、文化（社會）等方面建成兩岸制度性交流、合作與一體化的試驗示範區，成為不

同政治、經濟、文化（社會）制度相互適應相互融合的過渡區，從而在兩岸關係發展中造成探索、試驗、先行、示範的作用。

實踐中，透過構建兩岸命運共同體的經濟利益紐帶、精神文化紐帶、政治共識紐帶，使之不僅成為兩岸交流、合作、一體化的試驗區與核心區，而且促進兩岸交流合作朝著更加開放、更加便捷、更加密切的方向深化發展，加速兩岸政治、經濟、文化（社會）一體化，並造成面向東南亞、連結海峽兩岸、帶動海峽西岸、輻射華東華南、促進臺海和平、服務兩岸發展的作用。

二、廈金特區的內涵與建構

綜上可見，「廈金特區」可以作為包括兩岸經濟一體化、兩岸文化（社會）一體化、兩岸政治（安全）一體化的兩岸一體化先行先試區。相應地，「廈金特區」在內涵及其建構方面可以包括「廈金經濟特區」、「廈金文化（社會）特區」、「廈金政治（安全）特區」三個層面。當然，這三個層面意義的「廈金特區」並非截然分離的關係，它們既相互區別，又相互聯繫。實踐中，可以根據兩岸關係發展的需要與可能，先易後難，循序漸進，由經濟、文化（社會）層面開始，逐步向政治（安全）層面發展，逐步實現廈金經濟一體化、文化（社會）一體化、政治（安全）一體化，不斷充實、完善、提高「廈金特區」的內涵。

（一）廈金經濟特區的內涵與構建

1.廈金經濟特區的內涵

「廈金經濟特區」可作為「兩岸經貿自由化與一體化先行先試區」，率先形成休戚與共的「經濟共同體」，旨在促進兩岸經濟一體化的實現，構建兩岸命運共同體的經濟利益紐帶。

其一,「兩岸經貿自由化先行先試區」。可尋求兩岸當局賦予特殊政策與靈活措施,在經貿自由化與便利化方面先行先試,作為大陸、臺灣參與經濟全球化進程的一個先行先試區。透過廈金經濟特區在貿易自由化、金融全球化、投資全球化、生產要素流動全球化等方面率先發展,發揮經貿自由化與便利化試驗田與先行區作用,兩岸可以順應全球化深化發展趨勢與要求,積極穩妥地在更高層次上和更大範圍內參與全球化進程。「廈金經濟特區」也可作為兩岸經濟體對WTO承諾的對外開放義務(包括加入WTO時承諾的和今後參與WTO多邊談判承諾的義務)的先行先試區,從而可在多邊開放過程中優先促進兩岸經貿交流與合作的進一步發展,更好地實現與保障兩岸經濟利益。

　　其二,「兩岸經濟一體化先行先試區」。可尋求兩岸當局賦予特殊政策與靈活措施,在兩岸經濟制度性合作與一體化方面先行先試,作為兩岸經濟體進行制度性合作與一體化的一個先行先試區。兩岸共同在廈金兩地以符合WTO無歧視原則的開放性方式率先實行商品與要素的自由流動,並率先以自由經貿區對接方式實現次區域範圍的、低協調水平的兩岸制度性經濟合作與一體化,既可順應兩岸功能性經濟一體化深化發展的趨勢與要求,也是基於兩岸經濟發展現實條件的一個現實選擇,並可為將來兩岸間全面性的制度性經濟合作與一體化探索經驗,奠定基礎。

　　顯然,將「廈金經濟特區」打造成為如上所述的參與經濟全球化進程先行先試區以及兩岸經濟制度性合作與一體化的先行先試區,也有助於「海峽經濟區」的形成與發展。

2.廈金經濟特區的建構

　　鑒於廈金兩地眾所周知的港口、區位條件,廈金兩地首先可分別發展成為一個遵循WTO無歧視原則的、境內關外的,集國際自由投資、國際自由貿易、國際自由金融(含離岸金融)、出口加工、倉儲展示、物

流分撥、過境轉運、國際旅遊等多項功能於一身的綜合型自由經貿區。

進而，結成開放性的多功能綜合型廈金跨關境自由貿易港區，整合併充分發揮廈金兩地的海港、空港優勢以及其它經濟發展資源與條件，使之成為海峽兩岸的國際貿易中心、物流分撥中心和以高科技產品為主導的加工製造中心，成為海峽兩岸與國際物流鏈的重要環節，並率先實質性地啟動兩岸制度性經濟合作與一體化進程。

在此基礎上，進一步建立開放性的廈金跨關境自由經濟區，實現生產要素的自由流動與優化配置，成為國際化的區域性資金流、物流和訊息流的匯集區，最終發展成為國際化區域經濟中心。

建構「廈金經濟特區」的關鍵是要尋求兩岸當局的特殊政策與靈活措施支持。要讓「廈金經濟特區」實行經貿活動自由化與便利化政策措施，包括經營活動自由（投資自由、雇工自由、經營自由等）、商品流通自由、貨物運輸自由、人員進出自由、對外貿易自由、金融活動自由（貨幣兌換自由、資金流動自由、資金經營自由）等。此外，還要加強廈金兩地的基礎實施、往來通道（如廈金大橋）與對外通道的建設，以適應自由經貿區發展的需要。

（二）廈金文化（社會）特區的內涵與建構

1.廈金文化（社會）特區的內涵

「廈金文化（社會）特區」可作為「兩岸文化一體化先行先試區」，率先形成相互認同的「文化（社會）共同體」，旨在促進兩岸文化（社會）一體化的實現，構建兩岸命運共同體的精神文化紐帶。

其一，在日常生活層面，可尋求兩岸當局賦予特殊政策與靈活措施，建立廈金兩地往來便利通道，方便兩地居民往來，創造兩地居民吃、住、行的便利條件，拓展兩地居民的生活空間，打造廈金共同生活

區。廈金兩地民眾，只要持兩岸當局認可的有效證件，就可以在廈金共同生活區內自由安排生活，例如探親訪友、休閒旅遊、置業購物、求學就業、生活居住等。

其二，在文化（社會）交流層面，可尋求兩岸當局賦予特殊政策與靈活措施，圍繞閩南文化的認知系統（學術、出版、新聞資訊等領域）、民俗信仰系統（宗教等領域）、規範系統（教育、倫理、法律等領域）、表現系統（電影、電視、戲劇、音樂等領域），深化雙向交流合作與融合，在廈金兩地民眾中率先建立起擁有「我群」觀念的整合形態（認識論共同體），進而建構起兩地文化（社會）共同體，實現兩地文化（社會）一體化。

2.廈金文化（社會）特區的建構

首先，在軟體方面尋求兩岸當局進一步簡化廈金兩地往來的手續審批，實行落地簽注或多次簽注，實行兩地民眾往來自由行，並逐步賦予兩地民眾以「居民待遇」，准許兩地民眾只要持兩岸當局認可的有效證件，可以自由地在兩地置業購物、求學就業、生活居住等。

其次，在硬體方面尋求兩岸當局支持建立廈金兩地往來便利通道與交通圈。在完善現有海上「小三通」通道基礎上，積極推進金嶝大橋、廈金大橋的建立，以更加便利於兩地民眾往來，並克服颱風等氣候因素對兩地民眾往來的不利影響。

特別是需要指出的是，為配合「廈金經濟特區」、「廈金文化（社會）特區」的建構與發展，進一步提升兩地貨物、人員往來便捷性，並有效提升廈金兩地的生活環境、投資環境、經濟發展環境，既應建設構想中的金嶝大橋，也應建設連結廈門本島、小金門、大金門的廈金大橋，形成廈金兩地陸上往來的交通圈。

（三）廈金政治（安全）特區的內涵與建構

1.廈金政治（安全）特區的內涵

廈金政治（安全）特區可作為「兩岸政治一體化先行先試區」，率先形成互信包容的「政治共同體」以及關於和平與安全的共識及其合作機制與組織，探索融解兩岸政治關係結構性矛盾的可行路徑，旨在促進兩岸政治一體化的實現，構建兩岸命運共同體的政治共識紐帶。

2.廈金政治（安全）特區的建構

一是建立政治互信機制。廈金兩地有關方面達成共識，分別或合作開展對兩地政策、制度、法規的宣傳，增進兩地民眾對兩地政策、制度、法規的瞭解，求同存異。

二是建立協商合作機制。協商合作解決兩地民眾在政治、經濟、文化等各項社會生活中遇到的問題，並根據實際情況，協商制定共同遵循的守則，指導各項活動的開展。例如，廈金兩地應爭取兩岸當局授權處置兩地交流中的突發性事件，建立海上救援協作機制。又如，廈金兩地應爭取兩岸當局授權，形成共同打擊海上違法犯罪活動的管理與防範機制，共同構建和諧安定的廈金海域與臺灣海峽。

三是在建立政治互信機制與協商合作機制的基礎上，努力創造條件，不斷提升政治互信協商機制的層次。建議「海協會」在廈門設立辦事處，「海基會」在金門設立辦事處，從而可輪流以廈門與金門為基地進行兩岸事務協商談判。

三、廈金特區的功能與作用

基於廈金兩地的區位優勢和條件，建立「廈金特區」，是新形勢下進一步發揮廈金兩地在兩岸關係中的優勢和作用，推進廈金兩地的開放和發展的需要與選擇。事實上，按照上述思路、構想與舉措建立「廈金特區」，不僅可以在兩岸經濟、文化（社會）、政治（安全）一體化方

面,而且可以在經貿自由化與便利化、臺灣海峽區域經濟發展、廈金兩地自身的開放與發展等方面,發揮十分重要的功能和作用。

(一)發揮兩岸一體化的前沿平臺與先行試驗區作用

如前所述,建立「廈金特區」可以促進臺灣海峽東西兩岸局部地區的經濟、文化(社會)、政治一體化,不僅可以形成兩岸交流合作的一個重要連接點與接口,而且可以形成兩岸經濟一體化、文化(社會)一體化、政治(安全)一體化的一個前沿平臺與先行試驗區,為兩岸將來更大範圍、更高層次的制度性合作與一體化探索經驗,累積互信,並構築必要的經濟、社會和政治基礎與動力,更好地發揮廈金兩地在兩岸交流、合作與一體化中的優勢和作用。特別是,「廈金特區」可以作為兩岸經濟體制度性合作與一體化的一個先行區與試驗區。兩岸共同在這些局部區域中率先以WTO無歧視原則消除經貿活動壁壘,實行商品與要素的自由流動,並率先以自由經貿區對接方式或跨關境自由經貿區方式,實現這些小範圍的、低協調水平的兩岸制度性經濟合作與一體化,是基於兩岸經濟發展現實條件的一個現實選擇。

(二)發揮經貿自由化與便利化試驗田與先行區作用

建立「廈金特區」有助於構建起大陸、臺灣參與經濟全球化進程的一個新平臺,在貿易自由化、金融全球化、投資全球化、生產要素流動全球化等方面進一步率先發展,從而可以順應全球化深化發展趨勢與要求,積極穩妥地在更高層次上和更大範圍內參與全球化進程,發揮經貿自由化與便利化試驗田與先行區作用;也可作為兩岸經濟體對WTO承諾的對外開放義務(包括加入WTO時承諾的和今後參與WTO多邊談判承諾的義務)的率先試驗區,從而可在多邊開放過程中優先促進兩岸經貿交流與合作的進一步發展,更好地實現與保障兩岸經濟利益。

(三)發揮臺灣海峽區域經濟的增長極與輻射源作用

建立「廈金特區」不僅可以整合閩、廈、金、臺等地的海港、空港優勢以及其他經濟發展資源與條件，吸引國際經濟資源與要素的流入，從而在克服閩、廈、金、臺等地自身經濟發展面臨的各種瓶頸約束的同時，使自由經貿區成為兩岸人員往來、貨物中轉、經貿交流的重要樞紐，促進海峽西岸經濟區與海峽經濟區內部的分工、合作與協調發展，而且有助於整合兩岸四地彼此的經濟互補性優勢特別是港口區位優勢與運輸能力，在促進海峽經濟區深化發展的同時，有利於加強兩岸四地中華經濟區內部的承接與合作，從而在更大範圍、更高層次上發揮區域經濟的增長極與輻射源作用。

（四）發揮推進廈金兩地自身之開放與發展的作用

眾所周知，隨著大陸漸進式開放發展戰略的深化實施，市場經濟體制在全國範圍已經初步確立，全國全方位對外開放格局也已初步形成。大陸開放的深化發展必然在一定程度上相對削弱廈門特區較之於中國其他地區的開放先行的優勢（唐永紅，2008b）。與此同時，中央又沒有賦予廈門特區新的發展定位與特殊政策。這一方面意味著廈門在大陸開放中先行先試的功能與作用在不斷弱化，另一方面也意味著廈門的發展在新形勢下正面臨著政策優勢喪失和淡化的挑戰。此外，為做好對臺工作、促進兩岸更緊密交流合作，先前大陸按照「適度開放、同等優先」原則對臺灣的照顧性做法，也面臨WTO無歧視原則的約束。這種挑戰與約束顯然會影響到廈門對臺優勢和作用的進一步發揮。因此，新形勢下在廈門經濟特區的基礎上構建「廈金特區」，賦予新的發展定位與特殊政策，必將在進一步發揮廈門對臺優勢與作用以及作為開放試驗田與先行區作用的同時，進一步推動廈門的進一步開放發展。

就金門而言，長期以來金門作為兩岸對峙與鬥爭的前沿陣地，既不開發也不開放。隨著兩岸關係步入和平發展的軌道，廈金兩地在兩岸關係中的地位與角色有望發生相應改變，有可能從兩岸對峙與鬥爭的前沿

轉換為兩岸交流、合作與一體化的前沿。廈金兩地的這種地位與角色的轉換，意味著長期以來阻礙廈金兩地發展的潛在威脅（兩岸衝突與戰爭）得以消除，廈金兩地有可能迎來發展的春天。新形勢下，把握難得的歷史機遇，尋求特殊政策的支撐，構建「廈金特區」，改善經濟發展與投資的環境，可以加速金門開放開發的進程。

此外，構建「廈金特區」，實際上是兩岸以具體行動向對方及國際社會表明兩岸在兩岸關係問題上決心走和平發展的道路，從而可以為廈金兩地與海峽兩岸的發展創造一個可以預期的和平穩定的兩岸關係環境，增強海內外商人投資廈金兩地與海峽兩岸的信心。而為實施這一思路與設想所賦予廈金兩地更為開放、更加自由化與便利化的特殊政策，將增強海內外商人投資廈金兩地的意願，吸引國際經濟資源與要素的流入，從而可克服廈金兩地自身經濟發展面臨的資源瓶頸與市場約束，並可規避新形勢下兩岸整體性交流合作的推進可能帶來的「邊緣化」風險。

四、構建廈金特區的可行性與可能性

上述建設「廈金特區」的思路與構想，不僅現實意義突出，而且具有一定的可行性與可能性。顯然，本文第一部分闡述的當前兩岸關係發展新形勢及其帶給廈金兩地的機遇，為構建「廈金特區」提供了難得的歷史機遇以及一定的現實條件與可能，實際上是從兩岸關係和平發展角度論述了當前構建「廈金特區」的可行性與可能性。這裡再從廈金地緣優勢與條件、兩岸當局對廈金兩地的期許等角度考察構建「廈金特區」的可行性與可能性，並進一步從自由經貿區一般經濟條件、WTO有關規範、世界經濟發展形勢與格局等層面，考察構建作為「兩岸經貿自由化先行區」與「兩岸經濟一體化先行區」的上述「廈金經濟特區」的條件與可行性。

（一）廈金地緣優勢與條件上的可行性

廈金兩地之間客觀存在的地緣經濟、地緣文化、地緣政治關係與優勢，顯然是構建「廈金特區」的地緣基礎條件與優勢。不僅如此，廈金兩地又分別處於大陸與臺灣的政治、經濟、文化中心之外，各自對大陸與臺灣政治重要性及其影響有限，政策試驗失敗的風險與影響易於控制，因而可以作為兩岸各自對外開放政策與發展兩岸關係政策的試驗場。

廈金兩地人民交流往來行之有年，在「小三通」基礎上，廈金生活圈初步形成。加之金門與臺灣島內為同一政治體制關係，使得金門既相對大陸比較瞭解臺灣，又相對臺灣島內比較瞭解大陸，也比較不排斥大陸，可以在兩岸關係中發揮橋樑與紐帶、緩衝與磨合、試驗與示範作用。這為「廈金特區」的構建與運作奠定了較好的地方政治與社會基礎。

特別是，近30年來，作為開放的前沿，廈門形成了包括經濟特區、出口加工區、保稅區、保稅物流園區、保稅港區、高新技術開發區、台商投資區、兩岸農業合作試驗區等在內的全方位多層次的對外開放格局，成為了大陸最重要的一個國際招商口岸和對臺貿易口岸、國際資本和台商投資的一個重要聚集地；作為兩岸交流合作的前沿平臺與處理涉臺事務前沿基地，廈門在處理對臺事務與兩岸交流合作事務方面也積累了豐富經驗。這些基礎與經驗不僅為兩岸交流合作的拓展提供了橋樑和平臺，而且顯然也有助於「廈金特區」的構建與運作。

（二）大陸期許廈門發揮對臺優勢與作用下的可能性

廈臺之間的地緣經濟、地緣文化、地緣政治關係與優勢，是廈門最大的也是不可替代的優勢。廈門特區因臺而設。發揮對臺優勢與作用，推動兩岸關係和平發展，是中央賦予廈門特區的神聖使命，也是中央的

一貫期待與要求。

胡錦濤總書記2006年初視察廈門時特別強調指出:「廈門是我國最早建立的四個經濟特區之一,完全有條件在對外開放中取得更大成績、發揮更大作用」;並要求廈門特區「推進兩岸經濟技術合作取得新進展;促進兩岸直接通航出現新局面;把寄希望於臺灣人民的方針落到實處;推動兩岸共同弘揚中華文化的優秀傳統。」溫家寶總理2009年5月在視察福建、廈門時,特別強調,「要圍繞促進科學發展和擴大兩岸交流合作的需要,充分發揮廈門經濟特區的帶頭和示範作用,先行試驗一些重大的改革措施。」2009年5月國務院正式頒布了《關於支持福建省加快建設海峽西岸經濟區的若干意見》,並明確賦予海峽西岸經濟區以「兩岸人民交流合作先行先試區域」的戰略定位以及相應的先行先試政策。2009年7月底出臺的《福建省貫徹落實〈國務院關於支持福建省加快建設海峽西岸經濟區的若干意見〉的實施意見》再次明確要求「發揮廈門經濟特區在對臺方面的先行先試作用」。

大陸對廈門的期許為新形勢下進一步發揮廈門對臺優勢與作用指明了方向。「廈金特區」的上述內涵、功能與作用表明,構建「廈金特區」正是廈門實踐大陸對臺方略的一個重要舉措,因而有可能獲得中央的積極支持。

(三)臺灣期許金門在兩岸關係中角色下的可能性

金門作為一個離島,對臺灣的政治重要性及其影響有限,加之金門本身有著良好的港口和區位優勢,在金門地區的強烈要求下,臺灣也有可能將其作為向世界特別是大陸開放的一個前沿與窗口。事實上,2005年6月12日臺灣「立法院院長」王金平就提出將金門打造成「一網三區」的「新金門」構想:「兩岸客貨航線網」、「兩岸台商訊息交流區」、「金門和平觀光特區」、「金廈共榮經濟特區」(參見火山,2005)。金門縣長李炷峰也曾多次倡議建立「金廈生活圈」、「金廈一國兩制試

驗區」。2008年8月24日，臺灣領導人馬英九以「從殺戮戰場到和平廣場」為題發表金門炮戰五十週年的講話，更為上述「廈金特區」構想的實現提供了想像的空間。

此外，如前所述，構建「廈金特區」，實際上是兩岸以具體行動向對方及國際社會表明兩岸在兩岸關係問題上決心走和平發展的道路，從而可以為廈金兩地與海峽兩岸的發展創造一個可以預期的和平穩定的兩岸關係環境，增強海內外商人投資廈金兩地與海峽兩岸的信心。因此，有理由預期臺灣將不得不理性地考慮這一問題。

（四）自由經貿區一般經濟條件上的可行性

從自由經貿區理論與國際實踐看（鄧力平、唐永紅，2003；唐永紅，2005c、2006b），建立自由經貿區，一般除了要在法律制度、經濟政策與管理體制等方面營造適宜開展國際或地區間經濟活動的良好軟環境條件之外，還在地理區位與基礎條件等硬環境方面有著較高的要求，主要包括：有利於開展國際或地區間經濟活動與發揮集散功能的優越的地理區位特別是良好的位置接觸性與廣闊的服務區域、完善的基礎設施特別是優良的港口與便捷的國際國內通道、良好的發展基礎與環境等等。實踐中，需要運用成本—效益分析法並綜合考慮與權衡各種因素，來判定特定地點建立自由經貿區的可行性。

廈門、金門地處東南亞國家與中國大陸、臺灣聯繫的中心位置，是東北亞和東南亞國際主航線的海上交通要沖，顯然具有建立廈金自由經貿區所需的區位與服務區域條件、港口與物流條件（唐永紅、鄧利娟，2005d）。從建立開放性廈金自由經貿區的成本-效益角度看。在成本方面，金門與廈門特區不僅遠離兩岸各自的政治中心，而且又都是海島地形，因而隔離成本較低；特殊的海島地形使金門與廈門特區內的現有企業和人口規模相對比較確定，加之經濟以外向型為主且國際競爭力較強，因而關稅減免損失與經貿轉向效應也不會過大。在效益方面，基於

其區位優勢與港口條件，在兩岸當前的經貿壁壘水平條件下，自由經貿區經貿活動的自由化與便利化必將進一步吸引國際經貿活動的進入，產生較大的經貿創造與擴大效應；特別是鑒於兩岸目前在社會政治經濟制度與政策上存在較大的差異，在相互關係方面存在較大的對立與分歧，透過自由經貿區對接或共建開放性次區域自由經貿區的形式，不僅在兩岸次區域層面上實現了制度性合作與一體化，推進兩岸經濟一體化進程，而且較大程度地便利了兩岸經濟交流與合作，可以在兩岸經貿方面產生較大的創造與擴大效應。

（五）WTO有關特殊經濟區規範上的可行性

WTO下兩岸經濟體的行為措施應遵循WTO的有關規範。從WTO對世界特殊經濟區的有關規範看，WTO以「原則中有例外，例外中有原則」的現實主義精神容許其成員方在其特殊經濟區實施特殊制度、優惠政策，但條件是不得有違透明度原則和非歧視原則，即這些特殊制度、優惠政策引致的特區的貿易自由化與市場准入水平不得低於其對WTO承諾的約束義務水平（即不得低於在其他地區實施的貿易自由化與市場准入水平），並且必須以透明的方式同時對所有的WTO成員提供（鄧力平、唐永紅，2003；唐永紅，2005c、2006b）。顯然，在廈金兩地建立一個開放性的、無歧視性的、更加自由化與便利化的可對接單邊自由經貿區或次區域性雙邊自由經貿區符合WTO有關要求。

事實上，特殊經濟區的存在與發展已有很長的歷史了，鑒於其獨特的地位和作用，不僅建立和發展特殊經濟區已是當今國際性的潮流，而且隨著世界經濟的發展，特殊經濟區的內涵與外延均發生了深刻的變化（鄧力平、唐永紅，2003；唐永紅，2005c、2006b）。特別地，近年來世界特殊經濟區出現了由單邊的一國內部型向雙邊或多邊的跨國（跨關境）型發展的新趨勢，即幾個主權國家或單獨關稅區把各自的彼此相鄰的部分領土結成一個一體化的經濟區域。世界上的各種「增長三角」就

是這種次區域性的跨國（跨關境）特殊經濟區的典型形式。在各國或各地之間由於存在較大差異，在整個區域層面建立經濟一體化組織較為困難時，次區域經濟合作方式是一種現實的選擇。

（六）世界經濟發展形勢與格局下的可行性

隨著經濟全球化與區域一體化趨勢的不斷發展、大陸開放進程的不斷深化和經濟起飛後的持續快速發展，21世紀的世界經濟重心與格局正在發生明顯的變化。圍繞大陸這一新的經濟增長點的國際產業分工體系的調整與國際經貿活動的開展，既加快了大陸經濟的全球化步伐，又為之提供了史無前例的發展機會。這顯然一方面對作為對外開放前沿的廈門經濟特區加快對外開放與全球化步伐提出了迫切要求，另一方面也為構建與發展作為「兩岸經貿自由化先行區」與「兩岸經濟一體化先行區」的「廈金經濟特區」提供了戰略契機。

五、結語

在兩岸關係和平發展的新形勢下，特別是在兩岸全面直接「三通」基本實現、兩岸經貿關係正常化正在實現的新形勢下，廈金兩地發展正面臨新的機遇與挑戰，在兩岸關係中的地位與作用也將發生較大變化，需要並可以重新定位廈金兩地的角色與作用。廈金兩地應分別尋求兩岸當局在經濟、文化（社會）、政治（安全）層面的特殊政策支持，以廈金經濟特區、文化（社會）特區、政治（安全）特區模式，在分別服務於兩岸各自參與全球化的需要和發展兩岸關係的需要的過程中，求得自身發展。

循此思路與設想，可以整合廈金兩地乃至海峽兩岸的海港、空港優勢以及其它經濟發展資源與條件，可以構建起大陸、臺灣參與經濟全球化進程的一個新平臺，形成兩岸經濟、文化（社會）、政治（安全）一體化的一個先行先試區，為兩岸將來更大範圍、更高層次的制度性合作

與一體化探索經驗,累積互信,並構築必要的經濟、社會和政治基礎與動力,更好地發揮廈金兩地在兩岸交流、合作與一體化中的優勢和作用。

此外,實施這一思路與設想,構建「廈金特區」,實際上是兩岸以具體行動向對方及國際社會表明兩岸在兩岸關係問題上決心走和平發展的道路,從而可以為廈金兩地與海峽兩岸的發展創造一個可以預期的和平穩定的兩岸關係環境,增強海內外商人投資廈金兩地與海峽兩岸的信心。而為實施這一思路與設想所賦予廈金兩地更為開放、更加自由化與便利化的特殊政策,將增強海內外商人投資廈金兩地的意願,吸引國際經濟資源與要素的流入,從而可克服廈金兩地自身經濟發展面臨的資源瓶頸與市場約束,並可規避新形勢下兩岸整體性交流合作的推進可能帶來的「邊緣化」風險。

構建「廈金特區」顯然具有地緣、區位條件與基礎。構建作為「兩岸經貿自由化先行區」與「兩岸經濟一體化先行區」的「廈金經濟特區」,也具有自由經貿區建立與發展所需的一般經濟條件與國際經濟環境,並符合WTO有關規範。鑒於構建「廈金特區」對兩岸關係發展與廈金兩地自身發展有著正面的意義與積極的作用,在交流合作與和平發展正成為兩岸關係發展的趨勢與主題的背景下,特別是在廈金兩地的積極推動下,構建「廈金特區」應有其實現的可能性。

(原載於《臺灣研究集刊》)

廈泉漳城市聯盟發展的意義及取向探析

石正方

一、對臺優勢是海峽西岸經濟區建設的重要依託

2004年初福建省提出了建設「海峽西岸經濟區」的戰略目標，擬將「東臨臺灣、西鄰贛湘、北承長江三角洲、南接珠江三角洲」的福建及其周邊地區建設成為「地域分工明顯、經濟聯繫緊密、中心城市支撐、市場體系統一、要素流動集聚，具有自身特點和獨特優勢的地域經濟綜合體」，從而做大做強海峽西岸地帶經濟，「使之成為長三角、珠三角兩大增長極之後推動中國經濟的第二級別的增長極，擺脫夾在兩大經濟帶中被邊緣化的命運」。

顯然，「海峽西岸」是與「海峽東岸」相對應的概念。建設海峽西岸經濟區，一方面是從全國區域經濟發展大趨勢著眼，積極參與區域經濟合作和競爭，構建福建及其周邊地區所處海峽西岸與珠三角、長三角區域的聯動發展格局；另一方面則是充分考慮了海峽東岸因素，包括利用福建「近臺快攻」優勢，打響「海峽牌」，大力提升本體經濟競爭力，以及促進海峽西岸經濟區從依託大陸發展到立足「環海峽經濟區」，對臺灣形成輻射力、集聚力，為將來與海峽東岸共同構建「環海峽經濟區」創造條件。總之，海峽西岸經濟區建設旨在透過「承『珠』接『長』、連接中部」，尋求經濟區戰略崛起，站在全國區域經濟布局和經濟全球化的高度來推動福建的發展，使福建擁有一個更為廣闊的發展空間和腹地，進一步打造和提升海峽西岸的經濟活力，為海峽兩岸經貿合作乃至祖國統一大業奠定更加堅實的基礎。從這一角度分析，「海峽西岸經濟區」建設的關鍵在於進一步發揮對臺優勢，深化閩臺經濟合作。

從地緣的臨近性來看，閩、臺一水之隔，按照區域經濟的「墨漬」擴散原理，福建在兩岸經濟整合中享有「近鄰」優勢，處於首當其衝的重要地位。也正是由於這種地緣關係的無可替代性，福建享有特殊的對臺政策優勢，閩臺經濟整合在兩岸經濟合作進程中充當試驗田、示範區的角色——憑藉政策優勢與地緣優勢的結合，福建成為最先開始對臺貿易的地區、最早的台商登陸地區。從這一角度出發，閩臺經貿交流是兩

岸經濟關係的「生長層」，而諸如「台商投資區」、閩臺農業合作試驗區、「定點直航」，包括臺灣設立的「境外航運中心」則是兩岸經濟關係發展進程中不同階段的重要生長點。

從經濟的互補性角度來看，福建經濟與長三角、廣東存在產業結構的雷同現象，互補性不是很強，而閩臺經濟卻存在很強的互補性和廣闊的合作空間。臺灣資金雄厚，科技產業基礎好，營銷及管理經驗豐富，但市場狹小、資源有限、勞動力成本高；福建資源相對豐富，勞動力充足，市場廣闊，但資金、技術與管理經驗相對缺乏。臺灣產業結構正由勞動密集型轉向資本、技術密集型為主，因而迫切需要將一些失去比較優勢的產業轉移到其他地區，福建具備接納臺灣產業的條件。與此同時，福建生產的勞動密集型產品和農產品在臺灣也很有市場。

從發展的現實基礎來看，目前，臺灣已成為福建最大的貨物來源地和僅次於日本、美國的第三大貿易夥伴。截至2004年底，全省對臺貿易總額累計高達349.7億美元，目前閩臺經貿依存度已超過25%；福建對臺貿易層次逐漸提升，已實現由粗加工製成品向精加工製成品的轉變；貨物貿易之外的服務貿易成長迅速，福建沿海設立了35個臺輪停泊點，17個臺胞接待站。截至2003年底，已接待臺輪16萬多艘次，臺胞64萬多人次；2004年，福建還全面增加廈門和金門、馬尾和馬祖之間的客運航班，實現了每天都有8個固定航班往返，福建沿海主要港口全部實現了與金門、馬祖的貨物直航。截止2004年底，全省批准臺資項目累計達8082個，合約臺資138.7億美元，實際到資103.5億美元，利用臺資總額居大陸各省（區、市）第三位。目前福建台商投資已從初期的勞動密集型產業向技術、資金密集型產業發展，出現了行業整體性轉移、上中下游產業配套發展趨勢，以臺資為主參與投資發展的電子、石化、機械等行業，已成為福建的主導產業。目前，閩臺農業合作已有良好的基礎。據統計，福建省已累計引進臺資農業企業1600多家，合約利用臺資19億美元，實際到資11.5億美元，占大陸農業臺資的百分之三十左右，居首位；

同時，農業合作的集群化初具規模，形成一批農業台商相對集中的園區、示範區、實驗區，尤其是漳州和福州兩個國家級海峽兩岸農業實驗區設立以來，已充分顯示出合作的優勢。2004年，福建啟動福建居民赴金門、媽祖地區旅遊，加強了兩岸民眾的雙向旅遊交流，截至2004年，臺胞赴閩旅遊達到600多萬人次。此外，閩臺兩地的金融合作、物流業合作也在醞釀有所突破。

綜上，從地緣臨近性、經濟互補性和現實發展基礎來看，對臺優勢是以福建為主體的海峽西岸經濟區的獨特優勢，閩臺經濟合作是海峽西岸經濟區建設的重要依託。

二、區域經濟集群發展是深化閩臺經濟合作的重要平臺

雖然經過20多年來的發展，閩臺經濟合作已取得了纍纍碩果，迄今福建仍是台商大陸投資四大熱點區域中的「小熱點」，然而，在長三角、珠三角、環渤海等「大」熱點、新熱點區域的強力競爭下，其對台商投資的吸引力呈現明顯的衰退趨勢。福建具有對臺「地緣、血緣、文緣、法緣、商緣」等「五緣」優勢，但卻無法充分發揮，筆者認為，主要原因在於福建缺乏區域經濟集群發展優勢。

所謂區域經濟集群（clusters of local economy），是指在地理位置上臨近，在經濟組織形態、專業化技術訊息、經濟制度和社會文化方面緊密聯繫的相對獨立的特定區域的經濟系統的集合。這種經濟系統的區位基礎是指相對完整的行政區劃，經濟基礎是既相互協同又相互競爭的產業聚群和市場集群，其最大的特徵就是產生了集群經濟效益。區域經濟集群不同於產業聚群、企業集群，其行為主體是區域，是對一定區域內所有導致區域經濟發展的各種因素的綜合，既包括區域內產業的集群式網絡組織，也包括區域內的技術創新和制度變遷，還涵蓋了傳統區域經濟學所強調的區域稟賦；區域經濟集群對於集群形態的研究，涵蓋的範圍

是整個區域內以集群為特徵的經濟綜合體，它可以是區域內各類產業的集群方式組合，如各種類型的產業區；也可以是區域內各地區或城市的集群方式組合，如以中心城市和衛星城鎮在區域內的組合；還可以是既有產業聚群又有城市集群的綜合交錯的集群方式組合，如以產業為紐帶的大城市圈等。

珠三角、長三角、環渤海區域之所以能夠成為臺資產業聚群發展的熱點區域，歸根結底是這些地區具有以企業集群、產業聚群、城市集群為主體內容的區域經濟集群發展的綜合優勢。長江三角洲地區包括上海和隸屬江蘇、浙江的15個地級以上城市。無論從歷史淵源、現實經濟發展水平、交通基礎設施（3小時經濟圈）、區域市場整合進程以及政府協調方面，長三角地區都呈現出明顯的一體化趨勢。從發育程度看，已形成兩省一市領導參加的「滬蘇浙經濟合作與發展座談會」，「15+1」的城市領導參加的「市長論壇」，交通、旅遊、人才、金融等部門的聯席會議和協調機制等等。一個以上海為核心、城市化水平整體較高，城市體系完備的長三角大都市經濟圈日益凸現出來。這裡聚集著近百個工業產值超過100億元的產業園區，還有數千家巨型企業。世界500強企業有400多家在此落戶，合約利用外資總值已超過1500億美元。珠江三角洲（這裡指「小珠三角」，即通常所說的珠三角）毗鄰港澳，靠近東南亞，包括廣州、深圳、珠海、佛山、中山、江門、東莞、惠州市區、惠陽縣、惠東縣、博羅縣、肇慶市區、高要市、四會市等14個市縣。珠三角地區是中國最早的開放地帶，也是發展最快的地區，是中國經濟增長的「發動機」之一。新世紀初，伴隨著世界經濟結構大調整和產業大轉移，珠江三角洲已成為世界IT產業的生產基地，並經由開放以來城鎮化的長足發展，業已進入「城市經濟時代」，形成由廣州、深圳兩個特大城市，佛山、珠海等大城市及一系列中小城市組成的較為完整的城市體系結構，成為中國市場化及國際化程度最高的大都市經濟圈。環渤海經濟帶是中國乃至世界上城市區、工業區、港口區最密集的地區之一，這裡聚集了近20個大中城市、數千家大中型企業，60多個大小港口。以京、

津雙核心帶動的環渤海區域是中國乃至世界城市群、工業群、港口群最密集的區域之一。相形之下，福建中心城市輻射力有限，產業集聚效應不明顯、交通通訊等基礎設施通達性不高，凸顯出區域經濟集群發育相對滯後特徵。總體來看，海峽西岸城市群規模小，目前還沒有一個超大城市，城市首位度低，聚集和創富能力不強；中心城市帶動力弱，廈門雖可謂福建經濟發展龍頭，但因經濟總量和城市規模等因素，使其遠沒有發揮作為中心城市的樞紐功能和培育功能。由於基礎設施建設滯後，加之財政體制、行政區劃等因素，三大城市群之間缺乏必要的聯繫和溝通，很大程度上呈現孤立發展狀態，產業結構雷同、雖也有產業聚群發育，但其影響力有限。因此，發掘福建的對臺優勢——即在追求緊密經貿聯繫、兩岸直接「三通」、農業全面合作、旅遊雙向對接、文化深入交流、載體平臺建設方面下功夫，以達成借助閩臺經濟合作推進海峽西岸經濟區建設的目的，關鍵在於能否迅速培育起海峽西岸經濟區的「區域集群發展」優勢，其突破口在於發展城市集群。因為區域經濟的對接實際上是區域經濟網絡的對接，其中城市網絡作為產業網絡、企業網絡、市場網絡的主要載體和交通、通訊訊息網絡節點，將在區域經濟融合對接中發揮平臺和樞紐作用。因此，透過打造城市集群，促進區域內部城市經濟整合，壯大城市經濟規模，凸現中心城市區域增長極的效應，應成為海峽西岸經濟區發揮對臺優勢，「承『珠』接『長』、連接中部」、力抗區域經濟邊緣化的重要途徑。

三、廈泉漳城市聯盟對海峽西岸經濟區建設的重要意義

城市聯盟是以經濟、社會、自然、資源等聯繫密切的區域為基礎單元，以區域經濟一體化為目標的特定區域內的城市群。透過加強城市在多層次平臺上的協商、對話、溝通、交流、合作和協調，逐步實現特定城市群區域內的生產要素有機結合、各類資源優化配置、城市規劃統一實施和基礎設施共享共建，從而實現城市和區域共同發展。開放以來，福建省閩東南沿海城鎮密集地區經濟社會快速發展，城市化進程明顯加

快，占全省45.7%的土地面積、76.5%的人口，創造了全省80%的GDP，是全省經濟發展的「火車頭」。但總體來看，仍存在城市規模偏小，中心城市帶動力弱，城市之間缺乏必要的聯繫和溝通，區域整體發展態勢尚未形成等現象。如果靠單個城市自身的發展，難以在短時期內強化中心城市的集聚輻射效應，難以發揮中心城市在區域發展中的重要增長極作用。因此，福建省要發展壯大中心城市就必須走城市聯盟之路，大力發展城市群和城市帶，透過城市聯盟倍增中心城市的整體功能。

廈泉漳地區是閩東南城鎮密集帶的重要組成部分。在2004年7月，福建省建設廳和廈泉漳三城市政府在廈門舉行了城市聯盟第一次聯席會議。會議發表《廈泉漳城市聯盟宣言》，確定近期先從基礎設施和社會事業項目開始，突破行政區劃，在規劃建設、區域交通建設、港口建設和岸線資源分配、區域基礎設施建設、生態環境保護、旅遊業發展等六個方面加強協調和銜接，加快廈泉漳中心城市和廈泉漳都市圈發展，形成真正意義的「廈泉漳城市地區」。

廈泉漳城市聯盟對於海峽西岸經濟區建設具有重大意義，是海峽西岸經濟區發展的重要依託。首先，廈泉漳城市聯盟有利於提升海峽西岸經濟區的綜合競爭力。廈泉漳在福建省九地市經濟總量中占有絕對優勢權重，三地集經濟特區、沿海開放城市、台商投資區、海峽兩岸農業合作試驗區和沿海開放區於一體，是全國對外開放時間最早、開放程度最高、開放層次最多的地區之一，其產業結構梯次相較福建省其他地區為高，是福建省經濟最具活力的增長極與核心區域，並且日益成為福建省新型生產中心與製造業基地、先進制度與技術的創新源以及海峽西岸主要的城鎮密集帶。目前三市的經濟發展相當程度上呈現粗放的自我孤立發展模式，還存在產業同構現象，沒有按照比較優勢實現產業結構的銜接、互動。如能按照資源共享、設施共建、優勢互補、共同發展的原則建立三市間的城市聯盟，使三市各依比較優勢實現產業「錯位」發展，無疑將極大提升地區經濟資源利用效率，推動地區產業結構的總體提

升,最終形成「地域分工明顯、經濟聯繫緊密、中心城市支撐、市場體系一、要素流動集聚,具有自身特點和獨特優勢的地域經濟綜合體」,並以自身輻射和擴散功能的發揮帶動整個海峽西岸經濟區綜合競爭力的提升。

其次,廈泉漳城市聯盟有利於提升海峽西岸經濟區因應臺灣產業轉移、承接海峽東岸經濟輻射的能力,從而強化海峽西岸經濟區對臺優勢。一直以來,福建的對臺優勢,最為突出的是地緣、親緣、文緣優勢,以及諸如廈門經濟特區、台商投資區、農業合作試驗基地、臺輪停泊點、對臺貿易口岸、「小三通」等政策優勢。這些優勢對於閩臺經貿關係的成長發揮了極為重要的作用。福建台商投資的總量規模雖總體上呈現上升態勢,但其在珠三角、長三角等地區的競爭中,相對份額呈現明顯下降趨勢。特別是新世紀前後兩岸相繼加入WTO以來,台商投資重點指向了長三角地區,福建在新一輪台商投資中明顯落後,據臺「經濟部投審會」統計,台商對福建的投資占全部大陸投資的份額銳減,從1991年的32.13%下降到2000年的3.82%,10年間下降了28個百分點,2001年以後雖有所上升,但基本維持在10%以下水平,2003年僅為6.39%。究其原因,主要是台商對大陸投資,與先前重視地緣、親緣、文緣關係,以及優惠政策,轉向更加注重投資地的市場規模,基礎設施和人才儲備,以及集聚經濟和訊息成本等因素。而上述諸方面因素,較之珠三角、長三角、環渤海地區,福建都不占有優勢:福建的腹地相對狹小,市場規模受到限制;福建的高校和科學研究院所較少,人才儲備遜色於珠三角、長三角、環渤海地區,難於滿足臺灣島內高新科技產業轉移的要求;福建的城市網絡經濟發育滯後,遠未形成交通通訊設施的互聯互通,而且造成訊息成本的增加;福建沒有雄厚的工業基礎,本地企業的配套能力有限,造成集聚經濟效應不顯著。如此等等,都導致福建對臺優勢的弱化。要扭轉這一局面,增創福建對臺新優勢,推動城市聯盟發展是關鍵。廈泉漳城市聯盟可以轉化三市的資源互補優勢為區域經濟發展優勢,提升閩南金三角地區城市集聚經濟、產業聚群經濟、企業聚集

經濟；促進區域工業化，提升企業配套能力；提高區域城鎮化水平，擴張市場規模；並透過基礎設施的互聯互通有效促進區域腹地擴張，使廈泉漳城市地區成為資源、人才、資本、訊息匯聚的平臺，從而大大提升其承接臺灣經濟輻射的能力，強化海峽西岸經濟區的對臺優勢。

第三，廈泉漳城市聯盟有助於海峽西岸經濟區「承『珠』接『長』、連接中部」、力抗區域經濟邊緣化。海峽西岸經濟區定位是從全國區域經濟發展大趨勢著眼，積極參與區域經濟合作和競爭，構建福建及其周邊地區所處海峽西岸與珠三角、長三角區域乃至中部地區的聯動發展格局。早在2001年，福建省政府就曾提出構建山海協作、對內聯接、對外開放的「三條戰略通道」，建設海峽西岸繁榮帶的構想。如今的海峽西岸經濟區戰略雖然內涵有所不同，但也體現了把國際、區際、區內三種開放的共生演進，把省內、省外、國外三個經濟圈的對接互動，把基礎設施、城市、產業三大體系的滾動發展有機融合，實現區域經濟協調發展的總體思路。建設海峽西岸經濟區不僅要協調區內經濟發展，拓寬對外開放通道，密切海峽西岸經濟區與臺灣以及港澳的合作，聯手加強與世界各國特別是發達國家經濟往來和技術交流，而且要構築與中國國內區域連接的通道，即北承長江三角洲，南接珠江三角洲，發揮地處東南沿海中間地段的作用，西連京九線，增進區際經貿互補，積極參與西部大開發，進一步拓展區域經濟發展空間。實現上述目標，同樣需要通道和平臺建設。因為區域經濟的對接實際上是區域經濟網絡的對接，其中城市網絡作為產業網絡、企業網絡、市場網絡的主要載體和交通、通訊訊息網絡節點，將在區域經濟融合對接中發揮平臺和樞紐作用。因此，透過打造城市聯盟，促進區域內部城市經濟整合，壯大城市經濟規模，凸現中心城市區域增長極的效應，則成為海峽西岸經濟區「承『珠』接『長』、連接中部」、力抗區域經濟邊緣化的重要途徑。

四、廈泉漳城市聯盟發展取向

廈泉漳城市聯盟發展，需要從其所在的區域經濟大環境做全方位的考量，從海峽兩岸的宏觀視野來謀劃。廈泉漳是海峽西岸經濟區的重要組成部分。海峽西岸經濟區是以福建為主體的經濟區，特定的區位條件賦予其「充分發揮作為兩岸三地和兩個三角洲聯結點」的區位優勢。因此，著力推進與長江三角洲和珠江三角洲的產業對接、基礎設施對接，著力提升與臺港澳的合作水平，使福建成為兩岸三地經貿合作、科技文化交流的重要地區，即成為福建省提高區域經濟競爭力的必由路徑。廈泉漳城市聯盟作為海峽西岸經濟區建設的重頭戲，同樣要「銜接兩『三角』、打好『臺灣牌』」，其未來經濟發展取向宜做以下定位：

1.「雙三角」城市群的橋樑和腹地。

廈泉漳大城市地區地處東南沿海，長江三角洲、珠江三角洲對於廈泉漳既有經濟輻射作用，也存在「虹吸」效應。廈泉漳必須進一步密切與兩大三角洲的經濟技術協作，主動加入與長三角、珠三角的分工合作，承接兩大三角洲的經濟輻射，既作為兩大三角洲的腹地又作為兩大三角洲經濟協作的橋樑和紐帶，從而在東南沿海區域經濟版圖上占有重要地位，避免「邊緣化」走勢。其中，如何強化對「雙三角」的經濟對接能力是關鍵。需要構造有效的對接平臺和對接機制將區位優勢轉化為經濟發展的動力，著力於產業鏈對接、產業結構互補、產業層次梯度安排、保障對接的物質性和制度性環境建設等方面。

2.海峽東岸產業轉移的承接地。

海峽東、西兩岸經濟發展水平存在較大差異。東岸資金雄厚、科技產業基礎好，營銷和管理經驗豐富，但市場狹小、資源有限，勞動力成本高；廈泉漳地區資源稟賦相對較優，勞動力充足，市場廣闊，但資金、技術和管理經驗相對缺乏。海峽東岸已步入後工業經濟發展階段，產業結構已由勞動密集型轉向技術、資金密集型，並進一步向知識、訊息密集型的服務經濟提升，正經歷傳統產業大舉外移的發展歷程，廈泉

漳大城市地區可以抓住這個契機，借助內部產業資源整合，提升承接臺灣產業輻射的能力，與海峽東岸形成互動發展，合作共贏的協同發展局面。要充分發揮對臺優勢，加強閩臺經濟合作，促進雙方產業對接：以台商投資區和農業合作試驗區為載體，積極探索、創新合作形式，在引進台商直接投資項目上下功夫，在擴大閩臺農業合作上下功夫，在推進閩臺金融、貿易、旅遊、物流等服務業合作上下功夫，在建構兩岸城市經濟合作機制上下功夫，把廈泉漳大城市地區建設成為海峽兩岸合作交流最活躍的地區。

3.海峽西岸經濟區的龍頭。

培育和壯大沿海經濟帶是推進海峽西岸經濟區建設的重要內容，主要是做大做強福州、廈門、泉州三大中心城市，以城市集群發展為平臺，鼓勵人口和產業活動向沿海城市地區集中，壯大主導產業，打造臨海產業聚群，使沿海經濟帶獲得先行發展。廈泉漳三市地域臨近，經濟聯繫緊密，囊括了廈門、泉州兩大中心城市，三市現有經濟總量規模在福建省九地市中占有絕對優勢權重（GDP的50%以上），而且享有特區、台商投資區、兩岸農業合作試驗區、「小三通」等政策優勢，三市產業聚群發育也各具規模，尤以泉州最為突出，廈泉漳地區成為福建產業集聚最為密集的地區。種種形勢說明，未來的廈泉漳聯盟有條件、有實力也有責任成為海峽西岸經濟區建設的龍頭。

因此，廈泉漳城市聯盟的戰略取向之一應是透過三地經濟一體化的制度安排和基礎條件的進一步整合，增強聯盟內部各板塊（如大泉州、大廈門、大漳州）之間以及與聯盟外部的協同發展能力，提高聯盟對內外部資源的吸引能力和配置效率，以更多地投入和更有效的產出壯大聯盟的經濟實力，帶動整個閩東南沿海城市帶乃至海峽西岸經濟區的發展。其關鍵是打破行政壟斷，變行政區經濟為經濟區經濟，變孤立、分散發展為協同、集聚發展，其內涵包括經濟一體化、制度一體化以及基

礎設施一體化，是涉及方方面面的系統工程。廈泉漳城市聯盟是政府主導推動的，具有跨越發展的屬性，政府的協商引導、統籌規劃是不可或缺的。除了廈泉漳地區發展規劃外，還要加強毗鄰地區及與經濟聯繫緊密地區的規劃銜接，要創新規劃協調和管理機制，做到統一規劃、分頭實施。

總之，廈泉漳城市聯盟的發展應立足於吸納海峽東岸及長、珠兩三角的經濟輻射，提升整個城市聯盟區域的綜合經濟實力。其原則是圍繞廈泉漳城市聯盟的經濟發展目標定位，以優勢產業為紐帶、大型骨幹企業為龍頭、產業園區為載體，以產業鏈招商為導向，促進產業的聚集和整合。具體的努力方向在於：圍繞主導產業，做大做強臨海戰略型產業聚群（利用廈泉漳深水港口岸線資源發展大進大出型臨海產業聚群，如石油化工、船舶修造等）；挖掘傳統產業優勢，整合提升優勢傳統產業聚群（如泉州的紡織服裝、鞋業、建材產業聚群，漳州的食品加工產業聚群等）；以高新技術產業為重點，培育新興技術產業聚群（依託廈門國家級高新技術產業開發區，加快訊息技術、生物技術、新材料技術和先進環保技術的開發和產業化，促進相關產業聚群發育）；依託廈泉漳地區基礎設施廊道建設以及陸路交通網絡的建設及港口岸線資源整合，建立區域性物流中心，培育物流產業聚群（發揮鐵路、公路、海港、空港等樞紐功能，建設廈門、泉州兩地專業物流中心等）。

（原載於《臺灣研究集刊》）

海峽經濟區的空間演進：結構、特徵與問題

石正方　鄧利娟

（廈門大學臺灣研究院，福建　廈門　361005）

一、海峽經濟區概念的提出

　　從1970年代末至今，兩岸經濟關係從貿易主導階段、貿易與投資並重階段到投資主導階段，經歷了規模不斷擴張，層次不斷提升，地域範圍不斷擴大的發展進程。兩岸經濟關係的成長演進，促進了兩岸經濟功能性一體化的發展，不僅為兩岸經濟帶來了積極效應，而且推動陸、臺、港、澳「兩岸四地」一體化經濟板塊日益浮現，對亞太區域乃至全球經濟格局產生巨大影響：最直接體現在台商投資拉動兩岸貿易，使臺灣、大陸與發達國家之間貿易發生轉向，從而導致區域乃至全球生產鏈重組——兩岸（四地）經濟的整合成為20世紀末期以來學術界和國際社會廣為關注的區域經濟現象。1993年世界銀行發布的《全球經濟展望和發展中國家》年度報告，第一次把大陸、香港和臺灣列為一個整體經濟單元——Chinese Economic Area（CEA），認為CEA迅速增長的經濟規模極大並影響其它國家，CEA正在成為繼美國、日本、歐洲之後的第四個增長極，其對世界經濟的影響是深遠的。1994年7月，世界銀行又發表題為《東亞貿易與投資》的研究報告，指出中國大陸、香港、臺灣的經貿一體化已使這一地區的經濟成長超越全球各主要經濟體，它不但帶動了臨近東亞各國的經濟成長和提供了投資機會，而且美國、東盟等作為這一地區出口商品的重要市場或競爭者，也將因此面臨龐大的壓力不得不有所調整。

　　針對兩岸三地經濟一體化現象，自1980年以來學術界曾先後提出「中國人共同體」、「大中華共同市場」、「華人共同市場」、「華人經濟區」、「南中國經濟圈」、「海峽兩岸經濟圈」等概上升到新層次。值此時機，本課題提出「海峽經濟區」概念，擬對新形勢下兩岸經貿合作的模式、動力、機制等進行深入探討，以及對發展架構、運行對策等方面進行系統性、深層次、實用性的剖析：

　　——海峽經濟區，是以臺灣海峽為紐帶，以海峽兩岸經濟互補性、

地緣臨近性以及文化同源性為背景，以兩岸經濟功能性一體化發展為基礎、兩岸經濟機制性一體化為共同願景的經濟區域。

首先，「海峽經濟區」是分居海峽兩岸的大陸、臺灣兩個獨立關稅區之間經濟一體化所形成的整體區域經濟單元，其邊界隨跨海峽生產、貿易網絡的地域擴展而具有動態演進性，存在大（大陸與臺灣）、中（長江以南沿海地區與臺灣）、小（福建與臺灣）「三層重迭」的空間結構。

其次，「海峽經濟區」基於兩岸經濟一體化的歷史基礎和現實發展，已不再是一種泛區域經濟整合的「構想」，而是業已形成海峽兩岸大規模貿易投資往來、垂直與水平混合型產業分工網絡，以及大陸台商產業聚群與本土化初步發育的區域經濟板塊實體，其區域經濟空間具有明顯的「結節化」特徵——形成了「珠三角」、「長三角」、福建沿海地區等兩岸經濟交流緻密地區。

第三，從區域經濟整合的階段性演進來看，「海峽經濟區」的未來發展是構建兩岸物流、資金流、訊息流直接暢達的溝通管道，同時藉由結節區功能的提升及其擴散與輻射作用的加強，進一步擴大兩岸經貿交流規模和範圍（包括產業範圍、地域範圍），推動兩岸經濟整合空間由「結節區域」向「網絡區域」的演進；從區域經濟整合的層次來看，「海峽經濟區」的未來發展在於推進兩岸經濟一體化深化發展，矯正兩岸經濟交流中的制度性扭曲，建立兩岸商務仲裁製度，設立兩岸自由貿易區等，達成兩岸經貿直接、雙向、共贏，最終形成大陸與臺灣經濟「你中有我」、「我中有你」，相互依存、共生共榮的互動發展格局。

因此，「海峽經濟區」概念不僅承載著兩岸經貿關係演進的歷史與現實，而且涵括著海峽兩岸人民對兩岸經貿關係未來發展的共同願景。

二、海峽經濟區的空間結構

承上所述,海峽經濟區基於兩岸經貿關係演進的歷史、現實及未來發展,其區域空間具有動態演進性。根據兩岸經貿交流的時空分布特點,海峽經濟區存在大、中、小「三層重迭」的「扇形」空間結構:

(一)福建與臺灣——近鄰區

閩臺經濟整合具有歷史的必然性(基於同根同源的文化、親緣關係所結成的社會經濟聯繫)和現實的發展基礎(截止2004年底,全省批准臺資項目累計達8082個,合約臺資138.7億美元,實際到資103.5億美元,利用臺資總額居大陸各省(區、市)第三位;全省對臺貿易總額累計高達349.7億美元,目前閩臺經貿依存度已超過25%,基本形成相互依存的產業鏈格局)。閩臺板塊定位為「海峽經濟區」的近鄰區,主要基於地理區位的「近鄰性」,按照區域經濟的「墨漬」擴散原理,福建在兩岸經濟整合中享有「近鄰」優勢,處於首當其衝的重要地位。也正是由於這種地緣關係的無可替代性,福建享有特殊的對臺政策優勢,閩臺經濟整合在兩岸經濟合作進程中充當試驗田、示範區的角色——憑藉政策優勢與地緣優勢的結合,福建成為最先開始對臺貿易的地區、最早的台商登陸地區。從這一角度出發,閩臺圈層可以看作「海峽經濟區」的「生長層」,而諸如「台商投資區」、閩臺農業合作試驗區、「定點直航」,包括臺灣設立的「境外航運中心」則是兩岸經濟關係發展進程中不同階段的重要生長點。特別是在目前兩岸政治環境呈現惡化趨勢,臺灣背離「九二共識」,推行「臺獨」意識形態,兩岸之間一時無法進行正式經濟協商,兩岸「三通」遲遲無法達成的形勢下,謀求兩岸經貿交流機制的突破,培育「以經促政」的新生長點尤顯重要。而此方面,從閩臺板塊內部整合著手最具可行性——從擴大「小三通」適用範圍、推動「廈高」城際交流乃至成立廈門「對臺特區」方面著手。

(二)東南沿海地區與臺灣——緻密區

實踐證明,海峽經濟區的地域擴展與台商投資大陸的區域擴展具有

一致性。1980年以來，台商對大陸投資的區位變化大致經歷了三個階段，即：①1980年代以閩東南沿海及廣東珠江三角洲為重心階段；②1990年代以長江三角洲為熱點並逐步確立其重要地位階段；③新世紀以來以閩東南、珠三角、長三角為重心，向環渤海、西部地區多元化擴張階段。上述三階段中，如果說第一階段是小尺度海峽經濟區——海峽經濟區之近鄰區——「閩臺板塊」的孕育和萌芽階段，第三階段是兩岸經濟整合地域全方位擴展階段，也即大尺度海峽經濟區的啟動和生成階段；那麼，第二階段則是中尺度海峽經濟區——海峽經濟區之緻密區的發育和形成階段：1990年代，伴隨著以石化等資金密集型產業為主體、以電子訊息等高技術產業為主體的第二、第三波台商投資熱潮的湧現，台商投資大陸不僅在目標取向、產業結構、企業結構方面發生了巨大變化，而且其地域分布也伴隨著新投資熱點地區的出現而大大擴展：以上海浦東為中心，包括江蘇、浙江部分地區在內的長江三角洲地區，憑藉其綜合競爭優勢吸引台商投資重心由閩、粵兩省迅速北上，特別是高科技企業在長三角地區大規模集結，使長江三角洲地區作為以半導體等高新科技產業為主體的台商投資基地，最終確立了其在大陸台商投資地域分布格局中的重要地位。與此同時，珠江三角洲地區憑藉毗鄰港澳的區位優勢，經濟發展勢頭也不遜色，對臺資依然保持較強的競爭力，所吸納臺資的技術層次不斷提升，至新世紀前後已經成長為大陸電子零件業的重要加工出口基地。而福建的投資環境也不斷改善，台商投資也開始形成較大規模，投資主體由中小企業發展為大企業。如以冠捷電子、中華映管為代表的高新技術企業在福建落戶，以東南汽車為龍頭形成70多家上下游企業協作的地域產業供應鏈（單玉麗，2003）。

與此相呼應，海峽經濟區的「緻密區」逐步發育並最終顯現出來。其標誌不但是長三角新投資重心區的形成，也包括閩東南、珠三角等既有重心區的調整、優化，更重要的是臺資企業本土化網絡的快速發育——從最初的採購、生產、人才、管理本土化向市場、營銷、研究開發、乃至融資本土化延伸。從而逐步建構起物流配送、協作分工、市場

營銷、資金融通、人力資源調配等生產、流通、服務網絡。促使兩岸經濟在投資、貿易互動中加速融合併顯現出強大的功能性一體化特徵。早期「兩頭在外」的「飛地式」經濟，已逐漸向優勢互補、合作雙贏的一體化經濟轉化，早期的孤立分散投資也已向大型化、集團化發展，台商的跨海峽經營活動不論在空間布局還是與本土經濟聯繫方面都呈現出緻密性特徵——至此，中尺度規模的海峽經濟區凸顯出來，其地域範圍涵蓋大陸東南沿海地區六省、一市，即：福建省、廣東省、江蘇省、浙江省，上海市以及香港、澳門地區與臺灣省，與「閩臺板塊」——海峽經濟區「近鄰區」形成重迭外展的地域關係。包括「近鄰區」在內，「緻密區」可以劃分為閩臺、粵臺、長三角與臺灣三個次級板塊。目前三個次級板塊內部的兩岸經濟整合各具特色，但與其它板塊之間的經濟聯繫還不十分緊密，因此，提升板塊內部兩岸經濟整合層次，同時建立各板塊之間在對臺經貿方面的互補合作、協調發展關係，是未來時期內海峽經濟區發展的目標和任務。

（三）大陸與臺灣——擴展區——最完整意義的海峽經濟區

大陸與臺灣是最完整意義上的「海峽經濟區」，其基於兩岸經濟關係發展的現實基礎，具有歷史的必然性和未來的可預見性。20多年來，兩岸經貿關係由最初簡單的貨品貿易到投資拉動貿易，進而形成一定縱深的產業分工合作，經歷了由小到大、由簡單到複雜、由低層次到高層次的發展進程，台商的大陸投資業已形成以閩東南、珠三角、長三角為重心，並向北部、西部地區多元性擴張的格局。從世界經濟大格局考察，兩岸經貿關係的快速成長是在「後冷戰」時期「經濟合作取代政治衝突」的政經大氣候中，在全球化浪潮的推動下，隨著臺灣經貿重心向亞洲地區的轉移而孕育發展起來，又是以新世紀初期兩岸「入世」為契機獲得更大進步的——兩岸經濟關係是世界經濟全球化的產物，也必然隨著經濟全球化的推進而成為不可遏止的潮流和趨勢——這是歷史必然性的一個方面，另一方面，兩岸經濟在稟賦資源、發展梯度方面存在互

補性，這種內在的互補性在市場經濟規律的作用下不僅業已轉化為兩岸經濟互動的現實成果，而且為兩岸經濟關係的進一步發展提供了廣闊空間。市場經濟規律不可阻擋，只要兩岸經濟整合的市場利基存在，兩岸經貿關係就會突破重重阻礙向前發展，以兩岸經貿關係為物質內容的海峽經濟區也將在地域拓展的同時不斷實現功能提升。表現在台商投資的區位變化上，則是伴隨著兩岸經貿交流資源向閩東南、珠三角、長三角等結節區域的進一步集結，同時存在向周邊條件較佳地區的擴散、轉移——黨的十六屆三中全會確定了21世紀中國區域經濟發展新戰略，其主體思想為「西部提速，東北攻堅，東部保持，東西互動，拉動中部」。在這一戰略主導下，東北及中西部地區將釋出巨大市場商機，吸引台商投資「北上西進」：以遼東半島、山東半島、京津冀為主體的環渤海地區將挾基礎設施優勢、人才優勢以及初露端倪的城市經濟聯合發展優勢成為台商投資的新熱點；中西部地區則憑藉政策優勢和潛在市場優勢，不僅有可能成為臺灣本土傳統產業轉移的目的地，而且有可能成為轉移珠三角、長三角以及閩東南傳統產業的主要區域，台商投資將以重慶、成都、西安、武漢、蘭州、昆明、桂林、哈爾濱等大中城市為據點形成新的「結節」區（點）——經由台商投資新點、域的形成推動「海峽經濟區」由業已凸顯的「近鄰區」、「緻密區」向外圍擴展，最終形成涵蓋全國的最完整意義的海峽經濟區——擴展區，這是可預見的必然的趨勢。

三、海峽經濟區的發展：現狀、特徵及問題

海峽經濟區是以兩岸經濟一體化為物質內容的，是兩岸不同屬性經濟空間借助經濟要素流動（「生產力流動」）實現交接、重組、整合而為一體的過程。海峽經濟區作為兩種不同經濟區域的鏈接空間，在區域經濟空間五大要素（節點、信道、流、網絡和體系）發育方面業已達成一定成果，但由於兩岸「三通」問題等「瓶頸」因素的存在，大大阻礙了兩岸經濟要素的自由流動，進而影響到海峽經濟區結構重組的效率。

總的來看，海峽經濟區的發展主要呈現以下現狀特徵：

1.從兩岸貿易、投資往來的「流量」規模來看，海峽經濟區充滿經濟活力，但其所存在的「單向性」與「非均衡性」有損於區域經濟整合的互利雙贏利原則，不利於海峽經濟區的進一步整合。

貿易、投資往來是目前海峽兩岸經濟交流的主體形式，也是推動海峽經濟區空間重組的主要動力。目前，兩岸經貿交流的「流量」規模呈現快速擴張趨勢，透視出海峽經濟區的巨大經濟活力。截至2004年底，台商在大陸投資64626個項目，合約臺資金額近789.0億美元，實際利用臺資394.5億美元。2004年，兩岸間接貿易首次超過700億美元，達783.2億美元；截至2004年底，兩岸貿易累計達到4045.7億美元。目前，大陸是臺灣第一大出口市場和最大貿易順差來源地，臺灣是大陸的第二大進口市場。從兩岸經貿交流的「流速」來看，1980年代末期以來，兩岸貿易、投資迅速發展。特別是1990年代以來，兩岸貿易進入了加速倍增階段：1990～2004年，平均貿易額達到261.9億美元，年平均增長速度達到23.1%。兩岸產業資本流動方面，1990～2004年間，台商對大陸投資合約金額以年均52.6億美元的平均額度和22.7%的平均速率增長，實到金額也以每年26.3億美元的平均額度以及22.2%的平均速率遞增。兩岸之間貿易、投資成長如此迅速，在全球範圍內不同經濟體之間的經濟關係發展中也是不多見的，從中充分反映出海峽經濟區整合的巨大潛力。

區域經濟空間中經濟要素的「流量」、「流速」可以衡量區域空間的「活性」，而「流向」則指明了區域空間結構成長過程中此消彼長的方向。長期以來，兩岸的經貿關係一直處於「間接、單向、不對等」的畸形狀態，而且呈愈演愈烈之態勢：從1980年代初期開始，大陸在兩岸貿易中就處於逆差地位，隨著兩岸「間接」貿易額的不斷擴大，逆差額更呈大幅增加之勢。截至2004年底，兩岸貿易總額累計達4045.7億美元，其中大陸對臺出口651.8億美元，自臺進口3394.0億美元，大陸累計逆差

達2742.2億美元；投資方面，兩岸資金流動呈現單向性，主要以台商對大陸的單方面投資為主——兩岸貿易、投資交流的「單向性」、「非均衡性」有悖於區域經濟一體化的互利雙贏原則，其不斷累積強化終將不利於海峽經濟區的健康發展：不僅使大陸因長期貿易逆差而利益受損，而且由於臺資單向流入大陸，兩岸經濟資源的交流不暢，無法實現優化配置，對島內經濟也產生不利影響，近年來臺灣經濟所面臨的「產業空洞化」壓力，與島內製造業資本大規模單向流入大陸關係緊密。

2.兩岸產業分工格局、大陸臺資企業集群及「本土化」初露端倪；但兩岸直接交流「信道」阻塞，不利於兩岸區域經濟網絡實現對接，從而嚴重阻礙兩岸經貿互補潛能的發揮。

近年來，伴隨著台商大陸投資的規模擴展和產業層次提升，兩岸產業分工網絡、臺資企業集群網絡逐漸形成，大陸臺企「本土化」進程日益加快。

近年來，兩岸產業分工已初步形成垂直分工與水平分工並存的混合分工形態。從時序上考察，大陸最初是臺灣轉移勞力密集產業的主要基地。自1993年起，由於大陸內銷市場逐步開放及因應全球高科技產業發展，臺灣電子及電器產品製造業投資大陸的步伐加大，大陸開始承接臺灣較為成熟的電腦及半導體等產業，主要以臺灣資訊硬體產業的加工出口基地角色參與臺灣高科技產業的產業分工。從公司營運角度考察，台商到大陸投資製造業，絕大多數都維持母公司在臺灣繼續營運，其主要機器設備、原材料及半成品等中間投入，或由母公司負責或直接向臺灣其它企業採購，因此，伴隨著台商在大陸投資不斷擴充，不但臺灣與大陸之間雙邊貿易獲得快速成長，而且促進兩岸產業分工關係更加緊密。從貿易結構演進角度考察，兩岸貿易由經貿往來恢復、發展初期的產業間貿易為主向後來的產業內貿易為主演進，標誌著兩岸產業分工由垂直分工向水平分工的轉化；而單就臺資企業在大陸的生產作業而言，兩岸

產業分工的格局似乎以水平式分工為主，垂直式分工並不明顯，但若就企業經營活動的整體面來觀察，在大陸的子公司主要是負責生產活動，其它方面的活動如研發、產品設計、產品行銷等則多由臺灣母公司負責，兩岸垂直分工的情形較明顯。

其次，大陸臺資企業的規模和關聯形態也發生了很大變化：其一是近年來在島內高科技廠商投資大陸熱潮中出現的以大型高科技廠商為主導、產業鏈整體外移的局面；其二是大陸企業配套能力成長及本地市場商機顯現中台商企業本土化趨勢。兩種趨勢促進了臺資企業集群及本土化網絡的發育（高長，2001；李非，2003）。其中最典型的案例當數東莞的臺資製造業企業網絡和蘇州的臺資高科技企業網絡。臺資企業群聚，無疑是海峽經濟區區域經濟空間網絡結構的亮麗圖景，然而，臺資企業本土化網絡的發育更能反映兩岸區域經濟空間結構重組的水平。因為由臺資企業「集團化」投資導致的臺資產業的地域集群如果不能與本土企業結網，則無法根植於本土經濟環境而具有「飛地式」特徵；雖初步形成網絡，但只是臺資企業內部的網絡，缺乏開放性，不屬於真正意義的產業（企業）集群，因而也無法享有由集群所衍生的區域創新優勢。就目前臺資企業的「本土化」態勢來看，雖有採購本土化、人才與管理本土化、市場與營銷本土化、研發本土化、融資本土化等方面不同程度的發育，體現出大陸臺資企業與本土企業結網、全方位融入大陸經濟的趨勢，但總體來看尚處於初級階段，有待深化發展。

總之，經由兩岸產業分工、臺資企業集群和大陸台商「本土化」的發展，海峽經濟區的「網絡」結構有所發育和成長，由島內民間企業突破「政治障礙」推進的兩岸區域空間交接、整合業已顯現可觀的成果。但是，近年來，兩岸間通商與通郵已事實上實現，但通航卻遲遲沒有解決。兩岸商品運輸及人員往來仍須假道第三地，而不能全面直接通航。這種經貿活動間接往來方式，不僅徒增成本費用，加大商業風險，常常導致商機延誤。雖然兩岸已於2001年末、2002年初相繼加入世界貿易組

織，而且在WTO原則下臺灣也被迫對兩岸經貿實施些微程度的「鬆綁」，但兩岸經貿交流的政策環境並未有大的改觀。目前兩岸經貿交往主要是基於經濟上的比較利益而自發性的合作，兩岸經貿關係仍停留在民間性質層次。對於經貿往來，海峽兩岸只是根據各自的立場和需要進行規範、推動或限制，並未共同建立起正常有效的協調與仲裁渠道，也沒有制定雙方共同遵守的規範性條例。因此，對於兩岸經貿往來中出現的越來越多的經濟糾紛如「反傾銷」、稅收協調等一系列問題均難以及時、有效與合理地解決——兩岸經濟交流的溝通「信道」不暢通，致使兩岸區域經濟網絡無法實現全面對接，特別是制約了兩岸科技、金融等高層級合作網絡建設，從而嚴重阻礙兩岸經貿互補潛能的發揮。

3.海峽經濟區的「結節」特徵業已顯現，並且在「結節區」功能強化與外圍地域多元化擴張並進的演進格局中，海峽經濟區的空間體系結構也在開始醞釀形成。

從區域經濟空間演進階段性來看，海峽經濟區已顯現出明顯的結節特徵，處於「結節區域」的初級階段。其中，長三角、珠三角、閩東南沿海地區由於匯集了大批臺資企業，成為兩岸經濟交流最為密集地區與兩岸產業分工網絡、企業集群網絡集結地，因而在海峽經濟區空間結構體系中發揮「結節」功能。從目前海峽經濟區諸「結節」的功能發育來看，大多處於「集聚」為主階段，輻射、擴散功能尚待提升：①海峽東岸區域——臺灣。由於臺灣經濟開發程度較高，資金雄厚，科技產業基礎好，營銷及管理經驗豐富，與大陸經濟形成較大發展位差，輻射和擴散功能強。目前主要是透過直接投資實施其對大陸區域的產業轉移和經濟滲透，但臺灣的限制性大陸經貿政策阻礙了其擴散功能的發揮，同時也使其不能充分利用大陸資源涵養本土經濟，加速推進自身產業升級、經濟轉型，長此以往，其優越地位會逐步喪失。②長三角區域。長江三角洲是中國經濟發展速度最快、經濟規模最大、發展潛力最雄厚、發展前景最被看好的經濟核心區。目前，長三角「兩省一市」地區正著力於

內部經濟的互動整合，伴隨中心城市與周邊地區的聯動發展，長江三角洲地區呈現出台商的區域營運總部向中心城市集中，而其加工製造部門向大城市周邊轉移並且依據專業化分工集結而成「群落化」的分布格局——「滬昆經濟聯動」即是典型案例——顯示長江三角洲的「結節功能」主要是對外集聚、對內梯度擴散。隨著「集聚」的「馬太效應」的增強，上海及其周邊城市商務成本迅速上升，將進一步推動傳統密集型產業向長江三角洲地區周圍轉移及向內地延伸——這一過程是其競爭實力提升、輻射、擴散等「結節功能」發展強化的過程。③珠三角地區。從目前形勢看，雖然台商大陸投資的區位呈現「北上西進」的趨勢，但珠三角憑藉其區位優勢、綜合實力和業已形成的臺資產業鏈，而繼續保有其對臺資的獨特吸引力，仍將是台商主要聚集區。特別是經由CEPA開啟的粵港澳經濟一體化，以及經由「9+2」模式開啟的「泛珠三角地區」經濟合作，都會更加強化珠三角作為華南、東南、西南地區區域經濟核心的地位——同時也更增強珠三角作為海峽兩岸「一國四方」經濟接合部的特殊的集聚與擴散功能。④環渤海地區。環渤海經濟區毗鄰東北亞和太平洋地區，地處中國東北、華北、西北、華東四大經濟區的交疊處，是大陸區域經濟由東向西、由南向北推移的重要樞紐。這裡聚集了近20個大中城市、數千家大中型企業，60多個大小港口——以京、津雙核心帶動的環渤海區域是中國乃至世界城市群、工業群、港口群最密集的區域之一。歷史累積的集聚效應，加之近年來日漸顯現的新興產業發展快速、外來投資日益密集、城市聯合發展以及基礎設施互連互通趨勢，加之可預期的「企業制度創新、政府職能轉變」等內部動力與奧運經濟、外商投資「北上」、「振興東北」戰略等外部動力的耦合——歷史基礎、現實發展與未來的潛力相輔相成——環渤海地區是繼珠三角、長三角之後正在崛起的中國區域經濟第三支柱（張麗君，韓笑妍，2004），同樣也被認為是在不久的將來有能力與珠三角、長三角「三足鼎立」的台商投資重心區域。⑤福建（閩東南沿海地區）。在兩岸經貿交流方面，福建昔日的輝煌已被近年的「邊緣化」走勢所取代，閩東南

沿海地區（廈、漳、泉、福州）的台商投資雖然近年來也在規模增長中逐步實現結構優化，而且享有「試點直航」的特殊政策優勢，但較之珠三角、長三角，其作為海峽經濟區空間「結節」的集聚和輻射功能較弱，影響範圍較小，功能位序較低。究其原因，主要是在市場規模、交通基礎設施、人才儲備、集聚經濟、政府效率等方面存在競爭劣勢，其中多數因素都與區域經濟整體發展水平低下密切相關。因此，從壯大區域經濟整體競爭力出發，發揮福建毗鄰臺灣的地緣優勢，重塑福建的區域競爭力，至關重要。為此，福建省提出了建設「海峽西岸經濟區」的戰略目標：把「東臨臺灣、西鄰贛湘、北承長江三角洲、南接珠江三角洲」的福建及其周邊地區建設成為「地域分工明顯、經濟聯繫緊密、中心城市支撐、市場體系統一、要素流動集聚，具有自身特點和獨特優勢的地域經濟綜合體」。除上述台商集中投資地域外，中西部地區的大、中城市如西安、重慶、成都、武漢等是台商大陸投資「西進」的重點，正在成長為西向擴展的「海峽經濟區」的新「據點」。

　　綜上所述，海峽經濟區的「結節」特徵業已顯現，並且在「結節區」功能強化與外圍地域多元化擴張並進的演進格局中，海峽經濟區的空間體系結構也在各「結節區」集聚、輻射功能的此消彼長中開始醞釀形成。目前來看，臺北無疑有條件成為海峽經濟區網絡體系最具權威性的主導性「結節」，但由於當局政治因素的束縛，使其功能不能充分發揮，無法擔當其在海峽經濟區空間網絡結構中應有的角色；從目前資源配置、產業層級以及對周邊地區的輻射、帶動力來看，長三角、珠三角享有絕對優勢，處於海峽經濟區體系結構的高等級梯次；環渤海地區成長勢頭迅猛，未來可與長三角、珠三角相匹敵；以廈、漳、泉、福州為主體的福建東南沿海地區功能弱化，相對處於次一級等級位序——海峽經濟區的網絡體系結構與中國區域經濟格局存在密切的互動關係，因此中國區域經濟最為發育的東部沿海地區也是海峽經濟區的經濟重心所在。

綜合前述分析，可以發現海峽經濟區空間演進的主要問題在於：①經濟流量規模大但「信道」阻塞。「信道」是經濟交流得以實現的溝通管道，包括物質的交通管道，也包括非物質的訊息、資訊交流管道等。沒有吞吐能量相匹配的「信道」支撐，規模經濟流量的實現是不可想像的。近年來，兩岸經貿交流僅貿易往來一項每年就達到數百億美元交易額度，但都是在沒有全面直接「三通」的條件下透過「間接」管道進行的。②結節特徵明顯發育但網絡結構單一化。海峽經濟區已形成長三角、珠三角、閩東南等空間網絡緻密地區，顯現明顯的「結節」區域特徵。但迄今為止，兩岸經貿交流是以民間組織的形式、以企業的跨海峽投資為推動的，空間網絡以產業、企業網絡為主；沒有建立以城市為單元的交流機制，更不用說跨海峽城市交流網絡；兩岸高科技產業園區、出口加工區、自由貿易港區等專業化區域尚未實現對接，更無法企及藉由其網絡化聯繫實現區域創新網絡的對接——海峽經濟區的區域空間網絡結構單一，亟待向多元化、復合化發展。③空間網絡結構單向成長。由於兩岸資本流動以台商投資大陸為主，由此推進的產業分工網絡、企業集群網絡也偏集大陸區域，此外商品流動也是以臺灣出口到大陸為主，兩岸的商務往來活動也主要集中在大陸——海峽經濟區空間網絡結構具有單向成長屬性。這種單向性不利於兩岸經濟的互補交流機制的形成，從而大大壓縮了兩岸經濟互動雙贏的迴旋空間。

很明顯，上述區域空間要素發育的不對稱性對海峽經濟區的空間結構成長形成瓶頸制約，使兩岸經濟空間的對接、整合不能達成在充分、合理利用資源基礎上的「帕累托」最優。究其根底，這種局面的形成主要原因在於臺灣當侷限制性大陸經貿政策，諸如「三通」問題等障礙是造成兩岸經貿交流「信道」阻塞的直接原因。而其背後的主導因素，也即海峽經濟區發展的深層制約因素，在於「臺獨」政治。

（本文發表於《廈門大學學報》（哲學社會科學版））

「海峽旅遊區」的構建及其對臺灣旅遊業的影響

鄧利娟　黃智略

（廈門大學　臺灣研究中心，福建　廈門　361005）

近年來，隨著海峽兩岸關係形勢的發展變化，兩岸旅遊合作發展呈現加快發展的勢頭。位於海峽西岸的福建更是不遺餘力地加緊推進對臺旅遊的交流與合作，並提出了「海峽旅遊區」的概念。在此背景下，兩岸專家學者對有關議題進行了不少十分有意義的研究分析，總體而言，相關研究較多從宏觀層次討論加強兩岸旅遊合作對兩岸經濟以及兩岸關係的影響，討論「海峽旅遊區」議題的研究又大多從大陸，特別是福建的角度偏重論述「海峽旅遊區」構建的現狀及對策。而從區域合作理論與實踐的視角深入探討兩岸旅遊合作對兩岸旅遊業、特別是臺灣旅遊業具體影響的研究則較少見。在現實層面，近年國家與福建省已將「海峽旅遊區」納入旅遊業發展「十一五」規劃之中，但「海峽旅遊區」實際上能否順利構建，顯然還將取決於海峽東岸的臺灣的認同及配合推動。因此，本文擬集中從區域旅遊合作的視角探討「海峽旅遊區」的構建，進而針對臺灣旅遊業發展的現狀分析構建「海峽旅遊區」對其可能產生的影響。

一、區域合作是旅遊業發展的趨勢

旅遊業在產業構成上，除了由接待餐飲業、旅行社、旅遊交通、旅遊資源業和旅遊管理組織等若干相互關聯、又相互獨立的直接旅遊產業部門組成外，同時還與許多其它的產業發展密切相關，如為直接旅遊產業部門提供原材料、物料、設備等產業部門，這些部門在不斷的經濟運轉中間接地從旅遊收入中獲得收益。因此，旅遊業是一個涵蓋面寬、關

聯度高、發展潛力大的綜合性產業,當今世界各國及地區無不積極致力於這一朝陽產業的發展,以帶動整體經濟社會的發展。而從旅遊業自身發展趨勢來看,面對經濟全球化及旅遊市場競爭不斷加劇的趨勢,透過加強區域旅遊合作來提高區域產業競爭力已成為一種必然選擇。

(一)區域旅遊合作的理論依據

所謂區域旅遊合作大約可以這樣界定:依據自然地域、歷史聯繫和一定的經濟社會條件,在一定的區域範圍內,旅遊經濟主體打破行政體制和區劃的限制,依據相關協議或章程來整合和優化旅遊系統各個要素的配置,從而提高該區域範圍內旅遊產品的整體質量與競爭力,以便獲取最大綜合效益的旅遊經濟行為。關於區域旅遊合作的理論依據,近年學界有不少探討,總體而言,運用區域經濟學的比較優勢理論和產業集聚理論可以較好地闡明區域旅遊合作的內在機制。

根據比較優勢理論,某地區在旅遊資源等方面占有的優勢,導致其旅遊產品相對其他地區而言更具特色,成本更低,因而在旅遊市場更具競爭力。區域旅遊合作遵循旅遊者消費心理與行為規律,以「大旅遊」和「區域整合」為理念,建立跨地區旅遊產業鏈,形成相關產品配套協作網絡,避免雷同開發,同構競爭,從而產生旅遊空間競爭上的「正的近鄰效應」,形成良性互動的雙贏格局。而根據產業集聚理論,區域旅遊合作各方透過旅遊區的規模、影響、客源市場等要素的集聚與整合,緩解激烈的內部對抗性競爭,創造更強的外部競爭優勢,形成一種正和博弈。同類旅遊地之間以各自價值鏈中的強勢部分相結合,產生規模經濟和集群效應;異質旅遊地之間突出比較優勢,從而形成區域完整的產品鏈和產品體系,實現旅遊要素一體化經營和旅遊價值鏈的重構。

基於上述區域旅遊合作的內涵及內在機制,理論上透過區域旅遊合作,對區域旅遊業的發展至少將產生以下三種經濟效應。

其一，品牌效應。在一定的區域內透過對具有區域特色的旅遊景點、景區的整合與優化，塑造並共同宣傳整體的旅遊品牌形象，就能夠大大提高區域旅遊產品知名度，提升區域內旅遊業的綜合競爭力及對區域外的市場影響力。

其二，客源市場效應。區域內部主要表現在區域旅遊合作使得單一旅遊目的地的客源量在區域範圍內的流通變得更加便利，使得客源互送更加頻繁；而區域外部表現為由於合作區域共同推出整體的旅遊品牌參與市場競爭，增強了競爭力，有利於吸引更多的區域外的客源。

其三，成本效應。透過區域的旅遊整合，建立無障礙旅遊合作區，各個景區建立起更加便利的交通方式，共用基礎設施，同時消除了政策、市場、訊息、服務等方面的障礙，使區域內的流動變得順暢，旅遊成本因而大大降低。

（二）區域旅遊合作的實踐發展

事實上，構建區域旅遊合作區，共同推出區域旅遊品牌已是當今世界旅遊業發展的潮流。國際上有許多知名的旅遊合作區域，如「阿爾卑斯山區」、「萊茵河沿線古城堡區」等等。而中國在1990年代初就已出現區域旅遊合作的趨勢，進入21世紀以來，區域旅遊合作更是加速發展。據不完全統計，2000年以來中國積極參與、推進或籌劃之中的跨越國境、國內跨省區等規模較大的區域旅遊合作計劃或文件至少有52項。其中，發展比較成熟、影響力較大的有「長三角游」、「粵港澳游」、「大香格里拉」、「環渤海游」及「長江三峽」等區域旅遊品牌。

2003年7月在杭州舉行了首屆「長三角旅遊城市『15＋1』高峰論壇」，會上發表了《杭州宣言》，提出聯手建立「長三角無障礙旅遊區」。2004年區域內共接待海外旅遊者1171.25萬人次，占全國的10.74%；旅遊創匯57.482億美元，占全國的22.35%；接待中國國內旅遊者

28814.49萬人次，占全國26.19%，區域內旅遊業發展達到歷史最高水平，取得了區域旅遊合作的明顯成效。而「粵港澳游」在品牌效應不斷的增強背景下，不僅把發展目標鎖定於國內市場，而且致力於品牌的國際化。三地聯合推廣「一江珠水，三顆明珠」的整體旅遊形象，共同制定和實施旅遊市場計劃，參加大型國際旅遊展銷會，促使世界各地認同粵港澳大珠江三角洲作為一個旅遊區域的地位，目前已有20個國家及地區的130多個旅行社在銷售「珠三角」旅遊線路，達到三地同時吸引區內外與境內外遊客的目的。

二、「海峽旅遊區」概念的提出及推動

在世界各國及地區區域旅遊合作發展蔚為潮流的大背景下，依據自然地域、歷史聯繫和經濟合作基礎，位於海峽兩岸的福建與臺灣成為兩個主體合作夥伴，共建區域旅遊合作區，在理論上似乎應是順理成章的，但事實上，由於兩岸關係的特殊性，使得海峽旅遊合作遠較一般區域旅遊合作難度為大。近年來促使構建海峽旅遊區時機逐漸成熟的因素是，一方面，自2004年起福建開始實施海峽西岸經濟區建設戰略，並獲得中央大力支持，這為海峽旅遊區的構建提供了難得的契機；另一方面，2005年隨著連戰、宋楚瑜訪問大陸，兩岸關係出現新的發展變化，大陸正式宣布開放大陸居民赴臺灣旅遊，兩岸旅遊合作加快發展的大氣候形成。

（一）「海峽旅遊區」概念的提出及其範圍界定

與「海峽經濟區」概念的提出相同，「海峽旅遊區」的概念也有多種不同的界定，綜合考慮各種因素，我們認為馬勇教授的相關界定較符合實際，即，廣義的海峽旅遊區指臺灣海峽及海峽東岸的臺灣，海峽西岸的大陸地區；狹義的海峽旅遊區則是指臺灣海峽，東岸臺灣及以北起浙江溫州、福建為主體、南至廣東汕頭的西岸地區。而狹義的海峽旅遊

區又可分為核心圈與拓展圈兩個空間層次。核心圈指臺灣海峽、海峽東岸的臺灣和海峽西岸的福建全省；拓展圈的地域範圍擴展到浙江南部溫州地區、廣東東部汕頭地區，使海峽旅遊與北部的長三角和南部的珠三角兩翼相連接。由圖1的示意可見，圓圈範圍裡即為拓展圈，中間藍色部分為核心圈。

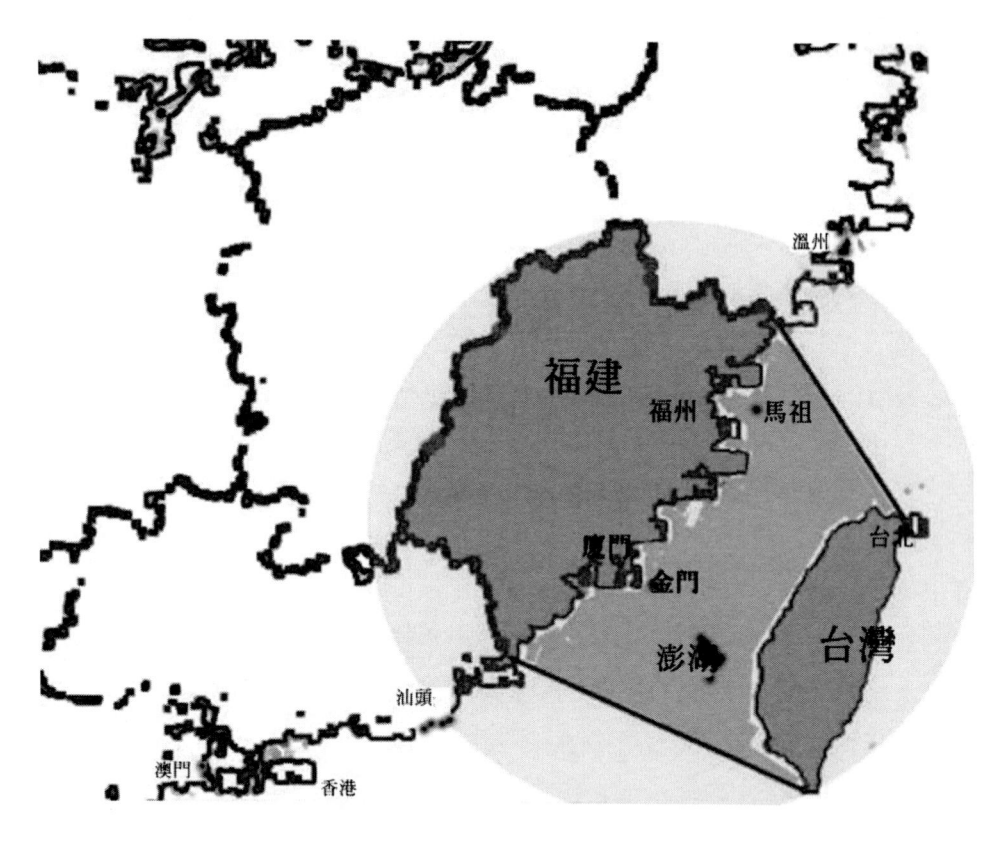

圖1　海峽旅遊區區域範圍示意圖

而在政策規劃層面，國家旅遊局在《中國旅遊業發展「十一五」規劃綱要》中，把「海峽兩岸旅遊區」列為全國12個重點旅遊區之首，並明確提出要從海峽西岸入手，聯合東岸，打造「海峽旅遊」品牌。福建省相應在2006年10月發布《福建省「十一五」旅遊產業發展專項規劃》，其中更進一步提出，要全方位、多層面搭建海峽旅遊發展平臺，

努力構建海峽兩岸旅遊區,把海峽兩岸旅遊區建成世界級的旅遊目的地。由此可見,從國家及福建省的政策規劃來看,「海峽旅遊區」界定的範圍是福建地區與臺灣再加上臺灣海峽,即示意圖中的核心圈部分。

基於上述學理的分析及實踐可行度的考慮,本文研究將「海峽旅遊區」概念的範圍界定為以臺灣海峽為紐帶的閩臺地區。

(二)「海峽旅遊區」規劃的主要內涵

根據上述關於區域旅遊合作的界定,推動閩臺區域旅遊合作,構建「海峽旅遊區」的核心內容是雙方要打破行政體制和區劃的限制,共同整合和優化旅遊系統各個要素的配置。因此對於「海峽旅遊區」的發展規劃理應由閩臺雙方來進行。但是受制於兩岸關係現實條件,目前要全面做到這一點尚較困難。不過,福建方面的相關規劃體現了努力突破兩岸關係的限制、推動閩臺旅遊要素的流動與重組的思路,因此從中可以大致窺視閩臺區域旅遊合作的主要內容及發展方向。

《福建省「十一五」旅遊產業發展專項規劃》中提出,構建「海峽旅遊區」,要「遵循『平等互利、循序漸進、對應需求』的原則,實現閩臺旅遊互動,與臺灣在資源開發、市場互動、產業投資、企業管理、訊息交流等方面進行廣泛合作,提升區域整體的競爭力水平,共同努力使福建成為大陸居民赴臺旅遊的主要通道,把海峽兩岸旅遊區建成世界級的旅遊目的地」,同時,閩臺兩地「共塑海峽旅遊形象,共同打造海峽旅遊品牌,形成海峽兩岸旅遊市場的一體化,……將海峽兩岸旅遊區建成全國旅遊合作示範區。」為了達到這一目標,必須從以下幾方面努力:

其一,提供政策保障。旅遊、臺辦、公安等部門密切配合,積極爭取國家有關部門的政策扶持,創造條件,建立兩岸旅遊交通通道,建設環海峽無障礙旅遊區。積極推動海峽兩岸旅遊行業管理部門、行業協會

之間的溝通、交流與協商，簡化手續，減少限制，推動兩岸直接「三通」。

其二，創建長效旅遊合作機制。以兩岸旅遊行業協會為龍頭，組建旅遊協調委員會，達成旅遊合作意向，制定旅遊合作規範，研究探討旅遊合作的方向和方式，在溝通協商、訊息交流、產品互動、營銷共推、應急處置等方面形成長期有效的旅遊合作機制。

其三，構建海峽旅遊產品體系。根據海峽兩岸旅遊資源的不同特點，進行旅遊資源的同質組合、異質互補，營造「強強聯合、優勢互補」的局面。同時透過旅遊節慶、旅遊線路，與臺灣在客源市場、項目投資、企業管理等方面形成互動，全面構建海峽親情遊、商貿遊、修學遊、宗教遊、都會遊等海峽旅遊產品體系。

(三)「海峽旅遊區」的實際推動

事實上，基於閩臺兩地往來的歷史基礎和現實發展，「海峽旅遊區」已不僅僅是一種未來的構想或藍圖了，在閩臺雙方共同努力下，「海峽旅遊區」的雛形已經呈現並在加快發展之中。

表1　福建接待入境臺胞人數

單位：萬人次；%

年　份	台胞赴閩人數	福建接待入境人數	赴閩台胞占福建入境總人數比例
2000	47.8	161.3	29.63
2001	49.4	163.5	30.21
2002	57.2	184.8	30.95
2003	47.5	149.7	31.73
2004	49.2	172.9	28.46
2005	58.9	197.4	29.84
2006	74.0	229.7	32.22

資料來源：2000—2004年數據來源於《中國旅遊年鑑》2005年；2005—2006年數據

來源於福建省旅遊局《2006年我省旅遊經濟情況分析》2007年2月，「福建旅遊之窗」http://www.fjta.com/FJTIS/FJTA/index.shtml。

1、區域內遊客往來日益頻繁，並率先實現兩岸旅遊雙嚮往來。

閩臺之間不僅地理區位鄰近，而且擁有同宗共祖的血緣關係與同音共俗的傳統文化這一天然紐帶，因而自1987年臺灣開放臺胞到大陸探親以來，臺胞遊客就成為福建入境的最重要客源之一。由表1內數據可見，2000—2005年，福建接待臺胞人數由47.8萬人次增加到58.9萬人次，占福建入境總人數比例大致穩定在30%左右。2006年，臺胞來閩人數更呈明顯增加趨勢，全年福建接待臺胞人數74.0萬人次（較上年增長25.5%），占來閩境外旅遊者的32.2%。

特別值得關注的是，2001年1月廈門與金門、馬尾與馬祖開通了海上直航航線，2006年6月又開通泉州與金門直航航線，從而建立起三條閩臺區域內旅遊交通快速通道。2001—2005年，福建對金馬「小三通」直接

航運往來9423航次,往來總人數超過百萬人次,僅往來廈金航線的總人數就達115.92萬人次。期間,2004年12月及2005年6月,福建居民赴金門、馬祖旅遊相繼啟動,率先實現真正意義上的兩岸雙向旅遊。至2006年年底,福建居民赴金馬地區旅遊1287個團組,25139人次。小型的「海峽旅遊圈」已經在閩臺區域內形成。

2.積極搭建閩臺旅遊發展平臺,拓展雙方合作的空間。

為了不斷拓展閩臺旅遊合作關係,雙方積極搭建穩定的發展平臺,其中規模大、影響強的有,一年一度的海峽旅遊博覽會與各種大型文化旅遊節等。

2005年福建省政府和國家旅遊局在廈門聯合舉辦首屆海峽旅遊博覽會,臺灣各大旅行同業公會及港澳旅遊局積極響應並共同協辦,突出並提升了「海峽旅遊」的品牌與知名度。2006年第二屆海峽旅遊博覽會不僅透過論壇增進兩岸人員對構建海峽旅遊區的共識,而且取得明顯的旅遊招商成效。目前,2007年第三屆海峽旅遊博覽會正在積極籌辦之中。

由於閩臺特殊的文化歷史背景,各種特色鮮明的文化旅遊節便成為發展閩臺旅遊的獨特平臺,如媽祖文化旅遊節、關帝文化旅遊節等。近年來福建已經舉行八屆的媽祖文化旅遊節,臺灣每年都有超過10萬的媽祖信眾前往莆田湄州朝拜祖廟,此一盛舉有力地帶動了福建特別是莆田地區旅遊事業的興旺。

3.初步建立閩臺旅遊互動合作機制。

作為閩臺旅遊健康持續發展的制度性保障,建立雙方互動合作機制十分重要。在兩岸關係現實條件下,簽訂民間性的地方合作協議應是較好的選擇。早在2001年,「兩馬」與「兩門」就先後簽訂了《福州馬尾—馬祖關於加強民間交流與合作的協議》及《關於加強廈門與金門民間交流交往合作協議》,為金、馬地區與福建經貿關係的健康發展奠定了

較好基礎。在2005年首屆海峽旅遊博覽會上，簽署了武夷山與阿里山、大金湖與日月潭「兩山兩水」的旅遊合作意向書，首次實現了海峽兩岸旅遊景區的對接，使閩臺旅遊合作在企業層面上取得實質性進展。2007年3月泉州旅遊協會與澎湖縣旅遊發展協會簽署了《建立旅遊市場合作和交流關係協議》，以推進泉澎兩地加強旅遊文化合作，構建泉澎旅遊共同市場。此外，自2006年以來，為配合落實國家旅遊業「十一五」規劃，福建省積極推進《海峽兩岸旅遊合作規劃》的編制，以進一步完善閩臺旅遊合作機制，推動閩臺旅遊合作深入開展。

三、構建「海峽旅遊區」對臺灣旅遊業的影響分析

關於整體兩岸旅遊合作將產生的影響，兩岸專家學者具有較高的共識，基本上均認為加強兩岸旅遊合作，特別是加快開放大陸居民赴臺旅遊有利於兩岸經濟發展，尤其是對臺灣經濟社會發展有利。但需要進一步深入瞭解的是，就區域合作效應來看，構建「海峽旅遊區」對臺灣旅遊產業本身會產生什麼具體影響。

（一）打造海峽旅遊品牌，提升臺灣旅遊業的競爭力

臺灣自2000年10月宣布將觀光產業列為重要的策略性產業，並在2002年5月啟動「觀光客倍增計劃」，開始致力發展觀光產業，希望在2008年時達到來臺旅客500萬人次的目標。但實際發展情況並不順利。根據臺灣「交通部觀光局」的統計，2005年與2006年來臺旅客人數為337.81萬人次及352.0萬人次，年增長率分別為14.50%及4.2%。2008年要達500萬人次的目標顯非易事。而從旅遊業對總體經濟的重要性來看，臺灣的旅遊業也遠未發揮應有的作用。2005年，臺灣第三產業部門在產業結構中所占比重超過73%，而旅遊業作為第三產業的重要產業，其2005年收入總金額為109.57億美元，僅占GDP的3.17%。造成臺灣旅遊業滯後發展的原因固然不少，但其中臺灣旅遊資源品牌競爭力不夠強，缺乏吸引大量

海外遊客來臺的誘因，顯然是關鍵性原因之一。與其他三個「四小龍」國家及地區相比，臺灣每年在吸引海外遊客方面不僅遠遠落後於香港，也落後於韓國與新加坡。參見表2。

表2　臺灣與韓國吸引海外遊客人數比較

單位：萬人次

年份	2000	2001	2002	2003	2004	2005
韓國	532.2	514.2	534.7	475.3	581	602
台灣	262.4	283.1	297.8	224.8	295.0	337.8

資料來源：臺灣「交通部」《交通統計月報》；

中國商務部：

http://www.mofcom.gov.cn/aarticle/i/jyjl/j/200609/20060903158683.html。

很顯然，增強品牌效應，以提升旅遊業的競爭力是臺灣旅遊加快發展的關鍵所在。前文分析指出，透過整合與優化區域內旅遊資源，塑造並共同宣傳整體的旅遊形象，將產生品牌效應，從而大大提高區域旅遊產品知名度，提升區域內旅遊業的綜合競爭力及對區域外的市場影響力。粵港澳三地便是透過這種方式來提高國內外旅遊者的認知效率的。臺灣與相鄰的福建加強旅遊合作，構建「海峽旅遊區」，共同打造「海峽旅遊」品牌，不僅十分必要而且可能性大。在福建方面，目前較知名的旅遊品牌有武夷山、鼓浪嶼、媽祖文化、惠女風情、泰寧世界地質公園、福建土樓等，而在臺灣方面則有臺北101大樓、阿里山、日月潭、太魯閣及宗教系列、原住民系列、客家系列等較知名的旅遊品牌。閩臺兩地可以對雙方的旅遊資源進行整合與創新，透過「同質組合、異質互補」的方式，共同推出「和諧、統一」的整體主題形象及一系列品牌支撐形象，以形成獨具魅力的整體性的「海峽旅遊」品牌。例如，在突出「海峽旅遊」主題形象下，在自然資源方面，整合出「兩山兩水兩島」

（武夷山與阿里山；大金湖與日月潭；平潭島與澎湖島）品牌；在宗教文化方面，整合出「閩臺媽祖文化節」及「閩臺客家文化節」品牌等。在此基礎上，閩臺兩地透過聯合營銷，共同推廣海峽旅遊產品，整體塑造海峽旅遊品牌形象，提高海峽旅遊產品在海內外的知名度，從而達到強化臺灣旅遊資源吸引力的目的。

事實上，閩臺兩地的旅遊業者已經在進行共同打造品牌的實踐了。近年來廈門與金門多次聯手推廣「金廈旅遊圈、兩門魅力遊」，將廈金兩地的旅遊資源和線路「捆綁」在一起行銷，就是期望以「兩門」的旅遊資源互補，市場互惠，形成獨到的旅遊目的地，吸引各地遊客。

（二）拓展客源市場，平衡臺灣出入境遊客數量

臺灣旅遊業的發展，除了整體上相對落後外，還突出存在出、入境遊嚴重不對稱的結構性問題，使臺灣旅遊業長期處於逆差狀態。2005年來臺旅客338萬人次，而出境人數則達821萬人次，逆差人數達483萬人次。2006年來臺旅客352萬人次，出境人數為867萬人次，逆差人數更升至515萬人次。倘若由表3和圖2、圖3進一步分析則可發現，臺灣出境遊的主要目的地之一是大陸地區，從1999年開始一直占到四成左右，2002年與2005年更達到了五成；而臺灣出入境人數的逆差主要也是來自大陸，平均比重在七成左右。之所以會如此，主要是因為長期以來臺灣對包括大陸遊客在內的大陸人士赴臺有種種限制。現階段大陸居民赴臺旅遊事項正在兩岸之間協商推動之中，在此大背景之下，如果閩臺兩地能夠順利推進「海峽旅遊區」的構建，區域旅遊合作的客源市場效應將在相當程度上平衡臺灣出入境人數的不對稱性。

表3 臺灣出入境人數的統計及臺胞赴大陸人數分析

單位：萬人次

年　　份	1999	2000	2001	2002	2003	2004	2005
台胞赴大陸人次	258.5	310.9	344.2	366	233	368.5	411
台灣出境人次	655.9	732.9	715.3	732	592.3	778	820.8
台灣出入境人次之逆差額	414.7	470.5	432.1	434.2	367.5	483	483
兩岸人員往來人次之逆差額	246.5	297.5	330.8	350.5	219.2	355.1	392.3

資料來源：中國旅遊網　http://www.cnta.com/wyzl/more.asp？newsid=004001；

臺灣「交通部全球資訊網」www.motc.gov.tw/hypage.cgi？HYPAGE=yearbook.asp。

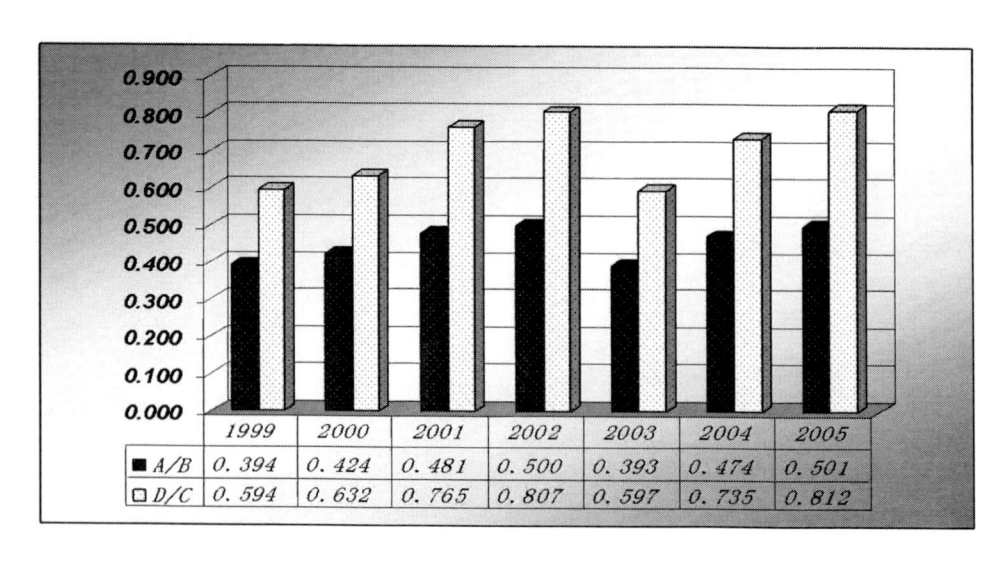

	1999	2000	2001	2002	2003	2004	2005
■ A/B	0.394	0.424	0.481	0.500	0.393	0.474	0.501
□ D/C	0.594	0.632	0.765	0.807	0.597	0.735	0.812

圖2　臺灣出入境人數的統計及臺胞赴大陸人數分析

資料來源：中國旅遊網　http://www.cnta.com/wyzl/more.asp？newsid=004001；

臺灣「交通部全球資訊網」www.motc.gov.tw/hypage.cgi？HYPAGE=yearbook.asp整理。

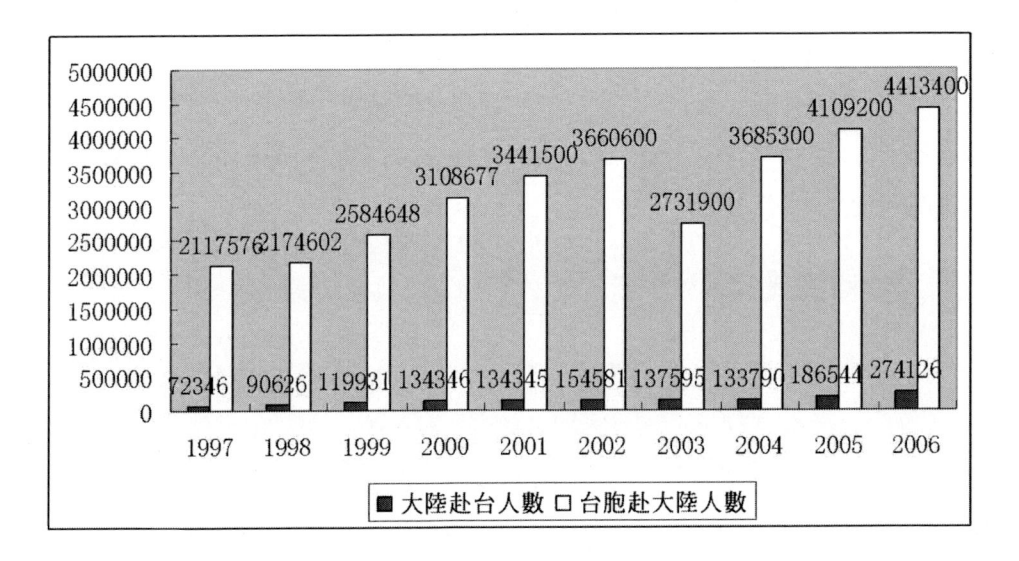

圖3　海峽兩岸人員往來人數比較（單位：人次）

資料來源：國家統計局http://www.stats.gov.cn/tjsj/ndsj/2006/indexch.htm；

中國旅遊網http://www.cnta.com/wyzl/more.asp?newsid=004001；

臺灣「交通部全球資訊網」www.motc.gov.tw/hypage.cgi?HYPAGE=yearbook.asp。

1.區域內的客源互送。

如前所述，由於特殊的地理區位與歷史背景，閩臺間擁有同根同

源、民俗相近的明顯優勢，正如1987年臺灣開放臺胞到大陸探親後，福建成為臺胞遊客入境首選地之一一樣，在即將開放大陸居民赴臺旅遊之際，與大陸其他省份相比，福建居民赴臺旅遊探親的意願要強烈得多。因此，組建「海峽旅遊區」的客源市場效應將首先體現在，能夠大大吸引旅遊區域內的福建居民的赴臺旅遊探親，增加雙方區域內的客源互送。同時，福建作為大陸的沿海地區，經過20多年的開放，人民生活水平明顯提高，已有較強的旅遊消費能力。2006年福建人均GDP達到人民幣18476元，在全國排第9位。另一方面，構建「海峽旅遊區」，實現兩個區域內的旅遊資源的整合，透過對旅遊增長軸線的建設，將使得區域內的客源互送渠道更加便捷化，進而大大增加居民出行的積極性，使客源市場容量進一步擴大。

2.吸引更多的區域外客源，特別是大陸其他省份的遊客。

改善臺灣旅遊業所面臨的出入境遊不對稱困境的另一個有效途徑就是透過區域旅遊合作吸引更多的區域外客源。其一，閩臺兩地構建「海峽旅遊區」，共推「海峽旅遊」品牌，將使閩臺兩岸的旅遊資源更具競爭力，強化對區域外遊客的吸引力。其二，透過推動區域內的無障礙旅遊，使其他省份的大陸遊客體驗更低成本的旅遊，提高跨區旅遊的積極性。特別是由於閩臺鄰近的特殊地理區位，福建歷史性地成為大陸與臺灣區域經濟整合的橋樑和紐帶。在構建「海峽旅遊區」的過程中，福建將可成為海峽兩岸人員交往的中轉樞紐和集散中心。2006年福建接待境內遊客6778.6萬人次，如果將其他省份的大陸居民赴閩的旅遊線路延長到臺灣島內，就可大大增加臺灣吸引客源的渠道。大陸遊客可以選擇自己所喜歡的「海峽旅遊」線路，或者走「廈門——金門——澎湖——高雄」線路，或者走「武夷山——福州——馬祖——臺北」等線路進入臺灣，花更少的錢體驗更多的樂趣。此外，福建作為大陸的旅遊大省，還有很大的境外客源市場容量，2005年接待境外旅遊者197.4萬人次，而2006年則增加至229.6萬人次，大幅增長了16.4%。加強閩臺旅遊整合將大

大擴大潛在的客源市場。

（三）實現區域內無障礙旅遊，降低旅遊成本

閩臺兩地構建「海峽旅遊區」，透過對區域內的旅遊增長點及增長軸線的確定，構建旅遊區域網絡，完成景點與景區間的對接及快速通道的建立，進而實現區域內的無障礙旅遊，將在旅遊時間及金錢上實現雙重節約。

首先在交通運輸方面，在當前兩岸無法全面直航實現的背景下，「兩門」、「兩馬」航線已成為臺胞往返海峽兩岸最重要通道之一。推動「海峽旅遊區」的建立，很有必要將這一航線進一步推進至島內，讓福建居民或其他省份的大陸居民有一條赴臺旅遊的快速通道，實現遊客在旅遊區域內的方便流動，並且省時省力。同時，把廈門、金門、馬祖等地建設成為兩岸遊客往來的中轉站，也將大大促進這些旅遊節點的經濟發展。

其次，構建無障礙旅遊區，要實現旅遊車輛的跨境無障礙通行，取消對兩岸旅遊車輛的政策上限制並給予對方更多的優惠政策，如取消過路費、過橋費等導致旅遊成本增加的政策，這樣兩岸的旅行社在報價上相對於其他旅遊區域的報價也就更有競爭力，有利於吸引更多的客源。同時，旅遊景點景區之間實現訊息共享，共同協商推出「一票通」、「聯網售票」等機制，有利於減少遊客不必要的等待時間及享受更多的折扣優惠。

最後，在旅遊宣傳方面，閩臺實現聯合推廣，可以避免重複性宣傳，節約宣傳費用。雙方可以成立旅遊促銷推廣專項資金，以共有的區域旅遊品牌參加各地舉辦的旅遊博覽會、推廣會等。

四、結語

作為兩岸關係發展過程中的新生事物,「海峽旅遊區」正以強大的生命力孕育成形之中。它的發展壯大將十分有利於突破臺灣旅遊業發展的瓶頸、提升臺灣旅遊業的競爭力。展望「海峽旅遊區」發展的前景,除了客觀上面臨相鄰區域旅遊區的競爭壓力以及區內旅遊資源同質性高的困擾外,更大的障礙是來自臺灣主觀上對兩岸經貿往來及人員往來的種種政策限制。但是青山遮不住,畢竟東流去。順應歷史潮流的「海峽旅遊區」將會在曲折的道路上不斷向前邁進。

(本文發表於《臺灣研究集刊》)

海峽經濟區競爭性區域體系構建研究

王勇

(廈門大學　臺灣研究院,臺灣研究中心,福建,廈門,361005)

競爭是動態的,它有賴於創新和尋求戰略上的差異。隨著經濟全球化進程的加快,創新過程的基本要素已跨越了國界,成為全球性或區域性的要素。區域集聚為基於創新的學習型經濟以及知識創造、傳播和學習提供了最佳環境。創新體系最重要的潛力取決於地理位置上的鄰近和技術上的接近,區域為技術交流、外部知識引進及學習機會提供了良好背景,因此,區域實際上已成為體現國家競爭力的主體。由此,如何有效挖掘區域特質,充分開發利用、改造和提升當地有形或無形的資源稟賦,將其由區域原生態材料轉化為推動區域競爭力提升的內生滋養,進而加速推動該區域在全球經濟一體化網絡中強勢搏擊而崛起成為競爭性區域,凸顯為各國區域發展戰略的主旋律。

伴隨著兩岸經貿關係30年的發展,兩岸經濟的互補性和依存度不斷提高,海峽兩岸的經濟整合已成為大勢所趨。特別是目前兩岸政治關係回暖和「大三通」的基本實現,為推動環臺灣海峽的海峽經濟區將迅速

崛起,成為繼長三角、珠三角、環渤海經濟區之後中國又一重要的世界級競爭性區域,創造了條件。從競爭性區域構建理論視角探討海峽經濟區競爭性特質培育的重要內容及其建設著力點,具有重要意義。

一、競爭性區域構建的理論探討

(一)競爭性區域的內涵

競爭性區域是擁有獨特「地方品質」的區域,以創新和知識作為其發展的催化劑,重視基於更好地開發區域未利用的潛能和具有非競爭性和排他性的資產而產生的地方特定的外部性,集中提供改善「地方品質」,即地區整體的吸引力和功能、提高地方可達性等方面的集體產品,「創造」適合特定區域的經濟和社會動力。

(二)競爭性區域構建的戰略重點

1.透過基礎設施的升級改善可進入性

在競爭性區域內,透過基礎設施的不斷升級改善可進入性,將逐漸激發存在於不同市場的正外部性,如規模經濟、範圍經濟、集聚經濟、密度經濟或網絡經濟,從而提高勞動生產率,促進資源的更好利用。與此同時,改善可進入性還將影響公司的生產區位、市場准入以及投資決策,從而增加區域稅收和創造更多就業機會,推動區域吸引更多的外來投資。此外,可進入性的改善使當地企業可以接近多樣化的勞動力市場,快速接近供應商和消費者,降低交易費用,不斷拓展市場範圍,進而引起區域運輸流程和空間模式的變化,使基於高效、完善的基礎設施網絡之上的創新和專業化推動不同類型的空間積聚。

2.培育競爭性企業

首先,拓展鄰近性是催生企業區域競爭優勢的關鍵。自然鄰近和與

此相伴而生的「區域文化」共享有助於區域內企業之間開展創新合作，形成共同的區域慣例、公共和準公共機構、勞動力市場等，成為區域創新體系的基石。在此基礎上，透過創設高科技產業空間，為創新型企業提供培育創新的商業環境，從而促進區域創新能力不斷提升；其次，大力開展教育、研究和企業聯合。近年來，企業為了應對技術創新競爭環境的壓力，迫切需要與大學開展專門技術和研究合作以獲得其智力支持。為此，科學研究院所開始在更廣泛的領域與企業開展技術研究合作。許多高等教育機構（HEI）除了發揮其傳統的教學研究功能外，正逐漸應對區域發展需求，積極參與區域管理、城市規劃以及開展更為重要的與企業之間的協作，將自身轉變為「企業家的搖籃」；再者，應充分發揮技術院校對企業的技術服務作用。技術學院是區域創新戰略的關鍵因子，專門為企業培養精細技術環節方面的專業人才。大多數技術學院的核心使命在於推動新技術的發展，而最具企業家精神和創新活力的技術學院則是激發新技術產生的原動力，確保充足的熟練勞動力流入到新技術增長需求旺盛的區域。

3.促進創新集群的形成和發展

在市場條件下，創新型集群具有提供與區域專業化相關利益的潛力。集群活動中生產力和工資水平要比非集群活動中的要高，集群提高了貿易部門對區域產出和工資的貢獻程度。集群政策是一種區域發展方法，是區域競爭政策的基石，它側重於支持由各合作方組成的地域網絡。在實施集群政策過程中，篩選出特定時期重點發展的主要部門和具體產業，積極推動企業、大學和科學研究院所的合作，促進區域經濟的快速增長。在集群戰略的具體實施中，首先對區域的集群發展進行鑒別；其次，建立一站式集群發展服務中心；再者，建立集群發展技術中心和區域技術聯盟；第四，鼓勵開展創新集群發展領域的R&D投資，出臺為各類企業發展服務的融資激勵措施以及建立相關政府基金；第五，建立集群孵化器和技術集群中心，啟動創新和商業投資項目來激發區域

的創新和企業家精神；最後，在努力吸引外資促進集群發展而形成區域出口網絡的同時開發區域特色品牌。

（三）競爭性區域構建的多級治理

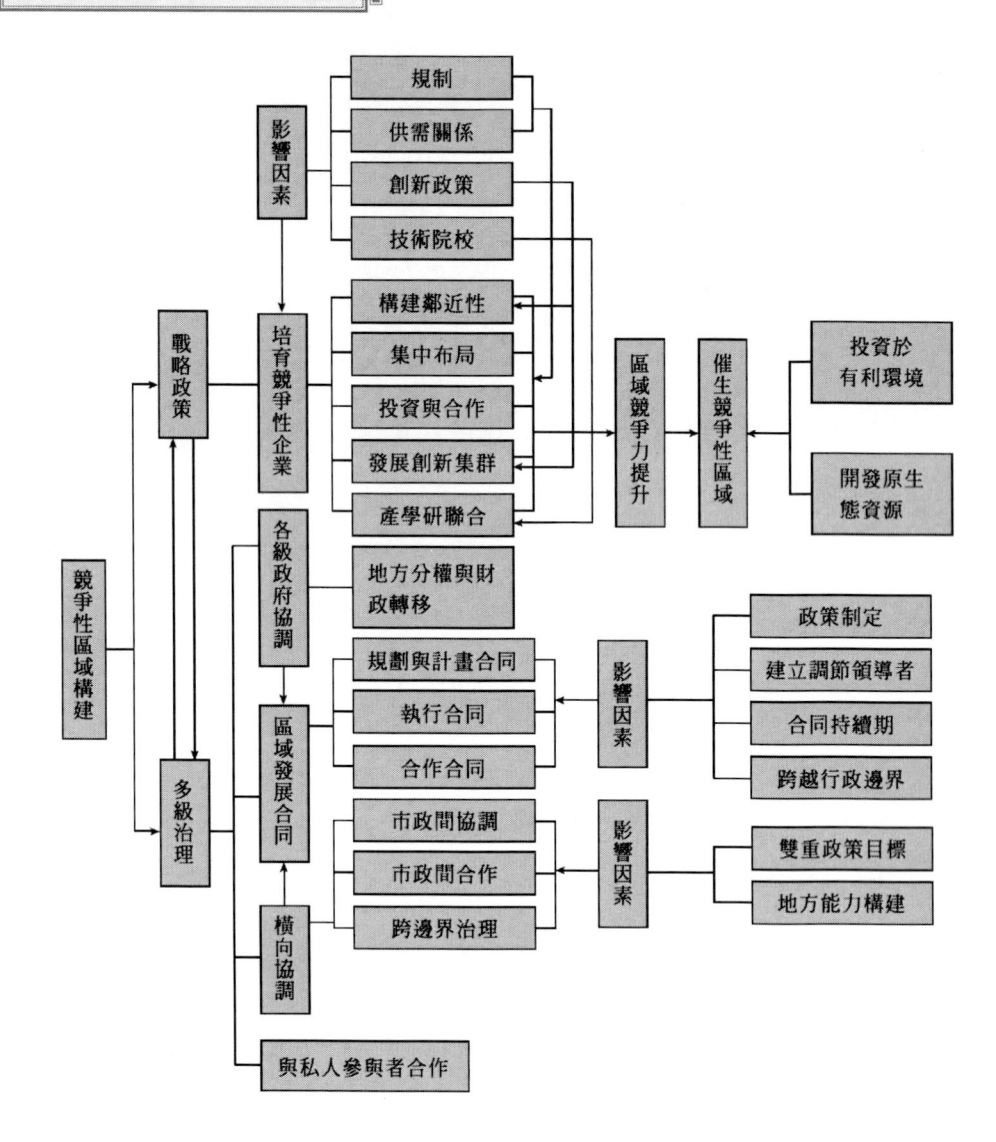

圖1　競爭性區域構建的過程示意

在競爭性區域構建過程中涉及協調各參與方、各利益關係方實體甚至不同制度體系的小「生境」之間的利害衝突，從而推動區域管理模式更加多樣和複雜化。為此，中央政府透過公共融資向各級地方政府進行財政轉移，各級地方政府透過補償一定程度超越管轄區的外溢收益來按比例劃撥專項資金，或者按照地域人口和地理特徵劃撥專項資金來用於

某種地方公共服務；各級政府間的財政關聯集中體現在上下級政府間資金轉移的制度機制上，其中，尤為重要的是各級政府間開展的合約式合作，主要有規劃和計劃合約、執行合約和合作合約，這些合約聯繫了地區、地方政策和國家優勢，保持了公共政策制定和執行的連續性，有助於塑造地方施政能力，將服從政府政策與其他權利機構協商相協調，有助於處理制度衝突，提高了地方各部門間的合作，成為推動地方政府間橫向合作的動力。與此同時，透過市政聯合可以滿足小城鎮和中等城鎮對於某些自身無法提供的大型設施和服務的需求，分擔區域建設成本和降低投資風險，突出地區特性，有助於提升地方企業的競爭力；透過跨邊界合作與治理及與此相伴的物質基礎設施一體化將導致邊界地區不同國家的核心區之間的時間距離不斷減少，基礎設施體系中的「缺失環節」得以建成，從而減少國家間的貿易壁壘，降低內部交易成本，推進地區在經濟、社會、文化和制度等方面的高度一體化。此外，透過積極推動私營部門參與政策制定和不斷增加公私合作來增強對區域創新的支持，強化對地方公務員的業務培訓以提高其執政能力，很大程度上保證推進競爭性區域衍生的相關治理舉措的成功落實（見圖1）。

二、海峽經濟區競爭性區域特徵發育現狀考察

海峽經濟區是以臺灣海峽為紐帶，以海峽兩岸經濟互補性、地緣臨近性以及文化同源性為背景，以兩岸經濟功能性一體化發展為基礎，兩岸經濟機制性一體化為共同遠景的經濟區域，是分居海峽兩岸的大陸、臺灣兩個獨立關稅區之間經濟一體化所形成的整體區域經濟單元，其邊界隨海峽兩岸生產、貿易網絡的地域擴展而具有動態性。本文所探討的海峽經濟區是指由以福建為核心的海峽西岸經濟區及海峽東岸地區（包括臺灣本島和金馬澎離島地區在內）構成的環海峽經濟區域。以閩臺「五緣」關係及閩臺經貿交流30年長足發展為基礎，以「大三通」基本實現為契機，以「海西」建設為引擎，這一區域面臨成長為競爭性區域的大好機遇。但就目前本區域的競爭性特質發育來看，還存在諸多問

題，亟待改善。

（一）基礎設施網絡建設有所推進，但海峽兩岸連接性有待大幅提升

目前，海峽東岸由南北高速公路、縱貫鐵路、機場等組成西部走廊，將臺北、臺中、高雄三大都市區的29座大小城鎮聯結在一起，沿1139公里海岸線建成高雄、基隆、臺中、花蓮、蘇澳五大港口，內部交通網絡通達性良好；而海峽西岸地區經過五年多來的「海西」建設，交通網絡設施已有長足改善：廈門港、福州港、湄洲灣港、汕頭港、溫州港已成為全國重要的樞紐港，京福高速公路業已建成通車，縱橫福建的5條國道都已改造為二級以上公路。此外，鷹廈鐵路、橫南鐵路、贛龍鐵路聯通閩贛從而連接京福線、京九線，梅坎鐵路連通閩粵，溫福鐵路、福廈鐵路作為沿海鐵路大動脈正在動工建設，廈深鐵路則加快推進前期工作，由此，沿海鐵路將貫通連接海峽西岸中心城市福州、泉州、廈門、溫州與汕頭，贛龍鐵路連接京九線後使廈門從龍岩、贛州延伸到貴州，形成南方的「隴海線」，大大拓展了廈門口岸的腹地。與此同時，即將動工的向莆鐵路不但為海峽經濟區拓展了腹地，也為內陸地區在海峽西岸找到出海口。除鐵路和公路外，海峽西岸還擁有福州、廈門、汕頭3個國際機場和武夷山、泉州、溫州、連城4個國內機場，基本形成較為完備的海、陸、空立體交通網絡，極大地改善了臺資企業和中國內外企業在海峽西岸經濟區的可進入性。

海峽經濟區作為海峽西岸經濟區與海峽東岸經濟區域的整合區域，兩區塊的基礎設施網絡連結是區域對接融合的重要物質基礎，是海峽經濟區競爭性特質的重要內容和前提條件。從海峽經濟區整體角度考察，過去由於兩岸「三通」瓶頸問題的長期存在制約了海峽經濟區的發育成長，使得以閩臺為主體的海峽經濟區的基礎設施網絡連接不通暢，雖然目前兩岸「大三通」業已基本實現，閩臺交通網絡對接正在透過閩臺對

口港港際合作（包括海、空港）、「小三通」海空聯運功能提升以及兩岸航運模式創新（如客貨滾裝船）等向良性互動發展，但仍不能滿足競爭性區域對基礎設施網絡通達性的基本要求。一方面海西對內陸區域的交通動脈應繼續打通，今後首先應繼續加快建設以海峽西岸主要港口為輻射中心的，暢通華南、華中、華東的海峽西岸綜合交通體系。另一方面要進一步整合海峽港口資源，組建港口戰略聯盟體系，發展臺灣海峽國際海運樞紐，大力發展海峽火車輪渡，儘早實現大陸與臺灣鐵路體系的無縫對接，盡快推進臺灣海峽海底隧道項目實施，形成橫跨海峽，連通大陸、臺灣，延伸亞太的海陸綜合運輸通道。唯此，方能從根本上提升海峽經濟區的可進入性。

（二）閩臺教育、研究和企業合作初露端倪，亟待拓展深化

閩臺高科技企業、科學研究機構和高校根據各自的優勢，建立產學研聯合科技創新體制，有效解決科技鏈與產業鏈脫節的狀況，促進科學研究成果迅速市場化；同時，擴大訊息傳遞密度與速度，降低單個企業的技術R&D風險，促進原始創新、合作創新與集成創新，實現閩臺科技資源的優化配置，增強企業競爭力，培育競爭性企業，是海峽經濟區區域競爭特質的重要源泉。

海峽經濟區作為兩岸區域經濟融合一體的概念，凸顯閩臺產學研協作、共同培育區域競爭性企業的重要性。從現狀來看，由於長期以來海峽西岸的投資合作主要以臺企赴大陸投資為主，投資形式以獨資為主，企業配套本土化及R&D本土化不夠發育，技術還主要依賴臺灣母公司供給，因此，雖然近30年的發展歷程，閩臺教育、研究和企業合作平臺建設卓有成效，合作案例也日漸增多，但是實質性、深層次合作還只是初步發育，有待於拓展深化。例如，福建已逐步形成多個閩臺產業R&D合作基地，如東南汽車製造基地、漳州閩臺農業實驗基地、廈門海滄石化產業合作基地，泉州對臺輕紡建材產業合作基地、福建海峽兩岸農業合

作試驗區、三明海峽兩岸現代林業合作實驗區、臺灣學者創業園、海峽兩岸軟體示範基地等；從產學研合作模式來看，主要有：①R&D合作，如臺資福建士興鋼鐵公司技術R&D長期依賴臺灣母公司，無力進行新產品開發。透過與福州大學土木建築設計院進行合作，聯合開發出新型鋼架結構技術，有效解決了企業的技術難題，開發出了具有良好市場前景的產品，使企業獲得了巨大的收益；②企業戰略聯盟，即閩臺高科技企業透過股權參與和契約聯合結成資源共享、優勢互補、風險共擔的企業戰略合作聯盟。企業戰略聯盟透過共同R&D、技術交換、供應合約、平衡投資、單項技術轉讓等使閩臺企業相互學習交流先進技術，提高企業的R&D能力，增強企業的核心競爭力，有效地降低閩臺企業國際化經營風險，使閩臺中小企業能擺脫企業生產規模的限制，有效解決資金、技術、人才方面的制約因素，有助於閩臺企業拓展中國內外市場渠道；③聯銷合作，閩臺企業透過採取聯合銷售、分銷等形式，利用聯盟夥伴現有的銷售網絡來降低生產成本，使產品在中國內外市場樹立起共同的品牌形象，擴大產品的知名度。例如，臺灣傳源公司與福建實達公司建立市場合作聯盟，借助實達對市場行情的熟悉，共同對市場進行分析、預測，制定合理的市場戰略，利用實達遍布全國的銷售網絡，共同開拓了市場。

綜上所述，閩臺在開展教育、研究和企業合作方面，還處於企業策略聯盟階段，尚未提高到產學研全面對接的深層次，存在著資源整合的巨大空間。僅以福建省為主的海峽西岸而言，有必要進一步加強人力資源的開發和引進，優化技術院校教育資源，建立和完善產業聚群技術員工培訓基地、職業技術學校，實現技術培訓與職業教育緊密結合；同時大力從臺灣引進適用的科技人才，推廣開放式、委託式R&D，鼓勵透過「候鳥式」、客座、項目使用制等多種形式吸引優秀人才，鼓勵和支持科技人員以自有專利和專有技術入股，為進一步加深海峽西岸和海峽東岸產學研合作提供組織保證和人才支持。

（三）臺資主體型產業聚群初步發育，閩臺產業對接亟待深化

伴隨著1990年代以來的創新全球化（Innovation Globalization），臺灣經濟日益面臨著經濟結構轉型的壓力，技術密集型工業在產業結構中的比重顯著上升，製造業向大型化、集中化趨勢發展。由此，近年來，閩臺產業分工與合作正從垂直分工向水平分工發展。2007年以來，以臺塑、臺玻、友達光電、東元電機等為主體的臺灣石化、鋼鐵、機械等重化工產業和訊息、生物製藥、環保等新興產業及生產服務業、金融服務業的臺灣知名企業紛紛來閩投資，加速推動了閩臺的產業對接。目前，福州和廈門的海滄、杏林、集美四個台商投資區業已成為兩岸產業對接的集中示範區和大陸臺資企業最為密集的區域。福建已初步形成以華映、冠捷、友達光電等為主體的電子訊息產業聚群，以東南汽車為典型的機械產業聚群，以翔鷺石化、正新橡膠等為代表的石油化工產業聚群以及漳州以漳浦臺灣農業創業園為載體的臺資農業產業聚群。

與此同時，福建在與臺灣開展產業對接過程中也相應地暴露出諸多問題，主要體現為：產業鏈配套不完善，資金支持力度不夠，人才供應不充分，公共服務平臺不健全，認識、組織機制和工作方法不到位，基礎設施供給配套不齊全等。此外，伴隨著臺灣在金融海嘯衝擊下進行新一輪產業結構調整和升級，勢必將推動臺灣以光電子產業、軟體業等較成熟的高科技產業向海峽西岸「遷移」，從而為海峽西岸和海峽東岸深化產業對接提供更多合作領域和業面。

（四）廈泉漳城市聯盟試點帶動海峽經濟區協同發展，但亟待推至更高層次

城市聯盟是發展壯大區域中心城市、培育區域經濟發展增長極，進而帶動區域整體協同發展的重要途徑，也是在競爭性區域構建過程中有效協調各參與方利益、推動地方政府橫向聯合、提升跨邊界治理效率的有效途徑。2004年，福建提出重點構建海峽西岸三個層次的城市聯盟：

①經濟聯繫緊密的閩江口、廈門灣與泉州灣城鎮密集區城市聯盟；②漳州到寧德的閩東南沿海城鎮密集帶和沿閩江流域的城市聯盟；③閩粵贛和閩浙贛等跨省市城市聯盟。其中，廈泉漳城市聯盟作為試點已於當年6月啟動，在之後的2年多時間裡，廈泉漳城市聯盟重點開展了城市規劃、交通、環保、旅遊、海洋及省級以上風景區資源共享等方面的合作；簽訂了《廈泉漳城市聯盟宣言》，成立了辦事機構，建立了城市聯盟市長聯席會議制度；舉辦了《2005年中國·廈泉漳城市聯盟高峰論壇》、海峽西岸金三角人居環境推介會；組織了中規院、泉州、漳州規劃院編制了《廈泉漳城市走廊發展規劃》；開創性地提出打造海峽西岸南翼城市群的新思路；促使龍岩市加入廈泉漳城市聯盟。這些舉措有助於「閩南新區」的形成，同時為海峽西岸更廣泛區域的協同發展（包括跨省際協同發展）提供典範。

儘管在廈泉漳城市聯盟試點帶動下，海峽西岸經濟區協同發展態勢良好，但就成效而言，海峽西岸城市聯盟還僅限於基礎設施共建層面，區際間的商品與生產要素的自由流動、優化組合不夠順暢，缺乏統一的規劃協調，產業布局缺乏層次和遞補，合作多在傳統項目，重點項目合作不足，在產業鏈延伸對接、現代物流業交融與發展方面也有待進一步加強和提升。而且從海峽經濟區整體角度而言，推動跨海峽城市聯盟發展對於促進海峽兩岸經濟區塊對接、培育區域整體競爭性特質具有重要意義，不但海西城市聯盟發展亟待提升至高層次，跨海峽城市聯盟也應積極推進。

三、海峽經濟區競爭性區域體系構建的著力點

綜合前述對海峽經濟區競爭性區域特徵發育現狀及問題的分析，可以針對性地確立海峽經濟區競爭性區域構建的著力點，即應側重於基礎設施的協調與銜接、建立區域產業分工協作體系、創建廈金特區和福馬特區、經濟運行機制銜接、締結臺灣海峽城市聯盟、開展以政府政策協

調為中介的公私合營等六方面。

（一）以基礎設施的協調與銜接拓展海峽經濟區的區域鄰近性

加強海峽西岸港口與內地交通、通訊等基礎設施的銜接與協調，有助於解決直航口岸通往鄰省和內地的「瓶頸」，拓展海峽經濟區內部的區域鄰近性。為此，海峽經濟區的交通與通訊設施建設應以南中國區域和中南地區為腹地進行大網絡規劃，建成海陸空一體化的交通運輸體系和現代通訊體系。隨著兩岸「大三通」的實現，近期應首先努力推進廈金大橋、金嶝大橋與海峽海底隧道建設的實施，建設福州、廈門等首批直航口岸通往鄰省和內地的集裝箱公路和鐵路，擴建和技術化改造溫州、汕頭通往腹地的鐵路和公路幹線。與此同時，透過協調建設廈門至金門、福州至馬祖的海底光纜，或聯合租用經過臺北與汕頭的3號國際海纜，實現海峽兩岸通訊設施的銜接。此外，臺灣透過在福建沿海建設大型電站，合作建設金門、馬祖的供水、供電設施，以抵扣購買福建生活用水、用電費用。由此，在逐步協調兩岸基礎設施建設規劃的基礎上，將最終實現兩岸基礎設施的共建共享和全面對接。

1.構築臺灣海峽國際航運樞紐區

海峽經濟區擁有基礎條件優良的港口群，以組合港模式發展海峽國際航運中心勢必成為構築海峽國際航運樞紐區的核心戰略目標。大力鼓勵與引導臺灣海峽西岸的溫州港、福州港、湄州灣港、泉州港、廈門港和汕頭港和海峽東岸的高雄港、基隆港、臺中港、花蓮港和蘇澳港之間逐步建立緊密合作關係，透過發揮各自的獨特優勢，逐步形成互補性強、輻射面廣、分工明確、層次清晰、運行有序、服務門類齊全、設施現代化、管理先進的世界級大港口群體系。繼續加快海峽西岸經濟區港口的硬件和軟體設施建設，為兩岸港口之間更好的對接創造條件。繼續加快海峽西岸的交通網絡體系建設，提高海峽西岸交通體系的通暢度和覆蓋度以及對外交通網絡的對接度，使其成為有效支撐海峽西岸港口發

展的交通網絡體系。

2.努力推進廈金大橋與海峽海底隧道建設的實施

修建連接廈門與金門的廈金大橋和修建連接兩岸的海峽海底隧道是海峽經濟區建設的根本性舉措，一旦這些構想變成現實，海峽兩岸就僅隔1個多小時的路程，其中，廈門與金門之間只有5分鐘車程，海峽經濟區兩岸就能真正連為一體。

3.在福建沿海地區為江西設置對臺直通車道

江西省東部區域是海峽經濟區內唯一沒有直接面對臺灣海峽的一個區域，是海峽經濟區的重要腹地、向西輻射和關聯的重要部分，又是海峽經濟區中經濟基礎較差但發展勢頭良好的區域，而且它的資源和經濟結構與海峽經濟區內其它區域之間存在較大的差異性和互補性。在福建沿海的湄洲灣設置江西保稅區和物流中心，將有助於江西東部區域經濟更快地融入到整個海峽經濟區經濟中去，促進其經濟發展和提高其經濟開放度，同時為江西省直接開設出海通道和對臺窗口，也有助於提升海峽經濟區與中國中部地區的連接強度。

（二）以區域產業分工協作體系的建立推動創新集群的形成

目前，大陸東南沿海地區勞動密集度高的加工出口業具有比較優勢，與擅長中上游原材料與零組件產業的臺灣形成優勢互補。兩岸「大三通」的實現，使兩岸的航運成本大幅降低，人員往來更加便捷。勢必帶動更多的臺灣加工企業到海峽對岸投資設廠，建立高效率、高品質的生產基地。同時，透過改善東南沿海的港口設施以及往來港口與生產基地之間的陸上交通系統，使臺灣的供料廠商能在最快捷的運輸、最低廉的成本之下與下游廠商配合。基於此，兩岸間將就特定產業進行諸如原料、半成品、成品各生產階段的分工，就企業功能在原料、生產、行銷、R&D、設計等方面進行分工。同時，按照兩岸間的比較利益來規劃

兩岸分工生產的架構，從產品生命週期，將不同品質等級的產品配銷到兩岸市場，以臺灣資金、商業化經驗與大陸科技、市場相結合，形成新的產業分工形態。在依託臺灣高科技工業園區、福建現有台商投資區、經濟技術開發區、海峽兩岸農業合作示範區等產業發展空間基礎上，進一步孕育形成體現海峽兩岸產業分工合作特色的，以IT產業和臨港工業為主導的，富有競爭力的環臺灣海峽沿海產業聚群。

（三）以創建廈金、福馬特區為樣板形成海峽經濟區梯度開放格局

廈門與金門之間、福州與馬祖之間區位緊密相連、民間來往頻繁、地理條件特殊，並都已實現了「小三通」。因此，透過特殊設計的制度安排，在廈門與金門縣之間劃出一個如翔安區的地方，以及在福州與馬祖縣之間劃出一個如馬尾區的地方，分別創建廈金經濟緊密合作區和福馬經濟合作特區。對這兩個經濟合作區賦予類似準自由港定位，賦予更大的開放度，使其發展成為推進與固化兩岸經濟合作與交流的重要孔道。

（四）以經濟運行機制的銜接催生海峽經濟區協議式合作發展

隨著海峽經濟區內產業與基礎設施銜接的加速，亟需相互間經濟機制的銜接。透過移植借用臺灣「合約法」、「投資法」、「專利法」、「仲裁法」等經濟與法律制度，為臺資企業在福建發展提供法律保障。同時，廈門、福州保稅區可借鑑臺灣出口加工區和高雄境外航運管理中心的管理經驗，加快「兩區」對接步伐。在口岸管理上借鑑臺灣體制，加強協調，使通關更為快捷，高效和經濟。與此同時，透過市場交易的方式，整體收購或兼併技術含量高的研究機構、技術項目或生產企業、引進一流的核心技術和人才；透過各種靈活協議方式吸引臺灣高科技人員來海峽西岸工作，實現技術成果的共享與開發；建立科技協同機制，在學術研究、科學普及、科技人才資源開發和流動、維護科學研究人員合法權益等方面展開合作；進一步完善知識產權保護法，推動建立區域

科技共同標準。此外，透過共同建立R&D機構、就某科技項目進行共同R&D等，促進民間科技合作與交流向更高層次和領域發展。

（五）以締結臺灣海峽城市聯盟促進海峽經濟區市政聯合

鼓勵與引導海峽東岸的臺北、臺中、臺南和高雄等城市與海峽西岸的溫州、福州、泉州、廈門和汕頭等城市之間，單獨、兩個或多個、群體或整體建立城市聯盟，發展一對一的緊密的經濟與社會交流合作關係，形成對口合作交流的城市協作體，促進城市間的交流，在兩岸之間率先實質性地啟動兩岸直接、雙向「三通」，互惠互利，共同發展。鼓勵與引導海峽兩岸的縣鄉之間發展對口交流關係，透過合作交流促進縣鄉經濟發展。在較低一級行政級別和基層的區域之間開展交流，以更加直接地聯繫地方利益，有利於調動地方參與海峽經濟區建設的積極性。

（六）以政府間的政策協調為中介帶動海峽經濟區內部公私合營

隨著兩岸經濟交流的深化，相互之間的矛盾與衝突也將隨之增多。為了保證經濟合作順利，有效地推進、加強彼此之間的溝通和協調，兩岸正在逐步建立經貿合作論壇以及各種地方政府支持的民間交流與合作機制。以此為契機，福建省可透過向行業協會授權，使行業協會擁有更多的自主權而更具「民間性」、「事務性」和「功能性」，使行業協會真正成為企業的代言人，以民間性、事務性、功能性在兩岸經濟合作協商領域發揮作用，由此進一步擴大兩地行業協會與民間組織及地方政府的交流與溝通，建立起從民間、行業中介組織與官方的協調機構，推動兩地政策與管理的協調，促進兩岸經濟的協調與發展。此外，地方政府透過組建跨行政區域的、兩岸民間資本相互參股的股份制集團企業開展民營資本的直接合作，促進家族資本和社會資本的融合，增強開放性，從而可有效打破區域封閉格局，優化區域資源配置，實現海峽經濟區綜合競爭力的提升。

四、結論

　　競爭性區域實質上是以學習型產業區作為外在表現形態而存在的微型區域創新系統。這種網絡化的區域創新體系依賴於大學、研究機構和企業之間開展的緊密合作，以及企業之間，企業和政府機構建立的基於公私合作的網絡化聯繫。競爭性區域的構建過程體現為集中提升區域競爭力的戰略政策要點和與此相配套實施的多級治理措施的高效統一。透過拓展地區鄰近性、開展教育、產業和研究機構之間的密切合作、以及充分發揮技術院校向企業的技術轉移等智力溢出效應，以此來培育區域競爭性企業的形成和發展；透過對區域獨特品質、要素稟賦的深度挖掘來推動當地創新集群的發展成型。與此同時，由地方分權推動下的財政轉移、市政聯合、公私合營等要求區域各關係方之間開展平等的合約式合作，而存在明顯制度差異的邊界地區，跨邊界治理成為建設競爭性區域的關鍵環節。此外，地方公務員的培訓以提升執政能力則成為落實競爭性區域構建各項發展要素的不可或缺的治理因素。

　　海峽經濟區是經濟全球化下兩岸區域經濟長期整合的必然結果，業已顯現出基礎設施網絡日趨完善對企業可進入性的改善，閩臺教育、研究和企業的合作平臺初步建立促進競爭性企業形成，基於台商投資區的閩臺產業初步對接推動臺資企業為主體產業聚群初步發育，以廈泉漳城市聯盟為試點的區域經濟協同發展初露端倪等特徵，未來提升空間較大。基於此，海峽經濟區應進一步從基礎設施的協調與銜接、區域產業分工協作體系建立、廈金特區和福馬特區創建、經濟運行機制銜接、臺灣海峽城市聯盟締結、以政府政策協調為中介的公私合營深入開展等方面來構建競爭性區域配套體系，從而推動海峽經濟區迅速崛起成為中國乃至世界新興的競爭性區域。

（原載於《臺灣研究集刊》）

第五篇　大陸涉臺經濟研究歷程與方法回顧

海峽兩岸經濟關係研究30年回顧與啟示

李非　曾文利

海峽兩岸經濟關係研究作為臺灣問題研究的重要課題之一，是區域經濟學與世界經濟學、國際經濟學等學科相互交叉和涵蓋的特殊的研究領域。從1980年代初期起，在兩岸關係逐漸趨於緩和與恢復的形勢下，海內外對兩岸經濟關係的研究也開始起步，並逐步展開和深入。近30年來，研究發展隨著兩岸經濟交流與合作進程，先後經歷了三次熱潮，逐步建立了較為完整的研究體系和研究基礎，並初步形成了較為完備的研究梯隊。

一、海峽兩岸經濟關係研究的進程和特色

（一）研究進程

海峽兩岸經濟關係研究伴隨著兩岸經濟交流與合作的全過程。從1980年代開始起步，至90年代形成規模，再至21世紀初期日益興盛，先後出現了三次研究熱潮。

1.第一次研究熱潮（80年代）

學界對海峽兩岸經濟關係的研究始於1980年代初期。自1979年全國人大常委會《告臺灣同胞書》發表後，「和平統一」政策逐步深入人心，兩岸經濟關係逐步從相互封閉走向有限的開放。當時，兩岸經濟關係主要表現為透過香港的轉口貿易以及少量台商以迂迴的方式對大陸進

行隱蔽、零星、分散的投資,數量和規模都相當有限。至80年代中期,以臺灣解除外匯管制和開放民眾赴大陸探親為轉折點,兩岸經濟交流開始由暗轉明,貿易和投資數量逐步增加。1988年6月,國務院公布了《關於鼓勵臺灣同胞投資的規定》,許多台商把大陸沿海地區作為加工出口基地,以「臺灣接單、大陸生產、香港轉口、海外銷售」的模式,大量轉移島內的夕陽工業,即以輕紡為代表的勞力密集型產業。人們對兩岸貿易、台商投資等一些經濟交流現象開始關注,一批經濟學者紛紛開展對此相關問題的研究。

從80年代陸續發表和出版的有關兩岸經濟關係研究的論文和著作看,當時這一領域的研究出現了第一次高潮,有影響的重要學者有北京的李家泉、天津的李宏碩、廈門的陳永山、張兆榮、福州的金泓汎、港澳的黃連枝、日本的劉進慶、美國的鄭竹園、臺灣的高希均等,代表性著作有金泓汎主編的《海峽兩岸經貿關係展望》、姜殿銘主編的《大陸與臺港澳的經濟關係與合作》。作者正是在這一研究熱潮的影響下,對兩岸經濟關係發生了濃厚的興趣,開始涉足這一研究領域,並發表了數篇相關論文和研究報告,主要涉及兩岸貿易關係等方面的問題。

2.第二次研究熱潮(90年代)

以90年代初鄧小平南巡講話和中共「十四大」確立社會主義市場經濟發展方向為契機,台商在「求發展、逐利潤」的強烈驅動下,採取各種不同方式,繼續擴大對大陸的投資。1990年1月,臺灣公布《對大陸地區間接投資或技術合作管理辦法》,有條件地正式開放台商間接對大陸投資。大陸新增臺資在深度和廣度上都出現變化,不僅產業形態不再限於加工出口業,而由勞力密集型擴展到以石化為代表的資本密集型,更重要的是,台商透過在上海等地設立投資據點,占領大陸市場的商務活動不斷出現。這一時期兩岸貿易關係也發生變化,兩岸經第三地(港澳、日本、韓國等地)的轉運貿易迅速發展,逐步取代80年代興盛的轉

口貿易（主要經香港的轉口）。

隨著兩岸經濟關係發展日益活躍，學界對兩岸經濟關係的研究又形成了第二次高潮，研究範圍也從兩岸貿易擴展到台商投資、產業對接和區域合作，研究觸角從經濟交流層面延伸至經濟合作層面。90年代中後期，隨著香港、澳門相繼回歸中國，解決臺灣問題，最終完成祖國統一大業日益緊迫。在新的形勢下，如何進一步密切兩岸經濟聯繫，成為新的重要研究課題。在這一時期成長或出現的學者陸續發表和出版大量有關海峽兩岸經濟關係研究的論著，具有一定影響的學者有北京的劉震濤、殷存毅、周志懷、華曉紅、劉雪琴，天津的曹小衡，上海的陸德明、周忠菲，廈門的林長華、韓清海、翁成受，福州的嚴正、吳能遠、林世淵，廣州的馮邦彥，臺灣的高長、高孔廉、李誠、林祖嘉、張五嶽、魏艾、陳德升等。代表性著作有李宏碩的《海峽兩岸經貿關係研究》、顧銘主編的《閩臺經貿關係研究》、唐樹備主編的《合則兩利——兩岸經濟關係研究論文集》等。作者也在此間出版了專著《海峽兩岸經貿關係》（1994），並先後發表了10多篇相關論文。

3.第三次研究熱潮（21世紀初期）

進入21世紀，台商在大陸的投資活動逐漸形成新的高潮，不僅數量大幅增加，而且集聚規模也不斷擴大。尤其是在兩岸相繼加入世貿組織後，台商對大陸的投資進入新的快速增長期，以電子資訊為代表的技術密集型產業大量湧入，從以往單打獨鬥轉為集體合作，從最初的「跑、帶」戰略轉變為「生根」戰略。至2008年底，大陸臺資企業累計約有7.6萬家，台商數量超過100萬人，協議投資金額達2000億美元，實際到資近千億美元（含第三地中轉臺資）。這些臺資企業甚至台商，都成為學者關注和研究的對象。許多研究機構和學者不僅從宏觀角度關注一般的經濟交流現象，更把研究觸角伸至臺資企業產業鏈、臺資企業管理等具體問題。如清華大學臺灣研究所、汕頭大學臺灣研究所等研究機構，就比

較注重從微觀的角度，具體分析臺資企業的相關問題。在兩岸經濟交流熱潮的帶動下，兩岸經濟關係研究進入了第三次高潮，尤其是在國共兩黨會談後，兩岸經濟合作先行、發展共贏的倡議，再次受到各界的關注，實現兩岸經濟關係正常化的相關研究層出不窮，並湧現出大批學人，出版和發表了大量的研究論著。重要學者有北京的張冠華、王建民、孫升亮、朱磊、李保明，上海的盛九元、鐘焰，廈門的鄧利娟、趙玉榕、石正方、唐永紅，福州的單玉麗、林卿、朱斌、蔡秀玲、陳萍，廣東的陳恩、徐宗玲，香港的宋恩榮，臺灣的許振明、蔡宏明、李紀珠、陳雲、熊正一等。這些學者對兩岸經濟關係的研究都具有一定的代表性，但各所切入問題的角度以及立場不盡相同。代表性著作有鄭竹園的《加入WTO後兩岸經貿關係展望》、高希鈞等的《兩岸經驗20年——1986年以來兩岸的經貿合作與發展》、陳德升主編的《經濟全球化與台商大陸投資》、高長的《大陸經改與兩岸經貿》、唐永紅的《兩岸經濟一體化問題研究》等。作者在此間也先後出版了《海峽兩岸經濟合作問題研究》（2000）、《兩岸經濟一體論》（2002）、《加入WTO與兩岸經貿發展》（2003）和《海峽兩岸經濟關係通論》（2008）等4部專著。

（二）研究特色

目前，大陸對海峽兩岸經濟關係的研究大致形成北、南兩大重鎮。一是以中國社會科學院臺灣研究所為代表，包括清華大學、北京聯合大學、北京大學、中國人民大學、南開大學、天津大學、北京市社科院、天津市社科院等高校和研究機構的學者，長期關注兩岸經濟關係的發展動向和走勢，側重動態性的應用研究，具有濃厚的智囊色彩；另一是以廈門大學臺灣研究院（中心）為代表，包括福建省社科院、福建師大、福州大學、上海市社科院、復旦大學、南京大學、東南大學、浙江大學、華僑大學、暨南大學、中山大學、廣東省社科院等高校和研究機構的學者，開展以學術研究為主的基礎性和專題性研究，注重基礎研究與應用研究相結合的綜合研究，長期關注兩岸區域經濟合作問題，具有濃

郁的區域和地方色彩；其他如武漢、南昌、重慶、成都等地對兩岸經濟關係的研究也具有一定實力，但側重點各有不同。

厦門大學臺灣研究院（中心）作為全國最早成立（1980年7月）的臺灣問題研究機構，在海內外享有較高的聲譽，先後培養了區域經濟學專業兩岸經濟關係等方向的博士生33人、博士後5人、高級訪問學者3人，部分研究者成果豐碩，在學界已嶄露頭角，如彭莉、石正方、唐永紅、戴淑庚、張傳國、李鵬、段小梅、王鵬、張玉冰、賴文鳳、劉澈元、熊俊莉等。本機構研究人員先後出版有關兩岸經濟關係的專著10多部，論文數百篇，內容涉及入世對兩岸經貿的影響、兩岸經濟競爭力比較、兩岸貿易關係、台商投資問題、兩岸金融合作、兩岸農業合作、兩岸企業交流等議題；研究成果受到學術界的高度評價，榮獲國家、省、部級社科優秀成果獎20多項；承擔國家、省、部級相關科學研究項目30多項，調研成果多次獲國家、省、部領導的肯定和表彰。2001年初，在厦門大學臺灣研究所的基礎上，吸收校內外著名的兩岸關係問題研究專家組建的厦門大學臺灣研究中心，被正式授予「教育部人文社會科學百所重點研究基地」稱號；2004年改制後的臺灣研究院進一步成為國家「985工程」二期臺灣研究創新基地，大大增強了研究功能，擴大了研究範圍，並以項目帶動科學研究，開展學術交流與合作，更好地為社會和政府部門決策服務。

二、影響海峽兩岸經濟關係研究的理論思潮

海峽兩岸經濟關係研究深受各種經濟理論思潮的影響。在世界範圍內，各種與經濟交流和合作有關的理論思潮都反映和折射在兩岸經濟關係研究中。具體而言，影響兩岸經濟關係研究的理論思潮主要有以下幾種：

（一）經濟市場化理論思潮

1970—80年代，由於全球統一市場漸趨形成，市場機制逐漸成為國際範圍內經濟交易與合作的共同機制，由此，市場化思潮成為全球範圍內占據主導地位的經濟思潮，海峽兩岸經濟體也深受其影響並在經濟體制上產生了相應的變動。從總體上說，「市場化就是市場機制在一個經濟中對資源配置發揮的作用持續地增大，經濟對市場機制的依賴程度不斷加深和增強，市場體制從產生、發展到成熟的演變過程」。但是，由於兩岸經濟發展程度不一，經濟體制演進階段各異，市場化推進也有不同特徵：臺灣從1950年代後期開始逐步建立市場經濟體制，但經濟中的計劃成分仍然很大，70年代一批留學歐美的學者回臺後大力傳播西方經濟自由化思潮，市場化進程加快，至1984年臺灣開始推動經濟自由化、國際化、制度化的「三化」路線；大陸從70年代末開始實行開放的政策，逐步推進經濟體制改革，市場化取向的改革浪潮由此啟動，體制轉型先後經歷了「計劃經濟體制——計劃為主、市場為輔——有計劃的商品經濟——社會主義市場經濟」等發展階段。

　　因此，「市場化有兩種理解，一是發展意義上的市場化，二是改革或者轉軌意義上的市場化」。對臺灣經濟體來說，市場化的主旨是自由化；「市場化的過程就是消除一切特權與歧視，確立平等契約、平等參與、平等競爭的市場規則的過程，也是交易規模日益擴大，合作範圍不斷擴展的過程。」對中國大陸來說，市場化的主旨在於完成由計劃經濟體制向市場經濟體制的轉軌。兩岸對市場化的理論認識與推進方式雖然不同，前者更注重市場化演進中市場規則對經濟主體權利的保障作用，而後者更強調市場化的體制演化性質，但兩者或從過程或從前提均承認市場體制對資源的配置作用。體制的市場化確立了兩岸共同的價格機制，奠定了兩岸經濟關係發展的體制基礎。鑒於兩岸經濟關係是一種以市場原則為取向、以雙方經濟利益需要為動力的經濟聯繫，在開展兩岸經濟關係研究過程中，越來越多的大陸學者逐步擺脫計劃經濟的思維，根據市場機制運行等相關理論，研究和分析兩岸經濟交流與合作的發展進程、基本特點、主要形式和發展規律等問題。

(二)經濟全球化理論思潮

　　1980年代以來,由於訊息技術的飛速發展,現代意義上的世界市場逐漸成形,全球化思潮逐步出現。到了90年代,以資本全球化為中心的全球化浪潮逐步成為在全球占有主導地位的經濟思潮。全球化思潮催動的新產業革命和市場理念擴張,導致了世界經濟結構的調整。在經濟全球化條件下,由於世界市場的完全形成,市場化不僅僅侷限於經濟體內部,而是突破單個經濟體固有的經濟邊界,以全球經濟一體化為表現方式。為適應全球化條件下經濟運行方式的變革,謀求一體化經濟中規則的運用權與制定權,各經濟體都力圖參與世界經濟一體化組織,為自身發展創造條件。世界貿易組織(WTO)作為囊括全球主要國家和關稅領域的「經濟聯合國」,代表著經濟全球化的發展方向。

　　中國大陸自開放以來,經濟高速發展,綜合實力日益增強,對外經貿異常活躍。同時,中國的經濟監管與承受能力也逐漸增強。在此背景下,為充分掌握全球化條件下經濟發展的主動權,中國於2001年12月11日正式加入WTO。入世後,中國大陸的對外開放從深度到廣度都出現重要轉變,即從有限範圍和有限領域的開放轉變為全方位的開放,從以試點為特徵的政策主導下的開放轉變為在法律框架下可預見的開放,從單方面為主的自我開放轉變為與世界貿易組織成員之間的相互開放。隨著中國大陸經濟的市場化程度日益提高,各項有關投資、貿易的法律、法規進一步健全,政策措施的透明度逐步增強,對台商的吸引力也不斷增強。大陸有關研究如何擴大利用臺資的論著,更多地從改善投資軟環境的角度去探討,如建立完善的投資管理機制、稅收機制,改革進出口貿易管理體制,規範許可證管理以及進出口商品檢驗制度等。

　　在經濟自由化、國際化政策的推動下,臺灣也構築了自己的國(區)際經貿網絡,與主要經濟體,如美國、日本、歐盟、中國大陸等逐漸形成了依賴程度不同的經濟關係。2002年1月1日,臺灣以「臺灣、

澎湖、金門、馬祖單獨關稅區」的名義成為WTO第144名正式成員。入世後，由於臺灣的大陸經貿政策在許多方面與世界貿易組織的基本精神相牴觸，有悖於公平貿易與自由競爭的原則，臺灣許多學者和有識之士紛紛發表文章，建言和呼籲臺灣方面開放兩岸直接「三通」，放寬臺資流向大陸、大陸商品入臺等政策。

兩岸參與國際經濟一體化組織，為兩岸經濟關係發展構築了共同的規則基礎。隨著兩岸經濟逐步融入國際經濟社會，台商在大陸的發展空間進一步擴大，投資的政策障礙也逐步消除，從而促進兩岸經濟在國際分工的基礎上形成一個有著內在聯繫的有機整體。因此，海峽兩岸相關學者紛紛開展入世對兩岸經濟關係發展的影響，如入世後兩岸關稅的持續調降以及非關稅措施的減少，對兩岸生產要素流動和經貿關係正常發展的影響；兩岸如何依據WTO的有關內容，就經貿合作進行相互協商，同時利用WTO有關規則解決經貿糾紛與爭端；兩岸如何根據世界貿易組織的基本規則開展經濟交流與合作，進行投資與貿易活動，共同融入全球經貿與國際分工體系等。

（三）經濟區域化理論思潮

經濟區域化思潮發端於區域主義或稱地區主義（The Regionalism），它是一定區域內的若干國家和地區為維護本國和本區域的利益而進行國（區）際合作與交往的總和，是伴隨著區域組織的大量出現和區域合作實踐的發展而產生的一種意識形態或思潮。經濟區域化同時也是經濟全球化的伴生物，是經濟全球化在相鄰地理空間的表現。可以說，全球化的模糊定義和無所不包所產生的地區利益與地區問題，催生了區域主義，尤其是新區域主義。為了獲得更多經濟利益和相對優勢的分工地位，各國都非常注重綜合國力的提高，因而那些地理位置鄰近、經濟上依存度較高的國家形成新的區域聯盟，來增強自身經濟能力和在國際經濟中一致對外的談判能力。近年來，區域經濟組織的大量湧現就是這種

思潮的反映。經濟區域化的具體表現方式是區域經濟一體化，由功能性一體化走向制度性一體化，是區域經濟合作走向成熟的標誌，區域經濟一體化組織中的宏觀行為主體一般為主權國家。

鑒於APEC組織的非機制性等特點，在1991年APEC新加坡會議上，經中國政府與APEC成員各方協商並達成諒解備忘錄後，中國政府同意臺灣以地區經濟體身份加入APEC。這是臺灣參加區域經濟一體化組織的初步嘗試。為進一步因應經濟區域化潮流，臺灣試圖與美、日以WTO成員身份簽洽協定，與東盟國家建立一體化協定。目前，臺灣雖與新加坡、印尼、越南等東盟國家在投資保障和避免雙重課稅方面簽訂了協定，但在實質的一體化制度安排上未有任何進展。有關學者在探討臺灣參與某些區域性經濟組織時，提出了各種方案和可能路徑：如在遵循「一個中國原則、平等互利原則、政經暫時分離最終結合原則、靈活簡便與循序漸進原則、符合WTO規則原則」的基礎上，與中國主體建立一國之內不同關稅區的制度性一體化，以一體化整體與其它一體化組織建立新的一體化經濟；在遵循「一個中國」原則的基礎上，協商結束兩岸敵對狀態，根據兩岸經貿發展需要，在條件成熟時，經中央政府授權，以中國主體下的地區經濟體與其它經濟體構築一體化制度，在特定權限下拓展國際經濟空間。

中國大陸繼與東盟簽署10＋1、與東盟、日、韓簽署10＋3協議，積極融入東亞經濟一體化外，2003年6月、10月，又分別與香港、澳門簽署了《關於建立更緊密經貿關係的安排》（CEPA），開創了國家主體與單獨關稅區經濟一體化的新模式。CEPA的實施，實現了內地與港、澳初步的制度性經濟一體化，也為兩岸經濟一體化提供了範例。臺灣島內也有學者和政黨領導人就兩岸經濟關係發展提出共同市場或自由貿易區以及綜合性經濟合作協議（CECA）等構想。可見，海峽兩岸有關研究均受到經濟全球化和區域化思潮的影響，並提出了一些因應區域化的政策措施，但效果不一。大陸的主要問題在於內部區域發展不平衡，影響一體

化進程；臺灣的主要問題在於參與經濟一體化的宏觀主體資格缺失。但從總的趨勢看，兩岸經濟的功能性一體化已然形成，客觀形勢的發展必然要求突破政策藩籬，實現兩岸經濟的制度性一體化。

（四）民族化思潮

經濟全球化和區域化促進國家或經濟體之間的經濟合作，但並不排斥與否定民族國家的存在，相反，區域化的過程往往是同一民族、同一文化經濟體在更大地域和範圍的經濟融合過程。因此，全球化、區域化的發展在一定階段可能導致民族化思潮的高漲，為民族化思潮的形成創造條件。事實上，民族化思潮貫穿兩岸經濟合作始終。兩岸同文同種，雖因歷史和政治原因暫時隔絕，但兩岸同屬一個中國、同為中華民族、共蔭中華文化的事實不會改變。這種文化與血緣關係至今在兩岸經濟合作中仍發揮重要的作用，促使兩岸中國人無論面臨怎樣的情況都會息息相通，從而在經濟上採取合作的態度。早在1980年，香港學者黃枝連就預言，在80年代後期，亞太地區將有可能出現一個「中國人共同體」。自此，兩岸四地的學者相繼提出大中國經濟圈、中華經濟協作區、中國人經濟圈、兩岸共同市場等經濟協作系統構想，歐美一些學者也敏銳地捕捉到興起中的中華文化潮，提出一些兩岸四地經濟合作的構想。90年代後期，時任臺灣「行政院長」的蕭萬長先生提出兩岸「共同市場」的構想，當時雖未獲大陸正面回應，但在2005年國共會談公報中最終得到大陸的正式回應，有望在兩岸政治關係緩和的情勢下得以實施。兩岸深厚而密切的人緣、親緣關係，對加強區域經濟合作具有強大的凝聚作用。海峽西岸是臺灣民眾的主要祖籍地。在臺灣人口中，講閩南話的占75%，講客家話的占13%，兩種語系的人口構成了臺灣移民社會的主體。由於血緣相親，語言相通，民情、風俗相近，不少姓氏宗族也相同，從而孕育了獨具特色的民俗文化。這種一脈相承的人文關係，為兩岸經濟合作提供天然的紐帶。可以預見，隨著全球化、區域化的發展，民族化思潮也將以不同方式得以表現，兩岸經濟合作將具有更深厚的民族精神

與民族文化基礎。

上述可見，兩岸經濟關係研究深受國際範圍內各種經濟理論思潮的影響。這些思潮既有歷時性，又有共時性，在作用空間上也體現出一些均質性和異質性。在這些特點的作用下，兩岸經濟關係研究雖然未完全按上述理論思潮的變遷而演進，但仍有一個大致的發展軌跡，這種軌跡體現為一種總體趨勢，那就是對兩岸經濟關係的研究從初期注視經濟交流衍生的相關問題，到中期關注經濟功能性的一體化問題，再到後期重視經濟制度的一體化問題。

三、海峽兩岸經濟關係研究的幾點啟示

海峽兩岸經濟關係是一種以雙方的經濟利益需要為動力，以民間企業投資為形式，以產業分工和對接為內容，逐步走向市場化和規範化的特殊的經濟交匯。這種經濟關係的性質決定了它的研究定位和方法、研究意義和作用以及它的研究角度和方向。

（一）關於研究定位和方法

海峽兩岸經濟關係的研究定位具有一定的特殊性。其之所以特殊，是因為：一方面，它在性質上屬於中國主體與其尚待統一的特殊地區——臺灣單獨關稅區之間的經濟關係，是一個國家內區域之間經濟交流與合作的問題，基本上歸屬區域經濟學的研究範疇；另一方面，由於兩岸在政治上還暫時處於分離狀態，在經濟體制上又具有明顯的差異性，它在運行方式上還帶有自己的特點，基本上按照特定的國際分工模式、國際經濟慣例和對外經貿制度運行，因而又可用國際經濟學和世界經濟學的理論進行解釋。

海峽兩岸經濟關係的特殊定位，決定了兩岸之間所有的經濟行為和活動，既不能違背「一個中國」原則，有關合作事宜可以在「九二共

識」下透過協商加以解決，同時又要遵循市場經濟法則、國際經濟規則和WTO基本準則，促進兩地經濟的密切聯繫，為兩岸經濟共同發展和繁榮服務，更要貫徹「以經促政」的政策，為推進兩岸關係和平穩定發展和中華民族振興服務。

海峽兩岸經濟關係研究必須堅持以馬克思主義基本經濟理論為指導，以區域經濟學、世界經濟學和國際經濟學為理論基礎，適當參考西方經濟學、數量經濟學等學科的理論與方法，牢牢把握兩岸關係和平發展的主題，準確掌握兩岸經濟關係發展的基本脈絡，努力揭示兩岸經濟關係發展的客觀規律。

具體研究方法包括：以歷史分析法論述兩岸經濟關係發展的進程和特點，透過系統分析法探討兩岸經濟關係發展的模式和走向，運用結構分析法闡述兩岸經濟關係發展的層次和架構，採用定量分析法，透過建立經濟計量模型，分析兩岸經濟關係的量化指標及其相關係數，以比較分析法考察兩地經濟此消彼長的發展趨勢等。

（二）關於研究意義和作用

在經濟全球化和區域化趨勢下，國（區）際經濟競爭逐漸演變為各種比較利益的較量，各國或地區充分利用自身的資源優勢，在一定區域內構築互補、互利和互惠的經濟合作關係，已成為世界經濟發展的潮流。因此，兩岸經濟關係研究不能僅侷限於臺灣或大陸兩個視角，而應從環球經濟一體化和區域化的大視角，將視野擴大到周邊區域以至全球範圍，並將臺灣經濟與大陸經濟作為一個有機的整體加以考察，透過區域聯繫和區域分工理論，認識和掌握兩岸經濟關係發展中出現的新的條件、特點、形勢和趨勢，闡明在一個國家範圍內，不同政治、經濟體制下特殊地區之間的區域經濟合作問題，揭示兩岸經濟關係的內在聯繫。兩岸經濟作為一個中國架構下的兩個單獨關稅區，在性質上屬於一個國家範圍內特殊的區域經濟範疇，其發展與整合趨勢與中國的和平統一進

程密切相關。兩岸經濟合作既不同於國際間的經濟合作，也不同於國內同一政治、經濟體制下的區域經濟合作。這一理論框架或研究模型，同樣也適用或有助於研究港澳與內地的經濟合作問題。

海峽兩岸經濟關係是在市場經濟原則下，兩地生產因素基於追求最佳利潤或比較利益而進行的相互交流與結合。它不僅隱藏著巨大的發展潛力，而且具有明顯的發展效能。兩地經濟交流互相調適，各盡所能，各取所需，越來越趨緊密。兩岸經濟聯繫的不斷加深，決定並規範著未來兩岸關係的發展趨勢。兩岸經濟關係的發展方向，必須是互利互惠的正和博弈，以利於兩岸經濟交流規模的擴大和合作層次的提高，實現兩岸經濟在各個領域、各個層面的全面合作和共贏。兩岸經濟關係研究的理論意義在於，探索在新的世界經濟形勢和發展格局下兩岸實現經濟資源優化配置的途徑、方式及特點，建立推動兩岸經濟交流與合作的理論模型，從而有助於豐富區域經濟學、國際經濟學的研究內容和方法，如一個國家內特殊地區之間的區域經濟合作問題，為進一步完善中央提出的「兩有理論」和「兩岸命運共同體」提供理論依據。

深化兩岸經濟合作，是實現兩岸經濟共同發展和繁榮的必由之路，也是兩岸同胞的共同利益所在。因此，從維護和擴大兩岸同胞的共同利益出發，應盡快排除政治干擾，消除政策障礙，積極推動經濟關係正常化和各種形式的經貿合作事宜。據此，兩岸經濟關係研究的實踐意義在於，透過相關分析，總結海峽兩岸經濟關係的發展模式和特徵，闡明兩岸經濟關係的發展趨勢，揭示臺灣經濟與大陸經濟之間的內在聯繫，論述兩岸經濟整合與兩岸關係和平穩定發展的互動關係，為政府有關部門掌握兩岸經濟關係發展脈絡和制定有關涉臺經貿法規、政策提供參考數據以及可操作性的對策建議。

在未來相當長的時期內，兩岸經濟交流與交融是無法阻擋的趨勢。根據國際經濟形勢和大陸、臺灣經濟發展趨勢，加速推動兩岸經濟關係

發展，進一步密切兩岸經濟聯繫，增強大陸對臺灣的吸引力，進而形成「你中有我，我中有你」和「兩岸命運共同體」的發展格局，不僅對兩岸區域經濟合作和中國現代化建設具有重要的經濟意義，更重要的是，對促進兩岸關係穩定發展具有深遠的政治意義。

國家統一是一個長期而艱巨的過程。大陸只有不斷加強以經濟實力為基礎的綜合國力，包括科技實力、軍事實力和文化實力在內的「軟實力」，才能在日益激烈的國際競爭中發展壯大，從而使兩岸關係不斷朝有利於國家統一的方向發展。發展兩岸經貿關係對大陸社會經濟建設和綜合國力的增強是有益的，貢獻也是顯著的。兩岸經濟關係研究應貫徹「以經促政」的政策，透過政治與經濟關係的分析，論述兩岸經濟關係對政治關係的影響，提出在一個中國架構下，根據世貿組織規則，建立兩岸經濟互補、互動模式和整合構想，並轉化為可操作的對策性方案以及具體的政策措施，逐步消除兩岸經濟交流的政策障礙，為促進兩岸關係和平穩定發展和中華民族振興服務。

海峽兩岸經濟關係研究的社會價值和經濟效益在於：首先，有關兩岸經濟關係的發展動向和基本走勢，可供中央對臺經濟決策參考，發揮對臺研究和諮詢服務的效益；其次，有關海峽兩岸經濟關係的分析數據和基本情況，可為國家宏觀經濟管理部門制定中國社會經濟發展藍圖提供參考和依據；其三，有關兩岸產業合作的具體情況和發展動態，可為商務部、中國人民銀行、農業部、交通部等經濟職能管理部門制定對臺經貿、金融、農業、通航等政策提供決策依據；其四，有關兩岸區域經濟合作的基本內容與對策建議，可為地方政府擴大對臺招商引資、發展區域經濟提供諮詢和參考；其五，有關微觀層面的企業合作動態和產業發展訊息，可為企業有效開展對臺經貿交流與合作提供有益的參考資料，發揮諮詢服務的社會和經濟效益。

（三）關於研究角度和方向

海內外有關海峽兩岸經濟關係的研究成果陸續有見，論文和著作數以千計，堪稱豐碩，涉及內容也較為全面，且具有一定深度。從現有成果看，大部分研究比較側重於對兩岸經濟交流現狀的宏觀描述，多於靜態的歷史研究，即對發展進程和特點等現象著墨相對較多，而對宏觀層面的發展模式總結不夠，對未來走向與對策研究相對欠缺，對微觀層面的企業交流和發展研究也不夠深入，具體的個案和實證研究更顯不足，尤其是缺乏既從計量模型上進行技術分析，又從理論上進行系統的闡述和全面論證，並以更高、更廣的視角，從兩岸關係良性互動和穩定發展、國家統一大業和中國和平崛起等深層次的問題進行觀察和聯繫起來分析的成果。

海峽兩岸經濟關係研究應堅持理論與實踐相結合的原則，不能滿足於提出理論框架和對經濟現象的簡單分析，而應及時將理論運用於實踐，積極為政府有關部門、社會乃至企業服務，為兩岸經濟關係的良性互動獻計獻策。因此，有必要把兩岸經濟關係研究提高到把握發展脈絡、預測發展趨勢、揭示發展規律的更高層次上，致力於探索實現兩岸經濟資源優化配置以及區域經濟整合的可能模式，建立兩岸經濟合作機制，促進兩岸經濟交流朝有利於促進兩岸關係穩定和區域經濟繁榮的方向發展。

具體而言，研究方嚮應注重兩岸經濟關係發展規律和具體模式的探討，既要建立分析兩岸經濟要素流動和配置關係的計量模型，從量化角度考察兩岸經濟關係的發展趨勢和區域經濟整合的可能模式，又要注重論述兩岸政策變動和國際經濟環境變化對經濟關係的影響。關於理論分析與實證研究的關係、數量變動與政策效果的關係、大陸因素、臺灣因素和國際因素三者之間的關係，都是兩岸經濟關係研究應兼顧和考慮的，也是要著重解決的關鍵性問題。

海峽兩岸作為世界經濟的重要成員，如何在嚴格遵守入世承諾的前

提下,逐步建立和形成某種區域經濟聯繫機制,推動兩岸經濟關係從初級層次的經濟交流向高級層次的經濟合作發展,促進兩岸經濟整合從功能性一體化向制度性一體化轉化,是一個在理論上值得深入探討和全面總結的課題。兩岸區域經濟整合進程的啟動和推進,不僅在國際經濟法上是完全可行的,即沒有違反WTO的基本規則,而且相關法規和政策也基本上與國際慣例相符合。因此,有必要在研究兩岸經濟關係發展的基礎上,提出在區域經濟合作模式中,建立兩岸經濟合作新機制的觀點,論證「兩岸綜合性經濟合作協議」(CECA),論述兩岸經濟競爭與互補的關係,以利於海峽兩岸加強經濟互補、合作與整合,化解不必要的惡性競爭。總之,研究兩岸經濟關係,應從符合兩岸同胞根本利益、有利於兩岸經濟共同發展的角度去思考和解決問題。

(原載於《臺灣研究集刊》)

30年來涉臺經濟研究的研究範式與方法演進——基於歷年《臺灣研究集刊》所發表論文的分類分析

王華

(廈門大學臺灣研究院,福建　廈門　361005)

　　經濟學已被公認是社會科學中比較成熟的一門學科,較之其他社會科學,該學科更遵循科學研究的一般原則,以其近乎自然科學的嚴謹邏輯和研究方法成為社會科學中的顯學。作為「經世濟民」之學,基於嚴謹邏輯推理和經驗檢驗的經濟學理論,成為指導人類社會掌握客觀經濟規律、改善經濟運行質量的重要依據,而可靠的研究方法也為全世界經濟學家探討不同理論的適用性與特定經濟政策的有效性構築了堅實的交流平臺。

基於大陸角度的涉臺經濟研究，屬於經濟學研究中的特定子域，必然也遵循經濟研究的一般範式；而鑒於海峽兩岸關係的特殊性，其具體研究範式與研究方法的演進，與大陸主流經濟學研究的演進趨勢又難免表現出或多或少的疏離。但可以肯定的是，只有不斷地推進研究的科學化，利用相關研究成果所進行的現實解讀與決策制定才會儘可能地合理而有效；這一點對於推動兩岸經貿交流合作的順利開展以及對臺工作政策的正確制定顯得尤為重要。透過將涉臺經濟研究領域歷年來的研究範式加以總結，對採用的研究方法加以分類梳理，有助於對該領域研究的成熟化和科學化路徑有一個清晰瞭解。

創刊於1983年的《臺灣研究集刊》（以下簡稱《集刊》），是大陸最早的專門以臺灣問題為研究對象的多學科學術刊物，亦成為涉臺經濟研究的重要陣地。縱觀近三十年來《集刊》中發表的臺灣經濟與兩岸經貿類研究論文，為瞭解大陸涉臺經濟研究的進展提供了直觀有效途徑。本文首先對經濟學領域的一般研究範式與方法加以分類說明，探討不同範式方法的應用邏輯和適用條件；進而以歷年《集刊》所發表的涉臺經濟研究類論文作為對象，對其中所採用的各種範式方法加以歸納比較，分析該領域近三十年來研究範式和方法的演進特徵。

一、涉臺經濟研究的範式界定與方法分類

（一）研究範式的界定

本文借用美國科學哲學家托馬斯·庫恩在其著作《科學革命的結構》中提出的「範式（Paradigm）」一詞，用以表示各時期的涉臺經濟研究文獻在研究目標、內容結構、方法和規範等方面所體現的共性特徵。嚴格來講，本文中所謂「範式」的範疇要小於該詞彙在庫恩著作中的本義，但並不影響本文意義的表達，亦應不會引起對術語的誤解誤用。

研究範式的確定，首先取決於研究內容。由對《集刊》中文獻的檢

索歸納可知，伴隨兩岸關係由滯到通、由疏到密的轉換歷程，涉臺經濟研究的內容大體可分為政策／法規介紹、現狀描述、制度/政策評價、問題剖析/原因／影響分析、趨勢預測及前景展望、制度／模式的規劃構建等諸多類型；與兩岸經貿交流的現實要求相呼應，幾類研究內容由表及裡、由淺及深、由虛及實，在對於基礎資料的掌握程度、內容結構的複雜程度以及研究方法的精確程度等方面的要求漸次提高。

各類研究內容的組合結構奠定了研究範式的基本形態。由於經濟理論涉及對所要解釋的經濟現象背後的各種變量之間因果關係的邏輯體系，因此對於不同內容組合結構的範式特徵，可從邏輯體系的廣度、深度與精度等三個方面加以詮釋。邏輯廣度是指研究內容結構中所涉及並行邏輯關係（如「A→B」、「C→D」）的數量；邏輯深度是指研究內容中串聯邏輯關係（如「A→B→C」）的數量；邏輯精度則是指邏輯關係的唯一確定性，或是對其所進行檢驗論證的精確性與可靠性。總體而言，在論文篇幅既定的情況下，邏輯廣度、邏輯深度與邏輯精度三者之間必然是互為消長的，即邏輯廣度的拓寬、或者邏輯深度的掘進，必然要以邏輯精度的損耗為代價；前兩者的關係亦是如此。

（二）研究方法的層次性

研究方法是決定研究範式的另一關鍵要素，是理論生成與創新的基本工具和必要途徑。科學研究方法具有層次性，不同層次研究方法的抽象性和普適性不同。科學的研究方法可劃分為三個層次：即具有最高普適性的哲學方法（如從實際出發、實事求是、解放思想、開拓創新，用矛盾觀點、聯繫和發展的觀點分析問題等），適用於眾多學科、具有較高普適性的一般方法（包括觀察方法、實驗方法、抽象方法、邏輯思維方法、假說方法、數學方法、系統方法等），以及個別學科領域的特殊方法和具體操作方法。

在經濟研究領域，對於研究方法目前仍無明確的、得到統一公認的

分層或分類體系。但仿照上述自然科學領域的研究方法層次體系，同樣可將經濟學研究方法加以分層。如理論聯繫實際、定性與定量相結合，或利用矛盾統一觀點、聯繫和發展的觀點分析問題等等，應當屬於經濟學研究中最抽象、具有最高普適性的哲學方法。具體到第二層次，可以認為，凡是有關訊息資料蒐集以及由其推導得出特定研究結論的途徑和方法都屬於該層次的方法，包括規範分析、文獻歸納、理論演繹、邏輯推理、經驗檢驗，以及近年流行的實驗經濟學方法，等等。第三層次則應是第二層次方法的具體應用，針對性更強、適用性更專。本文主要針對第二層次的研究方法展開討論。

（三）研究方法的分類

研究方法的運用與研究內容密切關聯，研究內容的結構決定了研究方法的深度和複雜性。

經濟學研究中，除了傳統的經濟制度規範性評價和價值判斷外，對於社會經濟的歷史變遷與現狀描述，以及對經濟現象的特徵歸納，屬於單一邏輯層次的研究（即不考慮經濟現象或變量之間的邏輯關係），旨在說明「是什麼」的問題。進一步，剖析存在的問題、分析經濟現象產生的原因、作用機理及其影響後果，屬於復合邏輯層次的研究（即需要考慮經濟現象或變量之間的邏輯關係），旨在解釋「為什麼」的問題。而對預測未來發展趨勢、提供政策建議，則是基於上游理論研究而做的合理推斷，旨在建議「怎麼辦」的問題。

現代經濟學研究範式下，理論研究主要集中於解答「為什麼」的問題，即尋找可靠的理論來解釋經濟現象；對策研究則集中於解決「怎麼辦」的問題，即基於理論結論來構建可行而有效的對策集合；而對「是什麼」問題的解答，只是作為理論研究或對策研究的必要前提基礎。針對上述研究內容，研究方法由易及難、由淺及深大致可劃分為數量描述分析、文獻歸納、邏輯推理、計量模型檢驗等幾種類型。以下作逐一說

明。

1.數量描述分析方法

對於單一邏輯層次的研究（歷史回顧、現狀描述、特徵歸納、問題揭示等）而言，數量描述分析是最為直接的方法；基於可獲取的統計數據對經濟現象的歷史發展進程、水平和結構的數量描述與對比分析，提供了對經濟現象的歷史及現狀的直觀反映。但受制於統計數據在全面性和可獲取性方面的缺陷，運用數量描述分析得出的結論往往也缺乏必要的系統性和深度。同時，由於僅停留在單一層次，無助於對事物發展機理的理解和預判；換言之，單一邏輯層次的數量描述分析無法揭示經濟變量因果影響機理，因而僅提供了理論研究的基本素材，還無法實現理論研究的最終目標和任務。

2.文獻歸納方法

學術研究具有傳承性，後人的研究都要以前人的研究成果作為基礎，文獻歸納因而成為一種更為有效的理論生成方法。基於前人關於同類問題的研究和論述，從中歸納出邏輯自洽的、結構完整的觀點體系，是這類研究的常用方法。與數量描述分析方法相比，文獻歸納方法的結論可以更具系統性。但由於其邏輯結構取決於所參考文獻的邏輯結構，如果僅針對單一邏輯層次文獻進行歸納，則所得結論仍然停留於單一層次，仍無法實現理論研究的目標。同時，所參考文獻由於發表週期以及引用時滯的影響，其結論的適用性與可靠性無法得到保證，基於文獻歸納方法也無從檢驗相關結論，因而會影響歸納結論的可靠性。

3.邏輯推理方法

科學知識必須是能用邏輯來證明的知識，邏輯證明和推論是獲得科學知識的首要方法。在由單一邏輯層次研究向復合邏輯層次研究進化的過程中，對經濟現象產生的原因、作用機理及其影響後果提供可靠的解

釋（簡言之即因果關係研究），成為經濟學研究的主要內容；而邏輯推理方法則成為主要的研究方法。該方法的運用可概括為基於特定經濟理論進行推理演繹和類比分析（其前提是假設特定理論是合理的、普遍適用的）等；具體的邏輯推理工具則包括語言邏輯和數學邏輯。邏輯推理方法的侷限性在於：無法驗證邏輯前提假設是否符合現實情況；符合邏輯的推理結果（即理論）往往是多樣化的，而各種理論之間可能存在不一致、甚至是矛盾之處，衝突的理論之間如果取捨，在該方法的框架內無法得以解決；邏輯結論往往只能揭示變量因果關係的方向，卻無助於揭示因果關係發生的速度和影響程度。

4.計量模型／經驗檢驗方法

嚴格來說，計量模型方法只是經驗檢驗方法的一種，但卻已經成為經濟學領域對事物之間因果關係進行經驗研究檢驗的標準方法，並形成了經濟學體系中的一門重要學科——計量經濟學。計量模型估計結果有形而具體，對於全面、系統、深入地揭示經濟作用機理提供了有效的工具。計量模型估計的前提條件是：以理論模型作為先導，只有基於嚴謹理論推導的計量模型才是可靠的；對於數據生成機制的假設和檢驗（簡稱為計量經濟學檢驗），以保證估計方法的合宜性。如果忽視理論的特異性而盲目構建計量模型，或者忽略數據生成機制的複雜性而草率進行估計，則易於使研究結論導向科學性的反面，產生適得其反的結果。

二、各時期涉臺經濟研究的範式與方法

研究方便起見，本文抽取1983—1987、1993—1997和2003—2007年三個時間段中《臺灣研究集刊》發表的經濟類論文，對其研究範式和方法進行分類統計，用以分別代表1980、1990和2000年代涉臺經濟研究領域的範式與方法特性。

（一）1980年代涉臺經濟研究的範式與方法

1980年代,兩岸恢復交流伊始,大陸對臺灣的瞭解甚少。這一時期涉臺經濟研究的任務首先是展現臺灣經濟的方方面面圖景,介紹臺灣經濟發展的經驗、具體政策措施,其次則是分析臺灣經濟發展中存在的問題及影響,或對其發展的趨勢前景進行研判。

1983-1987年間,《集刊》共發表經濟類論文91篇,其中有44篇涉及對臺灣經濟發展模式、財政金融管理體制、土地改革、外資及美援的利用、科學園區建設、自由貿易區的設立、企業管理等方面的政策措施的介紹,占總數的48.35%;49篇涉及對臺灣集團企業、(農業、紡織、煤炭、交通運輸、旅遊、訊息等)產業發展、產業升級、對外經貿關係、財政貨幣政策、勞動力市場、城市化及企業管理等方面的發展歷史回顧、現狀描述及特徵歸納,占總數的53.85%。這兩類研究邏輯深度較為扁平單一,基本不涉及邏輯推理,但需要較多地占有文獻資料,為後續研究的開展則提供了豐富訊息、奠定了良好基礎。在此基礎上,有65篇涉及對所描述現象中存在的問題、原因或影響的分析,占總數的71.43%;25篇則涉及對相關制度或政策的評價,占27.47%;26篇涉及對相關現象的發展趨勢影響進行研判預測,占28.57%。這三類研究的邏輯廣度和深度都有所拓展,需要在文獻分析的基礎上進行一定程度的邏輯演繹。雖然是在研究初期,但已有文獻涉及對戰後臺灣經濟發展分期問題等研究概念的探討,以及對發展經濟學在涉臺經濟研究中的適用性問題等方法論的研究。

各類研究內容的分類統計結果如圖1所示。

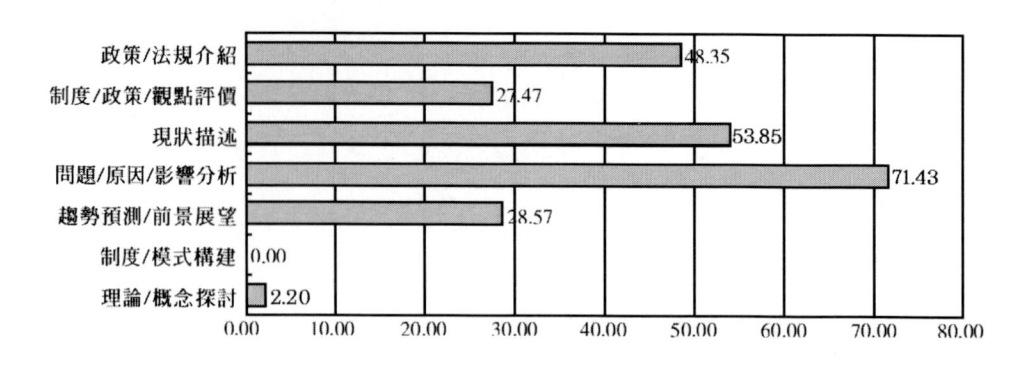

政策/法規介紹	48.35
制度/政策/觀點評價	27.47
現狀描述	53.85
問題/原因/影響分析	71.43
趨勢預測/前景展望	28.57
制度/模式構建	0.00
理論/概念探討	2.20

圖1　1980年代涉臺經濟研究文獻中的研究內容分類統計

與各類研究內容相適應，諸多文獻在研究方法的採用上亦體現出關聯性特點。在對臺灣經濟性質的評價過程中，有8篇論文基於傳統馬克思主義政治經濟學理論進行規範性評價，因其不涉及經濟發展的具體表現，具有形而上學的特徵，此處稱之為價值判斷方法，占總數的8.79%。在政策介紹與現狀描述中，數量描述分析方法提供了最直觀的展現路徑，運用此方法的論文數量達44篇，占48.35%；而運用文獻歸納方法的論文數量達73篇，占80.22%，是研究方法中運用最普遍的方法。在分析預測研究中，邏輯推理方法得到一定運用，論文10篇，占10.99%。另外，翻譯的外文文獻有15篇，占16.48%；對基於第三者角度的涉臺經濟研究成果的引入，成為一種重要的方式。

各類研究方法的分類統計結果如圖2所示。

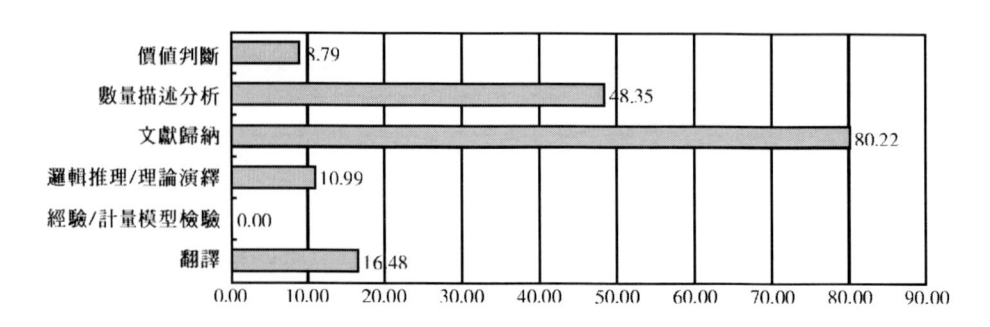

價值判斷	8.79
數量描述分析	48.35
文獻歸納	80.22
邏輯推理/理論演繹	10.99
經驗/計量模型檢驗	0.00
翻譯	16.48

圖2　1980年代涉臺經濟研究文獻中的研究方法分類統計

需要說明的是，上述對於內容與方法的分類並不是互斥的，在同一篇論文中可以涉及多方面內容，採用多種方法。而內容與方法的組合，則形成該時期研究範式的典型形態，歸納起來有二：一是「歷史發展回顧—現狀描述—特徵歸納—問題剖析—趨勢預測」，二是「歷史發展回顧—背景／原因分析—影響作用分析—規範評價」，二者均主要採用數量描述方法與文獻歸納方法，少數進行了邏輯推理。這兩種範式所涉及的邏輯廣度和邏輯深度都很可觀，提供的訊息量非常豐富；但由於論文篇幅限制，邏輯精度則無法保證，即論文的論證結論或觀點具有主觀模糊性，論證過程的嚴謹性也有欠缺。

（二）1990年代涉臺經濟研究的範式與方法

進入1990年代，隨著兩岸經貿交流的公開化與頻繁化，這一時期的涉臺經濟研究也開始轉而對兩岸交流與合作的相關方面予以更多關注；研究內容逐漸從描述介紹轉向分析評價，並開始對相關政策、模式提出自己的見解和設想。

1993-1997年間，《集刊》共發表經濟類論文84篇，其中有18篇涉及對臺灣經濟體制轉換、財政金融宏觀管理體系、產業政策、外貿政策的介紹，占總數的21.43%；37篇涉及對臺灣民間投資、產業發展與產業升級、海峽兩岸經濟合作、對外投資（及其政策取向）等方面的現狀描述及特徵歸納，占總數的44.05%。絕對量和相對量都小於1980年代。涉及對所描述現象中存在的問題、原因或影響進行分析的論文達57篇，占總數的67.86%；涉及相關制度或政策予以評價的論文達27篇，占32.14%；二者合計略超過1980年代。涉及對相關現象的發展趨勢影響進行研判預測的論文有26篇，占30.95%，也高於1980年代。與前相比非常突出的是，這一時期研究的回顧性有所收斂、前瞻性有所增強，進行制度構建、模式設想或政策建議的論文達9篇，占10.71%，主要是針對兩岸區域合作或產業合作。涉及對臺灣產業升級的界定及戰後臺灣經濟發展的分期問題等

研究概念進行探討的論文達5篇，占5.95%。

各類研究內容的分類統計結果如圖3所示。

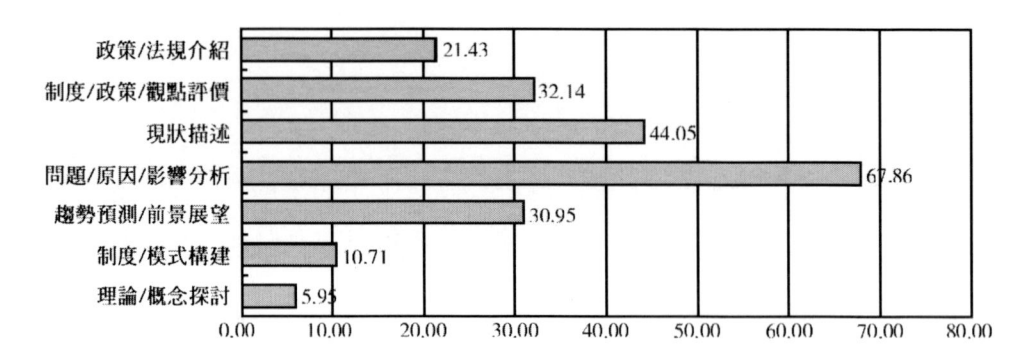

類別	百分比
政策/法規介紹	21.43
制度/政策/觀點評價	32.14
現狀描述	44.05
問題/原因/影響分析	67.86
趨勢預測/前景展望	30.95
制度/模式構建	10.71
理論/概念探討	5.95

圖3　1990年代涉臺經濟研究文獻中的研究內容分類統計

在研究方法的採用上，採用數量描述分析方法的論文數量為13篇，占15.48%，較1980年代有較大下降。運用文獻歸納方法的論文數量達63篇，占75%，亦略有下降。而邏輯推理方法的運用則有所加強，論文達18篇，占21.43%，較1980年代有較大增長，顯現研究的深度不斷得以強化。另外，翻譯的外文文獻有21篇，占25%，亦有一定增長。

各類研究方法的分類統計結果如圖4所示。

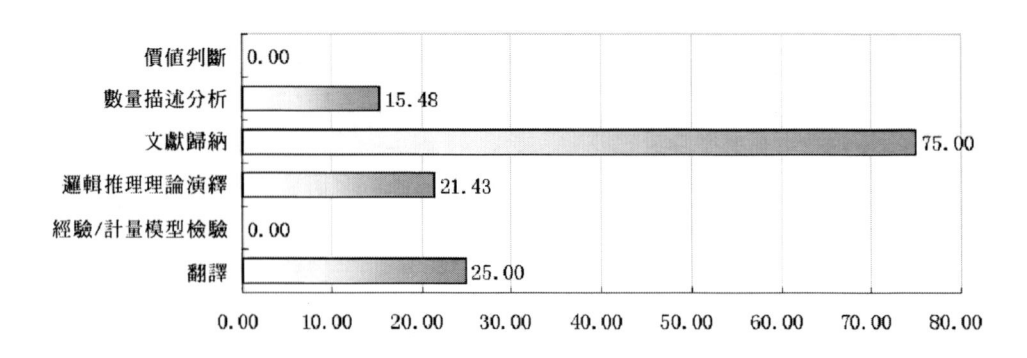

類別	百分比
價值判斷	0.00
數量描述分析	15.48
文獻歸納	75.00
邏輯推理理論演繹	21.43
經驗/計量模型檢驗	0.00
翻譯	25.00

圖4　1990年代涉臺經濟研究文獻中的研究方法分類統計

除前述兩種範式外，該時期研究範式的另一典型形態表現為「背景條件分析—問題剖析—制度規劃／模式構建／政策建議」。該範式更為關注研究的實用性；相對於數量描述與文獻歸納方法，也更為倚重邏輯推理或理論演繹方法的運用；其邏輯廣度有所收縮，邏輯深度則有加強，邏輯精度也有一定提高。一般而言，經濟對策的提出應具備三項條件，即合理性（符合理論邏輯）、可行性（滿足現實預算約束）以及有效性（預算約束下的效果最大化）；同時，在局部（如某地區、部門或行業）符合條件的政策措施，還應確保不與整體中其他部分的政策產生衝突。以此為參照可以發現，採用該範式的現有文獻中易於出現兩種失誤傾向，一是僅關注對策建議的合理性而忽略對其可行性與有效性的考量，二是僅滿足於局部規劃的「美好藍圖」而無視與整體格局的衝突，從而導致研究結論（對策建議）失之空泛、大而無當。

（三）2000年代涉臺經濟研究的範式與方法

進入21世紀以來，經濟全球化不斷發展，臺灣政局動盪，兩岸交流格局亦出現諸多變數。如何有效推動兩岸經貿關係發展並謀求兩岸制度性一體化合作，成為這一時期涉臺經濟研究的主要目標訴求；研究同時向實用性和理論性兩個方向發展，既注重研究對於實踐的指導意義，也開始引入主流經濟學中的經驗研究範式用於理論檢驗和創新。

2003-2007年間，《集刊》共發表經濟類論文74篇，涉及對臺灣各方面政策介紹的論文已經減少至8篇，僅占總數的12.16%；涉及對經濟現像現狀描述及特徵歸納的論文篇數達42篇，占總數的56.76%，仍略超前兩時期。涉及對所描述現象中存在的問題、原因或影響進行分析的論文達50篇，占總數的67.57%，與1990年代持平；涉及制度或政策評價的論文達13篇，占17.57%，較前兩時期有明顯下降；涉及趨勢預測的論文有24篇，占32.43%，略高於1990年代。進行制度構建、模式設想或政策建議的論文則達22篇，占29.73%，表現出巨大增長，研究的前瞻性更為突出，主要針

對兩岸經濟合作與經濟一體化方面。

各類研究內容的分類統計結果如圖5所示。

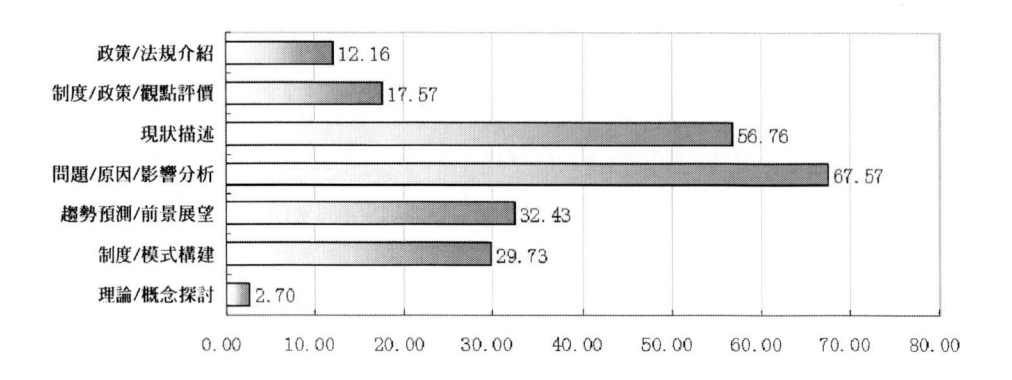

類別	百分比
政策/法規介紹	12.16
制度/政策/觀點評價	17.57
現狀描述	56.76
問題/原因/影響分析	67.57
趨勢預測/前景展望	32.43
制度/模式構建	29.73
理論/概念探討	2.70

圖5　2000年代涉臺經濟研究文獻中的研究內容分類統計

在研究方法的採用上，採用數量描述分析方法的論文數量為17篇，占22.97%，高於1990年代，但仍遠低於1980年代。而運用文獻歸納方法的論文數量達52篇，占70.27%，比1990年代進一步下降。邏輯推理與理論演繹方法得到更多運用，論文40篇，占54.05%，相較前兩時期增長非常顯著，表明研究中更加注重邏輯嚴謹性。不僅如此，要避免語言邏輯表述的模糊性與多義性，就必須對論文的論述範圍加以限定，對研究論證方法加以凝煉；此時，經驗檢驗方法的運用得到重視，經驗研究論文達7篇，比重9.46%。翻譯的外文文獻占17.57%，雖低於1990年代，但仍占有相當比重。

各類研究方法的分類統計結果如圖6所示。

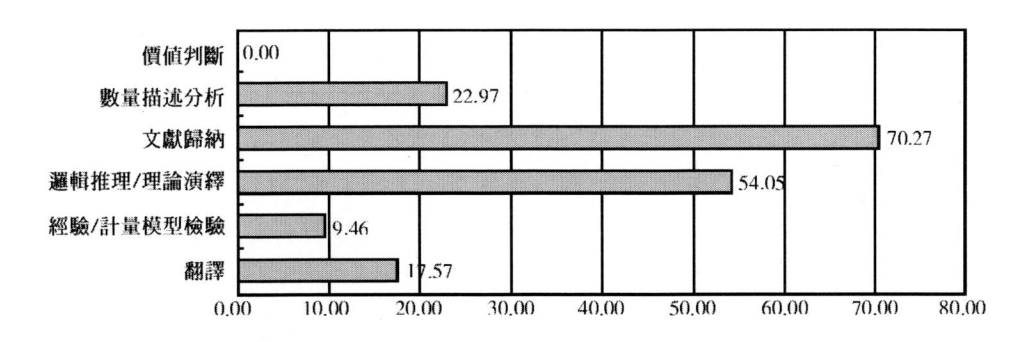

```
價值判斷        0.00
數量描述分析    22.97
文獻歸納        70.27
邏輯推理/理論演繹  54.05
經驗/計量模型檢驗  9.46
翻譯           17.57
```

圖6　2000年代涉臺經濟研究文獻中的研究方法分類統計

　　該時期新出現的典型研究範式是基於計量模型的經驗檢驗研究，其在邏輯廣度和深度方面都有極大收縮，僅將重點置於對邏輯精度的保證上，因而研究方法的可複製性與研究結論的明確性得以改觀。然而在另一方面，計量模型的構建須以理論模型為先導、且涉及對數據生成過程的諸多假設與檢驗，模型估計方法也易於向複雜方向進化。這些要素在現有文獻中的考量仍顯不足，同時對於指標數據的統計口徑及其縱向可比性、時序長度等數據特徵對模型估計可靠性的影響也缺乏必要討論和處理，從而制約了經驗檢驗結果對理論修正的可能性以及對於實踐指導作用的發揮。

三、結論及啟示

　　本文以1983—1987、1993—1997和2003—2007年三個時間段《臺灣研究集刊》中發表的涉臺經濟研究類論文作為對象，對其中所採用的各種範式方法加以分類歸納比較，分析該領域近三十年來研究範式和方法的演進特徵。結果表明，從1980年代到2000年代，基於大陸角度的涉臺經濟研究表現出由淺入深的演進過程，具有與兩岸經貿關係發展歷程較為明顯的關聯性特徵。隨著兩岸經貿關係的不斷發展深化，涉臺經濟研究中關於政策／法規介紹以及制度／政策評價的比重逐漸下降，對於經濟現象中存在的問題、原因或影響進行分析的比重也有所降低，而預測趨勢／展望前景以及對未來的制度／模式進行規劃構建的比重則不斷上

升。與此相適應，在研究方法方面，數量描述分析方法和文獻歸納方法的採用比重逐漸降低，邏輯演繹的採用比重則迅速提高，近年來以計量模型分析為主的經驗檢驗方法也得到運用。

以研究範式概觀，在1980年代，涉臺經濟研究中多採用「歷史發展回顧—現狀描述—特徵歸納—問題剖析—趨勢預測」或「歷史發展回顧—背景／原因分析—影響作用分析—規範評價」這兩種研究範式，注重訊息的豐富程度，所涉及的邏輯廣度和邏輯深度都很可觀，但邏輯精度無法保證。1990年代出現的另一典型研究範式是「背景條件分析—問題剖析—制度規劃／模式構建／政策建議」，更為關注研究的實用性，其邏輯廣度有所收縮，邏輯深度則有加強，邏輯精度也有一定提高。2000年代新出現的典型研究範式是基於計量模型的經驗檢驗研究，其在邏輯廣度和深度方面都有極大收縮，僅將重點置於對邏輯精度的保證上，因而使研究方法的可複製性與研究結論的明確性得以改觀。

上述演進軌跡的形成，與涉臺經濟研究的學科特性有著密切關係，同時也在不斷重塑後者的學科範疇。基於大陸角度的涉臺經濟研究，其主旨在於系統瞭解臺灣經濟機制、借鑑其發展經驗、探討兩岸經貿關係有序發展的機理與制度安排，因此側重於回顧性、應用性與對策性研究；這決定了其初期的研究範式必然注重邏輯廣度和深度，研究方法方面則較為倚重對統計數據和（臺灣方面的）已有文獻的利用與參考。隨著研究基礎的不斷夯實，研究的前瞻性不斷加強，理論研究的意涵有所凸顯，此時研究範式轉而注重邏輯精度，在研究方法上則開始強調邏輯性與可靠性。而鑒於各類研究範式和方法的運用易於出現諸多失誤傾向，基於大陸角度的涉臺經濟研究領域在其理論體系的建構、研究範式的調整與研究方法的改進等方面都仍有很大的發展空間，有必要加強對主流經濟學領域研究範式方法的借鑑。這一過程中，涉臺經濟研究的學科範疇必將不斷得以拓展，成為應用性與理論性並重的研究領域。

另一方面，本文所歸納的各種研究範式和方法，雖然表現出不同的時間演進特徵，但各自承擔不同功能，分別從不同角度實現對涉臺經濟的研究，彼此互為補充，並不存在用一種範式（方法）完全取代另一種範式（方法）的可能性。相較於經濟學理論知識更新速度之快、研究方法創新程度之巨，研究人員的知識結構則相對易於固化，因而通常只從事某一類範式和方法下的研究；此時各種範式之間即有必要建立一種傳承機制，運用不同方法進行研究時也有必要相互參照。如果以產業供應鏈中的研發設計、生產、營銷等環節的合作共贏作比喻，上述各種研究範式方法之間的合作必要性也不言自明——對策研究的合理性和有效性取決於理論研究的可靠性，理論邏輯的可靠性則需要經驗研究的支持，而理論假設與經驗檢驗的合宜性又依賴於對經濟事實的準確把握。唯有如此，才能保障涉臺經濟研究脈絡的有序傳承，才有望實現涉臺經濟研究理論體系的有效建構，不斷推進其研究的科學化進程，並充分發揮對現實的指導作用。

　　（原載於《臺灣研究集刊》）

國家圖書館出版品預行編目(CIP)資料

臺灣研究新跨越・經濟分析 / 彭莉 主編. -- 第一版.
-- 臺北市：崧燁文化, 2019.01
　　面；　　公分
ISBN 978-957-681-742-7(平裝)
1.兩岸經貿 2.臺灣研究 3.兩岸關係
558.52　　　　　107023154

書　名：臺灣研究新跨越・經濟分析
作　者：彭莉 主編
發行人：黃振庭
出版者：崧燁文化事業有限公司
發行者：崧燁文化事業有限公司
E-mail：sonbookservice@gmail.com
粉絲頁　　　　　　網　址：
地　址：台北市中正區重慶南路一段六十一號八樓815室
8F.-815, No.61, Sec. 1, Chongqing S. Rd., Zhongzheng
Dist., Taipei City 100, Taiwan (R.O.C.)
電　話：(02)2370-3310　傳　真：(02) 2370-3210
總經銷：紅螞蟻圖書有限公司
地　址：台北市內湖區舊宗路二段 121 巷 19 號
電　話:02-2795-3656　傳真:02-2795-4100　網址：
印　刷：京峯彩色印刷有限公司（京峰數位）

　　本書版權為九州出版社所有授權崧博出版事業股份有限公司獨家發行電子書繁體字版。若有其他相關權利及授權需求請與本公司聯繫。

定價：750 元
發行日期：2019 年 01 月第一版
◎ 本書以POD印製發行